U0919948

【北京社科名家文库·纪念辑】

ZHOUZUMO ZIXUANJI

周祖谟自选集

BEIJING SHEKE MINGJIA WENKU JINIANJI

周祖谟◎著

图书在版编目(CIP)数据

周祖谟自选集/周祖谟著．—北京：首都师范大学出版社，2008.12
(北京社科名家文库)
ISBN 978-7-81119-428-9

Ⅰ．周…　Ⅱ．周…　Ⅲ．①汉字—文字学—文集②汉语—音韵学—文集③训诂—文集　Ⅳ．H1

中国版本图书馆 CIP 数据核字(2008)第 190082 号

北京社科名家文库
ZHOU ZUMO ZIXUANJI
周祖谟自选集
周祖谟　著

项目统筹：杨小兵　　责任编辑：何亦翌
责任设计：王征发　　封面绘画：王征发
责任校对：王亚利　　责任印制：沈　露
首都师范大学出版社出版发行
地　址　北京西三环北路 105 号
邮　编　100037
电　话　68418523(总编室)　68982468(发行部)
网　址　cnuph.com.cn
E-mail　master@cnuph.com.cn
北京嘉实印刷有限公司印刷
全国新华书店发行
版　次　2008 年 12 月第 2 版
印　次　2008 年 12 月第 1 次印刷
开　本　787mm×1 092mm　1/16
印　张　36.75　插　页　1
字　数　438 千
定　价　78.00 元

《北京社科名家文库》编委会

出版说明

1978年，中国改革开放的元年。自那一年开始，中国已经走过了波澜壮阔的30年。这是伟大的30年，是改变中国的30年，是震惊世界的30年，也是哲学社会科学蓬勃发展的30年。

在哲学社会科学这30年的辉煌成就里，浸透着为新中国哲学社会科学奠基的老一辈专家呕心沥血的求索，也镌刻着寻着他们足迹的后来者追求真理的步伐。“学之大者，国之重器”。我们有责任将这些“大者”潜心研究的成果，重新编辑出版以飨读者。为此，北京市社会科学界联合会和首都师范大学出版社将这一套《北京社科名家文库》奉献给读者。她以自选集的体例形式，每年推出一批，争取在几年内达到百种以上。《北京社科名家文库》将系统展示当代哲学社会科学名家学者30年来的学思精华，展示他们的学术探索历程和风采。同时，为使这套《北京社科名家文库》更加丰富，编委会决定在首都师范大学出版社已出版的《当代著名学者自选集》中挑选符合体例的图书10种，编辑成《北京社科名家文库·纪念辑》，这将更完整地反映北京学人在学术风范和学术使命上的历史延续。

我们相信，《北京社科名家文库》将能够成为具有文化传承价值的经典性大型出版工程，成为集中展示首都哲学社会科学重要成果的一个窗口。由于我们水平所限，定有不足之处，希望读者和同仁给予批评指正。

编 委 会

2008年11月

目录

北京社科
名家文库

北京社科
名家文库

北京社科
名家文库

第1版自序

这是一本自选的学术论文集，是从1936年至1986年所写的一百多篇文章和几种专著中选录出来的。所选的文章大都是专科性的，其内容属于探讨汉语历史以及文字、音韵、训诂等方面问题的居多，另外有一部分是有关古籍校勘和历史人物的考证的，性质比较单纯，题目也比较集中。这些文章基本上可以反映出我本人治学的方向和治学的方法。

由于受学科的性质所限，大体都是从考证入手，根据多方面的材料，经过分析研究，综合概括，引出结论。既要符合学理，还要符合具体情况。论书贵得其要，论人贵得其实。虽以此自勉，但也难免有疏漏，只好由读者来论定了。

在选录过程中，内人佘淑宜帮助较多。有些篇章，为篇幅所限，须要节缩，或删改修润，编排抄录，即由伊负责。本书之得以出版，端赖北京师范学院出版社编辑同志之热诚赞助，并为之规划，在此谨致谢意。

1988年12月5日于北京大学

自 传

一

周祖谟，字燕孙，北京人，生于1914年11月19日。远祖籍属杭县。父亲以鬻字维持生理。祖谟有姊妹各一人，妹早卒。幼年受父教，读《大学》、《论语》、《孟子》、《诗经》等书。七岁入小学，跳级毕业。十一岁入中学，1932年毕业于国立北京师范大学附属中学高中部。当年考入国立北京大学中国语言文学系。1936年毕业后，考入中央研究院历史语言研究所语言组任助理员，得从赵元任先生问业。

1937年返北平省亲，不久日军发动卢沟桥事变，交通阻绝，滞留北平，键户读书。1939年受私立辅仁大学校长陈垣先生聘为国文教员，继聘为国文系讲师、副教授，直至1946年一直在辅仁大学授课。1945年8月日军投降后，北京大学、清华大学相继复校。1947年由北京大学校长聘任为文学院中国语言文学系副教授，除授课外，兼任文科研究所秘书，北大《国学季刊》编辑委员会委员。

1949年新中国成立。1950年起任为教授至今。先后主讲现代汉语、汉语史、音韵学、《说文解字》研究、语言文学要籍解题等课，并指导研究生和进修教师。1957年曾代理汉语教研室主任。1979年校长聘为北京大学学术委员会委员。1982年至1984年被任为中国语言文学系古典文献专业教研室主任兼研究室主任，制定古典文献专业教学计划。1984年研究室改为研究所，任所长职。1985年卸任。

1981年11月国务院学位委员会第一批批准为北京大学博士研究生导师。同年12月国务院聘任为古籍整理出版规划小组组员。1985年高教部成立全国高等学校古籍整理工作委员会，被选任为委员。

二

1932年入北京大学中国语言文学系，主要攻读中国语言学和文字学方面的课程。当时著名的语言学家如沈兼士、马裕藻、钱玄同、刘复、罗常培、魏建功、唐兰等都分别讲授文字学、声韵学、语音学、语言学等课程，他们学识渊博，各有专能，久为后学所景仰。在这些先生的指引教导之下，从不知到知，并得窥为学门径，由是而奋励自学。在课程当中较难理解的是声韵学，于是首先购置《广韵》和陈澧所著的《切韵考外篇》，反复研习琢磨，并与口音相证，颇有领悟，由是兴趣也逐渐浓厚起来。有了这样一个基础，学习等韵和古韵也就不难了。

韵学之外，我用心较多的是《说文解字》、《尔雅》、《方言》、《释名》、《诗经》、《楚辞》几部书。《说文解字》注家最多，除详读段注外，并取五百四十部首各家的说解评量是非，参照甲骨文、金文写成《〈说文〉部首解》一卷。《尔雅》、《方言》旧有晋郭璞注，清人也都有新疏，新疏则不止一家，各有长短，不能不比着看。《释名》虽有毕沅和王先谦两家书在，并没有能理解刘熙作书的意旨，偶有所见写为札记。《诗经》是中国古典文学的源泉，幼年只知有朱熹《诗集传》，听黄节(晦闻)先生讲课以后，大启茅塞。课余读陈奂《毛诗传疏》，见其不肯以“笺”破“传”，专重家法，实乃未达一间，所解诂训反不如马瑞辰《毛诗传笺通释》宏通，因此另外参考王先谦《诗三家集义疏》，着手撰写《诗经纂义》，裁夺各家所说，力求简单明确，遗憾的是只写完十五国《国风》，为止。由于家境清贫，无力多购图书，抄书作书只能依靠图书馆。泚笔濡墨，颇费时日。当时国事日蹙，生活日苦，茶尔小生，莫知所措，但以此自励，以求不虚度光阴而已。

北京大学的传统是学术自由，五四运动所提出的“科学”与“民主”的学风始终保存不衰，学生可以自由听课，不受约束。有时我在主修课之外旁听一些文学课程和史学课程。听到名师一两句精辟发蔀之论，自可终身受用不尽。古人讲究博闻而约取。约取贵能探骊得珠，得其三昧，这又谈何容易？但博闻多识却不可少。我在大学四年之中除语言学科外还听到许多第一流的学者讲课，如胡适、俞平伯、闻一多、钱穆、朱光潜等人，各有风致。有此机会，极为难得，因此在学术上也就受到了多方面的影响。就专业而言，“小学”方面承受于沈兼士先生者多，“语言学”方面承受于罗莘田先生者多。

1936 年夏大学毕业之后，有幸考入中央研究院历史语言研究所，本想跟赵元任先生、李方桂先生学习更多的语言学知识，并且从事一些方言调查的工作，以丰富自己对方言词汇语法各方面的理解，进一步探讨汉语发展的历史，没想到“七七事变”以后这个想法竟成泡影。在一年之内只写成《广韵校本》附《广韵校勘记》一书，大违心愿。

三

1938 年蛰居北平，苦闷异常，独行踽踽，心情极恶。① 为避免敌

① 有《晚步太液水滨》诗：“乱柳萧疏日色曛，黄芦白苇浸秋濆。年来苦寂无多兴，独对寒涛送暮云。”

宪疑虑侦查，不得不有一工作做遮掩。幸蒙陈垣校长聘请到辅仁大学教课。辅仁为天主教所办，当时为德国神父雷冕所主持，日军因日德为轴心国的关系，不敢骚扰。一时学者都聚集辅仁，稍免冻馁之虞。人生总难免有波折，我没料到从1939年起竟然走上了教书的道路。

在辅仁大学任教六年，到1947年又回到母校北京大学授课。弹指至今，将近五十年。在五十年的悠悠岁月中应当学与日进，可是其间荒废的时日太多了，现已无可挽回。每念曹子桓“年一过往，何可攀援”之语，不禁慨叹。向时虽然有所述作，主要工力多是在二十一岁到四十五岁之间。业务专长为中国文字学，声韵学，训诂学，汉语史以及古典文献学，目录学，校勘学。在辅仁六年内所教课程较多，先后承乏讲授语音学、等韵学、高本《汉中国音韵学》、比较训诂学、甲骨文研究、金文研究、《尔雅》、《方言》、《说文》、《释名》、《楚辞》、《洛阳伽兰记》等科目。为备课写讲稿，往往篝灯夜半，涉猎的书目多，学识见地也随之有所提高。教课之余，又于寒暑假期间写成文史论文二十余篇和《尔雅校笺》、《方言校笺》、《洛阳伽兰记校释》等书。当时处于危城之中，敌伪肆虐，民穷食匮，生活艰苦困顿至极，中间又丁母丧，月终收入，杯水车薪而已。然而面对殷殷向学的青年，不辞劳苦，罄已所知以告，心中也足以自慰，无愧于一己之职责。往日所教的学生，今日成为国内外大学教授的颇不乏人，心血总算没有白费。

1939年兼士先生主持辅仁大学文学院院长职务，正主编《广韵声系》，我在课余有时帮助复看，并加注高本汉对中古音的拟音。编成既久，到1944年学校主持人雷冕才计划付印，而先生为避敌人侦缉早已于1942年冬间关入蜀，因代拟《叙例》二十六条，详述全书编排之体例，使读者得知编者用意之深，和此书所以为用之广，并承陈垣先生嘱托代拟序文一篇冠于卷首,后于1945年出版。我所拟的《叙例》自谓为精心之作,然终不如先生自拟为好。所以写上"補识"二字,以表责任。

四

1949年新中国成立,全国解放。1951年9月参加中央南下土改团,过湖南衡阳至耒阳县,步行至余庆乡龙头村。龙头村为丘陵区,人民聚族而居,同为李姓。但田少人多,耕牛亦少。每日所食,以红薯为主。土地占有贫富不均,雇农佃农极为寒苦。于是按户一一访问,得其实情,然后统计田亩依据人口应得多寡,加以折衡,反复征求居民意见,公布之后,无不称善。参加此项工作不能不审慎细心。经过此番锻炼,方知如何进行社会工作,对解放以前南方农村社会之必须改革也就体会较深。时至隆冬,阴雨连绵,一月之内难见天日,衣履沾濡,不以为苦。至1952年春始返京。

返京以后,北京大学与清华大学、燕京大学三校合并,北京大学自城内迁至城外。教学计划不断改革。于是开始从事现代汉语词汇和语法的研究,并进一步贯串古今,研究汉语发展的历史,兼注意到有关语文教育的一些问题。除授课与指导研究生之外,并为审定普通话读音和推广《汉语拼音方案》略尽微薄之力。先后写出《汉语词汇讲话》和《汉语拼音字母学习法》两本书,作为中学语文课教学参考资料。

平生治学重在汲取前人研究的成果,深入研究,从观点和方法上衡量其得失,进一步利用多方面的材料钩深致远,解决前人没有解决或没有涉及的问题。对待不同的学科,重视其科学性和系统性,把有关的学科结合历史的发展联系起来考虑,倡导和推进学术的发展。理论性与实用性并重。鼓励青年学会自学,古与今要兼顾。然而要知古又必须先知今,所以必须研究现代方言。除研究语言之外,还要重视历史文化和历代古典文学作品的研究。认真读书最为重要。

自1938年至1958年底刊印的主要著作有《〈广韵〉校本》、《〈方言〉校笺》、《〈洛阳伽兰记〉校释》、《汉魏晋南北朝韵部演变研究》第一分册（与罗常培先生合著）。1962年取1934年以来有关语言文字的论文四十四篇编为《问学集》上下册。1965年写成《唐五代韵书集存》一书，附考释和辑佚。这本书是从1945年开始着手搜集、摹录，分别考释，编定而成的。1986年5月北京大学评为首届科研成果荣誉奖，并颁发荣誉证书。

1966年大动荡开始了，居无宁日，万民嗟叹。在十年动乱期间，一事难成，精神遐漂，视力减退，两鬓也开始斑白。因而想到往日曾读医书，颇知药味，果能用心，熟读王叔和《脉经》，详参《肘后》、《千金》、《本草》以薄技应世济人，未为不可。虽然不能“著手成春”，遇有伤风感冒之类，当不致误事。这不过是在困惑中的一种玄想，后来分配我参加修订《新华字典》工作，主编了检字表，随后转到古典文献专业授课，讲授音韵学和《说文解字》研究。也就不想转业了。

五

1978年秋应兰州大学中文系邀请前往讲学，时宿雨初霁，得见旧友，喜占四句：“细雨微风洗路尘，老来重见旧京人。相看恰喜身俱健，骋望河山处处新。”在兰州看到浩瀚的黄河滚滚东下，千万年来它哺育着华夏的古老的文明，人民有了它而得以繁衍生息，陶冶耕织，创造了辉煌灿烂的文明。想到这些，钦敬之心油然而生。讲课期间曾到敦煌莫高窟参观藏经洞，并一览佛窟壁画和塑像，所见妙法庄严，精美绝伦，大开眼界。

1979年四川大学，武汉华中师范学院、武汉大学和广州语文学会相继邀请前往讲学。10月17日至成都。讲学之暇，除参观武侯祠，浣花草堂外，并至灌县参观都江堰，二王庙。[①] 30日离成都往重庆，并至北碚西南师范学院讲学。11月4日离北碚，坐江轮，过三峡，6日抵武汉。20日离武汉往广州，除讲学外，并参加古文字学会年会。12月8日离穗返京。此行由西南至中南又至华南得与许多景仰已久的专家学者见面，畅谈学术，一扫向日互不通声气之病，颇慰平生之志。至于纵览江山胜景，观看历史名胜古迹，则其余事。

学术交流对学术的发展有重要意义。自1980年开始有好几个省市成立了语文学会或语言学会，相继又有全国性的语言学会和不同学科的研究会成立。我先后被选为中国语言学会常务理事，兼学术委员会委员，北京市语言学会副会长，中国音韵学研究会名誉会长。1982年中国训诂学研究会成立，被聘为顾问。1984年中国敦煌吐鲁番学会成立，被推选为顾问，并聘为学术委员会委员。这些学会每年或隔一二年开一次学术讨论会，会员之间可以互相交流研究成果，讨论问题。我除吸取新知、阅读论文以外，特别重视的是如何团结四方的同志共同为发展学术而努力，间或对某一学科的进展方向提供一些意见与会员们共同讨论。

1981年12月香港中文大学中国文化研究所和中国语言文学系聘请前往讲学，并访问香港大学，得以认识许多知名学者。1983年参

① 观都江堰有诗纪怀云：川蜀文明古，离堆举世闻，李冰贤父子，惠泽及斯民，能得众人力，疏导定乾坤。夏秋洪潦至，桀骜不可驯，惊涛冲雪浪，浩荡杳无垠，势欲吞牛马，遑论鸡与豚？但经鱼嘴坝，猛势顿相分，转向飞沙堰，浊泥渍岸滨，直入宝瓶口，悠漾向江村。沟渠布纵横，田畴碧如茵，年丰人欢笑，庶物富且殷。仓廪溢梁栋，歌吹颂良辰。蜀汉成天府，万代仰清芬。为政贵力行，空言何足论！

加第十五届国际汉藏语言学会议，又得与许多欧美和日本的学者相识，听到许多极有价值、富有启发性的发言。充分说明学术交流和增进交谊的重要性。

1984年受日本京都大学文学部长服部正明先生和清水茂教授邀请，得日本学术振兴会的资助，前往日本讲学，同时小川环树教授邀请参加日本东方学会主办的第二十九届国际东方学者会议，并在关西部作专题演讲。因于5月东渡至京都，在国际东方学者会议演讲之后即先后在京都大学、东京大学、东京外国语大学亚非文化研究所、静冈大学、大阪外国语大学作学术演讲。在京都访问了京都大学人文科学研究所，在东京访问了东方文化研究所和早稻田大学，并参观了内阁文库书陵部和静嘉堂文库。中间又承大阪女子大学横山弘教授邀往参观奈良，又前往天理市访问天理大学图书馆。直至9月回国。所到之处皆蒙盛情接待，并结识许多著名的学者。各校在教学与科研方面可资借镒处甚多，而学者治学之精勤，态度之矜慎，更令人赞佩。①

近十年来我国辞典编纂事业发展较快，继《辞源》、《辞海》增订本出版之后，《汉语大词典》和《汉语大字典》也已经开始分卷出版。《中

① 日本著名学者小川环树、桥本万太郎、兴膳宏、户川芳郎等教授都曾到北京大学作学术演讲。1987年9月京都大学清水茂教授应聘来校讲学，深受欢迎，不仅交流学术，而且增进中日人民的友谊。9月末，10月初北京天气最好。曾两度陪清水先生游颐和园。先生素以诗名，曾惠诗数章：一、“天晴秋气高，喜与硕儒遨。鱼藻围船戏，湖山护殿豪。海军为石舫，国步陷狂涛。游客欣风景，岂忘黔首劳?”二、“登临渐及高，怡眼胜初遨。能做江南好，固存河北豪。平原才见岭，渌水不生涛。信美非吾土，偏无王粲劳。”因亦奉和两章：一、“喜迎嘉客至，乘兴共游遨。日丽风烟净，阁高气象豪。行舟多细藻，拍岸鲜惊涛。慨叹前朝事，何曾恤殣劳?”二、“登山岂畏高，非比太空遨。望远胸怀阔，临风逸兴豪。龙宫生烟霭，铜兽镇波涛。佳景诚希有，猕桃可祛劳?（指饮料)”。

国大百科全书》也已分别学科出版数卷。1984 年 2 月中国大百科全书出版社着手编纂语言文字卷，本人被聘为编辑委员会副主任，兼文字学、训诂学两分支主编。编纂大百科全书在我国尚属首创，要达到完善无疵也非易事。所幸出版社已拟定《编辑条例》，有矩矱可遵。经过许多学者共同参加，齐心努力，已告完成，并于去年 2 月出版。

中国语言文字学包容甚广，须要研究的问题很多，我虽然不能多有论述，但在整理积存的旧稿之余，仍将选择一二努力以赴。

1988 年 4 月 15 日

汉语发展的历史*

一　研究语言历史的重要意义

语言的历史跟民族文化的历史关系极为密切。一个民族文化的发展总是要在语言中反映出来的。过去研究历史的人不十分注意语言的发展和人民活动之间的关系，而研究语言历史的人又往往忽略了人民活动的历史，因此有些连带的问题不能得到完满的解决。

研究语言的历史，一方面要探求语言历史发展的规律，用以说明现代语的现象和发展的趋向，并解决语言在使用上的实际问题；同时也丰富了普通语言学、方言学、历史比较语言学、语义学的知识。另一方面是根据不同时期语言发展的情况来从文字语言上去理解社会的发展和人民活动的历史，包括从生产到生活文化的各个方面，把历史语

* 本文为1979年11月应广东语文学会的邀请在华南师范学院所作的讲演内容的一部分，1988年11月重订。

* 为保留作品发表时的原貌，本书对文中的体例、文字、未作大的修正。

言学和其他社会科学联系起来。特别是经济史、文化史、宗教史、文学艺术史。所以研究语言的历史具有很重要的意义。

汉族有悠久的历史文化，历史上遗留下来的文字资料也极其丰富，这是世界上罕有伦比的。当前研究汉语的历史已经成为研究世界文化史的一部分。研究汉语历史可凭藉的材料也最多。在历史上，汉族与国内少数民族的交往，与东西方各国的文化交流，都有许多资料可以参考。可是有关汉语历史的各种文献尚未充分利用。我们必须努力，把汉语历史的研究工作积极向前推进，以取得更好的成果。

语言既然是社会的产物，它跟语言的一切变动都有关系。研究语言的历史必须结合着社会的发展、人民的历史进行研究，这是没有疑问的。同时我们要注意到语言的发展有其内部的自身规律。研究语言的历史更不要忘记应当从语言的整体出发，因为语言是一个系统，文字、语音、词汇(包括语义)、语法之间都有联系，不能孤立地去研究一方面，而脱离其他有关的方面。另外，语言的发展与修辞和逻辑思惟都有密切的关系，修辞手段的多样性和逻辑思惟的精确性都对语言的发展有很大的影响。我们必须把门路放宽，不能局限于一方面而忽视其他。我们要给语言历史的研究开拓更广阔的前途。汉语历史的全面研究还处于发轫前进的阶段，有的部门已经有了好的成绩，但还有不少的部门刚刚在开始。这里只能粗疏简单地说明两三个问题，以引发大家从事研究的兴趣。

二　汉语发展的历史基础

根据考古所发现的大量材料，证明远在五十万年以前在中国的土地上就有了人类。即以新石器时代而论，考古工作者在中国黄河流域和长江流域各地都先后发现各种遗存，包括石器、陶器、骨器、兽骨、蚌壳等等。石器有石斧、石刀、石铲、纲坠。陶器有瓮、罐、瓶、盆、鬲、甑、纺轮等等；其中有红陶、黑陶、灰陶、白陶，而且有不少是彩绘的。骨器有骨镞、骨针、鱼钩、鱼叉等等。另外还发现有谷壳、菜籽，晚期还有炼铜渣。在很多遗址中还有不少半穴式的房屋、烧陶器的窑场和公共墓地。由此可见居民已经聚居，农业、渔猎、纺织已经逐渐发达，而且晚期还有了冶铜术。这正是原始氏族社会的面貌。那时的居民就是中国人民的祖先。我们的祖先很早很早就在中国的土地上生存着，并且创造自己的文化。

汉族既然有极悠久的历史，汉语的起源一定很早。因为语言是人类互相交际的工具，没有语言，社会就不会存在。汉语应当在远古的时代就已经产生了。不过，现在我们所能看到的最古的当时人所留下的文字记载是商代的甲骨卜辞和铜器铭文。商代相当于公元前 17 世纪至公元前 12 世纪。商代的文字已经是相当发达的文字。现在所看到的有文字的遗物大都是殷王般庚以后的东西，也就是商代晚期的东西。约距今三千多年。甲骨卜辞和铜器铭文就是考察商代的历史和语言的重要材料。我们要追溯汉语最早的情况只能从商代开始。

历史学家根据商代的文化遗存已经确定商代社会是奴隶社会。从商代遗址的发掘，我们可以知道商代已有了都城；由地下所发现的生产工具和卜辞的记载，还可以知道当时的农业和手工业都很发达，而且农业已经成为主要的生产。冶铜、陶钧的技术和玉石骨器的雕刻艺术都相当高，并且有了历法和掌史册的史官。

商代的文学记载被保存下来而且数量极大的就是甲骨卜辞。卜辞是当时史官为殷王占卜各种事情的记录。卜辞所记载的事情虽然有一定的局限，文辞也很简短，但也可以使我们知道当时语言的大概情况。

甲骨卜辞自从公元1899年被发现以后，七八十年之间相继出土的总有十万片。在大量的卜辞里，出现的词语很多，语法也并不简单，足见当时的语言已经相当发达。卜辞中的语法结构基本上与后代相同。例如修饰语在被修饰语的前面，主语之后是动词，动词之后是宾语之类，都跟后代一致。有些复杂的句法在卜辞里也出现了，跟后代的书面语言也是基本相同的。在词汇方面，卜辞中所出现的虽然数量不很多，但是汉语词汇中的基本词已经具备。如日、月、南、北、天、帝、春、秋、风、雨、来、往、王、立等等一直是古今通用的词。从文字、词汇和语法各方面来看，后代的语言文字无疑问与商代的语言文字是一脉相承的。例如下面的记载：

己巳王卜贞，□岁商受年，王占曰：吉。东土受年、南土受年、西土受年、北土受年。（东南西北的次序与现代语相同）

丁酉卜𡧊贞，今春王収人五千正（征）土方，受㞢（有）又（祐），三月。

乙酉卜大贞，及兹二月有大雨。

癸丑卜贞，今岁受禾。弘吉。在八月，隹（唯）王八祀。

我其巳宓（祀宾），乍（作，通则）帝降若，我勿巳宓，乍帝降不若。

戊辰卜穷贞，登人乎（呼）往伐𢀛方。甲午贞，其令多尹作王寖（寝）。贞日有食。

这些词句跟先秦古书中的文言都很相近。由此可以了解汉语书面语在商代的时候已经奠定了基础。

商代距今只有三四千年，但语言的产生远在有文字之前。据史书所载，商代以前是夏代，夏人和商人活动的地区主要在黄河中下游南北地带，推想汉语的发源地就在黄河流域。商代的语言是从史前的发展而来的。这种母语可以称之为“原始的汉语”。

商王为周王所灭以后，周代承接了商代的文化，并且有了很大的发展。周人跟商人不是一个部落，这两个部落的语言有哪些方面不同还很难说；不过，周代的铜器文字(金文)跟商代的甲骨文是前后相承的。铜器上的铭文虽然词语古奥，但跟商代卜辞的语法结构没有根本性的差异，周原所出的甲骨卜辞更是如此。由此推想，商周两个部落的语言应当比较接近，都跟“原始的汉语”有联系。

周人征服了商人以后，又征服了许多东方的部落。华夏诸族的不断融合，也就促进了部族的形成。从西周到春秋时代(公元前12世纪—前5世纪)汉族的文化由黄河流域普被到长江流域。随着文化的发展和社会的前进，汉语也就不断丰富起来。当时虽然有许多诸侯国家，方言不同，但经过一定时间的分歧，随着政治、经济、商业、交通各方面的发展，自然日趋接近，并且逐渐融合，以形成区域之间的共同语。

在春秋时代(公元前722—前481)黄河流域的国家统称“诸夏”，诸夏的经济、文化已经发展到了相当高的程度。当时是列国争霸的时期，由于战争频繁，生产发达，商业兴盛等原因，各地人民的往来增剧，邻近国家的语言会更接近，至少周、郑、曹、许、陈、宋、鲁、卫、齐这一广袤地区有了区域的共同语。这一区域共同语到了战国时期(公元前481—前221)就发展成为黄河流域以至长江流域的共同语了。这件事实可以从春秋战国时代的古典著作在语法、词汇方面的基本一致性得到证明。这种共同语就是汉代以后发展为全民共同语的基础。

在汉语历史的发展上值得注意的是在春秋战国期间古汉语书面语言的规范逐步形成起来。这种书面语言也就是后代“文言”发展的基础。如《诗经》、《左传》、《国语》、《论语》、《孟子》、《庄子》、《战国策》以及《楚辞》等对后代的语言和文学都产生极大的影响。这些作品和著作各有不同的修辞风格，但语法没有很大的不同，可见当时书面语言已经有比较一致的语法规范。这种规范不是出于人为的，而是以当时的实际语言为根据的。

战国之后，经过秦代的统一，到了汉代，建立起一个强大的封建帝国。在西汉时期，由于政治的统一和社会经济文化的普遍发展，各地方言在语法方面会更趋于接近，汉族的共同语言应当已开始形成。这在书面上表现得最为清楚。至于各地的口语仍然会保持许多特有的词语，通行在一定的地区之内，语音也差异较大，那只能算是方言了。全民语言自有其一般通用的词汇。汉族全民语言的形成，加强了汉语人民的团结，并促进了汉族文化的发展。汉以后，中国虽然不断受到外族的侵扰，但汉语始终保持着自身的系统，并且按照自己的内部规律向前发展。

三　汉语历史时期的划分

从商代到现在，汉语已经有三四千年的历史，在长期历史发展过程中，语音、语法、词汇三方面都曾经不断地产生过变化。这种变化与社会的前进和人的思惟的发展以及语言内部矛盾的统一有关系。

语言是社会的产物。社会的政治、经济、文化不断前进，新的事物不断出现，语言也就必须与社会的发展相适应。这种事实在词汇和用语的递有增加上表现得最为突出。人的思惟是受客观的存在而决定的。客观的事物有了发展和变化，人的思惟也就随之而有改进，日趋于复杂，同时语言也必然日趋于精密和完善。语法的构词法和造句法随时代而有新的发展就与人的思惟的发展有直接的关系。还有，语言的语音、词汇、语法各方面内部都会有种种不同的矛盾，为了解决矛盾，不能不有所改变。如语音的同化、异化、颚化，词汇的繁衍所给予词法、句法的影响等等，都是语言内部的改变。所以，语言总是不断地在发展，在改进的。

语言的发展当然是相当缓慢的，不会有突然的变革。旧的不再能适应时代需要的东西逐渐消亡和新的能适应需要而又有活力的东西不断地增加，这是语言发展的规律。汉语也正是如此。不过，汉语在长期历史发展中仍然可以根据历史上流传下来的文献资料划分为几个不同的时期，比较各个时期的一些特点，会有助于理解汉语发展的规律，辨认汉语发展的趋向，解决历史上各时代与语言有关系的问题。汉语的历史还缺乏全面深入的研究，根据目前我们的理解，可以初步划分为以下几个时期：

(一)上古时期(公元前771以前)

这一时期包括商代到西周之末。前面已经说过商人的文化比较高，周人伐商胜利以后，吸取了商人的文化，在部落融合之中，汉语也就由部落语言向部族语言发展。这一时期主要的文献有商代的卜辞、西周的铜器铭文和《尚书》的一部分。这些文字的记载几乎都是出自史官之手。

商代的卜辞，文句简短，而基本词汇和语法结构的基本形式都与后代相同。在句法上，有叙述句、否定句，还有疑问句；既有简单句，又有复合句。文字的形体已经从繁复的图形向简单的结构发展，并且趋向于定型化。使用的文字，在象形和表意文字之外，兼有形声字和假借字。足见殷商时代的语言文字已经很发达。

周人是羌族的一支，原是殷商时代的一个方国，语言未必与商人全同，可是周人灭商以后，受到商人的影响，自然会与商人的语言接近。西周的铜器铭文都比较长，多者达到四五百字，如宣王时的毛公鼎有497个字。凡是铭文长的，记载事实的话不多，而以记载言语为主。如盂鼎、毛公鼎、虢叔旅钟、毛伯班毁等几乎全篇记载的都是语言；而且很多铭文有韵语，如大丰毁、宗周钟等器的铭文。由此可见记载语言的文字已经趋于繁复。但文辞比较古奥，虚词出现的也少。今本《尚书》中的《大诰》、《康诰》、《洛诰》、《多方》等篇都是周书，词语与铜器铭文相似。这些记载所根据的语言应当是早期西土周人的语言。东周以后，春秋时代的著作就与此不同了。

(二)上古后期(公元前770—公元219)

这个时期包括周平王东迁后春秋战国时期和秦汉时期。这本来是前后两个阶段：东周春秋战国时期是一个阶段，秦汉时期是一个阶段。不过，这两个阶段是汉语由部族的区域共同语发展为汉族全民语的相连的历史过程，所以归为一个时期。

平王东迁雒邑以后，到春秋时代，铁器的应用已经开始，社会生产发展得很快。列国的封建领主互相争霸，战争频繁，华夏诸族的语言必然逐渐接近，而形成一种各国士族间共同的交际语，即所谓“雅言”。《论语》中说：“子所雅言，诗书执礼皆雅言也。”这种“雅言”可能就是以黄河中下游几个大国的语言为基础的。当时诸侯各国的行人专使礼聘往来，问对之际，不能不有共同能懂的语言。到了春秋后期，生齿日繁，除戎狄蛮夷之外，虞夏商周旧族都已融合，通称为中国。北方文化被及南方，长江流域汉阳诸姬和吴楚等国的语言跟黄河流域诸国的语言也必然日趋接近。加之文化不断发展，诵习《诗》《书》的人日多，语法的规范也就逐渐趋向于一致。语法规范的一致是共同语形成的重要标志。

到战国时期，诸侯力征，四方之民接触日广，尽管各地语音和词语不尽相同，而古汉语书面语的规范已经完全奠定。

春秋战国之间，语言中的词汇有了很大的发展，双音词之增多最为明显。如《左传》成公十三年晋侯使吕相绝秦，有“殄灭我费滑，散离我兄弟，挠乱我同盟，倾覆我国家”，“芟夷我农功，虔刘我边陲”等一些话，用了很多双音词；在《孟子》里双音词更是屡见不鲜。如道路、仓廪、庖厨、草菜、商贾、寇雠、膏泽、雕琢、繁殖、树艺、周旋、忧患、恻隐、穷乏之类是汉语中产生双音词的一种主要方式。另外，由于农业、手工业和自然科学包括天文、地理、数学、医学、生物学等的迅速发展，词汇中增加了大量的新词，汉语的词汇也就不断丰富起来，而且大部分的词都为后代所承用。

在语法方面，这期间，语句已由短而长，表示不同的语义和语法意义的虚词也多起来。特别是《论语》、《孟子》把语言的虚词记录得最为完备，对后代的书面语言影响极大。在语音方面，各地的声韵不会完全相同，但是从《诗经》、屈宋辞赋以及战国诸子中的韵语来看，作者非一时一地之人，而押韵的部类基本一致，由此也可以证明春秋战国时代汉语已成为中国广大地区的区域共同语了。

这期间，在文字的使用上，音同或音近的假借字比较多，有时一个字可以代替几个字来用。如“侍”字可以通“待”，又可以通“恃”。在形体上，东方各国的文字大都趋于简易，而各有不同，秦人则用繁复的籀文，直到秦始皇灭六国，兼并天下以后，才统一文字。

战国之后，经过秦代的统一，到了汉代建立起一个强大的封建帝国，汉族全民语言开始形成。

秦汉这一个阶段里，文字已有了新的发展。秦代统一文字，应用小篆，同时解散篆体的隶书兴起，随之又有草书。文字书写便利，著述也就日多。为了适应记录语言中新起的词汇和适当地减少同音的假借字，又逐渐产生许多新的文字，如增益偏旁之类。随着全民语言的形成，书面语的规范一直向一致的道路发展。就诗文作品的押韵情形来看，大体同于春秋战国时代，但方音随地域而不同。

语言的变迁跟人民的活动是相联系着的。西汉时期的水灾和新莽时候的农民大起义都使得人民流转播迁。这样，在大河的南北，语言就会更进一步地趋于相近，而且有新的发展。

从文字的材料来看，汉代的口语跟史传载记的书面语言已有不同。西汉的诏令和陆贾的《新语》以及《汉书》赵飞燕传中一些直录的语句都表现出当时口语的某些特点。汉代的词汇比春秋战国时代更加丰富，因为通使西域和佛教传入了中国，又增加了一些外来的词语。如师比、珊瑚、骆驼、葡萄、阏氏、浮屠、比丘、沙门、优婆塞等等。在语法方面，如疑问代词宾语的后置（如“莫我知”变为“莫知我”），“是”字做为系词使用等都是以前比较少见的。

（三）中古时期（公元220—588）

这一时期包括魏晋南北朝。在这三百六十多年当中社会的变动极大。首先是东汉末年农民战争连年不息，豪强争夺，干戈云扰，河洛淮颍之间，人民逃散，千里无人烟。其后三国、西晋，又战乱不绝。从4世纪到6世纪之末，北方为外族所侵扰，中国成为南北分裂的局面，北方汉人的士族和大批流民不断南迁，有的甚至远徙闽广。现在江西、广东的客家人有些就是从4世纪以后由北方迁去的，所以在语音和词汇方面都有其特点。永嘉之乱以后，北方十六国纷争扰攘，人民为战争所胁迫，关洛之民或东去辽东，幽冀之人或西至秦陇，播迁不定。南北朝时，变乱不安，北人或南徙，南人或北移，往来交错，语言不能无变化。这三百多年内正是汉语发展的一个重要的转变时期。

从语音上来看，这个时期与汉以前很不相同，而魏晋期间是一大转折。前一时期入声韵与阴声韵关系至密，至魏晋，则与阳声韵相承，韵部的分合也与前一时期不同。前一时期去声字少，魏晋以后则去声转多。到齐梁以后，音韵变化更大。韵有转移，声有分化，声韵系统与前迥异。隋陆法言的《切韵》恰是齐梁至隋初这一期间语音系统的代表。

这一时期内，双音词增加较多。由于数学、医学等自然科学和农业生产的发展，语言中也产生了很多专门词语；特别是受佛教的影响，外来词语也大量增多，这是前一个时期所没有的。

在语法方面，这一个时期内有了很大的发展，接近口语的文字表现得非常清楚。如代词“伊”“渠”的产生、被动句法的出现等等。接近口语的文字的出现，在书面语的发展上代表了一种新的趋向，是值得我们注意的。比较重要的作品和著作有南北朝的乐府歌辞、晋《法显行传》、宋刘义庆的《世说新语》、北魏贾思勰的《齐民要术》和传译的佛经。

(四)近古时期(公元589—1126)

这一个时期包括隋唐五代和北宋。隋代只有三十年之久，中国由分裂而归于统一。唐代是文化极其昌盛的时期，这时不仅继承和发扬了中国优秀的文化传统，而且跟亚洲其他国家的文化有很多接触。在语言方面，因为历次农民起义和开凿南北漕运，人民播迁加剧，方言进一步融合，向集中方向发展。惟有闽广距离中原较远，方言变化不大。

在唐代中叶以后，接近口语的作品增多，演唱佛经故事的变文代表了当时北方方言的面貌。佛教宗派的禅师语录代表了南方某些方言的面貌，这时语法上出现了一些新的形式和用语，如“把”字句、“这”、“那”、“甚么”、“恁么”之类。从词汇方面来看，大量的双音词出现，双音词在汉语词汇中所占的比例越来越大，而且在唐代出现的双音词大部分至今仍然沿用。在语音方面，唐代的科举取士虽然以《切韵》一系韵书为准则，但实际口语的读音跟韵书已经不完全相同。声母有分化，韵母有合并，声韵的分类逐渐由多变少。

五代几十年又是一个社会动荡的时期。宋朝建立以后，汴梁为全国政治、经济、文化的中心。北宋一百六十多年当中，北方语音变动最大。如浊声母变为清声母，浊音上声字读为去声。韵部减少，入声-k，-t韵尾趋向于失落，或变为喉部闭塞音[ʔ]。在语法方面，动词的形尾“了”与“着”表示时态的格式已经确立，人称代词复数的词尾也在书面上出现，这些都是特点。

(五)近代(公元1127—1918)

这一个时期包括南宋、金、元、明、清到五四运动之前。北宋末年金人入侵，占领了北方，南宋建都临安(今浙江杭州)，与金人对峙一百多年，长江以南经济文化得到进一步的发展。由于北人流寓到南方的很多，南方语言受北方话的影响，自然会有新的变化。特别是城市中演唱、讲史、说故事的人和“话本”、“小说”一类的口语文学作品对语言的发展影响最大。

元明清三代都建都在北京，从金元到明清用北方话写作的文学作品，如杂剧、散曲、戏文、南曲、章回小说等等层出不穷，新的以口语为主的文学语言就有了稳固的基础。这样就促使以北京话为主的北方普通话成为全民共同语的基础。这种普通话从16世纪至19世纪曾被称为“官话”，通行的区域越来越广。惟吴语、粤语、闽语、客家语等跟官话不同，各有特点，这是长期历史发展的结果。

汉语在这一个时期内词汇又有增加。从明代中叶西方历算地理科学知识传入以后，直到晚清末年，自然科学和社会科学的新的词语大量出现，汉语的词汇日益丰富起来，音译的外来语和从日本语来的借词很多。

在语音方面，从很早北方与南方就有不同。这一个时期内北方话声母已不分清浊，平声分为两个调类，大部分地区入声已经消失，派入平上去三声。又“林”、“深”、“心”、“三”、“南”等字唐以前韵尾收-m的逐渐转为收-n。在南方，沿长江一带入声字收-p的开始转为收-k，后来入声韵尾-k和-t两类变为喉塞音［ʔ］，最终以致消失。阳声韵收-ng的，很多地方读为收-n。

这一时期，在八百年中社会的变动很大。一方面是汉族与入侵的外族的斗争，另一方面是汉族人民与统治者的斗争，最后结束了两千多年的封建社会制度。但由于外国帝国主义和资本主义的侵入，中国的社会又变成为一个半殖民地半封建的社会。语言随着社会经济、文化的改变又有了新的发展。

（六）现代（公元1919以后）

汉语的发展自五四运动以后转入一个新的时期。五四运动是中国民族民主革命和新文化运动的开始。自五四运动以后，白话文广泛传播，成为新的文体。以北方话写成的文学作品对汉民族全民共同语的确立起了极大的作用。随着外国文学、哲学和科技著作的大量翻译，在语言里不仅吸取了不少外来的词语，而且语法方面也有了很多变化。在构词法上，应用了许多新的构词成分，如“化”、“性”之类；在句法上，受西文语法的影响，也增加了一些新的表达形式。在词义的发展上，旧日的形容词可以兼用为动词，动词兼用为名词。在书面语言里，修饰语已扩展加多，文句的结构变得精密繁复，修辞的手段结合着语法的规律，形式上更加多样化，这些都是很明显的现象。

新中国成立以后，确定了汉民族共同语就是以北方方言为基础方言，以北京语音为标准音，以典范的白话文为语法规范的普通话。汉语已成为全国各族人民的交际工具，在国际事务中汉语的作用也越来越大。

四　汉语在历史上发展的道路

从以上所述我们可以了解汉语在历史上有其独立发展的道路。概括来说，有以下几个要点：

(1)汉族在历史上不断受到外族的侵扰和压迫，在外族统治之下，汉族人民进行着不懈的斗争。在语言方面，汉语始终保持着自己的词汇和语法结构，并且按照本身的发展规律而发展，外族语言丝毫不能破坏汉语的独立性。在历史上，鲜卑人、氐人、女真人都曾统治过中国的北方，而且都在一百年以上，元代蒙古人也占领过整个中国将近一百年，清代满人入关又统治了中国二百五六十年，但鲜卑语、氐语、女真语、蒙古语和满语都不能打乱汉语固有的传统，汉语自有其独立性和稳固性，它一直是不断地战胜外来的干扰而发展成为世界上极丰富的语言之一。

(2)语言的发展变化跟人民的活动有密切的关系，战争和商业以及交通等对语言改变的影响尤其大。在中国二三千年的历史当中，战争极为频繁。战争兴起，迫使人民迁转流徙，不同地区的人和睦地居住在一起，互相往来，语音和词汇必然要有改变。另外，在历史不同时期中外族人民往往为战争所裹胁，或被迫迁徙而与汉人杂居，甚且互通婚姻，共同使用汉语，语音未必切正；但久而久之，世代更迭，在民族融合中，音韵不能没有变异。北齐时颜之推论南北语音时就曾经说过：“南染吴越，北杂夷虏，皆有深弊，不可具论”，这是势所必然的。惟有地处边鄙，聚族而居，与外界交往较少的，往往累世不变，所以闽、粤、客家多存古语古音。

说到商业和交通，其对语言的影响当更多。如河、洛、淮、济、江、汉诸水以及漕运沟洫相通之处，商贾云集，人民往来，四方辐辏，语言也必然会随着口语的变易而有所改变。

(3)汉语始终是随着社会的政治、经济、文化的变革而不断发展的，但在长期封建社会制度之下，并没有能够完全排除方言的分歧。可是通语的势力不断扩展，方言即使暂时分化，随后又向统一的方向发展，这是汉语发展的一个重要方向。在中国的北方大部地区都是平原，所以从很早的时候北方方言就比较接近，逐渐形成以封建帝都所在的方言为基础的区域共同语。历史上，长安、洛阳、汴梁(开封)、大都(北京)都曾经是都城，这些都城又都在北方，所以北方话的发展对南方方言不断发生影响，南方的特殊方言区域也就不断缩小，最后以北方话为基础的普通话终于形成。黄河流域是汉语全民语言的发祥地，而普通话是经过很长很长的时期而形成的。

(4)中国在长期封建社会中汉族使用的书面语言一直是文言。文言本来也是在口语的基础上发展起来的，但语言是不断发展的，口语有了变化，书面却仍然使用文言，那就与口语有了距离。文言的形式尽管长期仍为文人所使用，但不能阻止口语的词汇和语法形式向文言中渗透。广大人民所需要的更不是文言，而是接近口语的书面语。所以从唐代起民间的作品都倾向于用语体。宋元以后的话本、戏曲和小说几乎都采用据口语而加工的书面语言。这种新的书面语言也就是后来所称为“白话”。五四以后，白话盛行，直到现在，已成为全民一致应用的文体了。由此来看，汉语的书面语言由文言向语体发展，这是必然的趋势。

(5)语言中新词不断产生，旧词逐渐消亡，这是语言词汇发展的共同现象，汉语也是如此。从构词法来说，由单音词向复音词发展，以致复音词在词汇中占绝对优势，这是汉语词汇发展的总的趋势；而且单音词的词义向多义方向发展之后，为求语义的明确起见，也必须利用产生复音词的方法来解决。例如“开”字本身是一个多义词，具有几个意义，在现代语中产生了开发、开展、开动、开拓、开设、开张等等不少的复音词。有了这些复音词，在使用时，要表达的意义就能确定不误。由此来看，词汇的发展跟词义的发展是互相关联着的。

语法的发展是比较缓慢的。汉语语法的基本结构形式在上古时期已经奠定下来，而在表达思想的方式上则一步一步趋于精密。形态的变化比较少，而修饰语或限制语尽量要放在被修饰或被限制的词语之前，词与词之间意义连属的远近就要靠词序的先后来表现；同时，在前后词语有相互制约关系的情况下，或用一定的助词表明其间的关系，如“的”、“地”、“得”、“把”、“之”等等。这就是语法发展的主要情况。

至于语音，在上古时期，声母比后代要多，既有单辅音，也有复辅音(cluster)，韵母的元音可能比较少。后来由于声韵调的互相影响，声韵有分化，有合并，韵尾有改变，有消失。由中古以后总的倾向是向系统的简单化发展。现在普通话以北京语音系统为标准，声韵调三方面都是比较整齐而且简单的。各处的方音虽各有其特点，随着经济和科学文化的发展，人民往来的增多，教育的普及，差异必将逐渐减少。

汉语在历史发展的过程中也吸收了不少外来的词语，但始终以意译为主。最初是音译的，末了还是大都为意译所代替。五四运动以后，汉语语体文的语法也受到西方语言语法的一些影响，但也只能是按照汉语自身的发展规律适当地吸收，并不能改变原来的语法体系。这些都是很清楚的事实。

汉字发展的历史

中国的汉字起源很早，距今至少有四五千年了。汉字是一种方块式的文字。就每一个汉字来说，它本身就是一个记录语言的符号。每一个字代表语言中的一个音节，而又各有各的写法。这跟拼音文字大不相同。现在我们所看到的最古的汉字是商代刻在龟甲和兽骨上的记录占卜文辞的文字。这种文字称为“甲骨文”。甲骨文就是后代汉字发展的基础。

甲骨文字是由图画发展而来的。有不少的字还跟图画很接近。例如：

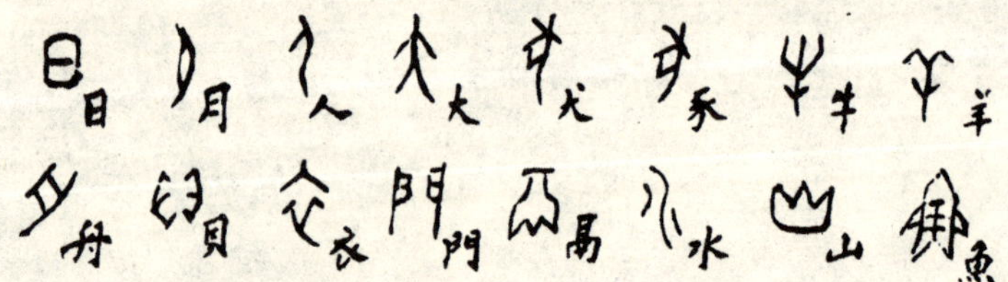

图一

这些字虽然类似图画，但是早已发展成为文字符号了。一方面，笔画变得很简单，只重事物形象的基本特征，而不作复杂的图形；另一方面，肥实的笔画改为轮廓的细画，横画的图形改为竖直的字形，完全脱离了图画的阶段。在使用上它是做为代表语言中的一个个的词来应用的。与图画并不相同。这种字在“文字学”上称为“象形字”。

象形是象物之形。但是语言里的词要表现的事物很多，不能仅仅依靠单纯象物之形的符号表达不同语词的意义，于是在甲骨文里又有其他的造字方法：

(1)纯粹属于符号性质的字：

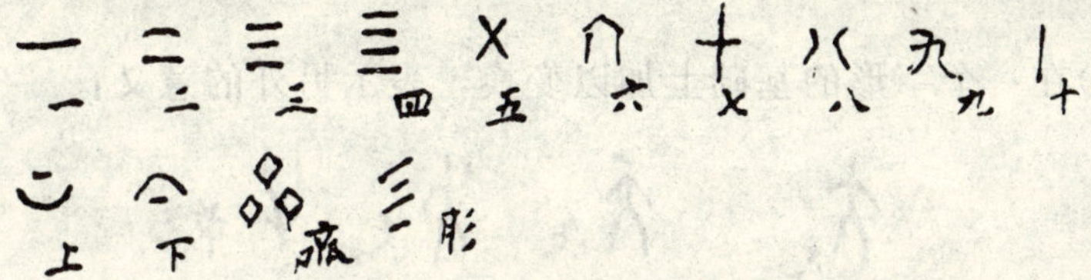

图二

这是由“一”到“十”都是数字符号，“上”“下”用“一”在上、在下来表示，“◇◇◇”表示东西整齐，“彡”表示连续不断。

(2)在一个字形上增加记号，表示特定的意义：

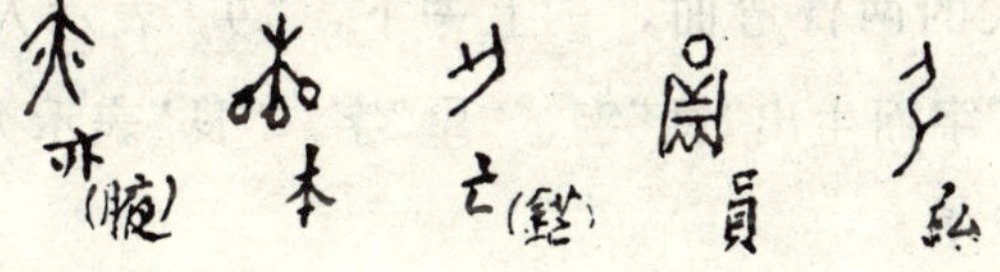

图三

这里“亦”表示两臂腋下，“本”表示树根，“亡”表示刀的锋芒，“员”表示“鼎”口为圆形，“弘”表示弓臂，都是在已有的字形上加标志。

(3)在一个字形上增添一部分代表某种事物的形象，表示新的意义：

图四

这里在“大”上加“口”，表示头的颠顶，在“人”上加“田”，表示鬼，在“鬼”上加“卜”，表示鬼持木棍，以示可畏，在“人”上加“目”，表示有所见，在“人”上加张口形，表示呵欠，在“矢”上加“厂”，表示射侯，“矢”外加“囊”，表示包涵，“弓”上有弦和弹丸，表示控弦施弹。

(4)在一个字形的基础上加以变换，表示另外的意义：

图五

这里从“大”字生出“夨”字、“夭”字、“屰”字。“夨”表示头偏侧一边，“夭”表示人的两臂弯曲，一上一下，“屰”表示人从对面迎着走来。这里从“見”字而生出“艮”字、“朢”字。“艮”表示人回头看，“朢”表示人在举目远望。

(5)组合两个象形字表示语言中一个词的意义：

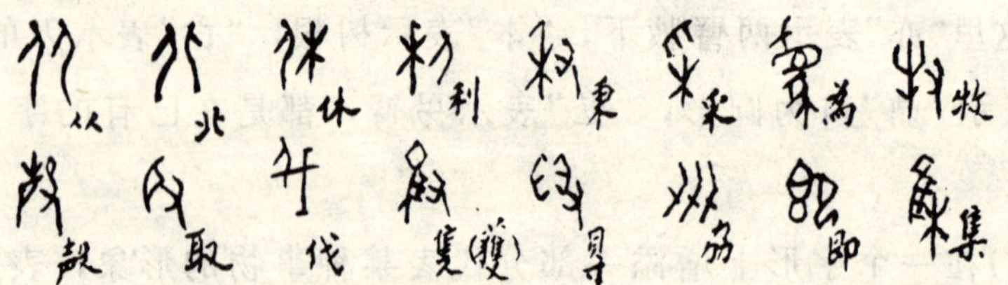

图六

这里“从”表示人相从，“北”表示二人相背，“休”表示人倚木，“利”表示以刀刈禾，“秉”表示手持禾，“采”表示手(爪)在树上有所采，“为”表示手牵象，有所为，“牧”表示以攴牧牛，“殸”表示以攴击磬，“取”表示以手提耳，“伐”表示以戈伐人，“隻”(获)表示手持隹(鸟)，有所获，“㝵”(得)表示手持贝，有所得，“劦”表示众力相协作，“即”表示人来就食，“集”表示隹集于木。

(6)组合两个字，一个字表意，一个字表音：

图七

这里“鳳”字左边是凤形，右边从凡声，“雞”字右边是鸡形，左边从奚声，“霖”字上边是雨，下边从林声，“河”字左边是水，右边从丂声，“潢”字左边是水，右边从黄声，“唐”字下边是口，上边从庚声，“𢦏”字从戈，上边从才(灾)声，“祀”字左边是示，右边从巳声，“翌”字右边是羽，左边从立声。

以上几类当中，前五类都是“表意字”。表意字是以象形字为基础的。从构造上来看，一二三四几类是“独体字”，第五类是“合体字”。合体字比独体字所能表现的方面要广得多了。所以在甲骨文里合体的表意字很多。但是语言的词汇是不断发展的，要表现一个词义，完全依靠组合已有的字而成为一个新的表意字必然有时技穷，因此在甲骨文里又出现了以一字表意、一字表音的合体字，这就是一般所说的“形声字”。有了这种方法，就可以随音造字，不必想尽种种方法去制造表意字了。

形声字能跟语音相结合，这是汉字的一大发展。所以到了周代形声字大量出现，后世产生的文字几乎都是形声字，表意的文字就很少。因为从很古创造了这种一半表意，一半表音的造字方法，基本上可以适应记录汉语的需要，所以在长期封建社会中全民族都一直使用着这类方块式的文字，没有能发展为拼音文字。现代的汉字在书写的笔画和结构上虽然不同于商代的甲骨文，但是与商代的文字还是一脉相承的。

根据以上所说，可以知道汉字发展的规律是以象形字和表意字为基础，向表音的形声字发展。不过，形声字既要表意，又要表音，两方面都有一定的局限性。因为在表意方面，只是表示事物的一个类属，不能充分显示词义的内容。如从木，从心，从水，从火，只是代表一个大的范畴而已。至于表音方面，声符也不能都与词的读音一致。有不少是相同的，但不同的也占很大的数量，只取相近而已。随着时间的改变，声符跟字音就会有差异，不能完全吻合。不过，这种特有的文字使用了数千年，历代的著作都用这种文字来记述，适应了古今不同方言区域的人交流思想，对增强全民族的团结，对发扬民族的文化都起了巨大的作用。

文字是记录语言的符号。语言在发展的过程中不断产生新词，就要创造新字。由于语义的发展和语音的改变，原有的字在表意或表音上有不足之处，就要在原有的形体上增改意符，或改变声符。例如“莫”字原义是日暮，“莫”作否定词以后，另造“暮”字，代表日暮的意思。“采”本义为采摘，后来“采”作五采、色采来用，于是又造“採”字，代表採摘的意思。又如“炒”古作“煼”，由于声符与后代语言不合，所以用“炒”代“煼”。“担”古作“擔”，“锄”古作“鉏”，“爱”古作“炁”，这些都由于声符不合于后代的读音而另造新字。因此汉字在使用上不断产生新字，有些不大为人所用的，日久也就废弃，只见于古书而已。现在字典里有很多“异体字”，都是历代在同时期所创造的字。为了便于记录语言，交流思想，不能不进行“规范化”。所谓规范化就是每个汉字在使用上要有一致的写法，把异体字取消不用。异体字的产生是汉字在发展中所出现的必然现象。

汉字的形体的历史上也有过几次的变迁。由商代的甲骨文发展为周代的铜器文字，由契刻转用陶范冶铸，方笔改为圆笔，笔势有了变化，文字也繁衍日多。到春秋战国时期，各国的文字不尽一致。秦始皇灭六国之后，统一文字，以秦国的文字为主，形成一种篆书，篆书没有脱离金文的图画形式，即所谓“小篆”。但是从战国到秦朝的时候，又新兴一种字体叫“隶书”。隶书改变了图画的形式，比篆法简易多了。所以到汉代隶书大为盛行。同时虽有“草书”，但过于潦草，不便使用。到魏晋以后，隶书又发展为“楷书”，这是一次大的改变。隶书虽然还能在石刻上看到，但已经不是通行的字体了。六朝时期有“行书”，比楷书笔法较简捷随便，大都用于书信或草稿，而书籍的撰写一直应用楷书。隋唐到现在，楷书就是正规的字体，每个字都有一定的写法，不容混乱。这就是汉字形体发展的经过。

1986 年 10 月

汉字与汉语的关系

一　汉字与汉语联系的情况

汉字是在汉语的基础上产生着和发展着的。要理解汉字，对于汉字和汉语的关系不能不有明确的认识。

汉字既然始终是一种表意体系的文字，在表现语言方面就不能完全与语言相应合，因而形成种种错综的关系：

(一)字和词不能完全相应

汉字是一个个方块式的字，每一个字都代表语言的一个音节。语言里的词有的是一个音节，就用一个汉字来代表，例如“人”、“走”、“高”、“大”之类；有的是两个或两个以上音节的合成词，就要用两个或两个以上的汉字来代表，每个汉字就是一个构词的语素，例如“人民”、“伟大”、“工业化”、“图书馆”之类。因此，字跟词并不完全相应。有些汉字就相当于语言里的一个词，有些汉字只相当于一个词的语音组织的一部分，甚至于很少单独应用。例如：

崎岖　澎湃　淅沥　逍遥　唠叨　吩咐　徘徊

灿烂　玛瑙　蔷薇　葡萄　柠檬　窟窿　圪垯

这里面每一个字只代表整个词的一个音节，并不是一个独立的词。

(二)汉字本身不能正确表示语音

汉字当中有一部分是象形字和表意字，如“生、重、育、建、长、奔、齐、逐、析、间、困”之类，固然不能表示出声音来，就是形声字也不能把语音完全明确表示出来。例如“居、固、苦、胡”不都读“古”，“格、客、路、洛”不都读“各”，“功、空、项、江”不都读“工”，“语”从“吾”得声，可是“语”现在不念“吾”，“假借”的“借”从“昔”得声，可是“借”现在不念“昔”，这就是很明显的例子。造成这种事实至少有两个主要的原因：一种是原来造字的时候声符并不与字音完全一致，只是相近而已；一种是最初造字的时候，声符的读音本来与字音相合，但是由于时代的变迁，字音有了改变，于是产生了歧异。由此可见汉字的形声字构成的办法固然很巧妙，可是并不能达到真正表音的作用。还有些形声字从现代书写的形式上已经看不出哪是形旁，哪是声旁，更无从辨出它的声音来了。例如“年”从禾千声，“康”从米庚声，“成”从戊丁声，“舉”从手与声，“釜”从金父声，“责”从贝朿声，“産”从生彦省声，“疫”从疒役省声。这些字没有专门文字学知识的人就很难知道它是形声字了。由此可见汉字中尽管大部分都是形声字，字形所表现的声音跟字的读音并非都密合无间。

汉字既然不能完全直接表音，一个汉字的读法古今可以有不同，各处的方言也可以有不同。在不同的时代，不同的地区，读音都可能有差异。例如“歌”，唐以前念[$_{c}$ga]，现存念$_{c}$ge，“写”唐以前念[^{c}sia]，现在念^{c}xie，这就是古今有不同；“南”唐以前念[$_{c}$nām]，现在广州仍然念[$_{c}$nam]，可是普通话念 nán，“云”唐以前念[$_{c}$riuən]，现在厦门话念[꜀hun]，可是普通话念 yún，这就是方音的不同。因此，要求得语音的统一，就必须认真推广普通话。

(三)口语里的词未必有相应的字来写

汉语的词汇是非常丰富的，但是由于汉字是表意系统的文字，所以有些词只在口语里应用，而无适当的文字可写。例如一连串的东西叫一 dulu，如说“一 dūlu 葡萄”，“一 dūlu 生花生”。“dūlu”一词一定很早就有了，可是不知道怎样写才更合适(曾经有人写作“嘟噜”)。像这样的词因为受了汉字的限制在书面上没有表现出来的很多。在不同的方言里都有一些口语中特有的词，但往往因为没有恰当的字可写，也就很难在书面里应用。研究语言的人听到一个口语词要把它用汉字记录下来也很困难，因此不得不煞费苦心地到古书里去寻找“本字”。这都表明使用汉字来记载汉语有时不免要受到一些限制。

(四)语言里同样一个词古今字有不同，造成很多的废字

例如“shuàn”是洗的意思，放物在水中摆荡冲洗叫“shuàn”，唐人写作“灛”，现在写作“涮”，“灛”已经成为废字了。又如果子里的坚硬部分叫“hú”，宋人写作“槲”，现在写作“核”(hú)，“槲”已经废弃不用了。词有定而字无定，音同而字不同，这是产生古今字的一个原因。

有时语言里的一个词古代怎样说，现在还是那样说，没有很大的差别，但文字的读音有了改变，于是跟口语的说法就有了距离。例如，我们吃饭用筷子取菜，北方说꜀jia，南方说꜀ga 或꜀go。在汉末服虔《通俗文》里这个词写作“敧”，作“以箸取物”解。但是“敧”这个字按后代韵书的读法它跟“奇数”的“奇”同音，那就跟口语音相差很远了。事实上古人的读音是 giā，并不是 ji，ji 是后来的变音，字音改变了，而口语里跟古语相近，这就造成了语言和文字的分歧。所以现在一般都写作“夹”，而“敧”这样一个字就废弃不用了。

(五)汉字中有大量的同音字，字的应用要随着所表达的语词而变更

例如“榆树”、“娱乐”、“愉快”、“剩余”、“愚昧”这些词当中的“榆、娱、愉、余、愚”都是同音字，但在应用上就不能同音代替，因此每一个字都成为一个独立的表音符号，必须一个个地联系语词来学习。汉语的音系并不是十分复杂的，但文字随着语言的发展逐渐增多，以致多到好几万。汉代书籍中应用的文字有一万多，到唐宋时代韵书中所收的字已增加了一倍，到了明清时代，字书中所收的字就多到四万以上。在个别方言区域内使用的方言字还不在内①。由此，一方面可以看出汉语的丰富，一方面也可以看出汉字数目的庞大。不过其中有大量的废去不用的字，现在通常应用的字只有六七千而已。

二　汉字形音义的矛盾现象

根据上面所说，我们对于汉字的性质已经认识得很清楚：汉字是一种表意系统的文字，它虽然很早就走向表音的道路，想尽量跟语音结合，可是没有完全脱离表意的范畴，在形体上既要表音，又要表意，这就是汉字特有的一种性质。形体本来是一种书写的符号，要从形体上显示出来语言的声音和意义，二者兼顾就很难达到好处，同时在形体与声音或意义之间也不免会产生一些分歧和矛盾的现象。这种分歧和矛盾的现象有些通过产生新的形声字而获得解决，有些就存留下来造成使用上的不便。

从汉字发展过程中我们看到下面一些事实：文字要跟语音相结合是一个总的趋向，原有不标音的字固然往往要为标音字所代替，例如

① 如广州话的“嘅”、“冇”，福州话的“怀”、“侕”等。

“砅”为“沥”所代替，“凷”为“块”所代替，“軎”为“轊”所代替等等①。但即使是标音字，也可能在某一个时代因为音符已与实际语音不很相应而另外产生一个新的标音字。例如“煼”字见于汉扬雄《方言》，从火取声，这个字就是“炒菜”的“炒”字。晋代这个字写作“鬻”（见郭璞《方言注》），到唐代又改写作“煼”（见慧琳《一切经音义》），都从芻音。从取从芻原来可能跟语音比较接近②，但是后来就相差很远了，所以后代又改写作“炒”。“炒”从火少声，跟 chǎo 这样一个音就接近得多了。又如“掛”字，古代写作“挂”，现代写作“掛”，“挂”从手圭声，当然不如写作从手卦声更与近代语音切合，所以又产生了“掛”字③。这都表明了文字要尽量跟语音相结合的总的趋向。在汉字历史发展过程中，每个时代都有很多新字出现，用新字来代替旧字。这样异体字固然增多了，可是形音之间的矛盾有一部分的字可以获得解决。这是一方面。

另外一方面，汉字不仅要求表音，而且要求表意，于是就要在形体上尽可能地区分词义。要区分词义，文字就不断孳衍，逐渐繁化起来。

语言里一个音常常代表几种不同的意义，为了尽可能把这不同的意义在形体上表现出来，汉字就常常用增加形旁的办法来解决，于是原来的一个字由于增加形旁就繁衍成几个不同的字。例如：“人才”和“木材”，“才”与“材”要写成两个字；“支派”和“四肢”也要写成两

① 这几个例子都见于《说文解字》。履石渡水为“砅”，车轴耑为“軎”。

② 现代所写的“吵”字在唐人书里写作“謅”，跟“炒”字写作“煼”相同。现代“謅”音 zhōu，例如“胡謅一气”。

③ 以前国家文字改革委员会公布的第一批异体字整理表取“挂”不取“掛”，是因为“挂”字笔画少，便于书写。

个字。

有些词的写法古人最初应用假借的办法借用声音相同的字来写，后来就另外造一个字。有的在原来应用的假借字上加上一个形旁，有的或另外用一个字来代替。例如："价值"的"值"古人原来作"直"，后来加人旁作"值"；"猝然"的"猝"古人原来作"卒"，后来加犬旁作"猝"；"直"跟"卒"都是假借字。又如："疲劳"的"疲"周秦古书里作"罷"，"罷"是一个假借字，汉以后就用"疲"来代替；"早晨"和"早先"的"早"汉以前的古书里很多都作"蚤"，班固的《汉书》仍作"蚤"，"蚤"是一个假借字，后来就用"早"来代替。"值、猝、疲、早"都是后起的字。

还有一些字原来所代表的语词在意义方面有了引申，引申出来的意义由于声音上的改变而成为另外的一个词，于是文字也随着语词的发展分化为两个字。例如："知道"的"知"和"智慧"的"智"最初都写作"知"，后来才产生"智"字；"扇子"的"扇"和"搧动"的"搧"古代都写作"扇"，"搧"是后起的一个字。这种字就是一种"分别字"，都是在原来应用的字上加上一个形旁所构成的。

另外还有一些字原来自有它的本义，可是后来在应用上又去代表其他的词语，而且这种新的用法占了优势，原来它所表示的词的意义反而模糊了，于是也利用增加偏旁的办法为本来所代表的词另外造一个字。例如："止"原来代表的是足趾的"趾"，后来"止"字有了别的用法，于是又造出"趾"字来；"益"原来代表的是满溢的"溢"，后来"益"字有了别的用法，于是又造出"溢"字来。其他如"须鬚"、"要腰"、"縣懸"、"畢畢"、"暴曝"、"朝潮"、"监鑑"、"新薪"、"然燃"、"莫暮”、“鄉嚮”等等都是这一类的例子[①]。这种后起的字，文字学上称为“后起本字”。

从这些事实可以看出汉字要在形体上区分词义是相当费事的。要解决形义之间的矛盾，主要的办法就是增加偏旁造成一个新的形声字。文字在书写上是要求简化的，可是汉字在跟语言的关系上又要求与语词的声音和意义相结合，这样在形体的结构上又不能不趋于繁化。简化和繁化是相矛盾的，形体与音义之间也免不了产生矛盾。汉字在解决形音义之间的矛盾时过去只有采取不断创造形声字之一法。这种办法固然可以解决一部分个别的矛盾，但不能根本解决所有的矛盾，因此在汉字发展过程中还存留下不少的形音义矛盾的现象。

这种矛盾的现象主要有下列几方面：

（一）同形异音同义

一个字意义相同而读音不同的现象很多。有的是传统的读音就有两种不同的读法，例如：“侧”有 cè，zè 两读；“栖”有 qī，xī 两读[②]。有的是读书音跟口语音有不同，例如：“学”读书音是 xué，口语里或说 xiáo（如“学好”）；“摘”读书音是 zhé，口语里或说 zhāi（如“摘一朵花”）；“尾巴”的“尾”读书音是 wěi，口语里或说 yǐ。有的是同样一个字，做为单词是一个读法，与别的字组成一个词又是一个读法。例如：“剥”音 bāo，“剥削”、“剥夺”的“剥”音 bō；“薄”音 báo，“薄弱”、“淡薄”的“薄”音 bó。有的是同样一个字在不同的词里读音不

① 当然也有不用增加偏旁的办法而另造一个形声字的。例如“獸”本为“田狩”字，后来“獸”作“禽獸”的“獸”字来用，于是又造一个“狩”字。不过这种例子远没有应用增加偏旁的方法那样广泛。

② 一个字在一种读法之外还有另外的一种读法，另外的一种读法称为“又音”。

同，例如：“模”在“模范”这个词里音 mó，在“模样”、“模子”里音 mú；“凿”在“凿子”这个词里音 záo，在“穿凿”、“确凿”里音 zuó。

(二)同形同音异义

用同一个字代表两个不同意义的同音词，就是前面所说的假借字。汉字当中不少同形同音异义的字，例如：“会”是“会合”的“会”，又是“会不会”的“会”；“升”是“升斗”的“升”，又是“升降”的“升”；“抄”是“略取”的意思，而又是“抄写”的“抄”；“打”是“打击”的“打”，而又是“打水”的“打”。

(三)同形异音异义

汉字中一字数音数义的例子很多。有些单字所代表的语词不是一个语词，因此音义就有不同。例如：“行”音 xíng，是“走”的意思，又音 háng，是“行列”的意思；“盛”音 shèng，是“兴盛”的意思，又音 chéng，是“装纳”的意思。又如“好”音 hǎo，是“好坏”的“好”，又音 hào，是“爱好”的“好”；“创”音 chuāng，是“创伤”的“创”，又音 chuàng，是“创造”的“创”；音义都不相同。另外有些字出现在不同的词里，它所代表的意义不同，音读也就不同。例如：“漂浮”的“漂”音 piāo，“漂白”的“漂”音 piǎo，“漂亮”的“漂”音 piào；“折腾”的“折”音 zhē，“转折”的“折”音 zhé，“折本”的“折”音 shé；“强大”的“强”音 qiáng，“勉强”的“强”音 qiǎng，“倔强”的“强”音 jiàng；“炮火”的“炮”音 pào，“炮制”的“炮”音 páo，“炮肉”的“炮”音 bāo。这些都是同形异音异义的例子。

(四)异形同音同义

音义相同而写法不同，这是汉字中常见的一种现象。例如：

枪铊　暖煖　檐簷　愧媿　跡迹　谿溪　踈疏　筍笋

麴麯　烟煙　栖棲　线綫　泄洩　溼溼　懽懽　階堦　嫉妒嫉妬

忼慨慷慨　恍惚怳惚　彷彿髣髴

这些都是音义相同而写法不同的字，这种字一般称为“异体字”。异体字的产生是汉字在社会上长期使用的结果。有些是由于造字的时间和地域不同，造字的人所采用的表音和表意的符号不一致而产生的。有些是从古代两种字体保留下来的不同的写法，如“禮”是篆书，“礼”是古文，“禮礼”同样保存下来。有些是由于要求形体能够更好地表达声音和意义而产生的异体字。例如：“裤子”的“裤”汉人写作“绔”①，从糸夸声（夸音ˌkua），后来写作“袴”，从衣，不从糸，再后又写作“裤”，从衣库声。从形旁来看，从衣比从糸意义要显明得多，从声旁来看，从库比从夸声音更加切合，所以一个字有几种不同的写法。另外还有很多异体字是由于要求简化而产生的。例如“糉”又作“粽”，“筍”又作“笋”，“粽”和“笋”都是简体字。异体字产生的缘由很多，这几点都是主要的。

总起来看，汉字形体和声音意义之间一直存在着不少矛盾的现象。有些异读词就需要进行规范化，无用的异体字也需要淘汰掉，这样才能使汉字更好地为汉语服务。

1957年11日

---

① 《说文》：“绔，胫衣也。”

汉字形体的发展过程

现在我们日常手写的规规矩矩的汉字字体称方“楷书”，或称为“正楷”。“楷书”是从魏晋以后形成的一种字体。魏晋以前，从殷商到秦汉，文字的写法有过很大的变迁。概括来说，可以分为三个大的阶段。现在分述如下：

一　商周的古文字到秦代的小篆

商代的甲骨文是今天我们所能看到的最古文字，这种文字以象形字和表意字为主体。象形字和表意字是从图画发展来的，但已经不是图画，而是一种记录语言的符号了。不过有不少的字在表形和表意上还离图画的形式不太远。例如：

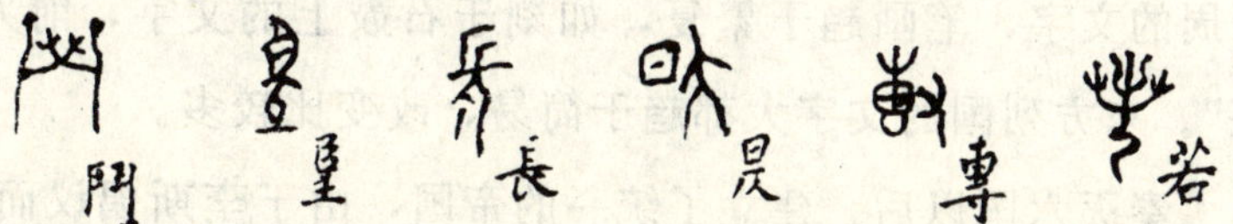

图一

这里“門”像二人相斗。“𦣞”像人举足回头远望，从目从壬。“長”像长发老人拄杖形，表示年长。“昃”，从日从失，像天晚日暮，人影倾斜的样子。“專”像用手转动纺轮之类的东西，从又从“叀”。“若”像人用双手整理头发形。

到了周代，铜器上的文字即通常所说的“金文”，在写法上大体跟甲骨文接近，但也不无改变。如：

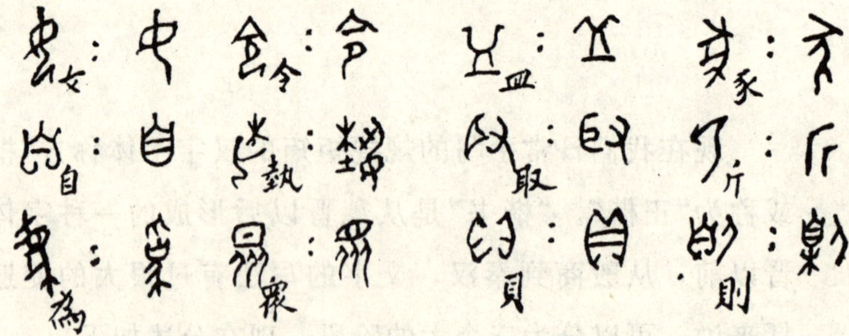

图二

这里左边的是甲骨文，右边的是金文，其中有的笔画变动比较大，如豕、自、取、斤、貝、为。有的多增加了一部分，如埶、則。埶增加了“土”，則增加了“刂”。有的可能是一种讹变，如“衆”字甲骨文上从“日”，金文却变为从“目”，原来造字的意思完全泯灭了。到了春秋战国之间，除见于铜器文字以外，又有玺印、盟书、货币、陶器上的文字。这时各国的文字各有地方色彩，不完全一致。秦人继承了西周的文字，笔画趋于繁复，如刻于石鼓上的文字，前人称之为“大篆”。东方列国的文字大都趋于简易，改变比较多。

秦灭六国以后，建立了统一的帝国，由于李斯倡议而进行统一文字，于是有“小篆”。“小篆”对“大篆”而言，形体比大篆简单一些，结构比金文整齐。例如：

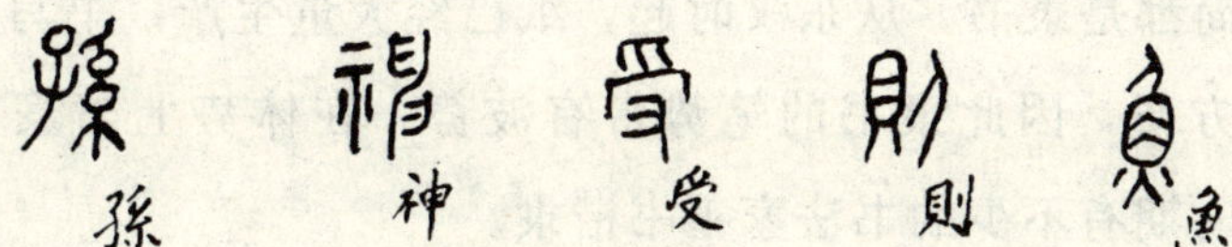

图三

这些很明显，小篆的字形已经写得很整齐，而且走向简化和标准化。偏旁也比较分明。小篆是由商周的文字系统发展而成的。小篆以上是一个大的阶段，所以称为篆书阶段。

二　秦汉的隶书

隶书是由简易的篆书逐渐发展而成的。战国时代的兵器文字已趋简捷，而且已经有了略与篆书接近的隶书。到了汉代，隶书不断发展，日趋约易，就成为日常应用的字体了。隶书不同于篆书，主要表现在三方面：

(1)笔画简化；

(2)结构整齐；

(3)篆书的圆笔变为直笔或方笔。

从下面的例字就可以看得很清楚：

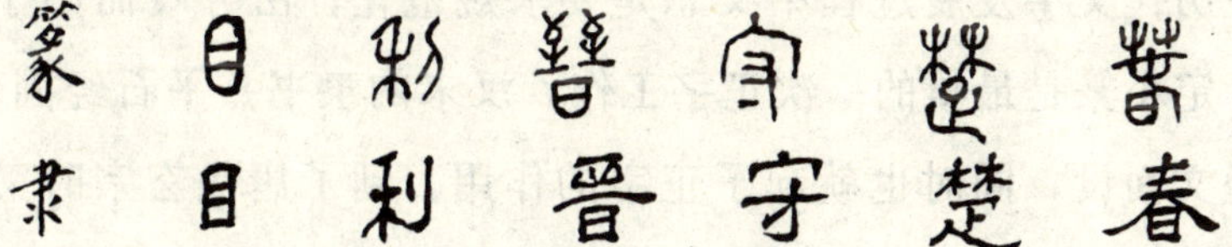

图四

隶书的出现是汉字由繁复变简单的一大发展。隶书解散了篆书字体，使文字完全摆脱了图画的性质，成为便于书写的符号，文字也就走向大众化的方向，在社会生活中发挥着更大的作用。考古发现的竹简和木简都是隶书。从东汉时起，纸已经大量生产，书写文字的工具也更加方便，因此隶书的笔势带有波势，在体势上与篆书很不相同。东汉时期有不少的书法家善书楷隶。

在汉代隶书开始发展的时期，又有了草书。草书是草率的隶书。汉末又有了由楷隶简化的行书，足见文字为便于实用，不断有新体出现。但草书只求整个形体与隶书相似，不容易认，行书又偏于草率，所以楷法为人所重。

三　魏晋以后的正楷

“楷”是有规矩的意思。从汉代有楷隶以后，到魏晋时代就有了“正书”。“正书”也称“真书”。这种字体与楷隶又有所不同，波势减少，笔画也趋于平易圆转，所以从唐代以后一直成为手写的字体。一般就称为“楷书”。

总之，汉字的形体变迁，从商周古文字到小篆为一期，由小篆发展为隶书是一期，由隶书发展为楷书又是一期。总的趋向是由繁趋简，由不规则变为有规则，偏旁求其一律，便写便认，不再斤斤于表形和表意了。

在历代文字发展过程中又总是要求规范化，由分歧而归于一致。李斯等定小篆是最早的一次正字工作。汉末的隶书熹平石经固然是为刊定经文而设，同时也就起了正字的作用。到了唐代玄宗时又有《开元文字音义》(今亡)，文宗开成时又刻石经(一般称“开成石经”)，文字的讹变也就减少了。但是汉字本身是很复杂的，社会中仍流行着不少简体字。这种简体字，或为草书楷法化，或在笔画上有意的省减，都以达到易写为目的。

现代的铅字印刷体是从明代开始逐渐发展而成的。宋代刻板书的字体都规摹颜真卿，即一般说的颜字体。元代刻板书有些规摹赵孟頫，即一般说的赵字体。明代承接前代的书写笔势而又变为横画细而竖画粗的形式。字形也写成长方形。到清代改为方形。现代的铅字就依照清代木板书而来。

1986 年 10 月

现代汉语词汇的研究

词汇是语言所有词语的总称。语言里有单词、复词。还有成语、习用语等，我们可以总起来称之为词汇（vocabulary）。在语言学里有一部门是词汇学（lexicology）。词汇学主要研究词汇的组成，词素（morpheme，或称语素）构词的功能，词汇的发展，词义的规范，解释词义的方法和不同词典的编纂法。

关于现代汉语词汇的研究是有成绩的，不过还有很多问题需要进行钻研和讨论，也还有许多工作要做，简单来说，我们的任务有三方面：

(1)有关理论方面的建设。语言本身是一个体系，语音、词汇、语法都有其系统性。现代汉语的词汇极为丰富，而且不断有新词产生，词义也时有发展变化，我们应当把词汇做为一个整体来看待，进行全面系统的深入研究，探求语言在造词、用词方面的规律性，为建立汉语词汇学打下基础。

(2)研究词汇教学方面的实际问题，以加速提高学生运用语言的水平。

(3)研究编纂各种语文词典的方法，适应社会上不同的需要。

任务确定了，在观点和方法上也需要研究。前面说过，语言是一个体系，那么，我们在研究词汇的时候就不能忽略词汇与语言其他各方面的联系；同时我们还应当注意到世界上每一种语言都有它的特点，在表达语义的方式上都有它的内在规律，并且跟使用这种语言的社会环境和社会习俗有关系。因此，我们不能不从汉语的特点和语言的实际情况出发，贯串词汇和语音、语法以及语言环境(context)、表达方式(包括修辞和文辞的风格)等等方面进行综合的考察，分开一个问题一个问题来解决。另外，我们还要把中国传统的对语言词汇的研究方法和现代的语言学的理论结合起来推陈出新，把词语的语言形式和词素的结合同词语的含义(包括正常的、特殊的和附带的)联系起来观察，从繁富的词语中归纳出有系统的知识，以指导实践。简单来说，就是要避免孤立地、静止地研究语言现象，要注意词语在语言中实际使用的各个方面。

现在需要研究的专题很多，下面不妨简单举几项来说：

(1)不同词素构词的方式在表现词义上的性能。

在现代汉语词汇里有的词素单独是一个词，有的词素只是一个构词的词素，不能单独成词。这是历史发展的结果。词素与词素结合在一起有种种不同的形式。我在《汉语词汇讲话》里分为两种基本类型，一类是由同样重要的基本成分构成的，有联合式(土地、生产)、偏正式(铁矿、雪白)、支配式(握手、动员)、补充式(减少、提高)、表述式(地震、心疼)、重叠式(年年、慢慢)几种。另有一类是由基本成分和辅助成分(附加的成分)构成的，有前加、后加的不同(第一、忽然、重要性)，这都是就词素与词素之间的结构关系来看的。至于词素与词素的结合在词义和语法方面所表现出来的功能还需要进行分析研究。

例如联合式的双音词的两个词素有的是义类相近的，有的是义类相对的：

a　疾病　诗歌　器械　语言

b　首脑　体面　口舌　胃口　手脚

c　大小　长短　深浅　厚薄

这三组里，a组每一个词的两个词素本来各有它所指的意义。如“疾病”一词，“疾”指轻微的病，“病”指“疾甚”，两者合成一个词，成为统称。又“诗歌”两个词素各有所指，合在一起，成为文学的一体的总名。“器”指用具，“械”本指兵器刑具，“器”“械”合在一起就成为有专门用途的器物的统称了。“语”与“言”本来各有专义，一个人说话叫“言”，对别人说话叫“语”，“语”“言”合在一起，就用来称谓人类表达思想，用为社会交际工具的“语言”了。由此可以看出这一组里两个义类相近的词素结合在一起有把词义所指的事物概括化的作用。

上面b组的词都是用两个表示人体方面的名称做为词素构成的，但是都形成了一种新的含义，不是原来两个词素语义的总和。这里“首脑”指为首的人，“体面”指面子好看，“口舌”指由误会而引起的争吵，“胃口”指食欲，引申为所好，“手脚”指举动、动作，引申为出诡计。这种词素配合的类型都带有比喻的意味。

上面所列c组的词是用两个意义相反的词素构成的。“大小”“长短”“深浅”“厚薄”都表示一种程度，每个词素本来都是一个单纯的形容词，现在把意义相反的词做为词根构成一个词，就变成抽象意义的名词了。

根据以上所说，我们可以看出不同的词素构词的方式在表现词义上，除了我们一般所了解的形式上的共同性以外还具有个别的性能，值得我们进行综合细致的研究。①

(2)关于一词多义和词义发展的问题。

一词多义是常见的现象，② 意义与意义之间的关系和词义的发展变化等应从什么角度去阐明，很需要研究。就历史的发展来说，从一个中心意义出发，词义有扩大、缩小和转移，这是一般的讲法。在我们传统的训诂学里有所谓“本义”和“引申义”，我们现在又分析出所谓“比喻义”和“转变义”的名目。但是怎样就是引申义，引申义的界说是什么范围有多大，需要有明确的解释。谈到比喻义，究竟是怎样的比法，有哪些比喻的方式，也需要加以分析。至于转变义，在《新华字典》的《凡例》里所下的定义是“由原义、故事、成语等转化而成的意义”。如“简”有“书信”义，“推敲”指“斟酌文章字句”，那么，“转化”的含义是什么，跟原义的确切的关系又如何，这不能不从理论上加以说明。有些还要应用社会语言学的观点去进行解释。

我们研究这样一个问题，有利于我们区分多义词和同形同音的异义词。例如同是一个“足”字，做为单纯词来用，有几个不同的意义。“立足”的“足”跟“不足”的“足”意义不同，虽然都写作“足”，但不是一个词，因为两个意义之间没有任何联系，那只能算是同音异义词，而不是一词多义。

(3)解释词义的原则和方法。

怎样解释一个词的词义是词汇学上的一个大问题，也是编纂字典或词典所要研究的问题。前代的字书或辞书有就字形说义的，有以同义词互训的，这都是不妥当的，惟有用解说的方法才能说明词义。可

① 其他不同的构词方式在词义上的表现，这里不再举例说明。

② 同一个汉字不一定是一个词。

是我们要把词义解说得准确、显豁，并不是一件容易的事。在现代的辞书里，有些场合利用反义词来解释，这也只能是一种辅助的方法。要确实能说明一个词的正确含义还不能不采用多种方式。在《现代汉语词典》里已经注意到尽量多应用下定义的方式来说明词义。例如解释“大”字，不用“跟小相反”和“大小的大”的说法，而注为“在体积、面积、数量、力量、强度等方面超过一般或超过所比较对象(跟‘小’相对)”。这就比较细致，科学性也较强。另外，我们还应当注意到词义和用法的内在联系。因为语言中大部分语词的意义是在语言实际运用的例句中显现出来，所以在解释词义时不能不联系到用法。至于有关词性的问题、[①]感情色彩的问题似乎也不宜忽略。总之，究竟有哪些原则、哪些方法，都要进行研究。

(4)同义词(或者说义近词)的辨析方法。

任何语言都有许多同义或义近的词语。在汉语里义近词很多。例如“奥妙、玄妙、微妙”“精妙、巧妙、神妙”两组都有“妙”字，意思有不同，而每组的三个词的词义也不完全相同。又如“惶恐”与“惊恐”，“恐惧”与“忧惧、畏惧、惊惧”等词彼此之间在意义上也有差别。在教学上怎样辨析这类的义近词，应当有一套办法。譬如我们可以分别说明其共性和个性，或从程度的深浅、所指陈的对象、使用的范围和上下文的搭配以及语感等等方面加以区别。现代的词典还不免有互训的毛病，值得考虑。

(5)实词中双音词的词素意义的解释问题。

语言中的双音词，有很大一部分是容易解释的，可是有一部分词不易解释。虽然在词典里给出了整个词的词义，而没有点到其中有必

① 我们提倡在字典里每一个词或词的不同用法应当标注词类。

要解释的词素的意义。如“企图”的“企”，“情绪”的“绪”，“简慢”的“简”，“黎明”的“黎”，“籍贯”的“贯”，“领略”的“略”，“盘费”的“盘”等等。在编者可能认为没有必要，也许觉得那样做会支离破碎，过于繁琐，不符合一般词典的体例，不过，我觉得要真正理解一个词的词义所包含的内容就应当有所说明。当然，有些词的词素意义很不好解释，这就要调查研究，找出典型，创通类例，寻出解释的途径。

(6)方言词语和外来词语的研究。

汉语不同的方言都有很多独特的词语，其中有不少鲜明生动的表达词义的能力强的词汇可以丰富普通话的内容。要研究现代汉语的词汇，我们不能抛弃方言而不顾。语言总是在不断地发展的，随着人与人的交接日益繁多，方言中有用的词语也必然会为普通话吸取。另外，汉语从十七八世纪以来吸收了很多外来语，外来语的吸收也是有层次和不同来源的，我们应当对被吸收而且在一直使用着的外来语有全面的理解。现在语言中还产生了很多根据外来语创造的新词术语，是否都妥当，也值得研究。

(7)用词的范围问题。

用词是否合乎规范关联到语言在交际中能否起到交流思想的作用。为了正确表达语言的意思，用词必须合乎规范。这道理，人人都是懂得的，但是我们也经常在书面上发现不合规范的例子。出现这种现象的原因是多方面的。有人可能因为对词义不太理解，或者完全理解错了；有人可能用意很好，想写得更丰满、更有文采，由于一时选词不当，未能纠正。这样，为了提醒人们的注意，语文工作者就应当搜集材料，经过分析研究，选出不同的类型，分别加以解说，给人以有系统的知识。另一方面，我们要求有一部供学习应用的词典，在解释词义之外加一些提示，指出用词的对象和范围、[①] 词义的褒贬，词与词的搭配，词义所显示的特殊语感，以及不应有的误解和错误的用法。这样做，虽然要费事一些，但确实是一种新颖的有用的词典，对汉语规范化会起很大的促进作用。

(8)中小学的词汇教学问题。

这个问题虽然放在最后说，但并非不重要，甚至可以说是很重要的。关于词汇教学方面的问题要从教与学两方面来看，研究怎样便于教和便于学而能收到最好的效果。我想有两件事情是当务之急。一是编出常用词汇表，一是编出词汇学习手册。要编出常用词汇表有必要先做好词汇的频率统计，有了统计的数据就可以分清哪些词是常用的，哪些词是不常用的。有了常用词汇表，在编辑语文课本和进行语文教育时就可以从中选择常用词和基本的构词词素有计划地进行教学了。至于常用词汇表的编排方式如何，可以根据需要而定。另一件事，即编出词汇学习手册，内容可以由浅入深，由简单到复杂，项目可以多一些，要求实际有用。怎样才编得好，要经过一番细致的研究才行。在教学上属于教法的问题，不在本文范围之内就不谈了。

事实上，有关现代汉语词汇研究的专题很多，以上仅仅提出八项来说说。其中也有人做过一些工作，但还需要更进一步研究，以丰富我们对于语言的知识。我们不宜只注意语法问题的研究，而忽略词汇的研究。有时不能不两相结合，把词汇的语义结构和语法结构联系起来去分析问题，也许会有更多的创获。

1982 年 1 月

---

① 像《现代汉语词典》在“采取”一词注作“选择施行(某种方针、政策、措施、手段、形式、态度等)”就是很好的办法。

现代汉语方言的研究

“方言”与“方音”是两个名词，意义是不相同的。“方音”是指某地语音里的声韵而言。方言则指某地的语汇和语法而言。我国自古以来，四方的语言就不一致。字音方面固然差异很大，就是语词方面也互有异同。可是我们要研究古代语言的各方面，除根据书本上的记载以外，还要考察现在实际的方音俗语。

古代方音的现象，由经子诗文的韵读以及汉人的经子注释中可以透露出一些消息来，此外再没有什么特殊的材料了。至于古代的方言，旧书雅记里颇有记载，而汉代扬雄的《方言》，更是一部最珍贵的书。他把许多古代意义相同或相近的语词，集录在一起，分别注出每个语词所流行的方域，并且说明何者为“通语”，何者为“转语”，这对于我们考索古音古义都有很大的用处。后来清人依照他的体例搜采古代方言而编纂成书的也不少。这两方面的材料，固然后者多于前者，可都是书本上的死材料。然而为考求古音，仅仅凭仗书本上的材料是不足的，因此不得不取之于现代实际的方音。以今溯古，以古证今，这样往往可以解决不少音韵上的问题。例如据现代方音以拟测古音，就是很好的例子。在近二十年来，方音的研究是最有进展的。至于方言的研究，则还没有努力去作。

即以书本上的材料而论，扬雄《方言》一书，严格地说，尚无人完全加以整理。清代虽有戴震的《疏证》，钱绎的《笺疏》，王念孙的《疏证补》，可是仅照注解《尔雅》的办法，举出一个语词用法的例证，说明它与其他字通假的关系，或探讨同类音近的语词义类相通的脉络，这样做还是不够的。比如说：各处不同的方言里，它们音韵上的差别是什么？哪些语词是属于某一种"音变的条例"(principle of phonetic change)而由甲方言转变为乙方言的？而且甲方言转变为乙方言，普遍的在音理上有没有一种规律？古人的某一个词，在现在是否存在？如果不存在了，有无由音变而孳生的新词？这是就音韵一方面来说的。

若就意义一方面来说，两个地方的同样一个语词是否它们的涵义一样？一个语词由甲地传到乙地，有无意义上的变迁(semantic change)？若就地域来讲，汉代的方言在地理上分划的情形如何？是否可以画出一个方言地理图来(dialect geography)？诸如此类，都是前人未竟之业，留待我们来作的。至如前人所作属于搜集材料的书，如杭世骏的《续方言》、钱大昕的《恒言录》之类，只是随手掇拾，既不曾分时代，又挂一漏万。假若求全责备的话，历史上的记载，我们都不可放过。例如南北史里的俗言，唐代传奇、宋人笔记语录、元人杂剧以及明清小说之类的方语，都应当搜集起来，以便作一种有系统的研究。

但是这种工作需要的时间很长，一则可以从容不迫地去做，一则也非当务之急。当前最主要的事情，还是现代方言俗语的研究。因为书本上的记载一时尚不致亡逸，而各处的口语经过抗战变乱，再过若干年也许要泯灭无闻了。而且为构拟古代的汉语语音，需要研究现代的方音；要明白古代的语词，也需要注意到今日的方言。理由有五点：

(1)古代许多训诂的材料书，如《尔雅》、《说文》之类，其中许多同义词往往是各处的方语，为了解这些同义词的来源，不得不从方言入手。

(2)如果古代的方言有失于记载的，我们应当从现代的方言里去找。

(3)见于古书的许多古方言的读法，需要借助现代方言的语音来证实。

(4)在意义上有许多古今可以互证的，现代方言对于解释古语的意义上很有帮助。

(5)研究古代的语法，可以用现代的方言来作出发点。

这样看来，现代方言的研究是十分切要的了。然而借今语以释古语的方法，古人应用的已经很多。今以郭璞注《尔雅》，段玉裁注《说文》作例。如《释诂》“阳予也”，注云：“今巴濮之人自呼阿阳。”“瘵，瘼，病也”，注云：“今江东呼病曰瘵，东齐曰瘼。”“煤，怜，惠，爱也”，注云：“煤，韩郑语，今江东通呼为怜。”“契，绝也”，注云：“今江东呼刻断物为契断。”这是郭璞以后代方言注《尔雅》的例子。又《说文》十部“斟，斟斟盛也，汝南名蚕盛曰斟。”段注云“此汝南方言也。今江苏俗语多云密斟斟，音如蛰。”宀部“宿，卧惊也。”注云：“《广雅》曰：宿觉也，义相近。今江苏俗语曰睡一宿。”疒部“疥，搔也。”注云：“今四川语如此。”目部“瞟，瞭也。”注云：“今江苏俗语以目伺察曰瞟，音如瓢上声。”这是段氏以今方言注《说文》的例子。然而前人应用这种方法来疏证古语的并不普遍，我们现在应当充分地来利用。可是在材料的运用上，不能不讲求。我认为仅仅注意到现代的一二方言，随手来用，依然不可。未应用以前，需要有一番整理研究的工夫。因为前人之举今证古，往往是牵合而成的。一方面有一个古语，一方面有一个方语，方语所云是否即此古语，其中关系之深浅颇有可疑。所谓关系者，第一意义是相等，第二音声是否有关。我们知道方言中的语词时常有音无字，设若因为一个语词适与某古语的义类相若，且其声音与古语某字韵书的反切相近，即勉强牵合为一事，有时会有错误的。反过来说，假如我们细心考究过现代某语实际的音值与古代某语的读音，在音韵演变的条例上说得通；在义类上应当是同一个语源；如此或可定谳。所以我们零散的知道一些方语是不够的，随便来应用解释古语，更有危险。最好先作一番深切有系统的研究，然后再说。

研究之始，首贵有翔实的记录。以往州县的志书里“风俗”一类有时也附记当地的语言，但多疏陋不备，只可作为参考的资料。此外清人间或也有记录一地方言的书——如毛奇龄《越语肯綮录》，胡文英《吴下方言考》之类。可是他们的目的，或在记录俗语俗字，稽考载籍，求其所本；或在证明他们的语音如何与古相合；但并非一种有系统的方言记载。真正合乎现代精神的，只有范寅的《越谚》。此书分为三卷，他把耳熟口习的俗语、名物、字音，都分类的记录下来。不拘泥文雅，不改避土音，确是难得。如果就材料来讲，可说是很翔实了。可惜为时代所限，他没有正确标音方法，所以非本地人无法揣测得清楚。至于后来章太炎所作的《新方言》，诚然是研究方言的一部奇书。他荟萃许多的方语，依据《尔雅》释诂、释言等的分类写出，而以古声韵为条贯，说出它们在语言史上转变的情形。取材精审，用心缜密，足与《文始》相表里；在研究的方法上，可谓尽其能事。然而也有可以商酌的地方。一则包括的地域过广，不能太细。如“吴楚”、“江南”、“闽广”一类的名词，在地理上的界画有些含混不清。名为“吴楚”，果为何县，何乡？同为“吴楚”，是否地理完全相同？我们以为扬雄的时代应用古地理名词已有不妥，当今之世放着今地理不用，而用古地理，更不合宜了。再则方言中的词字，有时没有确当的写法，约定俗成的通行字未始不可用。如果一定追求本字，刻舟求剑，终不免鼠璞之讥。何况在字源学上(etymological)语根(stem or root)的断定，并非易事，仅以声韵的相近相通做为断定的根据，有时必然似是而非。这都是受了前人所作《恒言录》、《通俗编》好求出典的影响所致。因此尚待斟酌的地方也就多了。以往对于研究现代方言的成绩，不过如此；范寅、章太炎自是其中翘楚。

现在我们要提出一个新的方案，作为研究的出发点：

(1)记录工作

(a)分地录语，方音与方言并重。换句话说，除记录当地方言外，对于本地音韵的系统也要兼顾到，使方音与方言增加更多的联系性，二者不可偏奇不全。

(b)记录方言，除文字之外，兼以国际音标注音。字音、语音、词汇之外，同时要记录语法和一般的语助词。

(2)研究工作

(a)初步的研究：先由个别的研究做起，然后推衍到综合的研究。

(b)历史的研究：由初步研究的结果，考其语源，以及音读意义之演变，作历史上的探讨。

其中记录的工作最关重要。然而应当如何着重，不得不先有一种粗疏的准备。如以地域而论，中国的领域如此宽广，我们应以自然地理的界划为范围，分区来考察。如以记录词汇而论，应先调查方音，然后再记录语汇。调查方音一方面，从前赵元任先生所编的几种表格，最为实用。记录语汇一方面，岑麒祥先生所编的《方言调查表》(1936年中山大学所印)，也很方便。其中分类录语，对于名物、语词、语法各方面都顾到了。不过二者可以合而为一，扩而充之，重新编定一个调查的底本，内容应当包括下列七部分：

(1)本地的音韵。声、韵、调三方面都简单的列举数百字，记录出读音来，以为考校方言语音的参考。

(2)事物的名词及代名词。此类宜求详尽。《越谚》卷中名物之属分类其广，如天地、人伦、神祇、鬼怪、疾病、身体、屋宇、器用、货物、饮食、服饰、禽兽、水族、虫豸、花草、竹木、瓜果、谷蔬、技艺、风俗之类皆是，颇可取法。

(3)形容的语词。属于《尔雅》释诂、释言、释训三类的语词，在岑先生《方言调查表册》内这一类所占的地位太少，不妨加倍扩大。

(4)语助词。选择例句，包括各种不同的语法，并调查当地的语助词。

(5)特殊的词字。凡在语法上因意义或用法的不同而转变音读的语词，以及两字同音，单词双义之类，属之。

(6)谚语。俗谚俚语，歇后语之类属之。

(7)短篇的故事及歌谣。这是附带的一种记录，目的在于补充前面调查之不足。歌谣对于考察俗文学也很重要。

这是一个简单的草案，虽然不甚完备，可是从调查方言的意义上讲，各方面都有了。

当我们有了这种详细的方言记录以后，才能谈到研究。研究有了初步的基础以后，对于古语的解释，自然增添了许多新的根据。这在研究汉语史上是必经的途径，同时也是一种新的生机。如果仅仅步清人之后尘，仍旧由书本上去找办法，结果会有时而穷的。现在大家调查方音的成绩，已卓越可观；唯有对于方言的研究，刚在开始。我很希望多得几位同志之友，向这一方面努力，来实行调查方言的工作。

1946 年 9 月

研究现代汉语方言的重要意义*

汉语从很古的时代起就有方言的差异，声音既殊，词语也互有不同，直到现在各处语言仍有不同的差别。北方话流行的区域固然很广，但是各地还是有自己的一些特点。至于其他几个大的方言区域，如吴语、闽语、湘语、皖语、赣语、粤语、客家语等，语音、词汇、语法几方面都各有其特殊性，难以互相理解。就是属于闽语一系，闽北与闽南也不一致。

这些不同的方言，有的外国人认为是不同的语言，那是错误的。因为这些不同的方言的语法结构与普通话基本是一致的，语音系统都与中古音可以互相对照，词汇也不过是叫名儿和说法上间或不同，而基本词汇仍然是一致的，所以不能说是不同的语言。可是我们要问为什么这些地方方言会出现这些差异呢？这里将会有两种因素：①汉语历史极为悠久，这些方言各有其发展的历史，由于时间先后

* 本文是1979年11月6日应湖北大学邀请所讲。士琦据录音整理，1981年2月。

不同，社会经济与地理风习不同，以致逐渐发生歧异。②这些方言与其他少数民族语言不能没有融合的地方，有融合就会产生一些音的变化和增加一些特殊的词汇。既然汉语有这些不同的地方方言，为促进科学文化事业的发展和加速社会各方面的建设，就必须大力推广普通话；并从事各地方言的研究；比较方言与普通话的异同；使全国人民都能以普通话作为共同交际语言。这是极其重要的一件事。

如果就普通话而论，它固然是从北方方言的基础发展起来的，试问我们对北方方言是不是有了全面的了解呢？那却不然。北方方言地区范围很大。北方几省在语音、词汇和构词法上都不是完全一致的，既有古语之遗，又有很多特殊的情况。例如陕西说“正南”就叫“端南”，山西有些地方还保存入声，晋南说“墙”叫“厝”，诸如此类，就很值得我们注意。北方方言里有不少语义鲜明，通行面较广，而为现代语词典所不收的词，应当搜集在一起，以丰富普通话的词汇。语言跟人的社会生活是息息相关的，每个人都应当注意语言的研究，特别是专门从事语言研究工作的人，更应当努力以赴。

在语言学里，方言学只是其中的一门，但在汉语各方面的研究工作中，方言的研究却极其重要。因为研究现代汉语方言，不单纯是为了便于推广普通话，从发展语言科学方面着想，还有更多的重要意义。我认为至少有这样几方面：

(1)有助于汉语历史的研究；

(2)丰富普通语言学的理论；

(3)为编辑汉语大词典提供现代活语言的依据。

语言的研究是多方面的，包括：现代语的研究，历史的研究，本民族语与外族语言关系的研究，世界各种语言的结构和发展的研究等等。单就研究汉语来说，要从事历史的研究，首先要从了解现代语入手。现代语是通晓古代语的一个关键。尽管我们有极丰富的历史资料，但是单凭仗历史资料还是不够的。比如我们读古代的散文，所以能够读得懂，其中一个主要的原因就是我们有现代语的基础作凭藉。尽管语言在历史发展过程中，曾经过很多变迁，可是基本词汇和主要的语法结构依然不变。因此，古语与今语是相联系着的。不知今就不能知古。惟其能相互比较，即同以求异，才能由今语以通古语。要研究汉语的历史，就要研究现代的方言。

现代的方言都是从古代语经历不同的时期分化发展而来的。语言分化出不同的方言，是与社会的发展、政治的变动、人民活动的范围、社会经济的往来等各方面相联系着的。方言的本身，自有其发展的历史，但在不同方面都会保留着不少古代语所有的东西。也许某些方言保留的比较多一些，而另一些方言保留的少一些。情况虽有不同，但都是同一种语言的分支。所以，或据今以证古，或据古以通今，都要对今日的方言有充分的全面了解。

就以语音而论，清代的江永和陈澧二人所以能通晓《广韵》的声韵系统和宋人的“字母”、“等韵”之学，这跟他们自己的方音中保留的古音成分比较多有关系。江永是婺源人，陈澧是番禺人。婺源旧属徽州，今在江西东北，与浙江接近；番禺即广州；两地辨音最细，都有入声。现在我们能进一步理解《切韵》音系的读音，也正是借重于现代各地的方音。清人钱大昕讲《舌头类隔之说不可信》，是根据历史的资料获得的结论，而我们现在又能进一步从闽南方言中找到可靠的根据以与历史资料相证验。这都是据今可以证古的明显事例。又古人分别汉字声调为四，即平上去入，实际的调值我们已经不知道。现代方言读字，音调各异，四声分别阴阳，清声母读阴调，声母与调类发生关系。这件事一定起源很早。今日方言的读音，在调类上可以与韵书所注字音的清浊相应照。这就是可以据古以证今。

谈到词汇和语法也是如此。方言词汇的比较研究，远在汉代扬雄作《方言》时就已经注意到了。他觉察到要了解古代传流下来的一些词语的意义，应当从实际存在于方言中的词去探讨。因而他记录了很多不同方言的词语，分别词义的异同，辨别意义相同或相近的词哪些是汉代当时的通语，哪些是方言，哪些是古雅的别语。根据这样的记录，我们可以从中看出古与今的关系，方言与通语的关系和语词在方言中声韵转变的关系。后来晋代的郭璞为《方言》作注，又兼录不少晋代的方言词语，并且特别注出读音，古今相互比证，为词汇的研究创通了一条新路。可惜后来没有更突出并符合现代科学精神的著作出现。

词汇是随时代而不断发展的，不用的旧词逐渐消亡，而又陆续产生新词。可是我们从书本上见到的词汇有些不太理解，往往以为是已经消失了的旧词，其实在现代的方言里可能依然存在。很多是由于汉字的障碍使我们不能理解。因为古人写出来的字跟我们现在写的字不同。加之古人没有拼音符号作工具来注音，所注的反切用今音读又跟现代口语的读音不同，这样也就容易被我们误认为是已经死去的词了。

词汇方面的问题很复杂。要明了古人应用过的词语的涵义，例如南北朝至唐宋时期字书、韵书中所记载的一些双音词和宋元明小说戏曲中所出现的一些特殊词，恐怕不能不从现代方言里去找。要了解汉语词汇发展的全貌，特别是构词法，更不能抛去方言而不顾。所以我认为研究现代方言的词汇是十分必要的。目前我们在这方面所作的工作还很少。过去西方的传教士虽然写过一些关于汉语地方方言的书，如上海、厦门、四川、内蒙等地方言，但是缺乏现代语言学的知识，价值不大，尤其是与汉语历史的研究无关。

研究词汇，不能局限于记录一地一处的方言，最重要的是应作主要地区方言词汇的比较研究。方言词汇的比较研究的重要意义不仅有助于发展语言科学，同时对丰富文学作品的语言也会有所裨益。文字写得简洁、生动、准确，是要有足够的语言修养的，但是在用词上也会随体裁的不同而有差别。例如小说、剧本是不是在纯洁、健康而又具有普遍性的原则下用一些方言词语呢？怎样取舍，也需要进行深入的研究。

另外，方言词汇的比较研究对于了解社会发展和人民迁徙的历史也是有帮助的。例如大江以南的广大地区，从公元3世纪以后随着政治、经济、文化的推移，语言的交错往来非常频繁。今天有些不同区域的方言所用的词汇彼此很接近，由此可以看出在历史上人民活动的情况。像江西的西南部吉安、泰和、赣州一带；湖南的南部衡阳以南和四川的南部，有些地方的词汇特别接近，这与商业经济有关系。这种现象当然不是一代两代的问题。为什么如此，就需要探讨。

关于语音、词汇我们说了一些，下面说一说语法。语法是语言中最稳定的东西，可是在漫长的历史进程中语法也有改变，尽管很迟缓。现代方言的语法结构可以说基本上都跟古代语法相近，而闽语和粤语保留的古汉语的文语成分更多一些，可以跟文言语法相印证。自《马氏文通》以来，学者对于古代文言语法的研究已有很大的成就，但是对于古代语体文字的语法研究还没有展开。例如唐、宋僧人的语录和宋代程朱学派的语录，必然与口语比较接近，但有些句法、虚词、语助等跟现代普通话就颇有不同；猜想在现代南方方言里不能没有遗迹可寻。因为我们知道，在某一时期之内，表示同一意念时，常有两种平行的不同语法形式，但经过一段时间的选择，一种行开了，另一种不用了，而在后代的方言中也许还有其遗迹。所以我们能广泛地研究现代方言的语法还是必要的，从中我们还会有很多新的发现。

因此，要从事汉语历史的研究，就必须以书本的资料与实际方言中的资料相结合，才能有更大的成就。

就目前情况来看，近五十年来，我们虽然有了一些极有贡献的关于现代方言的论述和极有价值的十几种方言的调查报告，可是大都侧重于语音的描写或历史音韵的对比，在词汇和语法方面还缺乏专门的著述。全中国还有很多方言一直没有接触到。就以北方话而论，大部分地区都没有做过详尽的调查。虽然对陕西、山西、河北、福建的个别地点有过一些精细的研究，可是我们还应当扩大范围，做全国各省普遍的调查研究。不同的省份在语言中不仅会保留很多古语成分，而且方言土语中还会或多或少保留一些从外族语言借来的语词。有些方言还具有构词上的特别附加成分，都值得我们注意。

总之，研究现代个别地区或地点的方言是一项基本的工作，但同时还必须在个别地区或地点方言研究的基础上做全面的综合性的比较研究。在综合比较研究中我们可以了解很多语音转换的规律和构词的多种方式；还可以从语言的共同点上去看过去人民往来的踪迹和方言与方言融合或分化的历史。这些都有助于理解汉语发展的历史。

经过全面的包括语音、词汇、语法各方面的综合研究之后，我们的知识面扩大了，与其他社会科学的联系增多了，必然可以促使我国语言科学的发展向前跨进一大步。既能给历史的研究以直接参证资料，又可以明确指出现代汉语方言的体系，画出方言地图，以利于推广普通话。毫无疑问，推广普通话和方言的研究是相辅相成的。同时，由于有了新的历史研究跟平面研究两方面的丰富成果，对普通语言学的理论会有多方面的贡献。如语言的分化与统一，语言的融合，方言与共同语的关系，方言的形成及其与社会、经济、政治、地理、人民活动的关系，语音转换的一般规律，语词和语义的发展，语法从分歧到集中，从简单到繁复的过程等等。

另外，从目前我们编辑词典的实际工作出发，现代方言的研究也是非常必要的。如果编纂的是一部现代语的词典，就有一个对方言词汇的处理问题和汉字应当怎样写的问题。谈到现代汉语，自然不能舍去方言不论。为适应语言研究的需要，方言词典仍然是要编的。编辑方言词典包括两方面的工作，一是书本材料的积累，一是进行实际的调查。以前各地还有些本地的字书和杂字书，一向不为人所重视，现在都应当尽力搜集在一起。搜集资料，在编辑字典和词典的工作中极为重要。资料不完备，挂一漏万，固不允许，就是偏畸不全，也难以使用。书本的资料已全，还要进行实际调查，辨音辨义，用科学方法加以编录整理。对旧日书本的资料还要分别古今，有所取舍，不宜兼包并蓄。

还有，我们从事现代方言的研究，在编辑历史大字典和大词典时就可以利用方言把字义和词义解释得更明确些。清代段玉裁注《说文解字》就在这方面很用心。近代章炳麟著《新方言》，着重于通古今之邮，以今方言释古语词。其中有些解释比较好，有些泛用声音通转，则不免近于牵强附会。不过从中我们也可以得到一些启发。我相信在有了方言词典以后，我们会精进一步。

广泛地进行汉语方言调查工作既然有此必要，现在就应当及时去做。因为语言是与社会的发展相联系着的。社会的经济、文化不断有所改变，方言也在不断消失，所以必须及早着手才行。从事语言研究工作的人必然都体会到研究方言的重要意义。调查方言也是了解有关语言的全面知识的最好门径。一个语言工作者不从事实际语言的调查研究，是不会理解语言的全貌的，也不可能学好语言学。古人说："譬如为山，成于一篑。"如果我们能有步骤地去调查各地方言，期之三年，必有所成。我国的语言科学必将有新的发展。这就是我们的责任！

汉语骈列的词语与四声*

刘义庆《世说新语·排调》篇记载一段故事说：

> 诸葛令（诸葛恢）、王丞相（王导）共争姓族先后。王曰："何不言'葛王'，而云'王葛'？"令曰："譬言'驴马'，不言'马驴'，驴宁胜马邪？"

案诸葛恢为琅邪阳都人，父祖辈都是三国时代有名的人。祖父是魏司空诸葛诞，父亲是吴大司马诸葛靓，族祖有诸葛瑾、诸葛亮。王导是琅邪临沂人，祖父王览在晋初为太中大夫，伯祖王祥在魏为司空，在晋为太保，父亲王裁，在晋为抚军长史。这两家都是名门望族。

诸葛氏原为葛氏，后称诸葛。晋元帝司马睿为安东将军时以王导为丞相军谘祭酒，以诸葛恢为江宁令。二人在一起戏谑，争论姓族称名的先后，以见门第的高下。诸葛恢以"驴马"为喻，可以说极尽诙谐之能事。结果，王导不

* 本文曾于1984年8月在日本京都大学中国文学部讲演。

仅没有占上风，反而语塞，无以答对。

这则故事很有趣。可是为什么当时人都说“王葛”，而不说“葛王”呢？是否王姓的声望高于诸葛？还是有别的缘故？再则，人人都说“驴马”，而不说“马驴”，这又是什么缘故呢？单纯是一种习惯吗？还是意在分别大小，而以小大为次？我看，其中当别有道理。

“王葛”跟“驴马”都是两个字（词）并举的，我们可以称之为“骈词”。汉语是有声调的语言。汉字每个字都有一定的声调。两个字，也就是有确定含义的两个词，在一起并举合称的时候，哪一个在前，哪一个在后，大都是按照说话的时候怎样顺口来叙次的。这里面就与字音声调的起伏升降长短有关系。

从声调来看，上面所举的“王葛”，“王”是平声，“葛”是仄声（入声）①，平声在前，仄声在后。前代合称两个人的时候，这样的例子很多。如：

苏李1	（苏　武，李　陵）	班　马	（班　固，司马迁）
嵇阮	（嵇　康，阮　籍）	王　谢	（王　导，谢　安）
邢魏	（邢　劭，魏　收）	燕　许	（张　说，苏　颋）
苏李2	（苏味道，李　峤）	萧　李	（萧颖士，李　华）
王孟	（王　维，孟浩然）	韦　柳	（韦应物，柳宗元）
元白	（元　稹，白居易）	牛　李	（牛僧孺，李德裕）
温李	（温庭筠，李商隐）	欧　晏	（欧阳修，晏　殊）
何李	（何景明，李梦阳）		

① 北京音没有入声，这是按照《广韵》一类的韵书来说的。

这些都是平声在前，仄声在后。“班马”就时代来说，“马”当先说，“班”当后说。然而要合于平声在前的规律，所以宋娄机作《班马字类》，称“班马”，不称“马班”。

进一步来看，如果两名都是仄声的话，那又是以“上”“去”“入”的次序为先后。如：

管乐（管　仲，乐　毅）　　沈宋　（沈佺期，宋之问）

李杜（李　白，杜　甫）

这里“管”“沈”“李”都是上声字，“乐”是入声字（今读去声），“宋”“杜”是去声字。两名并举，上声在前，去入声在后。如果不是这样的时候，有些与时间先后有关系，如屈原和宋玉并称为“屈宋”，屈原在前；段玉裁和王念孙并称为“段王”，段的年龄长于王，所以段玉裁在前。“屈”是入声字，“段”是去声字。

这种声调上的安排在汉语的骈词中表现得很普遍。我们可以举出很多不同方面的例子。

古代国名：

秦晋　齐楚　燕赵　吴越①

天象和气象：

霄汉　河汉　牛斗　星月　风雨　霜露　冰雪

云雾　霜雪

地理名称：

---

①　字下加圆点的在旧韵书里是入声字。下同。

山水　河洛　江汉　湖海　陵谷　丘壑　秦陇

川陕　云贵　康藏　闽粤　江浙　湖广

动植物：

龙虎　牛马　猫狗　狐兔　猪狗　禽兽　鸟兽

虎豹　松柏　花木　梅柳　花鸟　草木　桃李

黍稷

人体：

肢体　手脚　须发　肠胃　脾胃

饮食：

鱼肉　酒饭　烟酒　荤素　米面　梨枣　瓜果

葱蒜　羹饭　油醋

衣著器物：

冠带　衣帽　衾枕　床帐　帷幕　锦绣　绸缎

几案　纸墨　琴瑟　钟磬　钟鼓　脂粉　耒耜

弓箭　弓弩　牌匾　砖瓦

词义对衬：

高下　深浅　浓淡　远近　顺逆　哀乐　生死

成败　正反　升降　繁简　难易　优劣　好坏

文武　先后　良莠　荣辱　南北

这些骈词的声调都跟前面所举的例子相同。由此我们可以总结出一条规律，那就是：

> 在汉语里两个词并举合称的时候，两个词的先后顺序，除了同是一个声调以外，一般是按照平仄四声为序，平声字在前，仄

声字在后。如果同是仄声，则以上去入为序。先上，后去、入；或先去，后入。

当然，我们也看到有些骈词未必要管声调的平仄。如以时间先后为序的：

周孔（周公，孔子） 孔孟（孔子，孟子）
秦汉（秦朝，汉朝） 唐宋（唐朝，宋朝）
史汉（史记，汉书）

这些不期然而然地与上面的一条规律相合。可是，也不无例外。如“夏商”(夏朝和商朝)、“宋元”(宋朝和元朝)，仄声字在前，平声字在后。其他如“是非”、“管弦”、“肺腑”、“犬羊”(曹丕《与吴质书》：“以犬羊之质，服虎豹之文”)之类也都不与一般规律相合。不过，这类例子究竟是少数，甚至于可以说是极少数。

另外，有些由文语来的骈词包括入声字，如果依照普通话语音系统来读，似乎不与上边所说的规律相符，如“祸福”、“手足”之类，可是依照旧日的韵书音系来看，还是相合的。

这一条规律，在近代，最初指出的是余嘉锡先生。他于1938年撰写《世说新语笺疏》，在解释前面所举的《排调》篇那一节的时候，曾说：

凡以二名同言者，如其字平仄不同，……则必以平声居先，仄声居后，此乃顺乎声音之自然，在未有四声之前固已如此。

他所说“未有四声之前”，当指平上去入四声说未有之前。他的话很简单，但已经把汉语的声调古已有之的事实和二名同言时以字音的平仄来分先后的事实都指出来了。不过，如果二名同是仄声的时候又是如何，他没有阐发，不能不加以补充说明。

上古汉语是以单音节词为主，后来双音词逐渐加多，有很多词就是用骈偶的单音词作义素(词素)而合成的。如“阶梯”、“皮肤”、“齐全”、“篇章”、“栽培”等等。构词的两个义素可能是意义相近的。或是属于同类事物的，也可能是意义相反的。最有意思的是前后两个义素(也就是两个字)的顺序在声调上仍然跟上面所说的规律一致。下面把不同声调的字所组成的词依次列举一些来看。

1. 平平：

桥梁　图书　提携　钱财　钻研　声音　开发

贫穷　谦恭　攀援　稀疏　辛酸　高深

2. 平上：

光景　柔软　牙齿　唇吻　躯体　包裹　基础

头脑　标本　宽敞　珍宝　寒冷　温暖　奔跑

评选　奔走　抚养　星斗　迁徙　朋友　描写

幽雅　遥远

3. 平去：

a. 空旷　昏暗　蒙昧　依靠　迷恋　思想

恭敬　宏大　飘荡　穷困　煤炭　行动

容貌　嘲笑　浅陋　仓库　门户　宫殿

愉快　灾害　饥饿　囚禁　征兆　清静

消耗　坟墓　疲倦　尊敬　思念　评论

奇怪　镶嵌　材料

b. 墙壁　储蓄　面目　踪迹　痕迹　侵略

消灭　区域　铺设　疑惑　人物

4. 上上：

引导　岛屿　奖赏　主宰　允许

5. 上去：

a. 分际　检验　缓慢　简慢　土地　领袖

巧妙　醒悟　简陋　恐惧　恼怒　辅助

诽谤　妥善　懒惰　警戒　勉励

b. 闪烁　整饬　堵塞　缴获　养育

6. 去去：

a. 次序　怠慢　眺望　赋税　旺盛　构造

怨恨

b. 跳跃　践踏　颠覆　盗窃　吝啬　教育

上面字下加点的都是古人声字，现在普通话已经读为去声。

从以上所举的例子来看，现在通常应用的双音词(复合词)基本上也是守着前面所说的声调次序来组成的。平上、平去、上去的词都不少。这是在两个义素(词素)之间的一项很有意思的语音现象。

根据上述所举的骈词和复合词两方面的材料，我们可以深刻地理解到汉语的声调在词与词合称或在有联合关系的词素组合中所起的制约作用。

《世说新语》《排调》篇记述的那一段故事，王导在当时的名位可能比诸葛恢高一些，把二人合称“王葛”，不无原由，同时也比说“葛王”合于声音规律。说“驴马”而不说“马驴”也正是这个道理。但驴不如马大，马贵而驴贱。“驴马”这个骈词恰恰被聪敏的诸葛恢抓住了，弄得王导啼笑皆非，无言可对。

在汉语里还有很多由两部分并列组成的四字成语，以第二字是平声字、第四字是仄声字的居多。先“平”后“仄”跟骈词和双音词极相似。这在成语中的数量也比较多。因为是约定俗成的，又是符合词语组合的规律的，所以一般都不能改变先后的次序，倒过来说。例如：

1. 平平仄仄：

山清水秀　平心静气　深谋远虑　龙腾虎跃
倾家荡产　雄才大略　精耕细作　娇生惯养
焦头烂额　瞻前顾后　街谈巷议　轻描淡写
排山倒海　山珍海味　呕心沥血　盘根错节
同仇敌忾　通情达理　摇唇鼓舌　眉开眼笑

2. 仄平仄仄：

巧言令色　正颜厉色　曲高和寡　眼明手快
冷言热讽　自高自大　见多识广　痛心疾首
日新月异　镜花水月　酒囊饭袋　驾轻就熟
倒行逆施　并驾齐驱　审时度势　水深火热

这里所列的成语都跟规律相合。我们知道了这个规律是有普遍的意义的，那么，“惊心动魄”就不要写为“动魄惊心”，“排山倒海”也就不要写为“倒海排山”了，既合于习惯，也符合语言规律。这样，在创造新的词语的时候，也就知道有所遵循了。

根据以上所讨论的事实，我们还可以得到两点启示：

1. 齐梁时代的文学之士所说的“宫羽相变，低昂舛节。前有浮声，则后须切响”，以及“一简之内，音韵尽殊，两句之中，轻重悉异，妙达此旨，始可言文”，其实际意义就是把“平”“仄”分为两类。上句末尾是平声，下句末尾就以仄声与之相应。“平”为平声，“仄”即上、去、入。“平”为“轻”，“仄”为“重”。

2. 四声分为平仄(侧)，而又有平上去入的名称，平声的音调必然相对地比较平。前人传诵的四声口诀说：“平声平道莫低昂，上声高呼猛烈强，去声分明哀远道，入声短促急收藏。”这对于粗疏理解古代四声的性质不无实际意义。

我们可以把这些知识联系起来看，对于中国汉语的内部规律和由这个规律发展而成的文学上的音律形式会有更深刻的理解和认识。

1983 年 12 月 1 日

汉语成语概说

一 成语的性质

说话写文章常常要用到成语。成语就是人民口里多少年习来用的定型的短语或短句。其中大部分都是从古代文学语言中当做一个意义完整的单位承继下来的。它的意思可以用现代语来解说，但是结构不一定能跟现代语法相同。例如“责无旁贷”，“义不容辞”。成语的结构是固定的，一般都是四个字，它是相沿已久、约定俗成的具有固定性的东西，所以称为“成语”。

成语不但有固定的结构形式，而且有固定的说法。“去伪存真”不能说“去假存真”，“南辕北辙”不能说“东辕西辙”。因为是约定俗成的，所以不能随便更换一字。成语中应用的词有时跟现代口语不同。也许某一个词在现代语里不这样说；也许成语中用的是一个单音词，而在现代语里跟它意义相当的是个多音词。例如“别无长物”①，用现代

① “长”在这里音 zhàng，是“多”的意思。

语来解说，就相当于“再没有多余的东西”，“长”这一个词的这种用法现在不存在了。例如“有备无患”，“备”用现代语来解说是“准备”，“患”用现代语来解说是“后患”或“祸患”。这都表明成语是语言中已经定型了的东西，相承沿用，所以在用词方面有许多跟现代语不同。

二　成语的来源

成语的性质已经简单地说过了。底下谈一谈成语的来源。成语的来源可以分为两方面：一方面是从书本上来的，一方面是从口语里传下来的。从书本上来的又有两类：一类是从古代寓言或历史故事里来的成语，一类是古典作品中的成语。

从寓言和故事里来的成语，可以说是一种“典故”，其中都有一个传说的内容，而且在书中大都可以找到它的出处。“典故”本来不是人人都知道的，可是这种带有典故性质的成语比较通俗，已经是常说的话，因此大家也都熟悉了。例如“狐假虎威”出于《战国策·楚策》；“负荆请罪”是战国时赵国廉颇的故事，见于《史记·廉颇蔺相如列传》；“草木皆兵”是晋朝苻坚的故事，见于《晋书·苻坚载记》。

至于出于古典作品中的成语，有些是由古书中摘取来的成句，有些是经过节缩而成的。例如，“好为人师”见于《孟子》，《孟子·离娄上》说：“人之患在好为人师。”“削足适履”见于《淮南子》，《淮南子·说林篇》说：“夫因所以养而害所养，譬犹削足而适履，杀头而便冠。”“一鼓作气”见于《左传·庄公十年》，鲁国曹刿对鲁庄公说：“夫战，勇气也。一鼓作气，再而衰，三而竭。彼竭我盈，故克之。”这些成语都是从古书上取来的原句，意思跟原来的相同。没有什么改变。从古书上取来的成句也有少数比喻的用法，例如《荀子·劝学篇》说：“学不可以已，青取之于蓝，而青于蓝。”后人称学生胜于先生叫“青出于蓝”，就是一种比喻的用法。又如苏轼《赤壁赋》说：“山高月小，水落石出。”“水落石出”原文只是写景，后人用来比喻事情的真相终得暴露，这就跟原来的意思不同了。至于摘取古书原句而加以节缩的成语，如《孟子·离娄下》说：“资之深，则取之左右逢其源”，现在管为学无往而不自得叫“左右逢源”，“左右逢源”就出于《孟子》。又如《史记·汲黯列传》说：“陛下用群臣，如积薪耳，后来者居上”，现在管后辈超越前辈叫“后来居上”，“后来居上”就出于《史记》。像这种节缩前人成句的成语是很多的。

至于人民口头相沿习用的成语，数量也不少。其中有的来源很早，从古代一直流传下来。例如后魏贾思勰《齐民要术》卷三《种苜蓿》条说：“此物长生，种者一劳永逸”，“一劳永逸”就是当时的成语，现在还活在人民的口里。又如北齐颜之推所作《颜氏家训·勉学篇》说：“江南闾里间士大夫或不学问，羞为鄙朴，道听途说，强事饰辞”，“道听途说”也是当时的成语，现在依然沿用。其他如“叠床架屋”、“雪中送炭”、“锦上添花”、“水到渠成”、“人云亦云”、“节上生枝”（也说“节外生枝”）等等，都是宋代以来人民口里常说的话。有的在民间文学作品里常常遇见，有的仅在口头流传，不见记载。这种成语非常生动活泼，很值得我们注意。

从前的人对于探求成语的来源，做了很多有价值的工作，不过有些成语很难找到出处。即便找到它的出处，有时未必是第一次出现，可能还有更早的出处。例如“吹毛求疵”辞典上一般都举《汉书·中山靖王传》“有司吹毛求疵”为出典，可是在《韩非子》里已经有“不吹毛而求小疵，不洗毛而察难知”的话，这应当是更早的出典。由此可见，要追究一个成语的来源是很烦难的事。另外有一种情形是：有些成语很难说它一定就是从书本上来的。例如“满城风雨”是一个成语，一般以为是从宋潘大临的诗句“满城风雨近重阳”来的（潘诗见僧惠洪《冷斋夜话》），但事实未必如此。现在把一件事闹得人人皆知叫做“满城风雨”，也许别有来源，也许根本不是从书本上来的。因此我们应当有这样的认识：辞典上指出的某一成语的出处，有时只可以作为一个用例来看待，未必就是成语的最初来源。

三　成语的结构

前面已经说过，成语一般都是四个字，但是它的结构形式则有种种不同。例如“名副其实”、“冷眼旁观”、“所得无几”、“各尽所能”都是一个句子的形式，具备主语和谓语。例如“好为人师”、“莫衷一是”、“视为畏途”、“锦上添花”、“雪中送炭”都是谓语形式，本身没有主语。有些是两个句子形式结合在一起的，如“天翻地覆”、“水落石出”、“日暮途穷”、“风流云散”。有些是两个谓语形式结合在一起的，如“提纲挈领”、“循规蹈矩”、“闭目塞听”、“养精蓄锐”、“说长道短”、“吹毛求疵”、“知己知彼”。另外还有其他样式的并列结构，如“欢天喜地”、“奇形怪状”、“粗心大意”、“乌烟瘴气”、“南辕北辙”、“百折不挠”、“层出不穷”、“畏缩不前”。诸如此类，形式各有不同。还有些成语是不能用现代语法来分析的，特别是节缩而成的成语，如“一叶知秋”之类。

从修辞方面来看，成语中词与词在意义上的联系也有值得注意的地方。比如上面所说的“提纲挈领”、“养精蓄锐”两个成语，其中一、三两个词是意义相近的词，二、四两个词也是意义相近的词，“提纲”跟“挈领”意义相同，“养精”跟“蓄锐”意义相近，前后一致，形成一种相互对照的关系。又如“说长道短”、“欢天喜地”两个成语，其中一、三两个词是同义词，二、四两个词则是相反的，虽然是相反的，可是仍然是意思相关的，这又是一种组成的格式。有些成语是用“不……而……”的格式组成的，如“不期而遇”、“不寒而慄”、“不劳而获”、“不谋而合”、“不约而同”、“不言而喻”、“不期然而然”等等，都是对照的说法，还有些成语是表明事物或行为的数量的。例如“一曝十寒”、“一日千里”、“九牛一毛”、“九死一生”，都是多少悬殊的对比。又如“三言两语”、“一知半解”则言其少，“四分五裂”、“四通八达”则言其多，其中二、四两个词是同义词。至于“七手八脚”、“七拼八凑”则表示胡乱没有次序，“三翻四覆”、“颠三倒四”则表示屡次反复；着重的意思又有不同。在这种成语里，数词的地位都是固定的，不能改换。

以上仅仅是举例的性质，目的在于说明我们要对成语了解得透彻一些，必须注意到它的结构形式和词与词在意义上的联系。有些问题与古代语的研究有关，现在只能简单地谈这些。

四 成语的作用

成语是语言中固定的材料，它代表一个完整的意思，所以在句子里多半用作一个成分，有时它的作用就等于一个词。这是就成语在句法上的作用来讲的。

如果从修辞的角度来看，成语的作用就在于能够用简单的词句说明一件事实，或比喻一种形象，而达到言简意赅、生动有力的目的。当然，不用成语也未尝不可以把意思表达清楚，但是有时需要应用成语，就因为可以使人听了更感觉透辟精当，并且得到更深刻的认识。下面举几个例子：

(1)他们两个人原来素不相识，本是萍水相逢，现在已经成为知交了。

(2)西湖的明媚春光，桃红柳绿，清波摇漾，使人陶醉，流连忘返。

(3)这本书大半是引自别人所说的话，并没有什么个人独到的见解，只能说是述而不作。

(4)客观的事物总是不断地在变化，人在一定的环境条件下只能因势利导，使之向人民有利的方向发展。

(5)在新的时代，应当有新的风尚，绝不能故步自封，因循守旧，要有除旧布新的革新精神。

(6)多年来，他那种孤僻高傲的性情始终没有变，真可谓江山易改，禀性难移了。

(7)中国历史博物馆陈列出来的历史文物多不可言，参观者目不暇接，看到好处，不免啧啧称赞。

(8)洛阳王城公园的牡丹品种最多，四五月间，满园春色，牡丹盛开，姹紫嫣红，粉黄争艳，游人熙熙攘攘，络绎不绝。

(9)引用前人的文句应当对原意理解清楚，断乎不可生吞活剥，曲解原意。

(10)学绘画是要经过长时期的反复摹练、揣摩、观察、陶融，没有一二十年的工夫，不能做到得心应手。

以上例句中字下加点都是成语。由此可以看出成语在语言里应用十分广泛，既有言简意赅的表达作用，又有烘托渲染和形容比喻的修辞作用。成语的丰富，也是汉语的一个特点。

五　怎样学习成语

成语是语言中比较特殊的东西。要掌握成语，必须平时留心，认真学习。可是成语的范围很广，应当学习哪些成语是一个先决问题。

我们要学习成语，并非要把一些陈旧的不合乎现实的东西都搬出来死记死用，而是要吸取成语中生动活泼具有生命力的东西加以充分的合理的利用。我们不是要炫耀自己的博闻强记，不是有意雕章琢句。我们应用成语的目的是要用它来把意思表达得更明确更生动，所以一定要选择为人们所熟悉的成语，而且一定要使它能为作品的内容服务。因此古典作品中的一些陈腐的冷僻的成语绝不是我们学习的对象。这一点必须认识清楚。

对象清楚了，我们究竟应该怎样去学习呢？我认为最好是从阅读中吸收累积。阅读的作品包括古代的和现代的重要著作和文学名著。从阅读作品中随时留意，这样才能切合实际，才能真正了解某个成语的实际意义和具体用法。但是在学习的时候，不是笼统地知道某一个成语的含义就完了，还必须做到以下两点：

(1)了解成语中语词的意义。例如“焕然一新”在学生的写作中常常写成“换然一新”。这样一个例子不能单纯看做是写错字的问题。很可能学生对于“焕然”这个词的意义就没有了解，误以为这个成语的意思是“改换一下就完全成为新的了”；殊不知“换”字后面绝不能加“然”字。他对于原来成语中“焕”字后面加“然”字的作用可能毫无所知，因此写成“换然一新”。类此的错误还很多，所以学习成语必须注意成语中的词义。像“不寒而栗”的“栗”、“汗流浃背”的“浃”、“莫衷一是”的“衷”，“无稽之谈”的“稽”、“既往不咎”的“咎”、“三令五申”的“申”、“措手不及”的“措”，都是现代口语中罕用的词，需要明了音义，认清字形。否则囫囵吞枣，就会把字写错，把意思弄错。因此，充分利用辞典来解决这一方面的问题是必要的。

(2)必须注意成语的用法。学习成语，单单知道成语的解说还不够，必须同时注意它的用法。用法主要指的是某一个成语一般是针对什么事情说的，它所比喻的对象是哪一类的事物。这些千万不要弄错。例如在学生写作中曾经谈到某人对他的关怀“无所不至”，“无所不至”是很不妥当，在这里应当用“无微不至”。“无所不至”见《礼记·大学》，《大学》说：“小人闲居为不善，无所不至。”“无所不至”跟“无微不至”有褒贬之分，不应混淆。还有“水深火热”是指人民在剥削阶级残酷统治之下的极端困苦的生活，“孤注一掷”是指在军事上盲目进行绝无把握的决战，这些都不能随便移用。假如我们在读书的时候不注意成语的用法，到了用的时候就可能用错，甚至闹出笑话来。特别是成语中有很多是一种比喻之辞，如“胶柱鼓瑟”、“畏首畏尾”、“捉襟见肘”、“浮光掠影”之类，如果不知道它是比喻什么事情的，是怎样的用法，用起来就不免张冠李戴，莫名其妙。

1954 年 12 月

《诗经》古韵部谐声声旁表

此表为便于理解《诗经》韵部而作。每部列出其谐声声旁，凡同从一谐声声旁的字都同归本部。韵部排列的次序如下：

[阴声韵]	[入声韵]	[阳声韵]
1 之部	2 职部	22 谈部
3 幽部	4 觉部	23 侵部
5 宵部	6 药部	24 蒸部
7 侯部	8 屋部	25 冬部
9 鱼部	10 铎部	26 东部
11 歌部		27 阳部
12 支部	13 锡部	28 耕部
14 脂部	15 质部	29 真部
16 微部	17 物部	30 文部
18 祭部	19 月部	31 元部
	20 缉部	
	21 盍部	

阴声韵和阳声韵以各部间声音远近为序，入声韵分别

与有关的阴声韵相承。缉盍两部入声没有阴声可承，而与质物月三部相关(段玉裁《答江晋三论韵书》已指出，见《经韵楼集》)，所以列于月部之后。

谐声字的归部是参酌谐声的系统和《诗经》的押韵来定的。前人所作的谐声表以及“说文谐声谱”中有些字的归部并不一致。表内各部所列的谐声声旁参考段玉裁《六书音韵表》、王念孙《说文谐声谱》、江有诰《谐声表》、张惠言《说文谐声谱》、丁履恒《形声类编》等书而定。诸家异同，不烦一一列举。遇有必要，略加附注说明。

谐声声韵中有些是古字，为便于认识，都参考《广韵》注出现代读音。

一　之部声符

来	臺	里(貍)	才(在戋 zai)	
宰	采	其(欺)	巛 zai(甾 zi)	
梓	丝	𦣝	目以 yǐ(矣台枲能)	
𠩺 lí	而	市	之(寺日待)	
兹	辞	己(忌)	司	友
疑	巳	止(齿)	史(吏)	丘
士	耳	喜	子	舊
某	负	母(每)	妇	裘
龟	久	郵	牛	啚 bǐ
意	異	佩	又(右有尤)	
再	亥	乃	不(丕否)	
咅 pǒu	戒	灰	葡 bèi(備)	

附注：(1)裘字舊字从段玉裁《六书音均表》列入本部。王念孙《说文谐声谱》入幽部。

(2)乃字兼入蒸部。

(3)音字《集韵》厚韵音普後切。倍字从此。音声兼入侯部。

二　职部声符

息	弋(式)	亟	力(勒阞)	
戠 zhì	食	飤 sì	畐	直
悳 dé	棘	匿	北	则(贼)
仄	革	啬	色	或(彧國)
黑	矢	克	麥	畟 cè
塞	敕	伏	服	茍 jí
牧	得	陟	翼	皕 bì
圣 kù	戛			

附注：(1)圣，《说文》读若兔鹿窟，《广韵》入没韵，音苦骨切。从段玉裁江有诰列于本部。

(2)戛字兼收质部。

三　幽部声符

州	求	流	休	汓 qiu(游)
舟	九(尻)	憂	秋	攸(倏修)
周	幽	刘	丩(收)	酋(猶)
囚	由	孚	牟	雔 chóu
矛(楙柔)	蒐	曹	皋	勹 bao(包匋)
牢	卯(贸)	酉	缶	髟 biao
手	守	首(道)	肘	𠷎 chóu(壽)
丑(狃)	帚	阜	牡	翏 liù(膠)
受	叟(嫂)	韭	早	舀 yǎo

草	老	丂 kǎo	好	丣 yǒu(留擂)
爪	𠦝 bǎo	保	棗	叉 zhǎo(蚤)
讨	鸟	簋	冒	咎(晷)
牖	臭 xiù	秀	嘼 xiù	褎 xiù
就	幼	臼	戊	毁 jiù
孝	奥	报	昊	告(造)
彪	埽	槱	逵	麀 you
肃				

附注：奥告肃等声兼收入声觉部。肃字韵书只有入声一读。

四　觉部声符

六	坴 lù	肃	畜	尗(叔戚)
祝	竹(筑)	复(復)	肉	匊 jú(鞠)
育	夙	逐	目	佰 sù(宿)
孰	奥	臼 jú	学	𥄕 mù
觉	粥	昱 yù	毒	告

五　宵部声符

毛	高(蒿)	劳	敖	刀(召昭到)
交(效)	麃 biao	苗	巢	爻(肴教)
尧	枭	幺	票	尞 liào(潦)
夭(芺)	喬	䍃	要	䍃 yáo(繇繇)
器	焦	朝	鼂	猋 biào
料	㞢 tao	了	兆	小(肖削稍捎)
肇	杳	少	表	𠬪 piǎo

窅 yǎo　皛 yǎo　𡿺　皃　淼 miǎo
暴　鬧　弔　盗　喿 sào(澡)
号 hào　羔　颢　钊　杲 gǎo

六　药部声符

樂　卓　爵　雀　龠(籥)
虐　弱　勺(约)
隺 hè　敫 yuè　翟　丵 zhuó

七　侯部声符

侯　娄　句　朱　殳 shu
禺 yú　区　需　须　壴 zhù(尌 shú)
俞　芻　臾　兜　毋 wú
后　後　侮　口　取(聚)
厚　走　奏　斗　付(府)
主　乳　豆　冓 gòu　𠁁 dòu(斲)
冠　扇 lòu　書　門　㡳 lòu
具　戍　敄 wù　㼌 yǔ　咅 pǒu(部)

附注：(1)音声兼收之部。

(2)敄声段玉裁归幽部，此从江有诰列于本部。王念孙《六书音均表》书后与江意见相同。

八　屋部声符

谷　角　屋　族　朿(敕 sòu)
狱　哭　足　辱　卖 yù

曲　玉　㱿 què　豖 chù　蜀(屬)

玨 jué　录 lù　粟　卜　木(沐)

局　鹿　秃　岳　菐 pú(僕)

𡱝 zhù

九　鱼部声符

居　於　余(除)　夫　鱼(稣鲁)

與　車　巫　吴(虞)　于(污夸雩)

盧　壺　麤　鳥　疋(胥疏)

图　乎(虖)　初　無(舞)　虍 hu(虛慮)

巫　予　女　吕　舁 yú(與)

旅　豦 jù　武　五(吾)　者(奢诸豬屠)

午　奴　鼓　鹵　父(布甫浦尃)

土　巨(渠)　去　如(挐)　古(固苦胡辜)

圉　処　鼠　羽　且(沮祖租虘助)

雨　禹　互　庶(度)　䀠 jù(瞿)

步　兔　蠱　库　户(雇所)

素　普　股　加　瓜(孤)

巴　马　下　叚　牙(邪)

亞　家　寡　夏　襾 xià(贾)

斝　社　射　舍　卸(御)

乍　莫　莽

附注：豦乍莫射等声兼收入声铎部。

十　铎部声符

席	乍	莫	夕	各(洛路)
亦	石	隻	若	舃 xì
蒦 wò	矍 jué	郭	戟	豦 jù(遽)
昔	霍	白	炙	屰 nì(逆瘴咢朔)
尺	赤	赫	壑	睪 yì(擇)
㷼 xì	雨 p	索	丮 jǐ	谷 jué(卻)
虢	射			乇 zhé(託)

十一　歌部声符

它	爲	皮	离(離)	冎 guǎ(咼過)
也(施)	我(義羲)	加(枷)	差	丂 he(可何阿苛哥奇旖)
麻(靡)	羅	詈	罷	多(移侈宜)
匕(化)	吹(炊)	ナ(左佐)	沙	𠂹 chuì(垂騒)
瓦	坐	禾	果	陸 duò(隋)
朵	貨	惢 suò	臥	羸 luǒ(羸)
戈	虧	叵	蓏	丂 kuǎ(丙)
科	那	戹 è	危	丽 lì(麗)

附注：(1)皮字说文从为省声，今不从。

(2)哥、奇二字说文非谐声字，今归入可声。

(3)陸同堕。

(4)虧字说文从亏虘声，虘声段氏入鱼部。此从王念孙、江有诰、张惠言诸家列于本部。

(5)丽，古文麗。丽声从江有诰列于本部，段、张诸家皆列支部。

(6)那字从江有诰列于本部。

(7)戹音 è，戹字从此声，王念孙、丁履恒均收此字。

(8)危声段、王皆归支部，江有诰归脂部，今从张惠言列于本部。

十二 支部声符

支	知	卑	斯	圭(窒恚)
兮	奚	兒	戹	此(柴)
规	巂 xì	只	是	启(啟)
徙	氏	虒	解	丫 guǎi
叉	買	醢	瑞	蠡 lǐ
糸	厎	帝		

附注：此声段玉裁入脂部，今从王念孙、江有诰列于本部。

十三 锡部声符

益	易(剔)	析	朿(责)	狊 jú(鶪)
辟	鬲	脊	厄	秝 lū(厤歷)
狄	迹	役	册	毄 jí(繫)
脈	畫	鬩	冖 mì	啻 chì(適)
覡 xí				

十四 脂部声符

夷	伊	师	私	旨(耆)
眉	几	美	履	比(毗坒)
兕	死	癸	示	次(咨资恣)
至(致)	二(贰)	自	四	利(秎黎)
棄	季	尸	犀 xi	匕(尼泥)

犀	皆	齊	妻	矢(雉彘)
西	稽	弟	豊 lǐ	氐(泜)
戾	细	计	惠	米(麋)
冀	爾(彌)	黹 zhǐ	豸 zhì	隶 dài(肆)
𠂔 zǐ	執(摯)	肄	器	医 yì(殹)
继	屆	轡	奰 bèi	畀 bì(鼻)
豕				

附注：(1)至戾隶等声兼收入声质部。

(2)執声兼入缉部。江有诰摯字入祭部。

(3)医声王念孙入祭部。

十五　质部声符

至	戾	隶	質	疐 zhì
一	壹	七	日	吉(颉)
疾	悉	栗	桼 qì	肙 yì(屑)
畢	乙	失	穴	必(宓瑟监密)
逸	實	匹	血	卩(即節)
弼	闋 què	戜 dié	垔	页
替	闭	抑	戛	

附注：戛字《说文》读若棘，王念孙、张惠言两家收入之部入声。案《汉书》《古今人表》颉羔侯，应劭音颉为戛擊之戛，戛颉音同，戛亦可收入本部。

十六　微部声符

衣(依)	希	幾	斤	非(匪)
飞	肥	妃	威	敳 wēi(微)
畏	豈	尾	未(味)	𠂤 duī(追歸)

胃	尉	卉	鬼(嵬)	囗 wéi(韋圍)
气(氣)	豙 i	绥	衰	旡 jì(既愛)
水	贵	夔	位	隹(唯维淮崔推)
毁	火	虫 huǐ	回	豕 suì(隊遂)
雷	頪	未	對	褱 huái
内	罪	枚	磊	畾 léi(壘纍)
祟	委	開	乖	豩 ruí
费	退	配	卒	叡 kuài

附注：(1)斤声兼入文部。

(2)胃尉气祟卒部。

(3)内声兼入缉部。

十七　物部声符

胃	尉	祟	卒	出(屈)
聿	乞	率	孛 bó	勿(忽)
曰	鬱	兀 wù	矞 yù	朮 zhú(述)
𠬝 mò	突	骨	帥	弗(费)
市 fú				

附注：市即韨字，江有诰入祭部入声，今从王念孙列于本部。

十八　祭部声符

祭	世(贳)	制	曳	㡀 bì(敝)
埶 yì	筮	歲(薉)	衛	
毳	彗 huì	砅 lì	䀠害 wèi	大(羍達)
具	带	蓋	兑	叡 ruì(叡)

外　　最　　會　　竄 cuàn　　夬 guài(抉)
介　　拜　　毳 zhuì　　吠　　蠆 chài(厲)
喙　　赘　　𣪠 qài　　泰　　丯 jiè(切契害挈)
祋 duì　　脆　　裔　　芮　　乂 yì(艾)

附注：(1)本部与入声月部谐声多相通，《诗经》押韵去声单独相押之例颇多，故与入声分列，学者当留意两者相通之关系。

(2)竄字《集韵》有取外切一音。

十九　月部声符

月　　粤　　凡 bó　　罚　　欮 jué(厥)
發　　戉　　伐　　犮 bó　　氒 jué(昏)
末　　奪　　卨 xiè　　舝 xiá　　剌(赖)
桀 jié　　舌　　列　　折　　匄 gé(曷葛渴)
烕 xuè　　孑 jié　　孓 jué　　绝　　𡴎 niè(辥)
刷　　劣　　截　　殺　　叕 chuò
魝 jié　　臬　　櫱 niè　　徹　　𥄕 mò(蔑)
设　　八　　别　　軋 yà

附注：(1)徹设别八四字王念孙归入至部入声(即本表质部)，今从江有诰列徹设别于本部。八字江有诰归入脂部入声，与王念孙同。案别字古文作仌从八，别字即入本部，则八字亦当列此。说文佾穴二字皆作八声，不可从。王江两家佾穴二字均归质部，故八与佾穴同部。

(2)軋从燕乙之乙，从江有诰列于本部。

二十　缉部声符

立　　邑　　集　　及(急)　　咠 qì(戢)
習　　𦑣　　廿　　入(内)　　㚔 niè(執)

襲	沓	眔 tà	十(叶)	㬎 è(隰)
合(荅翕)				

附注：(1)㚔(執)声兼收质部。

(2)入(内)声兼收微部。

二十一　盍部声符

涉	妾	聶	枼 yè	疌 jié
劦	燮	曄	巤 liè	耴 zhé
夾	帀	盍	㚔 niè	臿 cha
甲	劫	乏	卅 sà	㬱 tà
法	業			

二十二　谈部声符

甘	詹	占	僉(斂)	兼(廉)
甛	圅	芟	炎(剡)	𢦏 jian(韱)
冄	广 yǎn	弇 yǎn	毚 chán	猒 yàn(厭)
奄	染	夾 shǎn	敢(厰嚴)	臽 xiàn(閻)
欠	忝	閃	凵 qiǎn	斩(渐)
監	銜	氾	章 kàn	

附注：此部与侵部段王与其他各家归字颇不一致，今依江有诰。

二十三　侵部声符

心	音	冘 yín	林(禁)	㑴 qin(侵浸)
朁	琴	尋	㸒(淫)	壬(任)
森	參	審	品(臨)	今(今岑会钦含酓念贪)

甚	覃	南	亩 lǐn(禀)	罙 shen(深)
三	男	彡 shan	咸(箴)	凡(風)
闯 chèn				

二十四　蒸部声符

興	升	徵	夌(淩)	丞(承蒸)
兢	黽	登	亙(恆)	仌 bing(冰冯)
曾	乘	爯	雁 yìng	朋(崩)
凭	肯	熊	厷 gong	弅 yìng(朕騰)
弓	瞢(萝)	鼟	乃(仍孕)	

附注：(1)黽声兼收耕部。

(2) 弅字当与倂字同音，倂《广韵》《证韵》音以证切。

(3)乃声兼收之部。

二十五　冬部声符

中	宫	躬	冬	宗(崇)
農	蟲	戎	宋	夅 xiáng(降隆)
衆				

二十六　东部声符

東	重	同	童	公(翁松)
封	茸	充	囱(悤)	工(巩空邛项江)
豐	舂	叢	从(從)	丰 feng(奉夆逢)
容	嵩	雙	邕(雝)	冡 méng(蒙)
孔	竦	冢	尨 máng	凶(匈兇嵏)

共	送	弄	宂 rǒng	用（甬庸）
巷				

二十七　阳部声符

王	亢	央	光	羊（養羕羌）
皇	昌	香	方（旁）	昜 yáng（湯鍚傷）
良	长	量	亡（忘巟）	黄（廣横）
相	强	倉	桑	㞷 huáng（往狂匡）
章	商	卬	庚（唐康）	畕 jiang（畺彊）
行	衡	兵	京（景）	叚 néng（襄）
明	兄	彭	亯	皀 xiang（鄉）
慶	羹	永	网（罔）	爿 qiáng（壯戕將牆）
爽	囧	兩	象	刅 chuang（梁）
并	秉	丈	丙（更）	皿（孟盎）
上	杏	鬯	竟	向（尚堂黨嘗）
競	望	葬	匠	

二十八　耕部声符

名	平	盈	生（星）	丁（成亭）
爭	青	鸣	正（定）	炏（榮營）
寧	贞	顷	殸 qìng	賏 ying（嬰）
晶	嬴	鼎	幷（屏）	壬 tǐng（呈廷巠聖轻）
耿	省	幸	霝 líng	井（刑）
敬	甹 ping	敻 xìong	黽 mìng	冂 jiong（同冥）
令				

附注：(1)黽声歉收蒸部。

(2)令声兼收真部。

二十九　真部声符

秦	人	频	粦 lìn	丏 miǎn(賓)
寅	𡿦	身	旬(筍)	辛(亲親新)
信	令	命	因	申(伸)
陈	仁	真	匀(均)	㶳 jìn(盡)
臣	民	津	千(年)	𢆉 shen
天	田	引	疢 chèn	閵 lìn
扁	印	晋	臤 qian(堅)	卂 xùn
佞	玄	進	矜	

附注：(1)令声兼收耕部。

(2)𢆉声江有诰归耕部，今从王念孙列于此部。

三十　文部声符

先	門	殷	辰(晨脣)	囷 jun
艮	昏	孫	屯(春)	分(釁)
尹	君	员	西(垔甄)	奔(賁)
昆	存	巾	云(雲)	罤 kun(鰥)
侖	军	熏	㒼 mán	𦎫 chún(敦)
焚	豚	盾	堇 qín	文(吝閔)
麏	尊	本	豩 bin(豳)	斤(近欣)
寸	筋	奮	允(夋)	昷 wen(温缊)
胤	糞	困	飧 sun	舛 chuǎn(舜)

刃　川　閏　㐱 zhěn　屍 tún(殿)

彬　坤　巽　㥯(隱)　圂 hùn

奮　胤　糞　猌 yìn　吝 sùn(睿)

困　刃　川　壼 kǔn　蚰 kun

閏　彬　坤　巽　亹 mén

兖　薦　恩　典

附注：(1)薦声王念孙归入元部，今依江有诰列于此部。

(2)斤声兼收微部。

三十一　元部声符

泉　半　官　元(完)　叀 zhuàn(專袁睘)

卵　爰　反　番(潘膰)　釆 biàn(弮卷)

見　連　單　旦(亶)　厂 hǎn(雁屵彦產)

穿　患　奂　難(歎漢)　辛 qian(言)

肩　弁　閑　閒(簡)　䜌 luán(攣)

廛　丹　焉　莧(寬)　㠭 zhǎn(𧝠展)

然　縣　山　㬐 qian　亘 xuan(宣)

衍　憲　延　𡿨 quǎn　丱 guàn(𢇍)

䌛　燕　丸　干(旱岸)　夗 wǎn(宛)

虔　彝　鲜　奴 cán　安(晏妟匽)

爨　姦　面　曼(蔓)　㫃 yǎn(旋倝榦斡乾)

般　煩　贊　肙 yuan　柬(闌蘭湅)

筭　算　班　耑(段遄)　吅 xuan(雚)

建　原　犬　夰 pan　毌 guàn(貫)

删　片　雋　寒(褰)　𤔔 luàn(亂)

輦	㝵	斷	祘 suàn	戔 jian(棧)
便	寃	緜	萸 ruǎn	㪚 sàn(散)
全	蕑	㚘 bàn	歬(前煎)	棥 fán(樊)
侃	免	宀 mián	鬳 yàn(獻)	次 xián(羨)
件	善	萑 huán	彖 tuàn	㕣 yǎn(鉛)
扇	宦	耎 ruǎn	孨 chàn(孱)	臱 mián(邊)
萬	匙	舛 chuǎn	㞋 niǎn	㬎 xiǎn(顯)
幻	盥	辡 biàn	㥔 qiǎn 遣	𠂹 juàn(睘)
看	蠲			

附注：免声段玉裁归真部，今从王念孙、江有诰列于此部。

古韵学顾江段孔四家书述评

一　音学五书

《音学五书》为清初顾炎武(1613—1682)所作，包括《音论》三卷，《诗本音》十卷，《易音》三卷，《唐韵正》二十卷，《古音表》二卷，是清代研究《诗经》古音的一部重要的有开创性的著作。《音论》是综述韵学源流的，其他四种是专论古韵的。

关于古韵的研究，宋代已肇其端。如南宋时吴棫有《韵补》，郑庠有《古音辨》(见元熊朋来《经说》卷二《易诗书古韵》条)。但是他们只看到古代韵宽，不同于唐宋时期的韵书，而不知道古韵自有一定的部类和读法，因而就诗定音，随韵取叶，漫无准则。下至明代中叶，陈第作《毛诗古韵考》才清楚地认识到“时有古今，地有南北，字有更革，音有转移”，古人有古人之音，今人有今人之音，古人作诗押韵自有条理，而且有一致的读法。因举出《诗经》四百四十余韵字，列本证、旁证，注出拟定的读音，为古韵的研究辟出一条途径。不过，他仅仅单独辨每字古读某，而不曾比类综合，探本寻源，归纳出古韵的部类分合，仍然是散漫而无系统的知识。直到明末，顾炎武一扫前人叶韵之说，继踵陈氏，审核《诗经》全书一千九百余韵字，与《广韵》韵部比勘，分别同异，综合贯串，定古韵为十部，开清人锐意研究《诗经》古韵之先河。

顾氏所定古韵十部是：

(1)东冬钟江

(2)脂之微齐佳皆灰咍，支之半，尤之半(有入声)

(3)鱼虞模侯，麻之半(有入声)

(4)真谆臻文殷元魂痕寒桓删山先仙

(5)萧宵肴豪幽，尤之半(有入声)

(6)歌戈，支之半，麻之半

(7)阳唐，庚之半

(8)耕清青，庚之半

(9)蒸登

(10)侵覃谈盐添咸衔严凡(有入声)

顾氏研究古音，取材甚广。在《音学五书》中，《唐韵正》卷帙最多，也是比较重要的一种。顾氏明白指出学者读其书“必先《唐韵正》，而次及《诗》《易》二书”。顾氏认为《广韵》二百零六韵的分部即本于《唐韵》，此书为订正《广韵》读音而作，所以名为《唐韵正》。书中罗聚材料之丰富，诚令人惊叹。除《诗经》《楚辞》和先秦经传诸子之外，推而广之，下及两汉以迄南北朝的诗赋和史传群书以及碑刻中的韵语都取以为参证，甚且引及唐代诗家的用韵来说明字的读音；同时又能在必要处指出汉以后声音的流变和用字的假借讹替，这对清代的文字音韵之学影响极大。

顾氏研究古音的方法，不单纯凭借韵文的押韵，还进一步从文字的谐声上观察字的归类。例如“我”字古音属歌戈部，而《广韵》寘韵之“义”也同属于歌戈部。又如“皮”字《广韵》收在“支”韵，而从“皮”谐声的“波”“颇”“坡”等都属于歌戈部，则“皮”也属于同一部。因此，顾氏分部归字虽然借《广韵》韵部名称以为统摄，但并不为《广韵》韵部所囿，而解析《广韵》，把不同韵的字分隶于古韵两部。如支韵字一半入脂之，一半入歌戈；尤韵字一半入脂之，一半入萧宵；麻韵字一半入鱼虞，一半入歌戈；庚韵字一半入阳唐，一半入耕清。足见用心之细。后来江永、段玉裁步其踵武，擘析更精，成就更大。由此可知：顾氏启牖之功诚不可没。

顾氏的贡献比较突出的一点是入声的分配。《广韵》里入声韵都与阳声韵相承，如“屋”与“东”相承，“质”与“真”相承，而阴声韵一律无入声。至于古韵，顾炎武则根据《诗经》押韵和《说文》谐声，并参照古书中的文字假借和韵书中一字或有去入两读的现象确定：属于《广韵》的阳声韵，只有“侵”“覃”以下九韵有入声，其他各韵都没有入声；属于《广韵》的阴声韵，除歌戈麻三韵旧无入声外，其他各部都各有相承的入声（见《音论》《近代入声之误》条及《古音表》）。论据确凿，为前人所未道，这是一大发明。后来研究古韵的人都以此为准。

不过，顾氏定古韵为十部，终不免有疏失。一则分部不够精密，一则字的归类不尽妥当。尔后江永、段玉裁、王念孙、戴震、孔广森、江有诰诸家继有论述，中间经过一百八九十年始趋精当。事之创始固难，补苴又何尝容易？案顾氏分部所以不够完美，跟他误认为古人四声一贯，同一章诗可以四声并用有关。《诗经》中一章一韵的固多，而中间换韵的，或上去分用的，也屡见不鲜。但顾氏过信陆德明在《毛诗音义》中所谓“古人韵缓，不烦改字”之说，及至疏于审音，不加详辨。在《诗本音》和《易音》中有非韵而注为韵的，有换韵而指为一韵的，有本是韵而不注韵的(见戴震《声韵考》卷三)，因此分部不能允当。江永称顾氏“考古之功多，审音之功浅”(见《古韵标准》例言)，正中其病。

另外，顾氏明古今音有异，又知古今各有方音，而书序中却说“天之未丧斯文，必有圣人复起，举今日之音而还之淳古者。”这种信古、泥古的说法，与历史发展规律相违背，无疑问是错误的。读前人书不能不知其利病得失。

二 古韵标准

《古韵标准》四卷，清江永撰，戴震参定。江永，字慎修，江西婺源江湾人，生于康熙二十年(公元 1681)，卒于乾隆二十七年(公元 1762)，一生居于乡里授徒。读书能深思，长于比勘，精于“三礼”、钟律和声韵，著述极富。关于声韵的书，有《音学辨微》、《四声切韵表》和《古韵标准》。前两种是讲解等韵和分析《广韵》的声韵部类的，后一种是考证古韵分部的。

在江永以前研究古音的人多不区分时代，把《诗经》、《楚辞》跟汉魏六朝唐宋等不同时代的韵文相提并论，混为一谈，所以江永要确定一标准，以《诗经》用韵为研究古韵的主要根据，以经传骚子为佐证。标准确定以后，才好跟后代的声韵相比，有原有委，可以参校异同，明其流变。这就是本书命名的原由。

古韵分部始于顾炎武《音学五书》。《音学五书》的《古音表》分古韵为十部，失于疏漏，江氏考核《诗经》押韵，进一步分古韵为十三部。不同于顾氏的是：一、分真文魂与元寒仙为两部，先韵则两分；二、分萧宵肴豪与尤侯幽为两部；三、分侵覃等九韵为两部，侵为一部，添咸衔严凡为一部，覃谈盐三韵则分属两部。这些都比顾氏细密。

江永在本书例言中说："凡著述有三难：淹博难，识断难，精审难。"这话极对。淹博在于有多方面的知识，有丰富的材料；识断关乎有无正确的理解；精审则贵于有精确的方法，善于分析辨别。研究古韵，一是要能辨韵，二是要能理清韵部。读古代韵文，首先要避免强叶和误读。如韵在彼而误叶此，或非韵而以为韵，或是韵而不以为韵，或本分而合之，或本合而分之，都会造成错乱。所以《古韵标准》卷首特别有《诗韵举例》一篇，以为分韵的准绳。至于区分韵部，又贵在细心审辨，不宜含混。假如有数字相通，未必一韵都通；两韵某诗通用，他诗未必通用。江氏在例言中说："古韵自有疆界，当通其所可通，毋强通其所不可通。"这是十分正确的。江氏，论淹博或不及顾氏，而识见则胜于顾，所以在《古韵标准》里驳正顾说的地方很多，大都切中其病。

江永这部书既能采择前人的长处，又有个人独到的见解，而成一家之言，因此大为研究古韵者所重视。他研究古韵，以《广韵》为阶梯，特别注意审音。他批评陈第说："陈氏但长于言古音，若今韵之所以分，喉牙齿舌唇之所以异，字母清浊之所以辨，概乎未究心焉，故其书皆用直音。直音之谬，不可胜数。以此知音学须览其全，一处有阙，则全体有病。"所以他在《古韵标准》中为字注音，不取直音，而用《广韵》反切。如果古音归类不同于《广韵》，就参酌《广韵》音的韵等和声类另拟一反切。这比前人以己意推测古读，而不顾字母清浊和韵类洪细的高明多了。

《广韵》内为一韵的字在古音中有分属两部的，可以借重于谐声的声旁来加以辨别，顾氏已发其端，江永极为称赞，认为"以字偏旁别声音，尤得要领。"（见平声第二部总论）他进而利用这种执简驭繁的辨法分虞韵一支通鱼模，一支通尤侯；分先韵一支通真文魂，一支通元寒仙；分萧肴豪一支通宵，一支通尤侯。分其所当分，合其所当合，足与《诗经》押韵相发明。由此可见江氏之善于博综约取，深得体要。

江氏既知利用文字谐声以考古音，又自谐声而知音有通转。他在本书平声第四部(元部)补考内“鼍”下说：“此部之字往往转入第七部(歌部)。如难傩音那，鄱番音婆，若干之干通于个，涴音乌卧切，宛亦乌卧切；而入声则怛笪妲皆从旦，頞从安、斡从倝，髑从间，揠从匽，巘从獻，皆谐声之旁纽；而箭笴之笴从可，乃音古旱切，则亦互相转。”这里已窥探出阴阳入对转的规律。后来戴震作《声类表》孔广森作《诗声类》，又恢弘其说，所以章太炎以为江氏造微之功，度越前修者在此(见《重镌古韵标准序》)。

《古韵标准》在清代古韵学的著作中占有一定的位置。其可贵处在于能排除异说，在顾氏《音学五书》的基础上确定以《诗经》用韵为主，指明辨韵分部的方法，把古韵的研究引向科学的道路；无怪乎后来研究古韵的人都取则于是，而又有所发现。我认为要探求清代古韵学发展的原委，不能不从顾氏江氏两家的书读起。我们也不能因为后来有了戴震、段玉裁等诸家著作就废置顾江两家书而不读。前人著书往往有不少精辟的见解蕴蓄于注解当中。如江氏说：“声音之理，异中有同，同中有异；不变中有变，变中有不变。”(见平声第三部总论)又说：“音有异时而渐变，亦有同时而已殊。”(见平声第四部总论)又说：“凡一韵之音变，则同类之音皆随之变。虽变，而古音未尝不存，各处方音往往有古音存焉。”(见平声第八部总论)诸如此类，对我们理解语音的演变很重要。不读，就不知道。

江氏这部书按《广韵》四声排列韵部。每部之前先列《广韵》韵目，次列韵字。一韵歧分两部的，称“分某韵”；韵本不通，有个别字当收的，称“别收某韵”；四声不同的，称“别收某声某韵”。《诗经》中不曾入韵的字，另列为补考：每部之末，又有总论。体例分明，秩然不紊。惟江氏因承《广韵》以推求古音，又为四声通押之说所困扰，以致分析韵部尚未尽善；同时论声母只株守三十六字母，而不悟古音与今音有异，雾里看花，终隔一层。读者如能明其条理，知其利病，则所得必多。

三　六书音均表

清代研究古韵的人在顾炎武、江永之后别有发明的是段玉裁。段玉裁字若膺，号茂堂，江苏金坛人，受学于戴震，著述甚多，而以《说文解字注》最知名。《六书音均表》为研究古韵之作，成于乾隆四十年(公元1775)，凡五卷，包括《今韵古分十七部表》，《古十七部谐声表》，《古十七部合用类分表》，《诗经韵分十七部表》，《群经韵分十七部表》。表一是全书的总纲，表二分列十七部字的谐声偏旁，表三辨别古韵诸部分合的远近，表四是诗经韵谱，表五是《群经》、《国语》、《楚辞》韵谱。六书文字按音分部，所以名为《六书音均表》。段氏著书的旨趣在卷首吴省钦的序中已经说得很清楚。其实那篇序文就是出自他的手笔，不过假托吴省钦的名字而已。

段氏研究古韵的最大贡献在于除利用《诗经》和群经的押韵材料以外，更充分利用文字的谐声以定古韵的部类。段氏发现从一声的字总在一起押韵，由此可以藉谐声声旁统摄同一部的字。他说："考周秦有韵之文，某声必在某部，至啧而不可乱。故视其偏旁以何字为声而知其音在某部。易简而天下之理得也。"(见表二)古同谐一声者必同部，这是段氏的一大发明，为研究古韵开拓一条新的途径。

段氏根据《诗经》押韵，分古韵为十七部，所不同于江永的是分江氏第二部为"支""脂""之"三部，分江氏第四部为"真""文"两部，分江氏第六部为“幽”“宵”两部，入声的分配也有改变。这些都比江永为胜。段氏分韵所以胜于前人，在于能从押韵的错综情况中善于辨别“古本音”和“古合韵”。所谓“古本音”，是指古音如此，不同于后代《广韵》。所谓“古合韵”，是指古音不同部，而古人由于音近通押。通押由于音近，这是段氏的独见。江永则认为这是作诗者假借方音使然。(见《古韵标准》卷一第一部总论)段氏转以“合韵”为说。他认为不知有合韵，则或以为无韵，或指为方音，或以为学古之误，或改字以就韵，或改本音以就韵，其失也诬。(见表三《古合韵说》)段氏不同意《诗》中有方音是不确切的，但他寻绎《诗》韵，知其分，又知其合，审辨声音的远近，“不以本音蔑合韵，不以合韵惑本音”，(见表四)所以能不囿于前人成说，而别有发明。所列十七部韵表，由“之”部到“歌”部，就是按《诗》中合韵和平入的关系，依照声音的远近排列次第，跟江永但以《广韵》韵目的先后为次序排列韵部迥乎不同。这是一大进步。段氏分韵既比江氏加细，又在体例上有所变革。江书每部只举《诗》中所见韵字，分别加注说明，而段氏则把《诗》韵和群经、《国语》、《楚辞》中所见韵例分部列为“韵谱”，哪些字在一起押韵，哪些是本音，哪些是合韵，一览便知，这远比江氏单列韵字为优。

段氏书中又特别提出古无去声和古假借必同部说。前者以言《诗》韵各部未必尽然，后者对读古书，探求字义，则大有关系。因为古书中经常有假借字，不明假借，不能通晓古书。我们知道了假借多取之于同部字，就可以由音以求字，由字以求义，古书中不易懂的文句往往可以迎刃而解。段氏指出古假借必同部是很重要的一项见解，研究古书训诂的人不可不知。

段氏分韵已经很细，但是还有不妥当的地方。如《广韵》去声祭泰夬废四韵和入声月曷末黠辖薛等韵的字当独立成部，而段氏一律归属脂部不妥。又古韵入声字本与阴声韵相承，而段氏误以质术屑诸韵字归属于阳声韵真部之下，于例不合，又阴声韵侯部本有相承入声字，而段氏却把谷屋木族曲玉蜀鹿之类侯部入声字归于幽部，也是错误的。后来王念孙、江有诰等人都别有论述，正其缺失。这正是戴震所说“援古以证其合易明也，援古以证其分不易明也。”(见《与段若膺论韵书》)

段氏此书虽有罅漏，但是就其研究古韵的观点和方法而言，可以说是一部承前启后的著作。自从此书刊布以后，研究古韵的人，与段氏不论识与不识，没有不受他的影响的。段氏平生治学虽然勇于自信，可是在他晚年的时候，他对孔广森《诗声类》分东冬为二，对江有诰《诗经韵读》分术物与月末为二，也深表赞同。只是书既刻板，流传已久，无法追改，不免怅然。我们读段氏书，贵于知其精要之处所在，如能与其他一些学者的著作比观，所得当更多。

四 诗声类

《诗声类》十二卷，附《诗经分例》一卷，为清乾隆间曲阜孔广森所著。孔广森，字㧑约，号㪅轩，生于乾隆十七年(公元1752)，卒于乾隆五十一年(公元1786)，得年仅三十四岁，而著述甚多，长于《春秋》公羊学、《礼》学。《诗声类》和其他所著书都收在《㪅轩孔氏所著书》内。

《诗声类》是就《诗经》押韵用字分别类聚，分古韵为十八部。阳声分元、耕、真、阳、东、冬、侵、蒸、谈九部，阴声分歌、支、脂、鱼、侯、幽、宵、之、合九部，阴声与阳声两两相配。如元与歌相配，耕与支相配，以至谈与合相配，而阴阳可以对转。书中各部分别罗列《诗经》所见之字，又辨析其谐声偏旁，列于一部之首，读者由此可以执简以驭繁，全部之字了如指掌。

在孔氏以前，顾、江两家有书，段氏有书。孔氏分部与段氏《六书音均表》相近，惟《广韵》真臻先与谆文欣魂痕诸韵字段氏分为真、谆两部，而孔书合为一部，反与江永《古韵标准》相同，未免失于详考。至于以侵与宵对转，以合为阴声，与谈对转，都不足取。段氏《答江晋三论韵》曾批评孔氏说："孔氏以侵为阳类，配宵肴豪阴类；以谈平为阳类，配缉合以下入韵为一部，为阴类；平阳入阴，与其全书谓阳阴各有平入者不合，又失侵之入并于谈，此亦好奇自信之过，不足以述古，而适足以歧惑后学。"这些话都正中其病。

孔氏对研究古音最重要的贡献有两点，一是东冬分立为两部，一是推阐阴阳对转之说。东冬之分，深为段玉裁所推许，后来学者也大都承认东冬当分为两部。因为《诗经》押韵分划较清，未可因有一二通用之例而并合之为一类。且在秦汉以前有韵的文字当中，东每与阳通，冬每与蒸侵通，界限较严，下至魏晋时代，东冬两类依然有别，所以不得合为一部。至于严可均作《说文声类》把冬与侵并为一部，近人如章太炎先生也力主此说，那又是冬类能不能独立为部的问题了，而东冬有分确是孔氏的发明。

说到阴阳对转的说法，实始于戴震和段玉裁。段氏在《六书音均表》里已有"异平同入"之说，而他的先生戴震讲的更加明晰。戴氏于乾隆三十四年（己丑，公元1769）作《声韵考》已经指出阴阳两类"共入声互转"，如真文魂先与脂微灰齐，哈与登，侯与东，支与清等都是。孔广森根据戴段两家所见，又精研极思，创通阴阳各类互转的规律，条理秩然，而且在注文中举出很多例证，这对于研究古韵部的读音和古书中文字的通假以及书传的训释都极为重要。《诗声类》这部书所以特别为人所重视，原因正在此。

然而《诗声类》也有一个很大的缺点，就是误认为古代没有入声，以为韵书的入声字古都读去声。他在卷一说："盖入声创自江左，非中原旧读。"他在卷八支部后又说："案周京之初，陈风制雅，吴越方言未入于中国，其人皆江北人唇吻，略与《中原音韵》相似，故《诗》有三声，而无入声，今之入声于古皆去声也。"孔氏宥于方音，这种说法都是不能成立的。

孔氏原书所附的《诗声分例》是继江永的《诗韵举例》而作的。江永列常例四，变例十四，仅仅粗具纲目而已。孔氏则分别极细，列通例十门，别例十三门，杂例四门，所举句式有一百三十之多，可谓详密无间。这不仅可以与《诗声类》所论相发明，而且对学者研究《诗经》，推寻其韵读，了解古代歌诗音律之丰富也大有帮助。

汉字上古音东冬分部的问题*

《诗经》古韵部的类别，自清代顾炎武开始直到近代已经研究得比较精到了，可是有些学者对个别的韵部的分合还有不同的看法，现在又有人提出一些新的见解，需要讨论。

从方法上来看，人家都是凭藉着《诗经》，群经，《楚辞》以及先秦诸子的押韵进行研究，并跟汉字的谐声系统相印证。其结论所以不同，原因是多方面的。有的是由于对韵的理解不同，是属于同部字相押，还是异部字相押，意见不一致；有的是由于对是否属于特殊的方音现象的看法不同；还有的是由于对声调的分类有不同的见解，以致分部不能一致。

现在所要谈的是《诗经》音“东”“冬”分部的问题。“东”“冬”分为两部，这是孔广森的发明，后来得到段玉裁、江

---

* 本文为 1984 年 5 月 21 日在日本二十九届国际东方学者会议讲演稿。载于日本东方学会 1984 年 10 月所出《国际东方学者会议纪要》第二十八—二十九册，169—172 页。

有诰的认可。江有诰因“东”“冬”今音相同，把“冬”部称为“中”部。孔广森在《诗声类》里定“东”“冬”为两部，并指出“冬”部字与“侵”部最近，与“蒸”部稍远。江有诰在《音学十书》里指出“东”“冬”的分别在于“东”每与“阳”通，“中”(冬)每与“蒸”“侵”合。后来张惠言、丁履恒等人也都跟孔广森、江有诰的意见一样。惟有严可均《说文声类》不同意孔广森的意见，他把“冬”部字归入“侵”部，定“冬”“侵”为一部，这样就生出歧异来了。近人章太炎在晚年也主张“冬”部字当归“侵”部，否定了自孔广森以来分“东”“冬”为二，“冬”独立为一部的说法。这是一方面的问题。

可是，现在又出现了另一方面的问题，就是古文字学家于省吾先生又提出“东”“冬”应当是一部，不是两部的说法。他在《甲骨文字释林》里有《释𠀠·吕兼论古韵东冬的分合》一篇文章。他认为甲骨文的“𠀠”字是“雝”的原始字，“雝”(雍)在《诗经》音中是“东”部字，这是前人一致的意见，可是，宫殿的“宫”字甲骨文从“𠀠”，如是则“宫”字不当属于“冬”部，而应归之于“东”部。其他与“𠀠”有关的字，有“船”(躬)“窮”(穷)二字，也应归属“东”部。因此，他认为“东”“冬”不应该分立，“冬”部字应归入“东”部。这样又跟以前顾炎武、江永的分部相同了。

有了这两方面的问题，究竟怎样确定才好，就有讨论的必要。

我们可以先看“冬”“侵”两部的关系。在《诗经》里“冬”“侵”两部字通押的有以下数例(加点的字是侵部字)：

《秦风·小戎》：中骖

《豳风·七月》：冲阴

《大雅·思齐》：宫临

《大雅·凫鹥》：潨宗宗降饮崇

《大雅·公刘》：饮宗

《大雅·荡》：谌终

《大雅·云汉》：甚虫宫宗临躬

《诗经》里“冬”“侵”通押的例子只有这么七处。这些诗大体都是公元前六七世纪以前的诗，地域范围都在关中，也就是古代的雍州。至于《诗经》中周南、召南、邶、鄘、卫、王、郑、齐、魏、唐、陈、桧、曹诸国诗，押“侵”韵的有十二处，押“冬”韵的有七处，就是没有“冬”“侵”通押的例子，而诸国都在关之以东，地域包括甚广。由此可见“冬”“侵”通押不是普遍现象，而是《诗经》时代部分地区所有的早期的一种方音现象，不能做为《诗经》的一般现象看待。我认为要为《诗经》分别韵部只能以一般现象为主，以偏概全是不妥当的。如果不守着这条原则，有些韵部的界画就模糊不清了，甚至于要把前人已经分清楚的也合并起来，那就是“大道以多歧亡羊”了。《诗经》中不同韵部在一起押韵的还不算少，其中有的是由于方音本来如此，所以通押；也有的不是出于方音之本然，而是因韵部读音相近，作者一时权宜通押；我们不能不细心分辨。上面所举的《诗经》“冬”“侵”相押的例子确实具有地区性，所以我认为那是方音现象。

《诗经》中除了有“冬”“侵”通押的例子以外，还有一处“冬”“蒸”通押的例子，即《大雅·召旻》，以“中弘宫”为韵，“弘”是“蒸”部字。另外还有少数“蒸”部字和“侵”部字通押的例子。在《大雅》内有三处，在《鲁颂》内有一处：

《大雅·大明》：林兴心

《大雅·生民》：林林冰　登升歆今

《鲁颂·閟宫》：乘弓官绥增膺惩承

这里的加点的字是“蒸”部字。

由此看来，“冬”“侵”“蒸”三部韵母的读音必然比较接近。现在学者一般都把这三部的主要元音拟为[ə]是有道理的。“侵”部是收－m的，“冬”部上古最早也可能是收－m的，因为“冬”“侵”有相押的关系。可是至少在东周时代已有广大地区读为收－ng的了。推想最早冬部字的韵母原来有合口性质的成分，合口成分与－m拼在一起而发生异化作用，所以－m就变为－ng。不过，在某地区的方言里还有读－m的遗留，因而出现“冬”“侵”通押的现象。

以上是我对第一个问题的看法。

说到第二个问题，即“东”“冬”是否为一部的问题。对于“东”“冬”当分与否，前人的意见颇不一致。主张不分的是以《邶风·旄丘》“戎东同”为韵和《小雅·蓼萧》“浓冲雍同”为韵做为根据。“戎”“浓”“冲”三字孔广森是做为“冬”部字看待的。“戎”“浓”“冲”既然与“东”部的“东同雍”在一起押韵，所以“东”“冬”难以分为两部(见丁履恒《形声类编》王念孙信)。主张不分的，又因为《易经》“彖传”“象传”中也有“东”“冬”两部字相押的例子，所以越发觉得“东”“冬”实是一部。

我们认为《诗经》中“东”“冬”分用的现象是比较清楚的，《旄丘》、《蓼萧》“东”“冬”两韵字相押，那只能算是例外。至于《易传》自是《易传》，跟《诗经》这一部诗歌的总集不可同日而语，其间又有时间和地区的问题，不能不分别开来看。《诗经》中“东”“冬”两部，如江有诰所说“东每与阳通，冬每与蒸侵合”，界域分明，不可归为一部。

谈到于先生的意见，因为甲骨文的㴔为“雍”字，而认为从㴔得声的“宫”字、“躬”字和从“躬”得声的“穷”字都同归“东”部，进而说“东”“冬”当为一部，这跟《诗经》的押韵不合。如果按照前面所说“中”、“宫”、“躬”等字上古最早是收－m 的话，那么，“雍”字也可能原来属－m 类，后来分化入“东”部，犹如“风”字从“侵”部转入“冬”部，后来又转入“东”韵(“风”是唇音字，《切韵》收“东韵”，“雍”是喉音影母字，《切韵》收“钟韵”。)那么，“中”“宫”“躬”另为一部也是说得通的。

还有，在文字谐声方面，一个字跟本身的声符不在一部的也不乏其例，如“昬”从“民”声，“民”在“真”部，而“昬”在“文”部；又如“斯”从“其”声，“其”在“之”部，而“斯”在“支”部。这样看来，虽然“宫”从“吕”声，“宫”与“吕”不属于同一部也是可能的。我的看法是：于先生利用古文字去说明古音韵，这种做法不无道理。但还不能证明“东”“冬”是一部。“冬”部除“宫”、“躬”、“穷”以外，还有“中”、“冬”、“农”、“虫”、“宗”、“宋”、“众”等字，于先生都没有提，那些字又有什么证据都同样属于“东”部，也是问题。在先秦诸子书中“东”“冬”合韵的也很少，“东”“冬”到两汉仍然有分；下至魏晋时期，除陆机、陆云、左思以外，“东”“冬”的界限仍然秩然不紊，直到刘宋时期才合为一部。

我想，声音的转变，从分而合是有条件的；但是由合而分，分而又合，似乎于音变条例不合，除非有足够可信的证据。所以我主张汉字上古音《诗经》韵部“东”“冬”分为两部较妥。经过这一番讨论，概括起来说“东”“冬”“侵”三部有分，不宜有所更易。我们论定《诗经》韵部的分合要能分辨一般与特殊，我们研究语言的历史始终不能不注意时代的先后和方言的差异，同时还要能从音理上推寻其原委才行。这些就是我要说的最主要的意思。

1984 年 1 月 15 日

古音有上去二声说

四声之名，古所未有，学者皆知始于宋齐之世。至于四声之分，则由来已远，非始于江左也。魏晋之人为文制韵固已严辨四声，即上求周秦两汉之文，亦莫不曲节有度，平必韵平，入必韵入。故知字有声调之别，自古已然。惟古之声调是否有四，卒不易辨。清人论古音者所见各殊，或曰古无四声，或曰古有平上入而无去，或曰古有平上去而无入。或曰古四声均已具备。斯可谓异说纷纭，杂然并陈矣。然则孰是孰非，不可不论也。

一　古无四声说不可信

古无四声说，源于明陈第。陈第作《毛诗古音考》既明古音与今音有异，又谓四声之辨非古所有。其意以为古人之诗既在求其可歌可诵，则平仄互协，不以为嫌，与后世文人之严于界画者不同。尔后清初顾炎武著《音学五书》，承其绪论，而立说更加广泛，此为古诗用韵，四声一贯，本无平上去入之分，且谓入为闰声，可转为平上去。《音论》云：

> 四声之论，虽起于江左，然古人之诗已自有迟疾轻重之分，故平多韵平，仄多韵仄。亦有不尽然者，而上或转为平，去或转为平上，入或转为平上去，则在歌者之抑扬高下而已。故四声可以并用。

又云：

> 《诗》三百篇中亦往往用入声之字，其入与入为韵者，什之七八；与上去为韵者，什之三。以其什之七，而知古人未尝无入声也。以其什之三，而知入声可转为三声也。故入声声之闰也，犹五音之有变宫变徵而为七也。

此谓古人未尝无入诚是矣，若谓入与平上去三声协韵，而入可转读为三声，则非。盖诗中去入通协者有之，入与平上通协者绝寡。凡顾氏《诗本音》中所谓上入通为一韵者，往往不同一部；所谓平与入通为一韵者，往往平入分用。既非一韵，又非同部，平自读平，入自读入，不可转入为平也。如《秦风·小戎》首章二章平入分别画然，而顾氏必以为通韵，遂改入读平。又《豳风·七月》六章上入分用不乱，而顾氏谓入可转上，因定为一韵。是则入或为平，或为上，通转无方矣。其所谓古无四声之说实不可信。良由《诗》韵之部类分辨未精，用韵之方例审视未密，遂以不同部之字为同部，且以此不同部之字，其四声不同而见用于一章者为通协矣。宜乎顾氏不知古四声有别也。

顾氏之后，江永著《古韵标准》，固亦用古无四声之说，然能明于通变，不苟为附合之论。凡顾氏为求诗韵合谐而别转一音者，皆不复从。且曰："入声与去声最近，《诗》多通为韵。与上声韵者间有之，与平声韵者少，以其远而不谐也。韵虽通，而入声自如其本音，顾氏于入声皆转为平为上为去大谬。"(《标准》卷四入声第一部总论)

二　古无上去二声说与《诗经》用韵不合

顾江之后，段玉裁作《六书音均表》创古四声不同今韵之说。其论古四声云：

> 古四声不同今韵，犹古本音不同今韵也。考周秦汉初之文，有平上入而无去。洎乎魏晋，上入声多转而为去声，平声多转为仄声，于是乎四声大备，而与古不侔。有古平而今仄者，有古上入而今去者，细意搜寻，随在可得其条理。

段氏指出古音已分平上入三声诚然是矣，然谓古音无去声一类，犹与诗韵不尽相合。

考段氏立说之根据不外二者：一曰《诗经》用韵，二曰文字谐声。此固为审音之要求，求韵之大方，然而用贵有当，不可牵强。即《诗经》用韵而论，去与平或与上相协者有之，与入相协者亦有之。去与入相协者，段氏以为古必读入；与平上相协者，古必读平上。从文字谐声观之，阴声韵去入相关涉者多，阳声韵平上去牵连者众。故凡去与平上相关涉者，段氏以为古读平上；与入相关涉者，古当读入。因此段氏定古音无去之说。然而案之《诗经》用韵与文字谐声，其说犹未为是。

考之《诗经》用韵，虽去声有与平上入三声通协者，但去与去自协者固多。如之、鱼、脂、元诸部之去皆自成一类，不可谐古音无去也。若就谐声而言，去声字亦有不与平上人相涉者。如东部之“弄”，元部之“贯乱见建赞算”，脂部之“四罪弃胃对类隶”，祭部之“外衛败带为继贝介”，支部之“解”，歌部之“坐卧”，幽部之“就售”，宵部之“盗”，侯部之“屚寇”，皆难以定其非去。段氏未加详辨，重其合而不重其分，其误一也。

且夫过信古今声调有异，而不知古人为诗自有通变，则误以上与去及去与入通协者皆为一类矣。知从偏旁以求四声之分，而不知偏旁相同者其四声未必相同，（犹之乎同从一声旁之字，其声纽不尽相同也）则误以诸字之由一声孳衍而来者，皆与其得声之字共为一声矣。又况据《诗》韵与文字谐声交互以证古四声之分合，孰为可据，岂可漫无分辨乎？盖《诗》之协韵，何者为平，何者为去，其可明者也；文字之谐声，一音所生诸字是否其声调必同，乃不可明者也。夫不可明者自不能与可明者并论。苟《诗》之协韵，分画犂然，则不得复据谐声以证其合。段氏重谐声而不重《诗》韵，其误二也。

又古韵各部所具之声调未必尽同，此部无去，他部则否，岂可断言古必无去。段氏以一概全，其误三也。

抑有进者：前人论韵均举《诗经》及群经。《楚辞》为证，然而群经中往往杂有战国以迄秦汉之作，战国以后上去二声均已逐渐具备，前人因《三百篇》之用韵上去二声犹有分辨不十分明确者，遂并群经中分用甚明者而亦糅合之，是忽略事实，强古人以从我，非慎思明辨之道矣。段氏抑且谓《切韵》以前无去不可入，昧于时代之演变，其误四也。

综兹四端，可知段氏立说虽似牢不可破，其实不然。今欲论古声调，自当以《诗》韵为主。《诗》韵有去，而段氏认为无去，是与《诗》韵不合。

段氏立说有误，而近代学者多宗之，是不细察之过。甚且如黄季刚先生复倡古音无上之说，亦以《诗》音及文字谐声为证。以为《诗经》用韵上与平通协者多(实际并不多)，而文字之谐声，其声子声母全在上声者又少，故定今之上声古皆读平。实则黄氏之误，正与段氏古音无去之说相若。观其《诗音上作平证》一文(见黄永镇《古韵学源流》)以《诗》中平上通韵之例为古本音，殊为牵强。考《诗》中上声分用者多，与他类合用者寡，以寡论多，于理不合。何况此数例虽与平相协，其不与平相协之上声字犹多，焉能统归为平声？其误不辨自明。再从文字谐声观之，之脂鱼幽诸部之上，皆截然自成一类者，段氏独能分之，其卓识诚不可及。黄氏必谓声子声母全在上声者绝稀，故作革新立异之言，实不可信。(杨树达已有《诗音有上声说》一文，见《积微居小学金石论丛》)

三　证古有上去二声

自段氏创古无去声之说以后，学者多以为古四声不备矣。迨段氏卒后之七年，江有诰始证明古人实有四声，特古人所读之声不尽与今韵相同耳。有今之上去古读为平者，有今之平去古读为上者，亦有今韵一声而古人本有二声者。江氏因仿顾氏《唐韵正》之例，著《唐韵四声正》一书，凡古声与今声有异者皆一一为之辨识，使学者得知古今异同之所在，并藉以论古四声之分类。道光二年壬午冬(公元1822)寄书与王念孙，述其所见。略谓古韵二十一部中，其四声具备者七部，曰之幽宵侯鱼支脂。有平上去而无入者七部，曰歌元文耕阳东谈。有平上而无去入者一部，曰侵。有平去而无上入者一部，曰真。有去入而无平上者一部，曰祭。有平声而无上去入者二部，曰中蒸。有入声而无上去者二部，曰葉缉。(见《唐韵四声正》卷首)是年王氏亦确定古有四声(观壬午夏《与丁履恒书》可知。见丁氏《形声类编》),故答书称江说与己见“幾如桴鼓相应”。然而两家对于所以确定古音有四声之故犹未阐发。至道光二十年(公元1840)当途夏燮作《述韵》,始详为之说。

撮要言之,约有三证:(1)古人之诗,一章连用五韵六韵以至十余韵者,有时同属一声,其平与平、入与入连用者固多,而上与上、去与去连用者,亦屡见不鲜。若古无四声,何以四声不相杂协?是古人确有四声之别也。(2)《诗》中一篇一章之内,其用韵往往同为一部,而四声分用不乱,无容侵越。若古无四声,何以有此?是四声分用之例,即判别古韵有无四声之确证。(3)同为一字,其分见于数章者,声调并同,不与他类杂协,是古人一字之声调大致有定。苟古无四声,则不能不有出入矣。兹举《诗》中四声分用之例,以见一斑:

平上分用例:

邶风谷风二章迟违畿(平)荠弟(上)脂部

唐风绸缪二章刍隅(平)逅逅(上)侯部

小雅十月之交四章徒夫(平)马处(上)鱼部

小雅小弁六章先墐(平)忍陨(上)谆部

大雅桑柔二章翩泯(平)烬频(上)真部

大雅民劳五章安残(平)绻反谏(上)元部

商颂长发五章共共庞龙(平)勇动竦总(上)东部

平去分用例:

衛风氓五章劳朝(平)暴笑悼(去)宵部

小雅节南山五章惠戾届阕(去)夷违(平)脂部

小雅大田三章萋祁私(平)穉穧穗利(去)脂部

小雅采菽五章维葵(平)膍戾(去)脂部

上去分用例：

小雅巧言五章树数(去)口厚(上)侯部

小雅大田一章戒事(去)耜亩(上)之部

大雅韩奕五章土讦甫噳虎(上)居誉(去)鱼部

上入分用例：

邶风七月六章薁菽(入)棗稻酒寿(上)幽部

小雅六月二章则服(入)里子(上)之部

小雅采芑一章芑亩止试止(上)翼奭服革(入)之部

去入分用例：

豳风谷风五章慉雠售(去)鞫覆育毒(入)幽部

小雅我行其野三章葍特(入)富異(去)之部

由以上论证可知《诗》韵确有四声之分无疑矣。

两汉韵部略说

清代古韵之学莫盛于乾嘉之世，盖读古书者必以通古训为先务，而欲通古训，又必自明古音始，故经籍之学盛而古韵之学亦盛。古韵之研究，自顾炎武《音学五书》肇其端，江永《古韵标准》振其绪，至段玉裁之《六书音均表》规模始备。尔后戴震、孔广森、王念孙、江有诰等，复相继有作，浸浸加详。于是，周秦古韵之部类分合，遂昭然若揭矣。若乃两汉之韵文，去经已远，且丛杂广泛，故论者盖鲜。始而顾氏之为《唐韵正》，于古音之与《广韵》不合者，皆举字诠发，列经子屈赋为证。间或引及两汉之文，则聊示一二音之转变，而未遑综述韵类之分合。乃至江永、段玉裁、孔广森之书出，皆以群经屈赋为主，亦未能肆其余力以治两汉之音，故曰论者盖鲜。

然其有之，则推王念孙之《西汉韵谱》，江有诰之《汉魏韵读》，张成孙之《说文谐声谱韵附》，凡三家。而三家之中，江书未刊，今已失传，其体例盖与《先秦韵读》相类。至于王书，则尝见稿本，乃取西汉之辞赋及楚骚史传之文，发其韵读，定其分合，而依“东”“蒸”二十一部之次第列谱，其用力精且勤矣。张氏全书为五十卷，近有武林叶氏刊本，其《韵附》一卷，杂采两汉之文，依篇纪韵，而据“中”“僮”二十一部之说，标识相协诸字韵部之同异，别无发明。然两家之书，又同为未竟之业，故漏略尚多。是以清代古韵之学虽盛，而研究之范围亦仅限于周秦间群经诸子屈赋之音为止，至于两汉之音，则才发其端，随即中辍，故成就之微如此。然即此而论，其研究之观点方法，犹有可商。盖自段氏以迄张氏，诸家之论，约分二派：随说举发，略示汉代一二类用韵之趋势者，一也。以周秦古音部属两汉之韵读，二也。段玉裁、孔广森为前派，王念孙、张成孙为后派。而二派又各有所失，前者失之于泛，后者失之于拘。拘则扞格而难通，泛则丛脞而无绪。尝试论之。段氏《六书音均表》，本分古韵为十七部，至于汉代，则云：“用韵甚宽，离为十七者，几不可别识。”是深知两汉之音不同于周秦也。篇中论汉音之处尚多，如表一云：“第二(萧)第三(尤)第四(侯)第五(鱼)，汉以后多四部合用，不甚区分。”“第七(侵)第八(谈)，汉以后乃多合用。”“第十二(真)十三(文)十四(元)三部，《三百篇》及群经屈赋分用画然，汉以后用韵过宽，三部合用。”是也。孔氏之《诗声类》亦尝论汉魏之音云：“阳之与东，若鱼之与侯，自汉魏之间鱼侯溷合为一，东阳遂亦溷合为一，似《吴越春秋》、《龟筴传》往往有之。”然此两家喜作皮傅之说，不免有似是而非之论。盖其意本在辨证周秦古音部分之严整，而尚论汉以后之音转，以明考古者未可执汉音以疑周秦之古音。是故汉人韵部之多寡，不及辨；所谓合用甚宽者，其间有无分野，亦不明，且几若诸韵茫无界畔，而均可溷通者矣。即段氏所云第二第三第四第五汉以后四部合用及孔氏所谓东阳汉魏之间溷合为一之说，考按两汉之文，皆不相符。盖彼等仅见其合，未见其分耳。

至于王念孙、张成孙之书，则不尚空言，而实事求是。张氏取汉代贾谊、司马相如、东方朔以迄班固、崔骃、张衡十家有韵之文，抉择韵读，标记分合。王氏则取西汉有韵之文依韵列谱，本韵合韵，分别画然。若榷而论之，二家者，以周秦古韵之部分犂别汉韵，复有强古人以从我之病矣。夫两汉之音不必同于周秦，东汉之音又不必同于西汉。原于语音因时而变，周秦自有周秦之音，两汉自有两汉之音，以彼例此，则方圆难周，将如棼丝之不可复理。必也因其自然，擘析其条理支脉，而后厘画部分，审其远近通合之迹以定之，则汉韵为宽也，为窄也，自可显而易见，未可以周秦之韵部为限也。

夫清人研究周秦之古韵，皆以《诗》三百篇为主，三百篇之音整齐严明，考校较易。至于两汉之文，则用韵庞杂，已不同于周秦，故段氏有不可识别之论。揆其困难所在，由于西汉之材料少，韵部之分合卒不易辨，是论断为难；东汉之材料虽多，而演变方厉，通用较广，且一人之用韵往往两歧，是抉择为难。若平心寻索，亦有不易之方在焉。盖欲求古人用韵之部类分合，必先通其韵例。江慎修云："古有韵之文亦未易读，稍不精细，或韵在上而求诸下，韵在下而求诸上，韵在彼而误叶此，或本分而合之，本合而分之，或闲句散文而以为韵，或是韵而反不韵，甚则读破句，据误本，杂乡音，其误不在古人而在我。"诚有先见之明。《诗》三百篇韵读之分析，孔氏《诗声分例》所列綦详。考查两汉之韵，亦当以此为准则。要言之，不外句中韵与句末韵而已。句中韵，两汉诗文中尚不多见。如司马相如《上林赋》"欃檀木兰，豫章、女贞"，檀与兰韵，章与贞合韵。又"傑池茈虒，旋还乎后宫，杂袭累辑，被山缘谷，循陂下隰，视之无端，究之无穷"，池与虒韵，袭与辑隰韵。又扬雄《蜀都赋》"周流往来，方辕齐毂，隐轸幽辐，埃勃尘拂"，勃与拂韵。此句中韵之例也。句末韵例，最要者有三：一、偶句相协或偶句与奇句相协例；二、两韵上下间迭为韵例；三、前后相协，中有间韵例。第一类为一般用韵例，二三两类亦屡见不鲜。如：

扬雄《博士箴》："洋洋三代，典礼是修，画为辟雍，国有学校，侯有泮宫，各有攸教，德用不陵。"（雍宫陵为韵，校教为韵。）

班固《典引》："君臣动色，左右相趋，济济翼翼，峨峨如也。"（色翼为韵，趋如为韵。）

此两韵上下间迭为韵之例也。如：

枚乘《七发》："侯波奋振，合战于藉藉之口，鸟不及飞，鱼不及回，兽不及走。"（口走为韵，飞回为韵）。

班固《奕旨》："四象既陈，行之在人，盖天政也；成败臧否，为人由己，危之正也。"（陈人为韵，否己为韵，政正为韵。）

此前后相协，中有间韵之例也。惟论两汉之音，尚不能不注意四声分用之例。即如贾谊《吊屈原赋》云：

般纷纷其离此尤兮，亦夫子之辜也，历九州而相其君兮，何必怀此都也。凤凰翔于千仞兮，览德辉而下之，见细德之险征兮，遥曾击而去之。彼寻常之污渎兮，岂能容夫吞舟之巨鱼，横江湖之鳣鲸兮，固将制于蝼蚁。

依贾氏二句换韵之例求之，此"辜都"与"下去"非一韵，"鱼蚁"又与

“下去”有别，可知汉初平上分用之例矣。又枚乘《七发》“海涘止”与“来怠持”分用，司马相如《上林赋》“扈野”与“槠栌邪闾”分用，亦然。又如贾谊《鹏鸟赋》“夏舍暇”与“故度去”上去分用，司马相如《上林赋》“去兽兔耀宙”与“羽虡”及“处仆”上去分用，王褒《僮约》“脯笋”与“具窦斗”及“酒口斗偶”平上去分用，扬雄《甘泉赋》乱曰二句换韵，“卉对”与“依浥”平去分用，如此之类至多，清人多未措意。张成孙以《鹏鸟赋》之“夏舍暇”与“故度去”为一韵，以《上林赋》之“扈野”与“槠栌邪闾”为一韵，并误。韵例既明，则何者为韵，何者非韵，自可了然。或有当韵而不韵者，则古人行文之便耳，未可胶柱以求之。然亦有韵字传写讹误，颠倒错置者，则又有待于校勘。如扬雄《太常箴》：“故圣人在位，无云我贵；慢行繁祭，毋曰我材，轻自恃巫。”巫当作筮，位贵为韵，祭筮为韵也。王褒《洞箫赋》：“垂喙蚃转，瞪瞢忘食，况感阴阳之和而化风俗之伦哉。”食，王念孙《读书杂志》改作飧，与转伦二字为韵。此讹字之当刊正者也。又如扬雄《蜀都赋》：“万物更凑，四时迭代，彼不折货，我罔乏械，财用饶赡，蓄积备具。”备具当作具备，备与代械为韵也。杜笃《大司马吴汉诔》：“朝失鲠臣，国丧牙爪，天子愍悼，中宫咨嗟。”牙爪当作爪牙，牙与嗟为韵也。蔡邕《协和昏赋》：“惟性情之至好，欢莫备乎夫妇，受精灵于造化，固神明之所使。事深微以玄妙，实人伦之端始。考遂之原本，览阴阳之纲纪，乾坤和其刚柔，艮兑感其脢腓。葛覃恐其失时，摽梅求其庶士。惟休和之盛代，男女得乎并齿，始姻协而莫违，播欣欣之繁祉。”脢腓当作腓脢，丁声树先生曰：“腓字与上下用韵皆不合，疑脢腓本作腓脢。易咸卦，艮下兑上，六二咸其腓，在艮体，九五咸其脢，在兑体。故此赋云艮兑感其腓脢。艮与腓应，兑与脢应，若作脢腓，即失其韵，又失其行文之辞例矣。”其说至精且碻。此韵字倒置者之当更正也。韵字之讹误倒置者既订正之矣，则自无误叶之患。如贾谊《旱云赋》："憭兮慄兮，以郁怫兮；念思白云，肠如结兮。"慄怫结为韵。张氏误慄为慓，乃以憭慓二字与上文躁悼协韵。斯则不事校雠之过，足为先戒。

至于考订韵部之分合，则审音与考证不可偏废。段氏尝云："不以本音蔑合韵，不以合韵惑本音"，最为有见。然欲求考证精当，又必知其分合关通之理，苟不知此，则有强不韵以为韵者矣。如司马相如《封禅书》："故圣王不替，而修礼地祇，谒款天神。勒功中岳，以章至尊。舒盛德，发号荣，受厚福，以浸黎民。"此替与神尊荣民合韵。张氏之书分替祇为一韵，非是。案替字古有平入二音：《诗·大雅·召旻》"彼疏斯粺，胡不自替，职兄斯引。"替引为韵。屈原《离骚》"长太息以掩涕兮，哀民生之多艰，余虽好修姱以鞿羁兮，謇朝谇而夕替。"艰替为韵。此替字之读真部平声者。屈原《九章·怀沙》"抚情效志兮，冤屈而自抑，刓方以为圜兮，常度未替。"抑替为韵。《庄子·则阳篇》"与世偕行而不替，与所行之备而不洫。"替洫为韵。张衡《东京赋》"洪恩素蓄，民以团结，执谊顾主，夫怀贞节，忿奸慝之干命，怨皇统之见替。玄谋设而阴行，合二九而成谲，登圣皇于天阶，章汉祚之有秩。"结节替谲秩为韵。此替字之读质部入声者。是替字绝不与支部祇字相通。今司马相如之文，替字正作真部平声读，张氏不察，误以替祇为韵，此江慎修所以叹精审之难也。

尝考两汉之音，西汉已与《诗》三百篇不同。要言之：《诗经》之脂微两部已合为一部，鱼侯两部合为一部，真谆两部合为一部，质术两部合为一部，《诗经》之部尤韵字转入幽部，幽部轨字则转入之部，而阴声阳声两类韵部之上去声，亦均已大备。至东汉则歌部支韵字转入支部，鱼侯部家华一类字转入于歌，蒸部弓雄等字转入于冬，阳部京明一类字转入于耕。足证语音因时而变，两汉之音不同于周秦，东汉之音又不同于西汉也。

《诗经韵部》31	西汉韵部 27	东汉韵部 27
之(牛龟邮)	之(轨)	之(轨)
幽(轨)	幽(牛龟邮)	幽(牛龟邮)
宵	宵	宵
鱼 侯 ①	鱼(家华)	鱼
歌(宜)	歌(宜)	歌(家华)
支	支	支(宜)
脂 微	脂	脂
祭	祭	祭
东	东	东
冬	冬	冬(弓雄)
蒸(弓雄)	蒸(弓雄)	蒸
阳(京明)	阳(京明)	阳
耕	耕	耕(京明)
真 谆	真	真
元	元	元
谈	谈	谈
侵	侵	侵
职	职	职
屋	屋	屋

① 案鱼侯两部，两汉韵文合韵者多、故归为一部。若依据音理，仍以分为是。

沃	沃	沃
药	药	药
铎	铎	铎
锡	锡	锡
质 }—— 术 }	质	质
月	月	月
葉	葉	葉
缉	缉	缉

今既粗得纲纪，故略为之说，以见清人论两汉之音所云尚有不合。汉人为文用韵虽通转稍多，亦非无界畔可寻。此但就一般分韵情况而言，至于特殊方言，今不具论云。

1940 年 2 月

汉代的方言

一　扬雄《方言》和汉代方言的地理区域

从周秦到两汉间汉语发展的情况看来，我们不难看到有两种事实：一种是从春秋战国时代起在黄河流域一带已经有了区域较广的共同语，到汉代这种共同语逐渐发展为全民的语言；一种是在语言逐渐趋于一致的过程中方言的分歧仍然存在。

春秋战国时代是列国争霸的局面，由于政治、经济、文化各方面的影响和战争的频仍不断，黄河流域一带华夏诸族的语言已经日益接近，而且形成一种区域性的共同语。① 我们可以从一些历史事实来看。孔子可以周游列国，晋重耳可以糊口四方，墨子可以止楚攻宋，苏秦张仪可以游说各国，这些事实都表明当时地域比较接近的各国在语

① 《论语·述而篇》说："子所雅言，诗、书、执礼皆雅言也。""雅言"就是正言的意思。清人认为"雅言"就是当时流行的"官话"。参看周祖谟《从文学语言的概念论汉语的雅言文言古文等问题》，《北京大学学报》1956 年第 1 期，129—130 页。

言上一定已经有很大的一致性，尤其是书面语言更是如此。这是一种事实。但是这不等于说各国就没有自己的方言。从《孟子》“有楚人欲其子之齐语也”一章和《战国策·秦策》所说“郑人谓玉未理者曰璞，周人谓鼠未腊者曰朴”的一些话可以知道四方的语言至少在词汇和语音上是有很大的差别的。所以《礼记·曲礼下》说：“五方之民，言语异声”。这又是一种事实。

战国之后，经过秦的统一，到了汉代，中国成为一个中央集权的封建大国，汉语的统一性加强了，并且形成为全社会性的部族语言。但是根据许多文献材料来看，不同的方言仍然存在，不过方言的数目可能比春秋战国时代稍稍减少，方言之间的分歧点可能有不同程度的改变罢了。我们研究汉语史的中心任务是要说明汉语由上古以迄现代是怎样发展、怎样丰富起来的，可是在语言发展的历史上方言与共同语、方言与方言的交互影响的关系很大，因此方言的研究是研究汉语史重要题目之一。

就现代汉语而论，以北方话为基础的民族共同语（普通话）已经形成了，可是方言依旧存在，方言与方言之间最大的分歧就在于语音。我们可以设想得到在两汉时期方言在语音的差异性可能更大。我们从许多材料综合出两汉音的一个总的部类是非常必要的，有了这样一个概括性比较大的部类才能说明两汉音在大的方面跟周秦音怎么不同，跟魏晋以下的音又怎么不同，所以说很必要。但同时也不宜忽略方音。不同的方音在整个语言的发展上都会有一定的作用。

我们要研究两汉的方言和不同方言中特殊的语音现象所能依据的材料有下列几种：

(1)汉代的著作中关于方言方音的记载。例如扬雄的《方言》和汉代经籍学家所作的经书及子书的注解。

(2)富有方言性的著作。例如《淮南子》里有很多押韵的文句，史游的《急就篇》、崔篆的《易林》全部都是韵语，可以考查出一些方音现象。

(3)不同地区的作家的作品。同一时代内有些作家的作品流传较多，可以根据作家的里贯来看他们在作品里所反映出来的方音现象。

(4)字书和训诂资料书。例如许慎的《说文解字》中的读若、刘熙《释名》中的声训等都是很有用的资料。

这些资料讲分量不为不多，但是有些材料很零散，有些材料经过爬梳分析之后能够充分反映出方音现象的地方还不够多，另外也有些材料比较庞杂，不易下结论。现在写下来的只是一些初步考查的结果。

研究汉代方言，首先要知道汉代方言在地理上分布的情况。可惜在这一方面古人并没有给我们遗留下来详细明确的记载。要考查这一个问题唯一可以凭藉的资料就是《輶轩使者绝代语释别国方言》。这一部著作，一般简称为《方言》，相传是西汉末年扬雄(公元前53—公元18)所作。其中所载都是汉代不同方域的词汇，包括个别的方言、通行区域较广的方言和一般流行的普通话。凡说“某地语”或“某地某地之间语”的，都是方言，凡说“通语”、“凡语”、“凡通语”、“通名”或“四方之通语”的都是普通话。方域的称谓或用秦以前的国名、地名，或用汉代通用的地名。东起东齐海岱，西至秦陇凉州；北起燕赵，南至沅湘九嶷；东北至北燕朝鲜洌水之间，西北至秦晋北鄙，东南至吴越东瓯，西南至梁益蜀汉。地域包括极广，几乎囊括汉代的全部版图。

从其中所举的方域来看，有的一个地方单举，有的几个地方并举。依理推之，凡是常常单举的应当是一个单独的方言区域，凡是常常在一起并举的应当是一个语言比较接近的区域。根据这样的情况，我们可以粗疏地知道汉代方言在词汇方面比较接近的有以下几个大的地区：

1. 秦晋，陇冀，梁益①；
2. 周郑韩，赵魏②，宋卫；
3. 齐鲁，东齐，青徐；
4. 燕代，晋之北鄙，燕之北鄙；
5. 陈楚江淮之间；
6. 南楚；
7. 吴越。

这些地区的分划当然非常笼统，但从这个粗疏的分类中也可以看出在西汉时代“关西”跟“关东”不同，“陈楚江淮之间”与“周郑”、“齐鲁”不同，而“燕之北鄙”以及“南楚”、“吴越”等又都是比较特殊的方言。这对于我们了解汉代的方音无疑是很有帮助的。假如我们再看一看东汉人的著作，也同样可以印证这样一个分划是比较可信的。

例如何休的《公羊传》注里曾经提到“齐”、“鲁”、“关东”、“关西”、“宋鲁之间”、“齐鲁以北”、“冀州”等地方言；郑玄《周礼》注曾经提到“齐”、“蜀”、“楚”、“燕”、“河间以北”、“关东”、“东莱”、“沛国”、“南阳”、“秦”、“齐鲁之间”；《仪礼》注还提到“江淮之间”、“莱易之间”；《礼记》注还提到“越”、“冀部”、“南方”等地的方言；高诱的《淮南子》注曾经提到“楚”、“河东”、“燕”、“江淮间”、“青州”、

---

① “梁益”在西南，但书中“秦晋”与“梁益”常常并举。

② “赵魏”在书中常常并举，但“宋魏”也常常合称，所以与“宋卫”列在一起。

“幽州”、“兖州”、“秦”、“三辅”、“雒下”等地的方言；刘熙的“释名”里曾经提到“青徐”、“兖冀”、“齐鲁”、“关东”、“关西”、“宋鲁”、“并冀”、“南方”、“江南”、“汝颍”、“幽州”等地的方言。这些都可以证明上面所列的一些区域方言是有差别的①。

《方言》这一部书是记载汉代方言词汇的书，对于我们研究汉语词汇发展的历史启发很大，至少我们可以看到全民的语言是怎样吸收不同的方言词汇而丰富起来的，但是在方言的异同上并没有给我们很多的提示。我们要了解汉代不同方言的语音情况需要从其他方面的材料去找。

二 汉代古书注解中所指出的方音现象

最重要的材料是东汉时期许多古典文献学家在古书的注解和训诂书当中所指出的一些方音现象。例如：

《春秋公羊传》隐公五年何休注云：“登来读言得来，得来之者，齐人语也。”又庄公二十八年何休注：“伐人者为客，读伐长言之，齐人语也；见伐者为主，读伐短言之，齐人语也。”

《礼记·檀弓》“何居”，郑玄注：“居读为姬姓之姬，齐鲁之间语助也。”又《檀弓》“咏斯犹”，郑玄注：“犹当为摇，声之误也。秦人犹摇声相近。”《礼记·中庸》“壹戎衣”，郑玄注：“衣读如殷，声之误也。齐人言殷声如衣。今姓有衣者，殷之胄与。”《礼记·

① 这里没有举许慎的《说文解字》，因为《说文》里面讲到方言的材料大部分都跟扬雄《方言》相同。只有“河朔”、“益州部”、“三辅”、“淮南”、“淮阳”、“南阳”、“九江”、“弘农”、“荆巴间”、“南昌”等名不见《方言》。

郊特牲》“汁献涚于酉酒”，郑玄注：“献读当为莎，齐语声之误也。”

《诗经·瓠叶》“有兔斯首”，郑玄笺：“今俗语斯白之字作鲜，齐鲁之间声近斯。”

《吕氏春秋·慎大篇》“夏民亲殷如夏”，高诱注：“殷读如衣，今兖州人谓殷氏皆曰衣。”

《淮南子·本经篇》“牢笼天地”，高诱注：“牢读屋霤，楚人谓牢为霤。”

《释名·释天》：“天，豫司兖冀以舌腹言之，天显也，在上高显也。青徐以舌头言之，天坦也，坦然高而远也”。又“风，兖豫司横口合唇言之。风，氾也，其气博氾而动物也。青徐言风，踧口开唇推气言之。风，放也，气放散也。”

《释名·释亲属》：“兄，荒也。荒，大也。故青徐人谓兄为荒也。”

《释名·释言语》：“敏，闵也，进叙无否滞之言也，故汝颍言敏曰闵也。”又“厚，后也，有终后也，故青徐人言厚曰后也。”又“贵，归也，物所归仰也。汝颍言贵声如归往之归也。”

《释名·释饮食》：“豉，嗜也，五味调和须之而成，乃可甘嗜也，故齐人谓豉声如嗜也。”

《释名·释乐器》：“人声曰歌。歌，柯也，所歌之言是其质也，以声吟叶有上下，如草木之有柯叶也，故兖冀言歌声如柯也。”

《释名·释疾病》：“癣，徙也，浸淫移徙处日广也，故青徐谓癣为徙也。”

《汉书·尹赏传》“寺门桓东”，如淳注：“陈宋之俗言桓声如和，今犹谓之和表。”①

这些材料都是很真实的记载。从这些例子里可以看出几种值得我们注意的现象②：

(1)阳声元部真部(文部)有些字齐鲁青徐之间没有韵尾辅音－n。③例如“癣”读为“徙”，“鲜”声近“斯”，“殷”读如“衣”。

(2)幽宵两部秦地声音相近。

(3)“风”上古声的声母是b，韵尾是－m，在东汉时期兖豫司没有变，所以《释名》说横口合唇言之；青徐则变为[ ]，所以《释名》说踧口开唇推气言之。

(4)寒部字“桓”有韵尾－n，可是陈宋之间读为“和”，则没有－n尾。

(5)东汉时期青徐人读“兄”为阳部声音，没有转入耕部，与《诗经》音相同。

(6)“敏”从每声，在之部，汝颍言敏如闵，闵真部字，此为《切韵》“敏”归入轸韵的最早的方音。

(7)齐人读“豉”为“嗜”，豉、嗜都是禅母字，但“豉”为支部字，“嗜”为脂部字，是支脂两部音近。

根据这几种汉代的方音现象来看，汉代的方音有很多跟《诗经》《国风》中所反映出来的方音现象是一致的。例如：

《陈风·东门之枌》二章：“縠旦于差、南方之原，不绩其麻，市

---

① 如淳，魏冯翊人，此所云“陈宋之俗言桓声如和”当有所本。

② 这里暂不讨论关于声母和声调的问题。

③ 许慎《说文解字》中“肝读若携手”、“著读若威”、“昕读若希”“齝读若捶击之捶”也都是同类的例子。

也婆娑。""原"为元部字，"差麻娑"是歌部字，"原"与"差麻娑"相协，"原"可能没有－n尾，与如淳所说陈宋之间桓读为和的话相合。

《豳风·七月》四章："四月秀葽，五月鸣蜩"。"葽"为宵部字，"蜩"为幽部字，"葽""蜩"押韵，也与汉人所说秦人犹摇声近的话相合。

由此可以推知《诗经》中清人所指出的一些合韵的例子，其中可能有很多依当地的方音读起来是相协的。即如《邶风·新台》一章"泚瀰鲜"三字押韵，"鲜"与支部字"泚"、脂部字"瀰"押韵，是"鲜"无韵尾辅音－n；《鄘风·蝃蝀》二章"雨母"二字押韵，是之鱼两部音近；《秦风·小戎》二章"中骖"押韵，三章"膺弓滕兴音"押韵，《豳风·七月》八章"冲阴"押韵，是侵部字韵尾－m读为－ŋ。诸如此类都很值得我们注意。

这是汉代古典文献学家在古书注解中给我们的一些启示。不过要了解汉代方音的情况还需要做进一步地考查。

四声别义创始之时代

古人一字每有数音，或声韵有别，或音调有殊，莫不与意义有关。盖声与韵有别者，由于一字所代表之语词有不同，故音读随之而异。如“敦”，厚也，音都昆切。《诗》“敦彼独宿”，敦训独貌，音堆。“贲”，饰也，音彼义切，“贲勇”则音奔。其例至广，无烦觏缕。至若音调有殊者，则多为一义之转变引申，因语词之虚实动静及含义广狭之有不同，而分作两读。或平或去，以免混淆。即如物体自有精粗美恶，人心亦有爱憎去取。物之精者美者，谓之好，音呼皓切；粗者劣者，谓之恶，音乌各切。而心之所喜所爱，则谓之好，音呼是切；所憎所恶，则谓之恶，音乌故切。夫物之美恶与人之好恶义虽相关，但以其词类不同，用于文句之地位亦不同，故古人区分为两词两音，一读上，一读去，斯即以四声别义之例也。

考四声别义之所始，清人多谓肇自六朝经师。盖北齐颜之推《家训·音辞篇》尝谓“好”有呼号一音，“恶”有乌故一音，见于葛洪《要用字苑》，徐邈《毛诗左传音》。二人皆晋人也。而陆德明《经典释文》所录晋宋以下经师以四声别义之例尤多。故顾炎武、钱大昕、卢文绍、段玉裁皆谓此乃始自六朝经师，不合于古。如顾氏《音论》卷下“先儒两声各义之说不尽然”条云：

凡上去入之字，各有二声，或三声，四声，可递转而上同以至于平，古人谓之转注(此语非是)。其临文之用，或浮或切，在所不拘。而先儒谓一字两声各有意义，如“恶”字变为爱恶之恶，则去声，为美恶之恶，则入声，《颜氏家训》言此音始于葛洪、徐邈，乃自晋宋以下同然一辞，莫有非之者。余考“恶”字，如《楚辞·离骚》有曰：“理弱而媒拙兮，恐导言之不固，时溷浊而嫉贤兮，好蔽美而称恶”，此美恶之恶，而读去声；汉刘歆《遂初赋》“何叔子之好直兮，为群邪之所恶，赖祁子之一言兮，几不免乎徂落”，此爱恶之恶，而读入声。乃知去入之别，不过发言轻重之间，而非有此疆尔界之分也。凡书中两声之字，此类实多，难以枚举。自训诂出而经学衰，韵书行而古诗废，小辩愈滋，大道日隐。噫，先圣之微言，汨于蒙师之口耳者多矣！

自此说出，学者多承其绪论。钱氏《十驾斋养新录·论易卦之观字》云：

古人训诂，寓于声音，字各有义，初无虚实动静之分。好恶异义，起于葛洪《字苑》，汉以前无此分别也。观有平去两音，亦是后人强分。《易》观卦之观，相传读去声，《彖传》“大观在上，中正以观天下”，《象传》“风行地上观”，并同此音，其余皆如字，其说本于陆氏《释文》。然陆于观国之光，兼收平去两音，于“中正以观天下"云徐唯此一音作官音，是童观、阙观、观我生、观其生、观国之光，徐仙民并读去声矣。《六爻》皆以卦名取义，平则皆平，去则皆去，岂有两读之理？而学者因循不悟，所谓是末师而非往古者也。（一卷）

又《论长深高广字音》云：

长深高广俱有去音，陆德明云："凡度长短曰长，直亮反。度深浅曰深，尸鸩反。度广狭曰广，光旷反。度高下曰高，古倒反。相承用此音，或皆依字读。"（见《周礼·释文》）又《周礼》前期之前，徐音昨见反，是前亦有去声也。此类皆出乎六朝经师，强生分别，不合于古音。（见卷四、又卷五"一字两读"条意亦相若）

此与顾氏之说，同出一辙。余如卢文弨《钟山札记》卷一，谓字义不随音区别，段玉裁《六书音均表》卷一《古音义说》，谓平转为仄，上入转为去，今韵多为分别，皆拘牵琐碎。（其说又散见《说文解字注》）立论虽各有所据，然不察其所由起，概视为末儒妄作，则非也。

以余考之，一字两读，决非起于葛洪、徐邈，推其本源，盖远自后汉始。魏晋诸儒，第衍其绪余，推而广之耳，非自创也。惟反切未兴之前，汉人言音只有读若譬况之说，不若后世反语之明切，故不为学者所省察。清儒虽精究汉学，于此则漫未加意。闲尝寻绎汉人音训之条例，如郑玄《三礼注》，高诱《吕览》、《淮南子》注，与夫服虔、应劭之《汉书音义》，其中一字两音者至多，触类而求，端在达者。今就诸儒之说，诠次于后，申其旨趣，而以魏世苏林、如淳、孟康、韦昭之说附焉。

渔 《说文》"捕鱼也"，《广韵》语居切，在鱼韵。

案《吕览·季夏纪》"今渔师伐蛟，取鼍"。高注云："渔师，掌鱼官也。渔读若相语之语。"(《淮南子·时则篇》"乃命渔人伐蛟取鼍"注同)《季冬纪》"命渔师始渔"，注云："渔读如《论语》之语。"(此指渔师之渔而言。《淮南子·时则篇》"命渔师始渔"，《说林篇》"渔者走渊"注同)《淮南子·原道篇》"朞异而渔者争处湍濑"，注云："渔读告语。"此相语，告语，《论语》之语，并读去声，(《广韵》"牛倨切")与言语之语，读上声，音鱼巨切者不同。今韵书渔字有平声，无去声，高诱音去声者，以渔师、渔人、渔者之渔，与《易》"以佃以渔"之渔，为用不同，前者为由动词所构成之名词，后者为动词，故《吕览·决胜篇》"譬之若渔深渊"，《异宝篇》"方将渔"，《慎人篇》"舜之耕渔"，《具备篇》"见夜渔者"，"渔为得也"，诸渔字并如本字读，而不别加音释。是渔字汉人有平去二音也。斯即以四声别义之一例。

语 《广韵》"鱼巨切"，在语韵，"论也"。又"牛倨切，告也"。

案二者意义略有不同，如《易·系辞》"或默或语"，《礼记·文王世子》"既歌而语"，皆读如本字。而《论语·阳货篇》"居，吾语女"，《礼记·杂记》"言而不语"，《释文》皆读去声。此固晋宋以后经师所口相传述，然自上例观之，离注称渔读相语之语，又曰渔读告语之语，是告语、相语之语，与言语之语有别，自汉末已然矣。

为 《广韵》"薳支切"，在支韵，《尔雅》作"造，为也"。又"于伪切"，在寘韵，"助也"。

案"作为"与"助为"义虽相因，而有广狭之异，故相传分作两读。如《吕览·审为篇》"杀所饰要所以饰，则不知所为矣"，高注云："为读相为之为。"相为之为，即音于伪切。又《汉书·高纪上》"明其为贼"，集注云："应劭曰：为音无为之为，郑氏曰：为音人相为之为。"应、郑皆汉末人，其言已如此。

遗 《广韵》"以追切"，在支韵，"失也，亡也"。又"以醉切"，在至韵，"赠也"。

案遗失，遗留，与遗赠、遗送之音有别，自古已然。如《周礼·地官序官》"遗人"，郑注云："郑司农云：遗读如《诗》曰弃予如遗之遗。(《释文》云"郑众音维"。)玄谓以物有所馈遗。"《淮南子·览冥篇》"猨狖颠蹶而失木枝"，高注云："狖读中山人相遗物之遗。"皆其证也。

难 《广韵》"那干切"，在寒韵，"艰也，不易称也"。又"奴案切"，在翰韵，"患也"。

案经典相承，难易之难，与问难、难却、患难之难，音有不同。难易之难为形容词，读平声；问难、难却之难为动词，读去声。患难之难为名词，亦读去声。此本为一义之引申，因其用法各异，遂区分为二。如《周礼·占梦》"遂令始难欧疫"，郑注云："难谓执兵以有难却也。故书难或为傩，杜子春难为难问之难。"又《淮南子·时则篇》"仲秋之月，天子乃傩，以御秋气"，高注云："傩犹除也，傩读躁难之难。"躁难、难问，皆读去声也。杜子春者，河南缑氏人，尝问业于刘歆，(见贾公彦《周礼注疏·论周礼废兴》所引马融《周官传序》。)而郑众、贾逵又皆从其受学，自其读难为难问之难，可知难字分作两读。远始于东汉之初。

劳《广韵》“鲁刀切”，在豪韵，“倦也，勤也，病也。”又“郎到切”，在号韵，“劳慰也”。

案“劳慰”云者，即《孟子》“劳之来之”之劳，其与勤劳之劳，义实相承，而古人已分作两读。如《淮南子·汜论篇》“以劳天下之民”，注云：“劳犹忧也，劳读劳勑之劳”，此即作去声读。(《汉书·平当传》“劳徕有意者”注“劳者恤其勤劳也”。)

任《广韵》“如林切”，在侵韵，“堪也，保也”，又音“汝鸩切，胜也”。

案堪任、保任、任使之任，盖皆读平声。胜任、信任、任用之任，皆读去声。如《淮南子·精神篇》“养性之具不加厚，而增之以任重之忧”，注云：“任读任侠之任。”任侠一词，古之通语也。《史记·季布栾布传》“为气任侠”，《集解》引孟康云：“相与信为任。”《汉书》颜注：“任音人禁反。”是任侠之任读去声。又《说林篇》“短绠不可以汲深，器小不可以盛大，非其任也”，注云：“任读堪任之任。”此即读为平声矣。是任之分作两音，由来已远，非近世所兴也。

量《广韵》“吕张、力让二切”。

案豆区斗斛之属，谓之量，读去声。以之度物之多少，亦谓之量，读平声。去声为名词，平声为动词。《周礼·考工记》栗氏“准之然后量之”，郑注云：“量读如量人之量。”即读平声也。

阴《广韵》“于今切”，在侵韵。

案经典相承又有去声一音，前者为名词，后者为动词，谓覆蔽之也。如《礼记·祭义》“阴为野土”，郑注云：“阴读为依廕之廕，”是其证。（阴覆之阴又通作廕，或作荫。）

与 《广韵》“余吕、羊洳二切”。

案凡党与、相与、许与之与，皆读余吕切，而参与、干与之与，皆读羊洳切。盖由相与、亲与之义引申之，以我临物亦谓之与也。如《易·杂卦传》“或与或求”，王弼注与读去声，是余吕为本音，羊洳则转音也。然两声各自为义，自汉已然。如《仪礼·特牲馈食礼》“祝曰酳，有与也”，郑注云：“与读如诸侯以礼相与之与。”（“诸侯以礼相与”《礼记·礼运》文。）与即读为上声。如《礼记·中庸》“可以与知焉”，郑注云：“与读为赞者皆与之与。”（“赞者皆与”《仪礼·士冠礼》文。）《汉书·高纪下》“万民与苦甚”，集注云：“如淳曰：‘与音相干与之与’，师古曰：‘音弋庶反’。与皆读去声，是其例也。”

子 《广韵》“即里切”，在止韵。

案经师相承又有将吏切一音，盖子者本为对父之名，爱之如其子，则读去声。《礼记·乐记》云：“致乐以治心，则易直子谅之心油然生矣，”郑注曰：“子读如不子之子。”（《祭义》亦有此语，注同。《释文》云：“子如字徐将吏反。”）考《尚书·益稷》云：“启呱呱而泣，予弗子，惟荒度土功”，“弗”《史记·夏本纪》作“不”，不子者，不能爱念之如子也。此云易直子谅之心者，亦为子爱之义，故郑云读如不子之子。陆德明《尚书释文》云：“子如字，郑将吏反，”是不子之子郑殆读去声无疑。（孙星衍《尚书今古文疏证》谓郑盖读如字恐非。）《乐记》注所云，匪特明其义训，抑且通其音读，故称读如，或者不察，反以为疏通故训则拘矣。又子爱之子亦通作字，

(《广韵》"疾置切，去声。")《列子·杨朱篇》云："惟荒度土功，子产不字，过门不入。"不字，即不子也。《左传·成公四年》"其肯字我乎"，《周礼·大司徒》注"小国贡轻，字之也"，"字"并训爱。

比 《广韵》"卑履切，校也"。又"毘至切，近也"。

案比较、比拟、比例、比方之比，前人多读上声，比近、比次、党比、频比之比，多读去声。前者为本音，后者为转音。《汉书·任敖传》"吹律调乐入之音声，及以比定律令"，集注云："如淳曰：'比音比次之比，谓五音清浊各有所比，不相错入，以定十二律之法令，于乐官使长行之。或曰谓比方之比，音必履反。'师古曰：'依如氏之说，比音频二反。'"由此观之，比有两读，魏世已然。

下 《广韵》"胡雅切"，在马韵，"贱也，后也，底也"。又"胡驾切"，在祃韵，"行下"。

案前者为形容词，后者为动词，故分为二音。《汉书·高纪下》云："葬长陵已下"，集注云："苏林曰'下书之下'。"下为动词，故师古曰"下音胡亚反"，足证下有两读，由来已久。

假 《广韵》"古疋、古讶二切"，皆训"借也"，而有上去之异。借，"子夜、资赐二切"，皆训"假借"，而有去入之分。《左氏·庄公十八年传》孔疏云："假借同义。取者，假为上声，借为入声。与者，假借皆为去声。"

案古人已有此分别，如《汉书·文帝纪·赞》"常假借纳用焉"，集注云："苏林曰'假音休假，借音以物借人之借'。"(《薛宣朱博传·赞》"假借用权"集注引邓展音同。)又《晁错传》"里有假士"，集注云："服虔曰'假音假借之假'。"是也。

被 《广韵》“皮彼切”，在纸韵，“寝衣也”。“又平义切”，在寘韵，“覆也”。

案《书·尧典》“光被四表”，郑注云：“言尧德光耀及四海之外。”（见《诗·噫嘻》疏。）《释文》被音皮寄反，作去声读。考《淮南子·俶真篇》“被施颇烈”，高注云：“被读光被四表之被也。”《汉书·韩王信传》“国被也”，集注云：“李奇曰‘被音被马之被’。”《史记·南越尉佗传》“即被佗书”，集解引韦昭云：“被音光被之被。”由是可知覆被之被，（动词）与寝被之被，（名词）音读不同，有自来矣。

走 《广韵》“子苟、则候二切”，并训“趋也”。

案走之字义，有趋走、走向之分。古者趋走之走，读上声；走向之走，读去声。如《孟子》“弃甲曳兵而走”，走退走也，读上声。《淮南子·说林篇》“渔者走渊，木者走山”，高诱云：“走读奏记之奏，”则读去声矣。又《汉书·高纪上》“步从间道走军”，集注云：“服虔曰：‘走音奏。’师古曰：‘走谓趣向也。’”《张释之传》“此走邯郸道也”，集注云：“如淳曰‘走音奏，趣也。’”凡此之类，并读去声。夫趋走与走向义近，而古人分为二音者正以其为用不同耳。

过 《广韵》“古禾切”，在戈韵，“经也”。又“古卧切”，在过韵，“误也，越也，责也”。

案经过之过读平声，过越之过读去声，汉人即已如是。《淮南子·览冥训》“过归雁于碣石，轶鹍鸡于姑馀”，高诱曰：“过，去也。过读责过之过。”云责过之过，即以别于经过之过也。

数 《广韵》“所矩、色句二切”。凡计数之数读上声，数目之数读去声，而频数之数则又音所角切，是一字有上去入三音也。

然考之汉代，固已若是，犁然不紊。如《汉书·东方朔传》“朔曰‘是窭数也’”，集注云：“苏林曰‘数音数钱之数。’”案此即读为上声一音。《史记·李广传》“以为李广老，数奇”，《索隐》引服虔说云：“作事数不偶也，音朔。”此则读为入声矣。

告《广韵》“古到切”，在号韵，“报也”。又“古沃切”，在沃韵，“告上曰告”。盖上告下音古沃切，下告上音古到切。一读去声，一读入声。

案汉人此字已有两读，《诗》“日月告凶”，《汉书·刘向传》作“日月鞠凶”；《礼记·文王世子》“则告于甸人”，注云：“告读为鞠，”鞠告双声，鞠入声字也。《释名》云：“上敕下曰告，告觉也。使觉悟知己意也。”觉亦入声字。又《史记·高祖本纪》云：“高祖为亭长时，常告归之田。”《集解》云：“服虔曰‘告音如嗥呼之嗥’。李斐曰‘休谒之名也。’孟康曰‘古者名吏休假曰告。告又音嚳。’”《索隐》曰：“韦昭云‘告请归乞假也，音告语之告，刘伯庄、颜师古并音古笃反，服音如号呼之号。’按《东观汉记·田邑传》云：‘邑年三十，历卿大夫，号归罢厌事，少所嗜欲。’寻号与嗥同，古者当有此语。今服虔虽据田邑号归，亦恐未为得。然此告字，当音诰。诰号声相近，故后告归号归遂变也。”据是可知告归之告，古有数读，服虔音号，孟康音嚳，颜伯庄音梏，梏嚳并入声，沃韵字也。《淮南子·氾论篇》“乾鹄知来，而不知往”，高诱云：“鹄读告退之告。”鹄亦沃韵字，而高诱音“告退之告”，可证高诱读告亦有入声一音，韦昭音告语之告亦然。今人读告归之告多读为梏，殆即本乎高诱、韦照矣。

由上所述，可知以四声别义远自汉始，确乎信而有征。清人谓此乃六朝经师之所为，殆未深考。即诸儒之音观之，以杜子春之音《周礼》“傩读难问之难”为最早，尔后郑玄、高诱分别更广。郑玄与卢植同为马融之门人，而高诱又为卢植之弟子，二人师友之渊源既深，故解字说音，旨趣亦同。后儒继作，遂成风尚。迨夫晋世，葛洪、徐邈，更趋精密矣。论其所始，不得不谓昉自汉世也。

魏晋音与齐梁音

引　言

关于汉语上古音的研究，近二三十年来已发表的论著很多，大体说来，对声韵部类的分合已经有了接近一致的意见。关于两汉音的研究，在韵部方面，也略具规模。至于自魏晋以迄陈隋这一段中古时期音韵的演变还缺乏全面的系统研究。现在谨就个人研寻所得举其大端，综合叙述如下。

我们知道从周秦古音发展为两汉音，韵部字类的分合以及字调的变化已有许多改变。到魏晋以后，语音的变化加剧。原因是多方面的。一种原因是由于字音的内部结构声、韵、调三方面的互相影响而逐渐产生变化。另一种原因是由于人民的迁徙，方音的融合使然。人民往来迁徙，又有多种原因，包括政治方面的和经济方面的。特别是在异族的侵扰和战争频繁的情况下，人民大批流徙，使得不同方音区域的人杂居在一起，日久之后，语音互相影响，自然会有变化。从汉末经魏晋下至南北朝这整个的阶段里，社会不曾有长时期的安定，语音变化加剧是势所必然的。

魏和西晋建都在洛阳，仅仅将近一百年（公元220—316），而西晋亡。东晋偏安江左，都于建业（南京），百年之间，北方各族纷争扰攘，亘七十年之久，人民不得不流离转徙。此后南北朝对峙。北魏从公元471年开始都于洛阳，北齐都于邺，北周都于长安。南方宋代晋以后，一百六十多年之间（公元420—589），更迭宋齐梁陈四朝，始终以金陵为都城。南北战乱不多。

北魏统治北方的时间最长，北周与北齐东西相对，建国时间相当。南朝宋齐建国的时间则当于北魏。北方的政治、经济、文化的中心在洛阳，南方的政治、经济、文化的中心在金陵。南北语音不同，各有土风，北方大致以洛阳音为主，南方大致以金陵音为主。梁益、秦陇、荆襄当又有异。从三国到陈亡（公元220—589），三百七十年之间音韵的变迁可以齐梁作界限，齐梁以前为一阶段，齐梁以后为一阶段。大略来说，3世纪之初到5世纪末是一种情形，5世纪末到6世纪末又是一种情形。如果利用朝代的名称来说，魏晋宋包括北魏为一种格局，齐梁陈隋包括北齐、北周是另外一种格局。不过，在每一时期内，前后也并非完全一致，这只是从大的分野来说的。现在就声母、声调、韵类三方面分别叙述。

一　声母的演变

研究古声母的类别，主要的依据是：谐声音系、古籍的异文、假借字和古代训诂的声训。上古音的声母类别跟中古韵书的声母类别不同。从谐声系统我们知道以下一些情况：

(1)古音只有重唇音，没有轻唇音；

(2)《切韵》知徹澄和照穿床三等字古音都归端透定一类，都是舌音塞音；

(3)《切韵》日母古音与泥母为一类；

(4)《切韵》照穿床审二等字(即庄初崇山四母)古音归精清从心一类；

(5)《切韵》审母三等字和禅母字与舌尖塞音有关系；

(6)喻母三等字古音与匣母为一类，匣母古归群母；

(7)喻母四等字与定母字、邪母字有关系；

(8)古音里有复声母和清音的鼻音声母(如 hm，hn，hng 之类)。

李方桂先生在《上古音研究》里曾经把上古的声母系统列为下表：①

	塞音			鼻音		通音	
	清	次清	浊	清	浊	清	浊
唇音	p	ph	b	hm	m		
舌尖音	t	th	d	hn	n	hl	l,r
舌尖塞擦音	ts	tsh	dz			s	
舌根音及	k	kh	g	hng	ng		
喉音						h	
圆唇舌根音	kw	khw	gw	hngw	ngw		
及喉音	w					hw	

这里不包括复声母如 kl，pl，sn，sl 之类。李先生认为：

(1)舌尖塞音 t́，t́h，d(端透定)在 r 介音前卷舌化，变为ṭ，ṭh，d(知徹澄)，在 j 介音前因颚化作用变为 t́，t́h，d́(照穿床三等)，进一步变为 tś，tśh，dź 或 ź(禅母)；

(2)舌尖塞擦音 ts，tsh，dz 和擦音 s 在 r 介音前卷舌化，变为 tṣ，tṣh，dẓ，ṣ(庄初崇山)；

---

① 见《上古音研究》21 页，北京，商务印书馆 1980 年版。

(3)舌尖鼻音 n 在 j 前变为 ń,后来又变为 ńź;

(4)《切韵》的审母是由 * sth 受 j 的颚化而演变为 ś;

(5)喻母四等字和邪母字与舌音塞音接近,古音为 r—,后来喻母字 r—变为 ji—,邪母字 r—在 j 前变为 zj—;

(6)圆唇舌根音 gw 在 ji 前变为喻母三等字 jw—。

(7)唇音 p,ph,b,m 带有圆唇成分,在 j 音前变为轻唇(pw→pf→f),m 音有的不变。

这些都是联系《切韵》声母系统来说的。

我们归纳《切韵》的声母,有以下三十五类:

帮 p	滂 ph	并 b	明 m		
端 t	透 th	定 d	泥 n		来 l
知 t	徹 th	澄 d			
精 ts	清 tsh	从 dz		心 s	邪 z
庄 tʃ	初 tʃh	崇 dʒ		山 ʃ	
照 tś	穿 tśh	床 dź	日 ń	审 ś	禅 ź
见 k	溪 kh	群 g	疑 ng	晓 x	匣喻$_{三}$ γ
影					喻$_{四}$ j

根据以上的一些认识,我们就可以考查一下魏晋至陈隋间的字书和音义书所反映的声母情况了。

魏晋至陈隋间的字书、韵书和音义书见于著录的很多,但是大都亡佚无存。如魏李登的《声类》、晋吕静的《韵集》虽有辑本,而音不多。字书中,晋代有吕忱的《字林》①,梁代有顾野王的《玉篇》②。《字林》虽亡,清代任大椿有《字林考逸》,所辑字音尚多;《玉篇》原本已不全,幸有日

① 吕忱,晋任城人。

② 顾野王,吴郡吴人。《玉篇》成于梁武帝大同九年(公元 543)。

本空海的《篆隶万象名义》可以参证。音义书保存到现在的有陈代陆德明的《经典释文》和隋代曹宪的《博雅音》①。这些都是我们考查中古音的重要资料。现在以这些资料为主,就以下几个问题做一简单的说明。

1 唇音 p,ph,b,m 的分化问题

唇音 p,ph,b,m 在魏晋宋时期还看不出有分化的迹象。如《字林》音:犦,方沃反(博沃)②;邶,方代反(蒲昧);瓣,父苋反(蒲苋);楙,亡到反(莫袍);孚,匹于反(芳无);丰,匹忠反(敷空)。郭璞《尔雅音义》:昄,方满反(见《释诂》),纰,方寐反(见《释言》);又郭璞《方言注》:褒,房报反(薄报);幭,亡别反(莫结)。徐邈《周易音》③:逋,方吴反(《讼卦》);背,甫载反(《艮卦》)。这些都反映重唇音还没有分化出轻唇音一类。可是到梁代顾野王作《玉篇》时,唇音 p,ph,b 已分为两类,一类是 p,ph,b,另一类属于轻唇音 pf,pfh,bv,而鼻音 m 尚未分为两类④。

2 舌音的分化问题

(1)舌尖音 t,th,d(端透定)跟卷舌化的ṭ,ṭh,ḍ(知彻澄)《切韵》里分为两类,在汉代声训中分别不显著。如汉末刘熙《释名》训"童,重也","笃,筑也","贞,定也","栋,中也"。晋代《字林》里略有分别,间或有以知彻澄字跟端透定字互切的例子。如侗音敕动反(他孔),褺音丈篋反(徒协),彘音大例反(直例),怼音大泪反(直类)。这种情形在郭璞的《尔雅音义》和《方言注》里也有所见。如"滩",郭音敕丹反(见《尔雅·释天》释文),"幢",郭音徒江反,"槌",郭音度畏反(并见《方言

① 陆德明,吴郡人。《经典释文》作于陈至隋间,后来或有增补。陆德明卒于唐代初年。曹宪,江都人。《博雅》音即《广雅》音。

② 括号内是《广韵》音,下同。

③ 徐邈字仙民,东晋东莞人。徐邈《周易音》见《经典释文》。

④ 详见拙著《万象名义中之原本玉篇音系》,《问学集》,305—306 页。

注》)。同时代徐邈所作的书音以及陈隋间人所作的音义书也都不乏其例。如徐邈音“窒”为得悉反(见《周易》讼卦释文),音“太”为敕佐反(见《毛诗·蟋蟀》释文);隋智骞《楚辞音》音“涕”为耻礼反,音“治”为徒吏反,音“濯”为徒角反之类都是。不过,顾野王《玉篇》里的反切用字却分为两类。根据这种情况可以推想舌尖音 t,th,d 从魏晋以后有些方言已在逐渐分化,由舌尖塞音变为舌尖后塞音。

(2)照组三等字:照穿两母在汉末已经读为塞擦音,而审母则读为擦音,如《释名》训“震,战也”,“渚,遮也”,“州,注也”都是以照母字互训;又训“始,息也”,“手,须也”,“信,申也”,“始、手、申”为审母,“息、须、信”为心母,同是擦音。由此推断照穿当读为 tś,tśh 审当读为 ś。至于床禅两母古音似为一类,因方音之不同,或由 dj 变为 dź,或更进一步变为 ź[①]。《释名》里,训“塍,承也”,“食,殖也”,《广韵》塍、食二字都是床母字,承、殖二字都是禅母字。这里可以有两种解释:一种是床禅是一类,那就得认为以“殖”训“食”是同音字为训;另一种解释是床禅是两类,床读为 dź,禅读作 ź。

在《字林》里照组字的反切类别很清楚。如以“充”切“侈饎舛蠢绍”等字都是穿母三等字,以“舒”切“苫”,以“书”切“鉥”,以“式”切“贳”都是审母三等字,以“上”切“移罿麎鳍”等字都是禅母字,都跟《广韵》相同[②]。《广韵》“葚”字音“食荏切”,属床母三等,而《字林》音“时审反”,仍归禅母,现存《字林》音中别无床母三等字反切。由此可知《字林》音床禅不分。照穿审三母读 tś,tśh,ś,禅母读 dź,或读 ź。刘昌宗《周官音》音“乘”为“常烝反”(见《周礼·夏官》释文),也是床禅为一类。

---

① 参看李方桂先生《上古音研究》16 页,商务印书馆 1980 年版。

② 《字林》反切未列,参看《字林考逸》。

梁陈之间，南方语音大都床禅不分。顾野王原本《玉篇》以禅母字切床母字，陆德明的《经典释文》、隋代曹宪的《博雅音》和释智骞的《楚辞音》都是如此①。顾野王、陆德明为吴郡人，曹宪、智骞为江都人，都属于吴音的范围。颜之推在《家训》里讲到当时南北语音差别时也曾经说南人"以石为射"、"以是为舐"(见《音辞篇》)，"石、是"属禅母，"射、舐"属床母，读"射"为"石"，读"舐"为"是"，禅母字似读为 ź。颜之推说南音如此，则北方有些地区或有床禅之分。《切韵》分床禅可能是根据北方方音而定。

3　齿音问题

(1)精组从母和邪母：从母跟邪母在《字林》里分别比较清楚。如以"才"切"蘄蠢呰疵崒礈"等字，以"聚"切"谇"，以"在"切"栫"，以"昨"切"戔"，这些都属从母；另外，以"囚"切"彗"，以"象"切"松"则属邪母。但在梁代以后，如顾野王原本《玉篇》多以邪切从，从邪不分②，《经典释文》和《博雅音》也是如此。《颜氏家训》说南人"以钱为涎"，"以贱为羡"，"钱、贱"是从母字，"涎、羡"是邪母字。南人读"涎"为"钱"，读"羡"为"贱"，是有从无邪，邪母读同从母，从母为塞擦音 dẑ。

(2)照穿二等字：照组二等庄初崇山四母古音读如精清从心。在晋代，不同的方音不尽一致。在现存的《字林》反切里庄母、山母都不与精组相混。如以"侧"切"榣、瘵"，以"山"切"翜、槑、彡"。惟有崇母"雏"字音匠于反(仕于)，"岑"音才心反(锄针)都以从母字为切。在郭璞《方言注》里多以精组字切庄组字③。如"鏦"音错江反(楚江)，"艭"音胙江反

① 参看《问学集》315—316 页，188 页，172 页。

② 参看《问学集》312—313 页。

③ 郭璞是山西闻喜县人，这代表他个人的方音庄组还没有从精组分化出来独立为一类。

(士江),“掺”音素槛反(所斩),“孪”音苏宦反(生患)。由此可知方音有不同。到梁代,顾野王作《玉篇》虽然庄组不与精组同类,但也有精庄互切的例子。这说明精庄两组读音还是比较接近的。庄组字可能还没有卷舌化,不读 tṣ,tṣh,dẓ,ṣ,而读 tʃ,tʃh,dʒ,ʃ。但不排斥有的方言读为卷舌音。

4 喻母三等字问题

喻母三等或称于母,在《字林》里有以“于”切匣母字的,也有以“于”切喻母四等字的。前者如“騜”音于亡反(胡光),“霅”音于甲反(胡甲),“缳”音于善反(胡畎);后者如“驈”音于必反(余律),“鱊”音于一反(余律),“鹘”音于小反(以沼),“鷕”音于水反(《诗·匏有苦叶》释文引《说文》音作以水反)。以“于”切匣母字说明匣于为一类。梁陈之间顾野王《玉篇》匣于不分,陆德明《经典释文》里也有匣母字切于类字的例子①。下至隋代,曹宪《博雅音》“蘶”音下悔反,又音于鄙反(见《广雅释器》),智骞《楚辞音》“洧”音胡轨反(荣美),“违”音胡归反(雨非)等也都是匣于相通的例子。匣母读ɣ,匣母三等字于母读ɣj,ɣj—与喻母四等字j—音近,所以《字林》里有以“于”切喻母四等字的例子②。

以上所说是魏晋至陈隋间的字书和音义书所反映的一些声母的大概情况。

从这些情况来看,魏晋时期的声母类别开始逐渐趋向于接近《切韵》。虽然有知组字切端组字和精组字切庄组字的例子,但总的趋势是端知有分,精庄有分。不同的方言区域当然不会一致。由于有这些端

① 参看《问学集》318—319页和罗常培先生《经典释文和原本玉篇反切中的匣于两纽》一文。

② 在这里应当指出“驈”“鱊”二字《广韵》虽属喻母四等,而古音当归匣母。《诗·駉》释文“驈”字即音户橘反。

知相通、精庄相通的例子，我们恰好可以推测知组的读音为 t，th，庄组的读音为ṭʃ，ṭʃh。至于照组三等，则从《字林》起已读为塞擦音 tś，tśh，与上古音读为 tj，tjh 不同。唇音 p，ph，b 分化出轻唇音一类，根据材料来看，那可能是齐梁时代新的发展了。

魏晋至陈隋，南北方音不尽相同。依颜之推所说，北方从邪二母有分，床禅二母有分，而南方都不分。进而言之，即使同属北方，或同属南方，各地语音也不能尽同。可惜材料不多，无从过细讨论。

二　韵部的演变

韵部的演变是根据不同时期诗文押韵的韵部分合来看的。可以是由一部分为两部，或由两部合为一部；也可以是在一部之内有少数字分出转入另一部。前者是部类上的变化，后者是字类上的变化。

魏晋宋时期是由上古音变为《切韵》音的一个转折时期。这里所说的魏是指三国时代而言。三国期间有一部分作家，如建安七子，是汉末的人，他们都被牢笼在曹氏势力之下，成为一个文学上的集团，因此我们也把他们归在三国时代之内。

魏晋宋二百五六十年之间，韵部的分合前后也不一致。大体说来，魏跟东汉比较接近，宋包括北魏跟齐梁比较接近。东汉时期诗文用韵分为二十七部，阴声韵八部，阳声韵九部，入声韵十部。二十七部所包括的《广韵》韵类简单列举如下：

［**阴声韵**］（举平赅上去）

1. 之部　包括《广韵》之韵和咍（来）灰（梅）皆（戒）三韵的一部分①。还有“轨、敏”等字。

---

① 括号内所举的字是字类的代表字。

2.幽部　包括尤幽两韵和豪(陶)肴(包)萧(条)三韵的一部分。还有侯(叟茂)宵(莜椒)两韵的少数字。

3.宵部　包括宵韵和豪(高)肴(郊)萧(尧)三韵的一部分。

4.鱼部　包括模鱼虞侯四韵字(《诗经》分为鱼侯两部,汉代的作家鱼侯两类合用的例子极多,所以归为一部。说不定这也许是一时方音的现象)。

5.歌部　包括歌戈麻三韵字。

6.支部　包括支佳两韵和齐韵的一部分(圭携帝等字)。

7.脂部　包括脂微两韵和皆(怀乖阶)齐(泥妻米礼计)两韵的一部分。

8.祭部　包括祭泰夬废四韵和皆韵去声怪韵一部分字(介拜)、齐韵去声霁韵一部分字(契慧)。

[阳声韵]

1.蒸部　包括蒸登两韵和耕韵的少数字(宏)。

2.东部　包括锺韵字和东(公同工动送)江(邦双巷)两韵一部分。

3.冬部　包括冬韵字和东韵的一部分(中终雄弓梦宫戎)及江韵少数字。

4.阳部　包括阳唐两韵字。

5.耕部　包括庚清青三韵和耕韵大部分字。

6.真部　包括真谆臻欣文痕魂和先韵大部分字、山韵的一部分(艰鳏)、仙韵的"川穿"二字。

7.元部　包括寒桓删元仙几韵和山韵的一部分(山间幻)、先韵的少数字(肩燕霰见)。

8.谈部　包括谈添严盐衔几韵和咸韵的一部分(谗斩监)。

9.侵部　包括侵覃凡三韵和咸韵一部分(咸陷)、谈韵的"三"字,东韵的“风”字。

[入声韵]

1.职部　包括职德两韵和屋韵一部分(服牧伏福)、麦韵一部分(麦革馘)。

2.屋部　包括烛韵和屋韵一部分(屋谷木卜鹿独一等字)、觉韵一部分(角浊渥岳捉剥)。

3.沃部(毒部)　包括沃韵和屋韵一部分(六陆复逐育夙穆三等字)、觉韵一部分(学觉)、锡韵少数字(戚迪寂)。

4.药部　包括药韵一部分(药籥躍虐削)、铎韵少数字(樂凿鹤)、觉韵一部分(较驳藐濯)、锡韵一部分(翟的溺激)。

5.铎部　包括陌韵字和铎韵大部分、药韵一部分(著略若却缚矍)、昔韵一部分(石尺席昔亦夕绎)、麦韵的“獲”字。

6.锡部　包括麦韵字和锡韵一部分(历析锡狄击绩)、昔韵一部分(易益辟脊迹积碧)。

7.质部　包括质栉術物迄没几韵字和黠韵一部分(八黠劼)、屑韵一部分(结血节铁)、职韵“即、抑”二字。

8.月部　包括曷末鎋月薛几韵字和黠韵一部分(拔札察戛杀)、屑韵一部分(截楔蔑絜)。

9.盍部　包括盍葉業狎乏几韵字和洽韵一部分(夹插霎箑)、怗韵一部分(协挟褋)。

10.缉部　包括缉合两韵字和洽韵一部分(洽恰)、怗韵一部分(蛰蟄)。

从《诗经》的押韵和文字的谐声来看,我们知道上古音的入声韵是跟阴声韵相承的。两汉的诗文押韵也是阴入相承的。下面我们可以看看魏晋以后韵部的分合。为明晰起见。仍分阴声韵、阳声韵和入声韵三类分别叙述。

[阴声韵]

由三国时代到齐梁陈隋阴声韵的变动最多。现在分两部分来说明：

(一)

(1)东汉时期的之部在三国时期分为之、咍两部。之部包括之韵字、脂韵的少数字(唇牙喉)和真韵“敏”字：

①之韵字；

②脂韵“否鄙轨鲔痏备”；

⑧真韵“敏”字(《集韵》旨韵母鄙切)。

咍部包括咍韵大部分字，灰韵一部分唇音喉音字和皆韵一部分字：

①咍韵“来台能该埃才哉”；

②灰韵“梅杯倍佩灰悔诲”；

③皆韵“骇戒怪”。

下至晋宋北魏类别相同。

(2)东汉时期的脂部，三国时期基本相同，包括微韵字，脂韵大部分字，皆韵“乖怀阶淮排蕹蒯”等字，咍韵“哀皑阊爱慨逮”等少数字，灰韵的一部分“回颓摧隈枚嵬对退昧溃”等字和齐韵的一部分“妻泥黎梯体弟计棣”等字，凡六类。

三国时期的脂部到晋代分为脂、皆两部。脂部包括脂微两韵字(脂韵的“否鄙轨”等仍归之部)。皆部包括三国时期脂部的咍灰皆齐四类字。刘宋和北魏时期脂、皆两部与晋代相似，只是皆部内增多齐韵字(即三国时的支部所属的齐韵字转入本部，详下一条)。

(3)东汉时期的支部，魏晋时期相同，包括支韵字、佳韵字和齐韵“鸡蹄畦犀丽帝繫係羿睨”等字。到刘宋北魏时期，齐韵字都转入皆部。

以上是就魏晋宋北魏时代来说的。到齐梁以后发生了新的变化。上面几部在齐梁陈隋之间分为七部：先从脂部谈起，刘宋（包括北魏）时期脂部包括脂微两大类字，齐梁以后，微韵独成一部，脂部转与之部字相押，合成一部。刘宋时期的哈部包括哈（来）灰（梅）皆（戒）三类字，齐梁以后，皆韵字独成一部，哈灰两类又与刘宋时期皆部的哈灰两类字合为一部，其皆部的齐韵字则独立成为一部。又刘宋时期的支部包括支佳两类字，而齐梁以后支佳分立，成为两部。因此成为七部。我们可以用表列出。

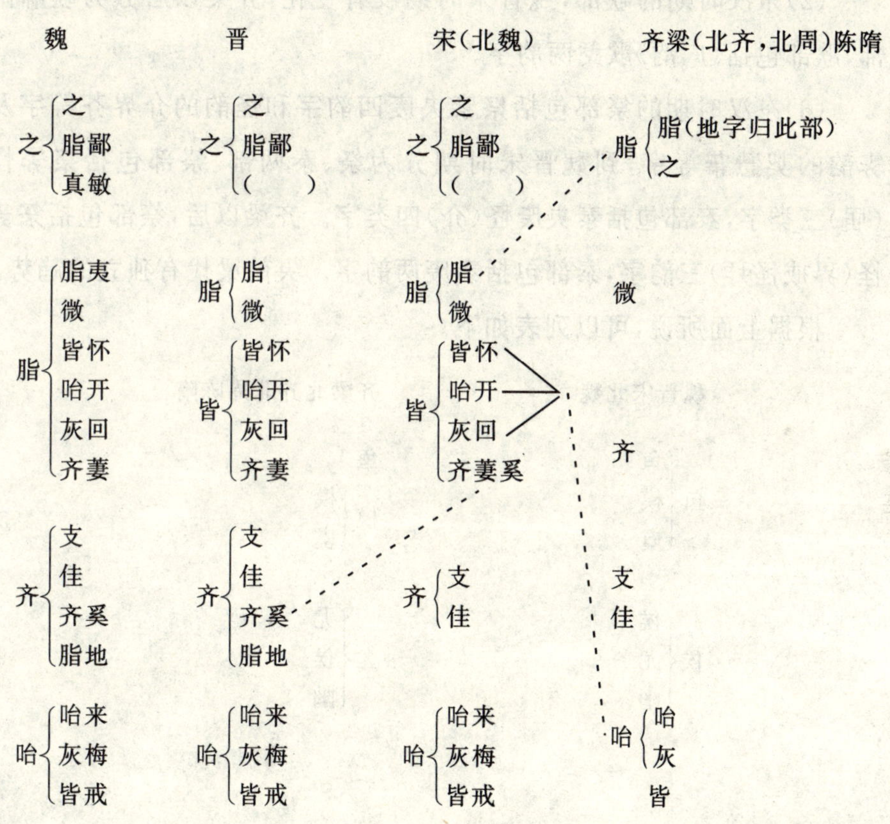

（二）

（1）东汉的鱼（侯）幽宵三部，魏晋宋时期分化为鱼侯宵三部，字类也有变化。即东汉鱼部中的侯韵字与幽部的尤幽两韵字合为侯部，鱼部仅包括鱼虞模三韵字；而东汉幽部的豪肴萧宵四韵字又与宵部的豪肴萧宵四韵字相押，合为宵部。这样就跟《切韵》分韵的大类相同了。齐梁以后，尤侯幽三韵仍为一部，可称为尤部。鱼虞模三韵又分为鱼、模两部，模部包括模虞两韵，鱼韵独为一部。至于豪肴萧宵四韵又进而分为豪肴萧三部，萧部包括萧宵两韵。

（2）东汉时期的歌部，魏晋宋时期没有变化，齐梁以后分为歌麻两部，歌部包括《广韵》歌戈两韵字。

（3）东汉时期的祭部包括祭泰夬废四韵字和怪韵的介界芥等字及霁韵的契慧蒂等字，到魏晋宋时期分为祭、泰两部，祭部包括祭霁怪（届）三类字，泰部包括泰夬废怪（介）四类字。齐梁以后，祭部包括祭霁怪（界戒怪拜）三韵字，泰部包括泰废两韵字。夬韵梁代有独立的趋势。

根据上面所说，可以列表如下。

魏晋宋北魏		齐梁北齐北周陈隋	
鱼	鱼	鱼	
	模	模	模
	虞		虞
侯	侯	尤	尤
	尤		侯
	幽		幽

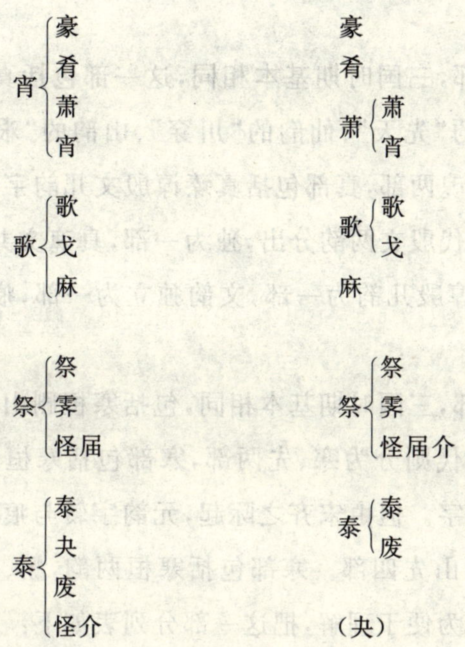

[**阳声韵**]

阳声韵的演变分三部分来说明：

(一)

(1)东汉时期的东部包括鍾韵字、东韵一等字和江韵字；冬部包括冬韵字、东韵三等字和江韵“降”字。魏晋时期相同。惟东汉时期侵部的“风”字已转入冬部。刘宋时期东冬锺江四韵通押，合为一部。齐梁以后，东韵字为一部，冬锺两韵字为一部，江韵字为一部。

(2)东汉时的蒸部到魏晋时期蒸登两韵分用，各为一部。登部还包括耕韵的“橙、纮、耾”等字。齐梁以后，蒸登仍分用，惟登部无耕韵字。

(3)东汉时的阳部包括阳唐两韵字，魏晋以后相同。东汉的耕部包括庚耕清青四韵字，魏晋时期没有大的变化，今称为庚部。齐梁以后，作家四韵通押者多，庚清两韵通押更为常见。另外还有青韵、耕韵独立的例子。

（二）

(1)东汉时的真部，三国时期基本相同，这一部包括真臻谆殷文痕魂诸韵字，只有先韵的“先天”、仙韵的“川穿”、山韵的“艰”转入寒部。到晋代这一部分为真魂两部，真部包括真臻谆殷文几韵字，魂部包括痕魂两韵字。到刘宋时代殷文两韵分出，独为一部，真魂文共为三部。由齐梁下至陈隋，真臻谆殷几韵为一部，文韵独立为一部，痕魂元三韵为一部。

(2)东汉时的元部，三国时期基本相同，包括寒桓删山元仙先诸韵，今称寒部。到晋宋时代则分为寒、先两部，寒部包括寒桓删三韵字，先部包括山元仙先四韵字。但由宋齐之际起，元韵字转与痕魂为一部，而寒先两部又分为寒删山先四部。寒部包括寒桓两韵，删、山各为一部，先部包括先仙两韵。为便于理解，把这一部分列表如下：

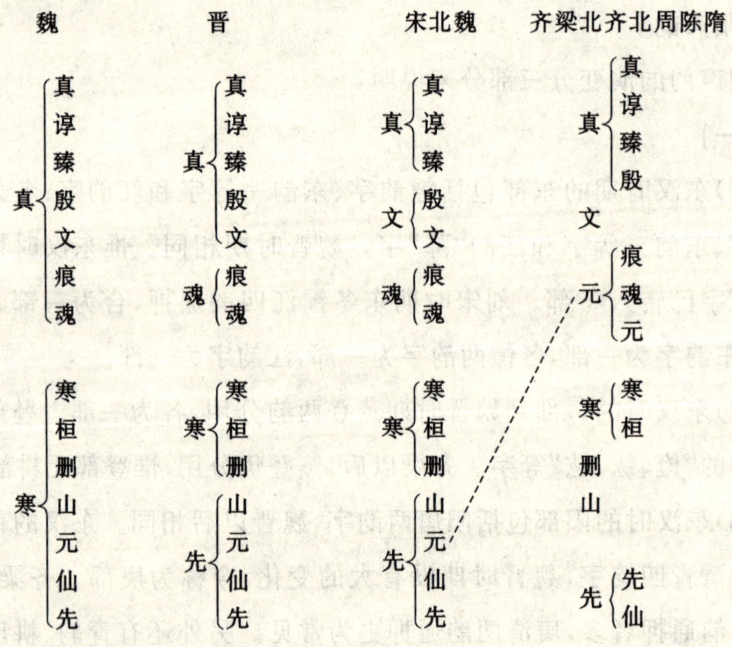

（三）

(1)东汉时的侵部，魏晋时期包括侵覃两韵字，还有咸韵的“掺喦咸湛”等字和盐韵的“潜”字。刘宋时期侵覃两韵分别为两部，而侵部不见有咸盐两韵字。齐梁以后侵覃有分，惟覃部还包括有衔韵字，如“衫嵌”二字。

(2)东汉时的谈部，三国时无例可考。在晋代分为谈、盐两部。谈韵“谈甘柑蓝聃览澹”一类字独用，自成一部，盐添凡三韵字另为一部。宋和北魏盐部包括有衔韵“岩鉴”二字和严韵的“严”字。齐梁以后谈韵仍独成一部，盐部则无衔韵字，而有咸韵上声的“脸”字。

［入声韵］

入声韵可以分三部分来说明：

（一）

(1)东汉时的屋部，魏晋时期相同，包括烛觉两韵字和屋韵一等字及沃韵的“仆”字。东汉时的沃部（毒部），三国时期相同，包括：

a. 屋韵三等字； b. 沃韵字（“沃”字在药部）；

c. 觉韵的“学觉”； d. 锡韵的“戚寂迪涤觌”等字；

e. 烛韵的“勗”字。

晋代变动不大，只有“戚寂”等转入锡部。到刘宋时期，上述的屋沃两部通押，合为一部；齐梁以后又变为屋、烛、觉三部，屋韵、觉韵都独成一部，沃韵和烛韵合为烛部。

(2)东汉时的职部，魏晋时期分为职德两部。三国时期职部除职韵字外，还包括屋韵三等的“服福蝠牧”等唇音字，而晋代这类字则转入沃部（毒部）。魏晋宋时期德部包括德韵字和麦韵的“麦革”二字。刘宋以后直至陈隋职部字和德部字都分用不混。

(3)东汉时的药，铎两部到魏晋时期合为一部，包括：

①药铎陌三韵字；

②昔韵的一部分“石席昔夕尺逆怿斥隻”等字；

⑧觉韵的“驳朔稍濯确瀑”；

④锡韵的“激的溺砾”等字；

⑤麦韵“获”字；

⑤沃韵的“沃”字。

这一部的韵字最杂。可是在晋代如潘岳、陆机、陆云、张载、殷允等人在押韵上仍保持汉代药铎两部的分别，傅玄、束皙、张华等人陌昔两类字也多独用。

刘宋时期，这一部药铎两韵独用，觉韵字转入沃部，与沃部的觉韵字合并，陌麦昔锡四韵字如“白获石激”等转入锡部，与锡部的陌麦昔三韵字合并。这样，自刘宋至陈隋药部只包括药铎两韵字，那就很简单了。这个改变是比较大的。

(4)东汉的锡部，魏晋时期相同，包括麦韵字、锡韵大部分字和昔韵的一部分“辟益迹易適役积赤刺脊”等字。到刘宋时期，合魏晋时药部的陌麦昔锡四韵字与本部的麦昔锡三韵字为一部。齐梁陈隋时陌麦昔锡四韵仍为一部。不过文人作品中昔韵或独用，或与锡合用；但陌昔两韵也往往通押，这跟平声庚部庚清两韵常在一起押韵是一致的。

(二)

(1)东汉时的质部包括的字类较多，三国时期则仅有质術栉物没几韵字，屑(潔)薛(列)黠(察)三类字都转入屑部。晋代质術栉迄物为一部，没韵独成一部。刘宋时期质術栉三韵为一部(迄韵字未见)，物韵为一部，没韵字与屑部的月韵字另为一部(见下一条)，质、物、没分为三部。齐梁陈隋未变。

(2)东汉时的月部字类也比较多，魏晋时期分为曷、屑两部。曷部包括曷末两韵字和鎋韵的“辖”字，屑部包括屑薛月黠四韵字。刘宋时期曷末仍为一部，屑部的月韵字与晋代的没部字通押，别为一部，不跟屑薛等韵字相押。齐梁以后，这些字类分为曷、黠、屑三部。曷部包括曷末两韵字，屑部包括屑薛两韵字，黠韵独成一部。为便于了解，把这一部分列表如下：

魏	晋	宋北魏	齐梁北齐北周陈隋
质{质術栉迄物没}	质{质術栉迄物}	质{质術栉（ ）}	质{质術栉迄}
		物	物
	没	没{月没}	月{月没}
曷{曷末鎋黠}	曷{曷末鎋}	曷{曷末鎋}	曷{曷末}
			黠
屑{月薛屑}	屑{黠月薛屑}	屑{黠薛屑}	屑{屑薛}

（三）

（1）东汉时的盍部的字类很多，魏晋时期分为盍葉两部。盍韵字在三国诗中未见，在晋代只见范坚《蠟灯赋》以“榻蠟阖”为韵，独成一部。葉部包括葉怗洽狎業乏几韵字。刘宋时期同。齐梁以后，盍、洽、狎三韵字未见，葉怗两韵字为一部，業乏两韵字为一部，只有葉業两部。

（2）东汉时的缉部，魏晋时期分为缉、合两部。缉韵字为一部，合韵字为一部。东汉属缉部的洽怗两韵字，魏晋时转入葉部。由刘宋至陈隋缉合两部未变。

总　说

根据上面所说魏晋至陈隋间诗文押韵的情况，我们可以知道三国时期阳声韵的分类和两汉音还比较接近，而阴声韵和入声韵则相去较远，不仅部类有变动，字类也有变动，所以应当分为两个不同的时期。三国时代，阴声韵分为之咍脂祭泰支歌鱼侯宵十部，阳声韵分为东冬阳庚蒸登真寒侵（谈）十部，入声韵分为屋沃药锡职德质屑曷缉（合）盍葉十三部，共三十三部。

晋代跟三国时代显著的不同是分韵加细，阴阳入三声都有变革。阴声韵分为之咍脂皆祭泰支歌鱼侯宵十一部，阳声韵分为东冬阳庚蒸登真魂先寒侵覃谈盐十四部，入声韵分为屋沃药锡职德质没屑曷缉合盍葉十四部，共三十九部。最大的变动是入声韵跟阳声韵的分类是完全相应的。晋宋之间凡阳声韵有变革，其相对的入声韵也同样有变革，逐渐与《切韵》音接近。这对于推论晋宋时期的韵部读音是非常有益的启示。

南朝宋代的韵部分类跟晋代相比较，有分有合。主要是东冬合为一部，屋沃合为一部，真部分为真文两部，质部分为质物两部。阴声韵为十一部，阳声韵为十四部，入声韵为十四部，共三十九部。虽然在部类数目上跟晋代一样，但是字类内容与晋代颇有不同。这正是上承魏晋，下启齐梁的一个时代。韵部的类别已经跟《切韵》分韵的大类几乎完全相同了。如“东冬锺江”为一部，“鱼虞模”三韵为一部，在《切韵》里都分别依类排在一起，而且属于《切韵》中同一韵的字很少有分别属于两个韵部的现象。这是从两汉二十七部经过魏晋时代逐渐接近隋唐韵书分韵系统最明显的表现。

到了齐梁以后，阴阳入三声有进一步的变动。三者之中阴声韵的变动尤其大，跟刘宋以前不同，跟《切韵》的分韵更加接近。《切韵》中的二等重韵，如山删、佳皆之类，诗中固然分用，就是一等重韵，如东冬、咍泰、覃谈、屋沃、合盍之类也都分用；而且阳声韵中两韵通用的，其相承的入声韵亦必通用，这跟《切韵》分别韵类的情况也是相合的。据此可证《切韵》音系是有实际语音的根据的。这一时期诗文的押韵所不同于《切韵》的主要是：

(1)同一摄内的一等韵和三等韵通押。如冬鍾、阳唐、元魂、虞模、尤侯、沃烛、药铎、月没之类都是。

(2)同一摄内的三等韵和四等韵通押。如仙先、盐添、祭霁、宵萧、葉怗、薛屑之类都是。

(3)痕魂不分，咍灰不分。

(4)支脂之微四韵齐代诗文一般分用，梁陈时期脂之通用，脂韵“追衰谁绥蕤推”等少数舌音、齿音合口字都归微韵一类。

这几项都是跟《切韵》不同的地方。由这些不同的地方，我们正好可以窥见当时语音的真相。例如韵书中把声音相近的几韵平列在一起，尽管次第有先后，但是究竟其中哪两韵声音最相近呢？仍然不易确定。现在我们就可以根据上面所说的诗文押韵的情况来判断了。因为凡是同归一部在一起押韵的必然声音最相近。如《切韵》东冬鍾江是比次在一起的，鱼虞模是比次在一起的，根据押韵的材料我们很容易断定冬鍾两韵声音最近，虞模两韵声音最近。又韵文中同摄的三等韵和四等韵通押，那么，它们的主要元音一定也是很相近的。

总起来看，从汉末三国时代以迄齐梁陈隋，音韵系统在不断地演变。经过这一番考查之后，可以知道：由上古音变为《切韵》音，中间经过两汉、魏晋宋、齐梁陈三个大的阶段。韵部由三十一部逐渐地分化和归并，发展为六十部[①]。两汉以前阴声韵与入声韵相承，关系较密，然而自魏晋时期起，音韵系统变成为另外一种格局，由于阴声韵的韵尾消失以后，韵部的元音有所改变，以致阴声韵不再与入声韵相承，而转变为阳声韵与入声韵相承，这是很大的变化。还有，两汉以前韵部的字类可以按谐声的声符来归纳，然而自魏晋以后韵部分化，谐声关系已经错乱，不能再按照谐声系统来确定字类。这又是一种很大的变化。

三　四声字的发展

关于古声调的问题有两个，一个是调类的问题，一个是调值的问题。我们去古已远，在调值方面除估计入声可能是一个较短促的音调以外，其他就很难说了。至于调类，根据《诗经》的押韵来看，上古音已经有四声之分，与中古韵书的四声分类大体相应。不过，不同的韵部的情况也不一样。阴声韵大都有平上去，阳声韵则不尽具备上去。两汉时代阴声韵除祭部为去声字外，其他韵部大都具备平上去，之、鱼、脂三部最为明显。阳声韵各部除元部以外，上去声字都不多，冬、蒸两部只有平声，侵部只有平声和上声。四声字的发展到魏晋以后才显著起来。

清代段玉裁在《六书音均表·论古四声》说："考周秦汉初之文，有平上入而无去。洎乎魏晋，上入声多转而为去声，平声多转为仄声，于是乎四声大备，而与古不侔。有古平而今仄者，有古上入而今去者，细意搜寻，随在可得其条理。"段氏认为上古音无去声未必全对，而说魏晋以后四声大备还是大体符合事实的。考魏晋时期的韵文，阴声韵各部都有上去声字，阳声各部除冬蒸两部无上声字和登部未见上去声字外，其他各部都具有上去声字，不过字有多少之分配。这仅仅是就韵文中

① 阴声韵十八部，阳声韵和入声韵各二十一部，见《问学集》459—462 页。

押韵字来说的，而在语言中阴声韵和阳声韵可能都有读为上去声的语词，这是无疑的，因为发展到《切韵》时期只有冬、蒸两韵上声字过少，其他各韵的上去声字都增加很多。这说明四声字从魏晋以后有了很大的发展。

四声字的增多一方面跟语词和语义的发展有密切的关系。另一方面也跟语音本身的变化有一定的关系。大体来说，可能有以下几种情况：

(1)上古时代阴声韵与入声韵相承，应该是有韵尾辅音的，有的韵部有*－g尾(如之幽鱼侯)，有的韵部有*－d尾(如脂微祭)，后来*－g尾失落变为*－i或－u，*－d尾失落变为－i，由闭切音变为开切音，在利用谐声的方法产生新字的时候，声调的变易就自由多了。因此，上去声字逐渐加多。

(2)上古时代阳声韵部除“元”部外，上去声字都比较少，从谐声系统看几乎都是平声字，随着语言发展，语词不断增多，势必要注意避免同音字而采取变换声调的方法，因而产生大量上去声字。

(3)方音自古就有分歧，陆法言《切韵序》曾论及当时不同方音的声调说：“秦陇则去声为入，梁益则平声似去。”在陆德明《经典释文》里所录晋宋以后诸家所作的书传音义，有不少是一字有两种不同声调的读法的，韵书有时兼收两音，上去声字不免增多。

(4)汉语文字的孳乳以谐声为大宗，从一个声符产生的谐声字在声调上或有不同，当其作第二主谐字时，由此产生的谐声字与原来最初的声符(即第一主谐字)的声调就有了不同。

(5)在语言的运用上，从汉魏之际开始，由于字义的分化，因意义或词性之不同而音有改变，产生一字两读的现象，其中属于声调差异的很多。晋宋以后，用四声变读以区分字义日益增广。有由平声变读为上去声的，有由入声变读为去声的，因此韵书中上去声字加多①。

余　论

以上几节已经把魏晋至陈隋将近四百年之间声韵系统演变的情况做了一个总的简单的叙述。我们知道语音的演变是渐变的，不同的声母部类或韵母部类的发展或在先或在后，是错综的，我们把魏晋宋作为一个时期，把齐梁陈隋做为一个时期，仅仅是从总的方面来看的。在同一时期内，方音不无差别。同是一个字，不同方言的读音就参差不一；同一韵部的字，作家用韵就有宽有严，通押的现象也很复杂。不过，我们了解到这四百年之间声韵演变的主要情况，可以解释魏晋以迄陈隋不同时期著作中的许多音韵上的问题，还可以联系到唐代语音的演变，说明唐以后诗文用韵的变化，以便于讲明汉语语音发展的全部历史。

语音随时间的推移在逐渐发展。在历史上，社会处于长时期安定的局面下，语音的总的情况就比较稳定，二三百年之间可能改变不大，可是处于延续动荡的战乱时期，语音的变动就比较大，也许一二百年之间新产生很大的差异。因此，魏晋是语音转变较大的时期。在这一时期内不同方音之间的互相影响成为民族语言语音加剧演变的外在因素。如果从语音本身的发展变易来看，声韵部类的演变与字音的内部结构是相关的。一个字的读音都可以因为声母、介音、元音、韵尾辅音甚至于声调的互相影响而产生变化。音的演变是有一定的条件的。

从声母方面来看，由上古的声母系统演变成《切韵》的系统，如由 tj→t́s，nj→ń 都是声母受介音 j 的影响，唇音 p，ṕ 后来变为轻唇也是由于介音 j 的颚化作用。从声调方面来看，去声字的读音有的是由入声韵

① 详见《问学集》内《四声别义释例》。

尾－t或－k消失以后而变为去声的。

讲到韵母的变化，有以下几种情况是比较显著的：

(1)韵尾的失落使韵母发生变化：例如汉代“之”部字包括“之、咍(来)、灰(梅)、皆(戒)”几类字，因为韵尾*－g变为－i，韵母有了变化，咍由*－əg变－ai，“之”由*－jəg变－i，魏晋时期分化为“之”“咍”两部。

(2)由于韵母有了改变，同部字发生分化，有一部字转入别的一部：例如三国时代“支”“脂”两部都有一些属于《切韵》“齐”韵的字。晋代“脂”部虽然分化为“脂”“皆”两部，但分属于“支”“皆”两部的“齐”韵字仍然以分用者为多。可是到了刘宋时期有了新的变化：“支”部的“齐”韵字都转入“皆”部，跟“皆”部的“齐”韵字归在一起了。这说明“支”部由*－ieg变－iei，又变－ie，“齐”韵一类有－i尾，而“皆”部音近，又有－i尾，所以跟“皆”部的“齐”韵字合流了。

(3)唇牙喉声母对韵母产生影响：例如“侵”部是收－m尾的。“侵”部的“风”字*pjiəm的韵尾－m因受唇音声母的异化作用而变为－ng，韵母也变为－ong，在魏晋时期归入“冬”部，又如刘宋时代的“先”部包括“山、元、先、仙”几韵字，可是后来“元”韵字转与“痕”“魂”为一部。《切韵》“元”韵只有唇音和舌根音声母字。“元”韵的元音由ɑ变为ɐ，可能受声母影响。这些声母可能带有圆唇性质。

(4)介音对韵母元音的影响：介音j可以使后面的较低的元音向上及向前移动，这是一种颚化或同化作用。例如*－jian→－jiän。

(5)声调的影响：声调的升降起落对韵母的元音会产生影响。如晋宋时期歌部麻韵一类的上去声字大部分的作家都是独用的，不与歌戈两韵字合用，可知元音受声调的影响与平声不完全相同。到齐梁时期麻韵一类字就独成一部了。

总起来看，语音的演变是有规律可循的。这里仅仅做一简单的说明。其他有关的细节尚多。如魏晋到《切韵》韵部的读音问题，不同方音的特点问题等等，另有专书进行讨论，在这里就不详细叙述了。

魏晋宋时期诗文韵部研究

一　总　说

语音随时代而有转变。我们知道两汉音已经不同于周秦音，而魏晋以后又不同于两汉。从诗文押韵的情形来看，自魏晋起至《切韵》时代，语音有了很大的变化。就韵部的分合而论，可以划分为两个时期：魏晋宋是一个时期，齐梁陈隋是一个时期。两者格局不同。魏晋宋这一时期，如果从汉献帝建安十三年曹操自为丞相，魏蜀吴三国成为鼎立的局面算起，到刘宋之末，有二百七十年（公元208—478）。这段时间内，韵部的类别既不同于两汉，也不同于齐梁，在音韵史上是一个承前启后的时期。

这里所说的魏，指的就是三国时代。有些作家，如建安七子，他们都是建安时期的人，严可均所辑《全上古三代秦汉三国六朝文》归于后汉，而丁福保所辑《全汉三国晋南北朝诗》都归于魏。我们认为这些人在当时都被牢笼在曹氏父子势力之下，成为一个文学上的集团，互相酬答，把他们归属于三国时代是比较合适的。

魏晋宋包括的时间很长，虽然作为一个时期看待，而韵部的分合，先后也并不一致。约略而言，魏接近于两汉，宋接近于齐梁，晋代则是一个中间转折的时期。为便于理解，下面先做一个概括的说明。

（一）三国时代

三国时代韵部的分类跟东汉不同的地方很多。最主要的有七点：

(1)之部分为之、咍两部。之部包括《广韵》之韵和脂韵“否鄙轨鲔痏备”等字，咍部包括咍(来)灰(梅)皆(戒)三类字。

(2)鱼部、幽部、宵部分为三部。鱼部包括鱼虞模三韵字，侯部包括尤侯幽三韵字，宵部包括豪肴宵萧四韵字。换言之，就是东汉鱼部的侯韵字分出与幽部的尤幽两韵合为一部，而幽部的豪肴宵萧四韵字又和宵部的豪肴宵萧四韵字合为一部。这样就跟《切韵》分韵的大类相同了。

(3)祭部分为祭、泰两部。祭部包括祭霁怪(届)三类字，泰部包括泰夬废怪(介)四类字。

(4)蒸部蒸登两韵分用，各为一部。

(5)入声药、铎两部合为一部。

(6)月部分为屑、曷两部。屑部包括屑薛月黠四韵字，曷部包括曷末锫三韵字。

(7)东汉音缉部包括缉、合两韵字，三国时代缉韵字独成一部。

其次，关于字类一方面，也有一些重要的变动：

(1)东汉音之部所有的尤(尤)侯(母)两类字，在三国时代转入侯部；

(2)蒸部的“雄弓梦”一类字转入冬部；

(3)真部的先(天)仙(川)山(艰)三类字转入元部；

(4)侵部“风”字转入冬部；

(5)质部屑(结)薛(设)黠(八)三类字归入屑部。

由以上所说我们可以看出三国时代阳声韵的分类跟两汉音还比较接近，阴声韵和入声韵则相去较远，所以应当和两汉分别为两个时期。为容易明了起见，可以列表如下：

东汉		三国
1. 之	之脂丕	1 之
	哈来灰梅皆戒	2 哈
	尤尤侯母	3 侯
2. 幽	尤幽	
	豪肴宵萧	4 宵
3. 宵	豪肴宵萧	
4. 鱼	侯	(侯)
	鱼虞模	5 鱼
5. 歌		6 歌
6. 支		7 支
7. 脂		8 脂
8. 祭	祭霁怪屆	9 祭
	泰夬废怪介	10 泰
9. 东		11 东
10. 冬		12 冬
11. 阳		13 阳
12. 耕		14 庚
13. 蒸	蒸	15 蒸
	登	16 登
14. 真		17 真
15. 元		18 寒
16. 侵		19 侵
17. 谈		20(谈)
18. 屋		21 屋
19. 沃		22 沃
20. 药		23 药
21. 铎		
22. 锡		24 锡
23. 职	职	25 职
	德	26 德
24. 质	质術栉物迄没	27 质
	屑结薛设黠八	28 屑
25. 月	屑薛月黠	
	曷末辖	29 曷
26. 缉	缉	30 缉
	合洽	31 合
27. 盍	盍狎	32 盍
	葉怗业乏	33 葉

以上所列三国时代的韵部共33部。这33部跟东汉音已经很有不同，到了晋宋时期又有转变。

(二)晋代

晋代跟三国时代显著的差别是分韵加细，在阴阳入三声里都有变革。阴声韵脂部在三国时代包括脂微皆咍灰齐六韵字，到晋代就已经分为脂、皆两部。脂部包括脂微两韵，皆部包括皆咍灰齐四韵。阳声韵真部在三国时代包括真谆臻欣文痕魂七韵，到了晋代，痕魂独立，分为真、魂两部。又寒部在三国时代包括寒桓删先仙山元七韵，到晋代也分为两部，寒桓删三韵为寒部，先仙山元四韵为先部。另外，侵部分为侵覃两部，谈部分为谈盐两部，也与三国时代不同。至于入声韵质部，在三国时代包括质術栉迄物没六韵，但是到了晋代没韵独成一部，不与质術等韵相混。这样在部类的数目上就增多为39部了。

(三)刘宋时代

晋代以后，到南北朝初期，音韵改变得更多。就南朝宋代的韵文来看，韵部有分有合。分的有两部：一部是真部的文欣两韵独立为一部，一部是质部的物韵独立为一部。前者可以称之为文部，后者称之为物部。合的也有两部：一部是冬部与东部合并，一部是沃部与屋部合并。

除韵部有分有合外，还有字类上的变动。字类的变动表现得最清楚的有五部分：

(1)支部的齐韵字，如“鸡啼闺”等，归并皆韵的齐韵一类，不再和支部的支佳两韵字相押；

(2)先部的元韵字转入魂部，与痕魂两韵字相押；

(3)屑部的月韵字转入没部，与没韵字相押；

(4)药部的药铎两韵独用。药部的觉韵字，如“较驳濯”等转入沃部，和沃部的觉韵字相押；药部的陌麦昔三韵字，如“白获石”等，转入锡部，和锡部的陌麦昔三韵合并；

(5)晋代沃部的锡韵字，如“戚迪寂”等都转入锡部。

所有这些变革，在部数上仍是39部，但是内容已经跟晋代不同，这正是上承魏晋、下启齐梁的一个时代。

阴声韵	(魏)	1之 2{来 / 灰梅 / 皆戒} 3脂{脂微 / 皆 / 齐} 4祭 5泰 6支{支 / 佳 / 齐} 7歌 8鱼 9侯 10宵
	(晋)	1之 2{来 / 灰梅 / 皆戒} 3脂 4皆 5祭 6泰 7支{支 / 佳 / 齐} 8歌 9鱼 10侯 11宵
	(宋)	1之 2{来 / 灰梅 / 皆戒} 3脂 4皆 5祭 6泰 7支{支 / 佳} 8歌 9鱼 10侯 11宵
阳声韵	(魏)	1东 2冬 3阳 4庚 5蒸 6登 7真{真谆臻 / 文欣 / 痕魂} 8寒{元 / 朱仙山 / 寒桓删} 9侵{侵 / 覃} 10(谈)
	(晋)	1东 2冬 3阳 4庚 5蒸 6登 7真 8魂 9先 10寒 11侵 12覃 13谈 14盐
	(宋)	1东 2阳 3庚 4蒸 5登 6真 7文 8魂{痕 / 魂 / 节} 9先{先仙 / 山} 10寒 11侵 12覃 13谈 14盐
入声韵	(魏)	1屋 2沃 3药 4锡 5职 6德 7质{质 栉 / 物 迄 / 没} 8屑{月 / 屑薛黠} 9曷 10缉 11合 12盍
	(晋)	1屋 2沃 3药{觉 / 药铎 / 陌麦昔锡} 4锡 5职 6德 7质 8没 9屑{月 / 屑薛黠} 10曷 11缉 12合 13盍
	(宋)	1屋 2药 3锡 4职 5德 6质 7物 8没{没 / 月} 9屑{屑薛 / 黠} 10曷 11缉 12合 13盍

再从北朝来看，北魏于公元439年（宋文帝时）统一北方，与宋、齐、梁三朝对峙，到梁武帝末年才为北齐所代，但是北魏的韵文与南朝宋代的韵文押韵部类完全相同，北魏也就可以附属于这一个时期了。

（四）总的情况

根据前面所说，我们可以把魏晋宋一个时期内韵部演变的情况列为上表（177页）。

从上表我们可以看出魏晋宋虽然划为一个时期，但韵部的分合与字类的归属前后并不一致。我们认为语音史上的分期只是一种简单的概括，不能区分过细。严格说起来，同一个时代各地的语音都不尽相同，那么，把不同的时代归为一个时期，那只能从大类相近着眼。即如魏晋宋一个时期里，魏只有阳声韵的分部接近于两汉，阴声韵和入声韵的分合则变动很大。论其部类，跟晋宋相近，所以把魏与晋宋合为一期。宋代阴声韵的分类虽然跟晋代大体相同，而阳声韵和入声韵的分类则跟晋代出入甚多。宋代正是由魏晋音发展为齐梁音的过渡阶段，也就是上承魏晋，下启齐梁。因为齐梁音的韵部呈现一种新的格局，不同于晋宋，所以定魏晋宋为一个时期，齐梁另为一个时期。

其次，我们从上面的演变表中可以明白地看出：从晋代起入声韵和阳声韵关系转密，和阴声韵关系渐疏，即入声韵和阴声韵不相配，而和阳声韵配合得比较好，晋宋之间，凡阳声韵有变革，其相对的入声韵也同样有变革。这一点对于推测魏晋宋时期的读音是非常重要的。以下分部来讨论这一时期韵部的演变。

二 分 论

[阳声韵]

东部，冬部

《诗经》音东冬两部在两汉时期没有甚么变动，直到魏晋这两部还分别得很清楚。由此更可以证明孔广森在《诗声类》里把东冬分立为两部是正确的。

《广韵》东韵“雄弓梦”三字《诗经》音属蒸部，魏晋时期都转入冬部，这在前面已经提到。另外还有一个“熊”字，在汉代也是蒸部字。《易林·蹇之大过》以“熊闳”为韵。到西晋时期左思《魏都赋》以“终邦冲公庸踪熊隆同风”为韵，“熊”字已不属蒸部，估计跟“雄弓梦”一样转入冬部。

《广韵》东韵的“风”字，《诗经》音属侵部，在西汉时期已逐渐有改变。有些作家和冬部字押韵，有些作家跟蒸部字或东部字押韵，很不一致。例如：

扬雄《甘泉赋》：乘风澄兢（汉文卷 51/4 上）

傅毅《窦将军北征颂》：风锋降（后汉文 43/6 上）

冯衍《显志赋》：风陵（后汉文 20/3 下）

班固《东都赋》：雍风徵躬稜（后汉文 24/7 下）

崔骃《大将军西征赋》：风中雍宗（后汉文 44/1 下）

边让《章华台赋》：终风中雄隆（后汉文 84/11 下）

祢衡《颜子碑》：踪容冲风雍穷（后汉文 18/3 上）

从这些例子可以看出“风”字的读音渐渐在改变，－m 尾变成－ng 尾。但是“风”字跟侵部本部字一起押韵的还很多，读为－ng 尾的还不十分普遍。汉末刘熙《释名·释天》说:“风,兖豫司冀横口合唇言之。风,泛也,其气博泛而动物也。青徐言风,踧口开唇推气言之。风,放也,气放散也。”这正是方言读音不一致的现象。疑前者读 b－m,后者读ɸ－ng。可是到魏晋时期，韵文里几乎全跟冬部字押韵。跟侵部字押韵的，我们只看到魏卞兰《赞述太子赋》以“音今寻风”为韵和晋王珣《琴赞》以“琴愔风林”为韵两个例子，此外再没有了。

魏晋时代东冬两部有分，可是在晋代也有不少两部合韵的例子，以二陆、左思为多，这表明两部读音比较接近。到了刘宋时期，东冬两部就完全同用不分了。这是一大转变。

阳部，庚部

东汉音阳部包括《广韵》阳唐两韵字，耕部包括《广韵》庚耕清青四韵字，魏晋宋时期这两部跟东汉相同，没有甚么变化。这里只把耕部改称为庚部。

这一时期之内，晋代还有少数作家，如傅玄、张华、陆云、左思等人间或把庚部的“明京庆衡横兄羹景”一类字和阳部字押韵，这种现象跟东汉时期相似。这说明“明京兄”等字的韵母读音跟阳部还是比较接近的。但是到了宋代，除颜延之把“衡”字和阳部字押韵以外，再看不到这种现象了。

蒸部，登部

东汉蒸部包括《广韵》蒸登两韵字和耕韵从厷、从朋得声的字，到魏晋以下分为蒸登两部，蒸部包括蒸韵字，登部包括登韵字。耕韵从厷、从朋、从登得声的字，如“纮鞃橙耾”等归入登部。如：

纮字见陆云《皇太子见命作》，“纮弘”为韵（晋诗3/19上）；

鞃字见谢灵运《武帝诔》，“弘登鞃縢”为韵（宋文33/6下）；

橙字见潘岳《为贾谧作赠陆机》，“层恒橙崩”为韵（晋诗4/2上）；又见王叔之《甘橘颂》，“恒能弘橙”为韵（宋文57/9上）；

瑯字见左思《吴都赋》，“瑯胜应兴菱升”（蒸登合韵，晋文74/10上）。

真部，魂部，文部

这三部包括《广韵》真谆臻文欣魂痕七韵。在三国时期这七韵完全通押。到晋代的时候，痕魂独立，分成两部，到宋代的时候，文欣独立，又进一步分成三部。

三国时期的真部跟两汉时期稍有不同。两汉的真部除包括真谆等七韵字以外，还包括先(天)仙(川)山(艰)三类字；在三国时期这三类字已经转入元部，和元部的先仙山三韵字在一起押韵，这是很大的不同。其次，两汉时期真部字跟元部字合用的例子很多，不过，其中真部字是杂乱的，几乎每一类字都有跟元部合韵的例子；但是到了三国时期就变得清楚了：元部（即下面要说的寒部）字和真部字押韵的大都是“天先渊年贤阡西”一类的字；真部字和元部字押韵的大都是“臻存恩昏仑门论云均”一类的字，其中“臻”“存”两个字见的次数尤其多；这跟东汉时期纷然杂糅的情形迥乎不同了。例如：

曹操《短歌行》：阡存恩（三国诗卷1/1上）

曹植《吁嗟篇》：然闲阡间渊田西存山艰燔连（三国诗2/5上）

徐幹《齐都赋》：畚渊奔（后汉文93/5上）

何晏《景福殿赋》：偏臻烨年（后汉文39/5上）

晋代真魂分为两部：真部包括真臻谆文欣五韵，魂部包括痕魂两韵。痕魂两韵字在三国韵文里应用的很少，所以看不出分立的迹象，但是在晋代就表现得非常清楚，痕魂两韵字很少和真谆文欣押韵。

宋代魂部与晋代相同，不过颜延之、谢庄、鲍照等人魂部字和《广韵》元韵字开始通押，这是一个新的变化。到齐梁以后，元魂痕三韵就一直变成为一部。至于真谆臻文欣五韵，晋代是通押的，可是已经有一部分文韵独用的例子，到宋代文欣两韵就不大同真谆臻三韵合用而独成一部，北魏也是如此，今称为文部。

现在把从三国时代到刘宋时代真魂文三部发展的过程表示如下：

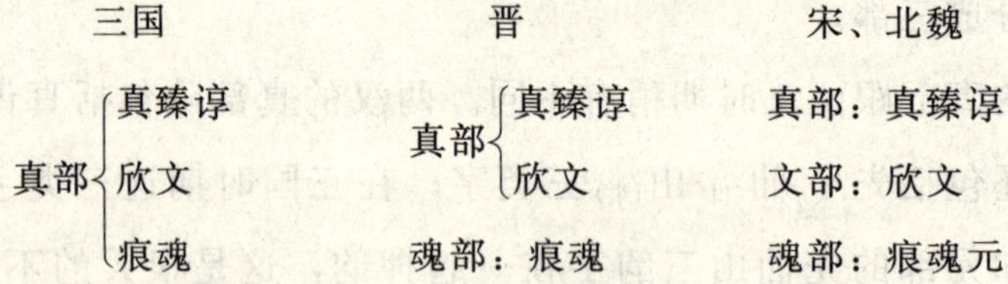

寒部，先部

两汉音元部包括的字类很多，有《广韵》寒桓删先仙山元七韵字。到三国时期，真部的先(天)仙(川)山(艰)三类字又转入元部。为便于称述起见，现在改称之为寒部。三国时期的寒部仍然有和真部字合韵的例子，不过以先仙山元四韵字居多,寒桓删三韵和真部字相押的就很少。由此可以推想寒桓删虽与先仙山元同部,在声音上洪细弇侈仍有不同。

到了晋宋时期，先仙山元四韵开始和寒桓删三韵分用，现在称之为先部。

晋代寒先分为两部，但合用的例子还很多。如果细心考查一下，就可以发现先部字跟寒部字常在一起押韵的是下面一些字：

平声　原言元园蕃繁源轩翻山间焉然旋宣延迁天年等字，

上声　远晚反坂婉简等字，

去声　献宪建怨劝媛贱战羡变宴彦等字。

这里以元韵字居多。由此可见先部内元韵最接近寒部，其次是山仙两韵。

在晋代，先部字还有跟真部字押韵的例子，现象也很错综。即如先部的先仙山三韵“天先渊贤年田颠玄泫艰鲜川妍连旋”一类的字一般是跟真部的“臻蓁人民陈津神邻仁纯淳”一类字押韵的；而先部的元韵“原言圆轩源繁”一类的字一般是跟真部的“纷文群闻云君煴”一类字押韵的。由这种情形又可以看出在晋代先部的先仙韵字跟真部的真谆臻三韵接近，先部的元韵字既跟寒部接近(见上文)，并跟真部的文韵相近。这对于我们了解晋代先元两韵的读音很有帮助。

但是到刘宋时期，先部字就很少与真、寒两部字押韵。先部的元韵字开始与魂部痕魂两韵字相押，而跟真部字通押的例子就比较少了。

从三国的寒部演变为晋宋时代的寒部、先部可以列表如下：

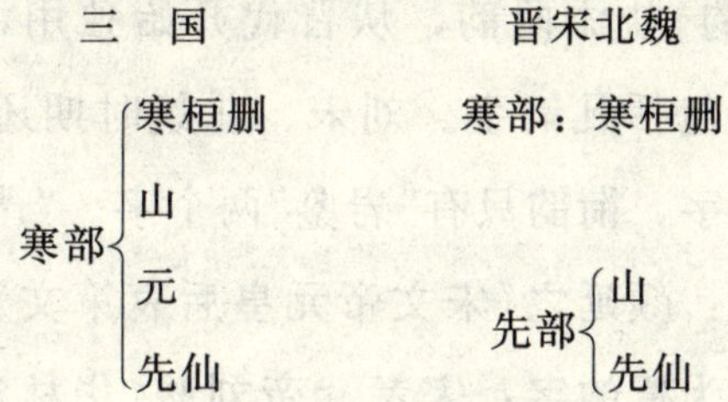

侵部，覃部

魏晋时期侵部字没有两汉时期包括那样广。在三国的时候，侵部除《广韵》侵韵字相押外，还有覃韵的“南”字和咸韵的“喦”字。这两个字都仅仅一见，依《诗经》音和两汉音都是侵部字。

在晋代的时候，和侵韵字在一起押韵的有“南潭蕈龛耽潜掺咸”等字。这些字除“潜”为盐韵字，“掺咸”为咸韵字外，其余都是覃韵字。依《诗经》和两汉音这些字都是侵部字，“潜掺”二字也应当归在侵部。“潜”从“朁”声，“掺”从“参”声，“朁参”都在侵部。西汉王褒《洞箫赋》

以“淫掺音风穷”为韵(汉文42/2下)，“掺”字属于侵部无疑。不过以上这些字多半见于陆机、陆云、郑丰、张翰几个吴郡人的诗里，别的人都很少用。只有何桢《许都赋》“南深”为韵(晋文32/1上)，傅玄《元日朝会赋》“阴掺”为韵(晋文45/2下)而已。《广韵》覃韵字独用的例子，则见于郭璞《山海经图赞》。郭璞《山海经帝女桑赞》以“潭参蚕”为韵(参为参互之参，晋文123/5上)。《南方祝融赞》以“骖含南”为韵(晋文123/6下)。到了刘宋时代，覃韵字，如“南潭”等，不见有和侵韵押韵的例子，所以把侵、覃分为两部。

谈部，盐部

三国时代的韵文里没有谈韵字作韵脚的。晋代的时候，谈韵的“谈甘柑蓝聃览澹”等字都独用，自成一部，这跟《诗经》和两汉音谈部兼括谈盐添衔严凡各韵统归一部的情形不同。

盐部包括《广韵》盐添两韵，从晋代开始独用，具有平上去三声字，而且这一部还包括凡韵字。刘宋、北魏时期还有衔、严两韵字。严韵只有一个“严”字，衔韵只有“岩鉴”两个字。“严”字在宋代韵文里作为韵脚的凡两见：颜延之《宋文帝元皇后哀策文》以“骖严”为韵(宋文38/4下)，“骖”为覃韵字；宋孝武帝刘骏《华林清暑殿赋》以“炎严骖”为韵(宋文5/1上)，“炎”为盐韵字。“严”字应当归属哪一部，似难确定，现在根据刘骏以“炎严”押韵的例字，归属在盐部。至于衔韵的两个字，见于北魏阳固的《演赜赋》(后魏文44/1下)，这两个字完全独用，没有和其他韵押韵的例子，应否独立为一部不易判断，现在就把它附在本部之内。

总起来看，《广韵》侵韵以下闭口九韵在魏晋宋时期内因为材料太少，分部的情形表现得不很清楚，现在根据实际押韵的例子和前后时期韵部的流变，把三国时代分为侵、谈两部，晋宋时代包括北魏分为侵、覃、谈、盐四部。

［阴声韵］

之部，咍部

两汉音之部包括之(基)咍(来)灰(梅)皆(戒)尤(尤)侯(母)脂(丕)几类字。到三国时期，这一部分别为之、咍两部：之部包括之韵字和脂韵“否鄙轨鲔痏备”等字，咍部包括咍(来)灰(梅)皆(戒)三类字。这两部分别比较严格，除曹操、曹丕父子偶尔有合韵的例子以外，其余的作家是很少用在一起的。至于尤(尤)侯(母)两类字在三国时期已经转入侯部，绝不与咍部字押韵，偶尔有跟之部字押韵的，也寥寥无几。

晋宋时期之、咍两部与三国时期相同，惟三国时期之部上声有“敏”字。如何晏《景福殿赋》以“子敏止”为韵(三国文 39/6)，韦诞《景福殿赋》以“始敏”为韵(三国文 32/10)，嵇康《琴赋》以“敏拟徵子跱起”为韵(三国文 47/2)，但到晋宋时期就没有人这样用了，估计已转入阳声真部。汉末刘熙《释名·释言语》曾经说：“敏，闵也，进叙无否滞之言也，故汝颍言敏曰闵也。”是“敏”在汉末汝颍人已读归真部。

还有，三国时期之部上声“否鄙轨”三字和去声“备”字，在晋宋时期有人仍用在之部，有人就用在脂部，参差不齐，这正是开始转变的现象。

脂　部

东汉脂部包括脂(夷)微(衣)皆(怀)咍(开)灰(回)齐(妻)六类字，三国时期和东汉大体相同，只是齐类字的去声，如“惠继戾翳”之类和皆类字的去声届字已转入祭部，而且脂微两类字单独在一起押韵的也比较多，有与皆咍灰齐四类字分为两部的趋势。到晋宋时期，脂微独立，除平声字有与皆咍灰齐押韵的例子以外，上去声字很少通押。现在根据这种现象定脂微为一部，皆咍灰齐为一部，前者称为脂部，后者称为皆部。

脂部的脂微两类字，在晋代是同用不分的，只有去声字郭璞分用不混。到了宋代就有些人分用了。如颜延之、谢惠连、谢庄、鲍照的作品都分别得很精细，尤其是谢庄用韵最为整齐，完全跟《切韵》脂微的分韵相合。颜延之、鲍照等人的作品虽然有例外，但是脂韵和微韵通押的字，只限于“衰追谁推蕤帷逵馗悲”几个合口字，很少有开口字夹杂在内，所以还是很谨严的。由此发展到齐梁时期，脂微两韵就分化为两部了。可是脂韵的“衰追谁推”等字仍然属于微部，而不属于脂部，这是跟《切韵》不同的地方。鲍照用韵的类别是跟齐梁时期非常接近的。

皆　部

这一部在三国时期属于脂部的范围，到晋代才开始分别出来，包括皆咍灰齐四类字：

皆	皆阶谐怀乖	楷	
咍	哀开		爱逮概
灰	回迴枚雷颓		对内退昧碎
	摧嵬堆隤隈		
	魁徊槐		
齐	妻齐萋凄栖	礼体弟启荠济抵	
	荑迷犀黎梯	涕醴陛	

在宋代除齐韵字有增加外，其余皆咍灰三类都跟晋代相同。这一部的皆咍灰三类字在三国时期就有同咍(来)灰(梅)皆(戒)合韵的现象。如应瑒《竦迷迭赋》“莓徊”为韵（后汉文 42/3 下），韦诞《叙志赋》“才阶”为韵（三国文 32/9），阮籍《咏怀诗》“埃来排哉”为韵（三国诗 5/5）之类都是。但是直到晋宋时期这两部字还是分得比较清楚。在晋代，只有陆机、李充、潘尼有几个通押的例子；在宋代，只有鲍照通押的次数稍

多，其他的人多不通押。由此可以证明这两部的读音从三国到晋宋在大部分的方言里都不相同，从鲍照以后才渐渐成为一类，齐梁以下就没有区别了。于海晏的《韵谱》不曾注意到这一点，从三国时候起就定为一类是不妥当的。

另外有一个很繁琐的问题，即本部的齐韵字和支部齐韵的分合问题。

依照两汉分韵的情形来看，脂支两部都有齐韵字，两者分配的情形是这样：

脂部　平声“齐黎妻氐犀鹈荑稽鹥梯迷泥睽”等字
　　　上声“荠醴禮體济底弟启米陛”等字
　　　去声“戾棣诣惠翳计”等字
支部　平声“啼蹄隄奚嘶溪圭麑携”等字
　　　去声“帝遞系繫丽俪”等字

这两类字在两汉时期分别很严，很少通押。只有扬雄、枚乘、班固、崔骃文有几个例外（见《两汉韵谱》支、脂两部的合韵谱）。

到三国时期，脂支两部的齐韵字仍然有分别。我们看到在这一时期的作品里支部的齐韵字和脂部的齐韵字都是跟本部其他字押韵的最多；支部齐韵字独用的没有，跟脂部齐韵字押韵的也没有。由此可知脂支两部的齐韵字还不是一类。

在晋宋时期，脂部分为脂皆两部，齐韵字归属于皆部①。在晋代皆部的齐韵字跟皆部本部的皆、灰、咍三韵字相押的较多，支部的齐

① 它的去声字从三国时期起转入祭部。

韵字跟支部本部的支、佳两韵字相押的较多。但支部齐韵字跟皆部齐韵字在一起押韵的极少。支部齐韵字同皆部的皆、灰、咍三韵相押的，有潘岳、左思、张协、陶潜；皆部齐韵字同支部支、佳两韵相押的有成公绥、左思、陶潜，但皆部齐韵的上声字绝不与支部上声字通押。从这种情形来看，在晋代，皆部同支部的齐韵字大部分的作家还是有分别的。尽管潘岳、左思、张协、陶潜、成公绥等人有些例外，然而就材料论材料，我们还不能说这两类齐韵字各处方言已经普遍地合为一类了。

可是到宋代情形就完全不同了。我们很明显地看到上面所说的支部的齐韵字在宋代没有一个和支部的支佳两韵字押韵的例子，皆部的齐韵字也是如此；反之，支部的齐韵字倒跟皆部的齐韵字或皆韵字在一起押韵，像何承天、颜延之、谢灵运、谢惠连、荀昶、谢庄、鲍照等人都是如此。由此可以肯定地说：支部的齐韵字到宋代完全并入皆部齐韵一类，支部不再有齐韵字了。这里还需要特别指出的是谢庄、鲍照两个人齐韵已经开始有一些独用的例子，这正是齐梁以后齐韵独成一部的先声。

总结上面的讨论，从三国到晋宋“之、咍、脂、皆、支”几部的演变可以列表如下：

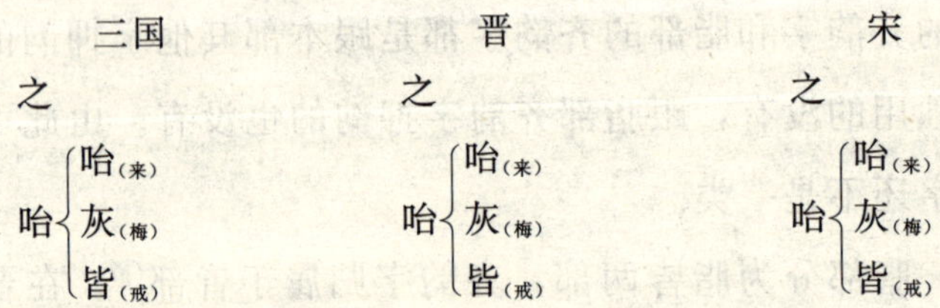

脂：脂、微、皆(阶怀)、灰(回)、咍(哀开)、齐(萋)	脂：脂、微	脂：脂、微
	皆：皆(阶怀)、灰(回)、咍(哀开)、齐(萋)	皆：皆(阶怀)、灰(回)、咍(哀开)、齐(奚萋)
支：支、佳、齐(奚)	支：支、佳、齐(奚)	支：支、佳

祭部，泰部

两汉时候祭部包括祭泰夬废怪霁几类字，到三国时代分为祭泰两部。祭部包括祭霁两韵和怪韵的届字，泰部包括泰夬废三韵和怪韵的介芥二字。

在两汉的时候祭部和相承的入声月部不大混用，但是在三国的时候祭泰两部和相承的入声屑曷两部通押的次数相多。入声的屑部包括屑薛月黠四韵，曷部包括曷末两韵。祭部同屑部相押，泰部同曷部相押，很少相混。由此也可以证明祭泰分为两部是正确的。

晋宋时期祭泰两部有分跟三国时期一样。不过晋代的作家用韵并不十分整齐，不但祭泰有合韵，而且祭部还跟脂部、皆部、咍部的去声字合韵；泰部也是如此，只是没有祭部那样多罢了。脂皆咍跟祭泰押韵的有以下这些字：

与祭部通押		
	脂部	穗$_2$[1] 挚器遗懿坠
	皆部	内味概$_2$ 爱$_2$ 对缋
	咍部	代$_3$

① 字下的数码表示见到的次数。

与泰部通押 { 脂部　气$_2$味
皆部　昧爱绛
咍部　戒 }

从表面上看，通押的范围比较广泛，可是从下面的统计数字来看，祭泰与其他各部分开独立成为两部还是很明显的：

本部字相押 { 祭$_{21}$祭霁$_{27}$霁$_0$
泰$_{32}$泰夬$_{16}$泰废$_4$泰怪$_{(介)4}$泰夬废$_2$夬$_0$废$_0$ }

两部字相押 { 泰祭$_{19}$泰脂$_3$泰皆$_3$泰咍$_1$
祭脂$_6$祭皆$_4$祭咍$_3$ }

这些数字里没有包括复杂合韵的例子在内，因为那只是特殊的单个例子，并不能给我们甚么启示。仅从上面的统计情况来看，就可以知道祭泰两部的独立性了。这两部与入声屑曷两部的关系很密，去入通押的例子还很多。另外，在晋宋时期祭部内增加了“计替”二字。“计”字在三国时期属于脂部，“替”字属于质部，现在都转为祭部字了。

支　部

支部在东汉时期包括支、佳、齐$_{(奚)}$三类字，到魏晋时期还是如此，直到宋代的时候，这一部的齐韵字才和皆部的齐韵字合并，这在前面已经说过了。

本部佳韵字不多，但在魏晋宋时期始终与支韵字在一起押韵，没有独用的例子。

平　声

玉粲《神女赋》：移垂笄钗离宜(后汉文 90/5 上)

繁钦《定情诗》：离钗(三国诗 3/13)

曹植《桂之树行》：佳涯螭(三国诗 2/7)

傅玄《吴楚歌》：佳崖(晋诗 2/2 下)

夏侯湛《雀钗赋》：钗奇规(晋文 68/3 下)

无名氏《子夜夏歌长乐佳》：离佳(晋诗 8/8 下)佳随(8/9 上)

颜延之《皇太子释奠会作》：儀街驰猗(宋诗 2/5 上)

颜延之《赭白马赋》：儀街螭奇羁驰枝离(宋文 38/3 上)

上　声

张协《七命》：伎豕豸摆(晋文 85/10 上)

潘尼《钓赋》：技解(晋文 94/3 上)

鲍照《园葵赋》：委洒靡解(宋文 46/5 上)

去　声

曹植《魏文帝诔》：羲俪瑞地规柴帝(三国文 19/6 下)

傅玄《明堂飨神歌》：懈帝(晋诗 1/2 下)

这里面"釵佳街摆解懈"都是佳韵字。"涯崖差"《广韵》支佳两韵兼收，"灑"字纸蟹两韵兼收。魏晋宋时期都跟支韵字在一起押韵。

下面要讨论的是"帝丽系係繫羿遞揥睨隸地"一类字在魏晋宋时期的转变。这一类字除"地"字是《广韵》至韵字以外，都是霁韵字。按照东汉音，只有"隸"字属于脂部，其余都属于支部。但是在魏晋宋时期这些字略有变化。简单来说，在魏晋的作品中"系""遞"二字都与祭部字一起押韵。如：

曹植《少昊画赞》：裔世系制(三国文 17/5)

傅玄《元日朝会赋》：系制会(晋文 45/2 下)

夏侯湛《观飞鸟赋》：逝势遰(晋文 68/6 上)

“隸”字，在晋代的作品里都跟支部字在一起押韵。如：

孙惠《纆车赋》：地济帝隸(晋文 115/8 下)

郭璞《山海经青鸟图赞》：憩隸地(晋文 122/7 上)

郭璞《元皇帝哀策文》：被义隸寄地(晋文 123/13 下)

这里值得注意的是“地”字在晋宋时代有跟祭部字押韵的例子，又有跟脂部字押韵的例子。如：

傅玄《朝廟乐章·文皇统百揆》：大地迈衛世(晋诗 1/13 下)

孙绰《望海赋》：纬地匮(晋文 61/3 上)

谢庄《宋孝武帝哀策文》：筮衛裔地世翳蒂(宋文 35/10 上)

鲍照《咏史》：利位次辔至地媚弃(宋诗 4/19 上)

鲍照《冬日》：次地异弃利媚稚至(宋诗 4/26 下)

由此可知“地”字的读音已经开始有变化，到齐梁以后就归入脂部了。这是一个很清楚的演变过程。

上面我们还提到“帝丽繫捺羿睨”等字，这些字在魏晋时期都属于支部。“羿”字从幵声，幵声清人讲周秦古韵的书都列为脂韵字。案魏王粲《神女赋》以“移垂笄钗离宜”为韵(后汉文 90/5 上)，“笄”也是从幵声的字，王粲既然用“笄”字与支部字押韵，可证从幵声的羿字当在支部。“帝丽繄”等字在宋人的韵文里没有作韵脚的。在上文讨论皆部的时候已经说过宋代支部只包括支、佳两韵字而没有齐韵字，齐韵的去声“帝丽繄”等字可能与皆部齐韵的去声字都转入祭部。

歌　部

东汉时期歌部包括歌戈麻三韵字，魏晋宋时期也是如此。惟有“车”字一般都是和鱼部字押韵，和歌部字押韵的就很少了。鱼部的“野”字从晋代以后几乎全跟本部字押韵，不再跟鱼部发生关系。①

又本部麻韵一类的上去二声字在晋宋时期大多数的作家都是独用的，同歌戈两类的上去二声合用的很少；这正是演变成齐梁以下歌麻分为两部的开始。

另外，晋人刘谧之《下也赋》里曾经用到一个“蟆”字和“靴化”二字押韵。《说文》说：“蟆，蝦蟆也”。“蝦蟆”是一个语词：“蟆”从莫得声，而读为麻韵的声音，与《切韵》相合。这可能是受“虾”字的影响，同化为一类的音。②

鱼　部

东汉音的鱼部包括鱼模虞侯四韵字，到魏晋宋时期，侯韵字分出与幽部的尤幽两韵字合为一部，所以鱼部仅仅包括鱼模虞三韵。在魏晋的时候虽然还有人和侯韵字通押，可是到刘宋的时候就很少了。鱼侯之分为两部，这是三国以后跟东汉音很大的不同。

魏晋宋时期这一部的鱼模虞三类字多数的作家是通用不分的，而有的作家模类与鱼虞两类分用，有的作家甚至于鱼和虞也分用。前者如魏刘桢、阮瑀、应璩、嵇康，晋陆机、陆云、张协、庾阐，宋刘义

① 晋代只有潘岳《离合诗》(晋诗 4/3 上)一个例外。

② 在西汉以上“蝦蟆”是鱼部的复音词。

恭、谢惠连等；后者如晋薛莹、束皙、陆机、陆云、郑丰、宋刘义恭、谢惠连等；他们大体都分别得很细。所举的这些人都是可以从他们的作品里看得出分别来的，必然是甲乙两类的材料都有，从甲和甲类字在一起用、乙和乙类字在一起用的事实来决定他们对于这两类字是分用的；如果一个作家仅有甲类字在一起用的材料，而没有相对的乙类在一起用的材料，那就很难决定甲乙两类是否分用。这个原则很重要，凡是只有片面材料的，我们都不举。

从上面所说的这种事实可以想到韵的分合与作家审音的精粗有关，可是其中也会有方音不同的问题在内。例如陆机、陆云诗文的押韵在各部里比同时代一般的人都宽泛，但是这一部模鱼虞三类分用很严格，这绝不是一件偶然的事，这就是一个方音的问题了。应当另做讨论。

侯　部

这一部包括侯尤幽三韵字。侯韵在两汉时期大多数作家都跟鱼部字在一起押韵，尤幽两韵则属于幽部。到了三国时期幽部的豪肴宵萧四类字归入宵部，尤幽两类与少数的侯韵字就与从鱼部分化出来的侯类归并成一部了。这是一个很大的变动。同时两汉时期之部所有的尤侯两类字，如“尤谋罘邮否有友右妇囿富母亩”等字在魏晋时期也都转入本部。这一部直到齐梁以后仍旧没有甚么变动。

宵　部

宵部是由东汉幽宵两部所有的两类豪肴宵萧四韵字合并而成的。三国时期这一部字用的较少，但是从曹植的作品里可以清楚地看到这两类不同来源的字是合用不分的。到晋宋时期也是如此。不过有一些人，如张华、潘尼、庾阐、王韶之、谢惠连、鲍照等，豪肴和宵萧分用，这就是齐梁以后宵萧独成一部的前趋。

[入声韵]

屋部，沃部

魏晋时期屋沃分为两部，犹如东冬分为两部，入声韵的分类与阳声韵的分类完全是一致的。这两部所包括的字类跟两汉没有很大的出入，只是沃部在晋代的时候略与两汉三国不同。两汉时期职部内的屋韵字，如“服福伏彧”等，是不大同沃部字押韵的，三国时候稍有改变，但不显著，到了晋代，这一类字就都转为沃部字了。“沃”字本不属本部，而属药部，见木华《海赋》(晋文 105/7 上)和夏侯湛《雷赋》(晋文 68/1 下)。这里为便于了解，采用《广韵》韵目名称，称为沃部。王念孙称为毒部。

晋代屋部包括三类字：

屋　谷木烛鹿族速屋渎縠等字

烛　俗欲曲烛束足玉绿辱局属蜀等字

觉　角岳剥浊璞琢握觳等字

沃部包括五类字：

a 屋　復六逐菊淑竹目肉宿筑肃等字
　屋　服福伏辐牧郁彧等字

b 沃　毒笃告督鹄酷等字
　觉　学觉等字
　锡　迪戚觌寂等字

在沃部五类里，一般的情形是 a 组屋韵两类合用，b 组沃觉锡三类合用；a、b 两组通用的不多。如束皙、陆机、陆云、左思、郭璞的作品都是如此。从与别部合韵的情形来看，a 组与职屋两部的细音字相押（即职屋烛三韵字），b组与药屋两部的洪音字相押（即铎觉两韵字）。由这两种情形可知a、b两组声音的洪细不同。

以上是就晋代来讲的。到了宋代，屋沃两部合为一部，不再有甚么区别，这与阳声韵东冬合为一部也是一致的。由此可知历史上音韵的演变在不同的阶段里是有规律的。宋代屋沃合用，而"戚觌寂"一类锡韵字则转入锡部，而药部的"朔濯乐驳邈"等一类觉韵字都转入本部。这也与晋代不同。

药部，锡部

两汉音与鱼部相承的入声铎部和与宵部相承的入声药部是分用的。到了魏晋时期，两部合为一部，现在称为药部。这一部包括以下几类字：

铎	乐凿	铎	作落错鄂恶薄霍郭
药	药籥跃虐爵弱	药	若
觉	驳邈濯	陌	白伯赫客格宅泽逆戟
锡	激溺的檄	昔	昔石尺炙席奕射夕籍绎
		麦	获

左面四类就是两汉音的药部字，右面五类就是两汉的铎部字。在三国的时期药部的"弱躍"和铎部通押，已经表现出这两部相混的趋向，到了晋朝，大多数作家都合用不分，所以把它归为一部。不过，仍旧有保持药铎两部分别的，如潘岳、陆机、陆云、张载、殷允等人的作品表现得特别清楚。同时，还有另外一种现象，就是陌昔两类字独用。如傅玄、束皙、张华、张载、潘岳等人分别最严。药铎有分是方音的特殊现象，陌昔两类独用是演变到刘宋时期归入锡部的前趋。

说到锡部，魏晋时期包括锡(历)昔(易)麦三类字：

锡　曆绩敌析击锡狄壁滴觅僻寂惕等字

昔　辟益迹易適役积赤璧刺等字

麦　策责隔厄册翮脉赜谪等字

这跟两汉音完全相同。但是到刘宋时期就不然了，不但锡部跟魏晋有不同，而且药部也有不同。宋代的药部仅仅包括药铎两韵。晋代药部的觉韵字已转入屋部，铎韵的陌麦昔锡四韵字都并入锡部。这样就同《切韵》的分韵系统逐渐接近了。

职部，德部

两汉音职部包括职、德、屋(服)、麦(革)四类字，到三国时期分为职德两部，职部包括职屋(服)两类字，德部包括德麦(革)两类字。晋宋时期职德仍分为两部，惟职部只包括职韵一类字，屋韵一类字在晋代转入沃部，在宋代归入屋部，与三国时期小有不同。

质部，没部，物部

两汉音质部包括的字类很多，有质術栉迄物没屑(结)薛(设)黠(八)九类。到三国时期这一部的变动很大，凡是屑薛黠三类的字一律转入屑部，和屑部的屑(洁)薛(列)黠(察)等三类合为一部。(两汉音的月部，三国时分为屑曷两部，此归屑部。)其余质術栉迄物没六类为一部。现在仍称之为质部，但内容与两汉并不完全相同。

这质部之内的没韵字，在三国时期用作韵脚的不多，而现象却很错综。我们见到的例子有下面六个：

1. 曹操《塘上行》：没卒(仓卒)别对

2. 曹植《死牛诗》：骨突窟泄

3. 曹植《七启》：没逮

4. 陈琳《饮马长城窟行》：窟骨卒(兵卒)

5. 徐幹《驰射赋》：忽八越发

6. 郭遐叔《赠嵇康》：忽夕岁越迈结怛

这里只有4是没韵独用的例子，1、3都跟脂部去声字押韵，2、5、6都跟屑部或祭部字押韵。从这里透露出一点消息，即没韵字和相承的阴声韵脂部仍然有关系，但是已经有独立成为一部的趋向。于海晏《韵谱》里没有收第1个例子，他按照2、5、6的押韵情形把没韵字归在“曷末黠辖屑薛”一类(见原书魏晋宋谱第90页)，尚欠斟酌。

到了晋代，没韵脱离质部独立，质部只包括质術栉迄物五韵，这跟阳声韵真魂在晋代分为两部是相应的。等到宋代，物韵一类又脱离质術栉而独立①，如颜延之《应诏谯曲水作诗》以“物黻屈拂”为韵(宋诗2/4下)，谢惠连《陇西行》以“屈黻”为韵(宋诗3/19下)，都是物韵字独用的例子。② 虽然仅仅有这样两个例子，可是宋代作品中质術栉通押的例子很多，而不曾掺杂一个物韵字在内，据此也可以证明物韵与质術栉三韵有不同。宋代质物分为两部正与阳声韵真文分为两部相应。

至于没韵一类字晋代从质部分出独立以后，到刘宋时没韵却与屑部的月韵字合成一部，不见有独用的例子了，这又是一种新的演变。这一种新的演变也恰恰与同时代阳声韵元魂痕在一起押韵的现象相应。

---

① 迄韵字未见。

② 物韵字独用，晋孙绰已经如此。见《答许询》诗。

总结上文所说跟阳声韵相对照，可以列为下表：

三国	晋	宋
质	真：质	真：质
	魂：没	元魂：月没
		文：物

屑部，曷部

两汉音与祭部相承的入声是月部，月部包括曷末辖屑(洁)薛(列)月黠(察)几类字。三国时期这一部字分化为两部：曷末辖为一部，屑薛月黠为一部。前一部我们称之为曷部，后一部我们称之为屑部。屑部的字不仅包括两汉音月部的屑(洁)薛(列)黠(察)三类字，而且包括两汉音质部的屑(结)薛(设)黠(八)三类字。

屑曷两部的分别，除在押韵上表现出两部分用以外①，在与其他入声韵和阴声韵通押的关系上也可以看得出来：

(1)屑部跟阴声韵祭部通押的较多，曷部跟泰部通押的较多；

(2)屑部可以跟泰部合韵，曷部很少跟祭部合韵；

(3)屑部可以跟质部合韵，曷部绝不跟质部合韵。

这都是很明白的区划。

屑曷分为两部，在晋宋的时候也是如此。两部的字类，晋代和三国时期相同，宋代屑部的月韵字与没韵字同用，独成一部，不跟屑薛等韵字相押，已有改变。

这里还要说明的是辖韵字。辖在三国时期的韵文里没有用作韵脚的，晋代的时候只有潘尼《赠陆机》诗中曾用“辖”字和“秣闼渴”三字押韵(晋诗 4/7 上)，除此再没有了。宋代也没有人用辖韵字作韵脚，所

① 偶有少数例外。

以我们只能凭仗这一个例子把锴韵归属于曷部。

缉部，合部

缉合两韵在两汉时期是一部，到魏晋宋时期缉韵独成一部，不与合韵相混。合韵字，三国时只嵇康《卜疑》以“德合”为韵一见(三国文47/5上)，晋和北魏合韵字完全独用，所以现在分为缉合两部。

盍部，葉部

盍葉怗洽狎业乏七韵，在魏晋宋时期分为两部，盍韵为一部，葉怗洽狎业乏为一部。前一部称为盍部，后一部称为葉部。盍部字很少，仅有晋范坚《蜡灯赋》以“榻蜡阖”三字押韵。

葉部中葉怗两韵字较多，洽狎业乏四韵字较少。洽韵在两汉音属缉部，魏晋时没有人用作韵脚，惟刘宋时期颜延之、谢灵运的作品里用到“洽狭”二字和葉怗两韵字押韵，所以现在归入葉部。

狎韵字仅见于三国时期《李鳞甲谚》，以“狎甲”为韵(三国诗 6/4上)，虽然是独用的例子，但是由于跟它相承的衔韵字在三国时期也还没有独用的例子，所以只可归入葉部。东汉时张衡《西京赋》云“披红葩之狎猎”，“狎猎”是叠韵词，猎是葉韵字，狎猎属于同部。

三 余 论

以上是魏晋宋以及北魏几个时期诗文韵部分合的概况。我们虽然把魏晋宋二百七十年作为音韵演变史中的一个时期来看待，但是由于在一个时期内的时代先后不同，语音也迭有变化，所以必须把魏晋宋分开叙述，以见其嬗变之迹，上与两汉衔接，下与齐梁衔接，这对于了解前后时代韵部读音的变迁会更有帮助。

魏晋宋这一个时期作家很多，诗文押韵的情况也很复杂，要确定韵类的分合，只能从普遍性着眼；有些特殊的现象，其中也许有方音的问题，当另作讨论。分别韵部，有些容易定，有些不容易定。譬如有两类字，是一部呢，还是两部呢？主要看作家们是分用的多，还是合用的多，以作家的多少和用韵分合的比例与次数来定。如果多数例子有分别，只有少数例子通用，那自然要分为两部。不过，有时我们单凭两类字分用与合用例子的多寡还不行，还要看看一个时代内多数的主要作家用韵的情况如何。如果这些作家既有分用的，也有合用的，而且合用的次数并不太少，这样，我们就要进一步考虑了。例如上面所定的宵部包括豪肴宵萧四韵字，在魏晋时代豪肴与宵萧分用的例子很多，但是多数的作家还都有合用的例子。分用的是他们，合用的也是他们。在魏有邯郸淳、曹植、何晏、嵇康；在晋有成公绥、傅玄、皇甫谧、荀勗、夏侯湛、孙楚、潘岳、左九嫔、陆机、陆云、左思、曹摅、挚虞、王廙、郭璞、张协、曹毗、王胡之、袁宏、王彪之、孙绰、郗昙、王凝之、陶潜等人。甚至于有的人如郭璞、陶潜合用的例子比分用的还多。因此，只得把豪肴宵萧做为一部看待。我们单单依靠分用与合用的比例数字来确定部类的分合是不够的，有时不能不注意到分用与合用的都是哪些作家，根据其中主要作家押韵的普遍情形来定。

还有，语音的演变是渐变的，不是突变的。在渐变之中，韵部或韵字就有分化，有合并。如两汉音的“之”部在魏晋音里分为“之”“咍”两部，“祭”部分为“祭”“泰”两部；“之”“幽”两部的尤侯韵字合为“侯部”，“质”“月”两部的屑薛韵字合为“屑”部等等。这种变革都是有一定的条件的。元音的改变是最主要的原因。根据前面所列的魏晋宋时期韵部表可以看出从两汉音到魏晋宋音阳声韵与入声韵的关系逐步接近，而阴声韵与入声韵的关系逐渐疏远，这与阴声韵韵尾的转化和元音的改变有很大的关系。在阴声韵里除脂部一部分去声字和祭泰两部字有同入声韵字相押的例子以外，其他各部都不与入声字相押，则其他各部没有与入声相对的辅音韵尾可知。脂部一部分去声字同入声质部字相押，祭泰两部字同入声屑部曷部字相押，除元音相同或相近以外，这类阴声韵部的韵母可能仍有辅音性的韵尾存在（如－d之类），或者在声调上还有与入声相近的关系，所以得以通押。这种情形到齐梁以后就比较少见了。至于阴阳入三声各部读音演变的细节，在这里就不细说了。别有韵谱，今不具录。

齐梁陈隋时期诗文韵部研究

一 总 说

齐梁陈隋时期一共有一百三十九年(公元479—617),这一个时期,包括北齐、北周在内,韵文押韵的部类比前代刘宋时期更加细密。我们知道,刘宋时期韵部的类别,已经跟《切韵》以"音类相从"分韵的系统几乎完全相同①,而且已很少在《切韵》书中一韵的字分属两部的现象,这是从两汉分韵为27部起,经过魏晋不断演变而逐渐接近隋唐韵书分韵系统最明显的表现②。到了齐梁以后,一百多年之间,阴阳入三声的分类又都有变动,其中阴声韵的变动尤其大。例如皆咍两部合为一部,脂微两韵分为两部,歌戈与麻不同用,鱼与模虞不同用,豪肴宵萧四韵分为三部,豪为一部,肴为一部,宵萧为一部等,都与刘宋时期不同。

---

① 例如东冬钟江四韵为一类,鱼虞模三韵为一类,《切韵》都分别排在一起。"音类相从"的说法见王国维《观堂集林》卷八《李舟切韵考》。

② 详细情形参看拙作《魏晋宋时期诗文韵部的演变》。

这些不同，都表明齐梁以后为另外一个时期，跟刘宋以前有别。同时，我们也可以看出，这一个时期内韵部的分类跟《切韵》的分韵更加接近了。

现在把这一个时期内韵部的分类写出来，并且跟刘宋时期韵部的类别做一个比较：

［阳声韵］

宋		齐梁陈隋
1东	东	1东
	冬	2锺（冬锺）
	锺	
	江	3江
2阳（阳唐）		4阳（阳唐）
3庚（庚耕清青）		5庚
		（青韵有很多人是独用的）
4蒸		6蒸
5登		7登
6真	真谆	8真（真谆臻殷）
	臻	
7文	殷	
	文	9文
8魂	元	10元（元魂痕）
	痕魂	
9先	先仙	11先（先仙）
	山	12山
10寒	删	13删
	寒桓	14寒（寒桓）
11侵		15侵

12 覃	16 覃
13 谈	17 谈
14 盐	18 盐（盐添）
	19（严凡）

［入声韵］

宋		齐梁陈隋
1 屋	屋	1 屋
	沃、烛	2 烛（沃烛）
	觉	3 觉
2 药（药铎）		4 药（药铎）
3 锡（陌麦昔锡）		5 陌（陌麦昔锡）
4 职		6 职
5 德		7 德
6 质	质術、栉	8 质（质術栉迄）
7 物	（迄）	
	物	9 物
8 没	月、没	10 月（月没）
9 屑	屑薛	11 屑（屑薛）
	黠①	12 黠
10 曷	（鎋）	13 （鎋）
	曷末	14 曷（曷末）
11 缉		15 缉
12 合		16 合
13（盍）		17（盍）

① 黠韵在《切韵》中是和删韵相承的，但在晋宋时期，黠韵与屑薛为一部。

14 葉 { 葉怗 / 洽 / （ ）	18 葉（葉怗） 19 業（業乏）

［阴声韵］

宋	齐梁陈隋
1 之	1 脂（脂之）
2 脂 { 脂 / 微	2 微
3 哈 { 哈 / 灰	3 哈（哈灰）
4 皆 { 哈 / 灰 / 皆 / 齐	4 皆 5 齐
5 泰（泰废）	6 泰（泰废）
6 祭（祭霁）	7 祭（祭霁）
7 支 { 支 / 佳	8 支 9 佳
8 歌 { 歌戈 / 麻	10 歌（歌戈） 11 麻
9 鱼 { 鱼 / 模虞	12 鱼 13 模（模虞）
10 侯（尤侯幽）	14 尤（尤侯幽）
11 宵 { 豪 / 肴 / 宵 / 萧	15 豪 16 肴 17 萧（萧宵）

从上面的比较我们可以很清楚地看到，齐梁以下韵部的分类跟刘宋时期有很多不同，其中最显著的是二等韵大部分独立成为一部。如江韵、山韵、删韵、皆韵、佳韵、麻韵①、肴韵、觉韵、黠韵等都是。属于《切韵》中的二等韵，只有庚韵②、耕韵、臻韵、夬韵、咸韵、衔韵这几韵没有独立。咸衔两韵因为韵字太少，还不能看出其独立性；夬韵虽然在诗中没有看见例字，可是刘勰《文心雕龙·檄移》赞曾用"话败逯迈"四字为韵，这都是夬韵字，推想夬韵可能也是独成一类的。二等韵的分用，是齐梁陈隋时期最大的特点。

这一个时期的作家用韵非常谨严。根据上面所列韵部分类表来看，大体都跟《切韵》分韵的系统一致。《切韵》中的二等重韵，如山删、佳皆之类固然分用，就是一等重韵，如东冬、咍泰、覃谈、屋沃、合盍之类，也都分立为二。据此可知，《切韵》分韵很细确实是有实际语音作根据的。

另外，从上面的分类表来看，阳声韵和入声韵相承的类别也对照得非常整齐，凡阳声韵中两韵通用的，其相承的入声韵亦必通用，这跟《切韵》分别韵类的情形也完全相合。所不同的是：

(1)同一摄内的一等韵和三等韵通押，如冬锺、阳唐、元魂、模虞、尤侯、沃烛、药铎、月没之类都是。

(2)三等韵和四等韵通押，如先仙、盐添、祭霁、宵萧、葉怗、屑薛之类都是。

(3)痕魂不分，咍灰不分③。殷(欣)韵或跟真韵押韵，或跟文韵

---

① 麻韵兼有二三等字。

② 庚韵兼有二三等字。

③ 《广韵》中分开合两类为两韵的，如真谆、寒桓、歌戈、质術、曷末之类，《切韵》都没有分，这一个时期的韵义也是在一起合用的。

押韵，没有独立为一类。

(4)支脂之微四韵，在南齐的时候一般是分用的，到梁陈时期脂之两韵通用不分，《广韵》脂韵“追衰谁绥蕤推”等少数合口字都归属于微韵一类。

(5)真臻不分，庚耕清青多数人不分，陌麦昔锡不分，尤侯幽不分。

这五项，都是跟《切韵》不同的地方。由这些不同的地方，我们正好可以窥见当时语音的真相。例如，韵书中把声音相近的几韵排在一起，仅仅是平列的，到底其中哪两韵声音最相近，仍然不易确定；现在就可以从押韵的情形来判断了，因为凡是同为一部在一起押韵的必然声音最近。《切韵》东冬锺江四韵是比次在一起的，鱼虞模三韵是比次在一起的，根据韵文的押韵，我们就可以知道冬锺两韵声音最近，虞模两韵声音最近。还有阳唐、尤侯也是一等韵跟三等韵通押，其主要元音一定是相同的。这些单从韵书上是不容易知道的。推而广之，三等韵跟四等韵通押，它们的主要元音也可能相近或相同。至于止摄脂之两韵合用，流摄尤幽两韵合用，梗摄庚清合用，跟顾野王原本《玉篇》的韵类系统相符合①，都值得我们注意。

另外，我们知道，《切韵》分韵为 193 韵：平声 54 韵，上声 51 韵，去声 56 韵，入声 32 韵。其中韵类的分合是陆法言和刘臻、颜之推、魏澹、卢思道、李若、萧该、辛德源、薛道衡等人共同拟定的。九人之中有韵文流传到现在的，有刘臻、颜之推、魏澹、卢思道、薛道衡几家。他们用韵的类别并没有《切韵》分别得那样细。例如庚清同用、元魂痕同用、先仙同用、尤侯同用、脂之同用、月没同用之类，都跟梁陈时期的作家相同。从这一点我们可以了解《切韵》是专门注重

① 参看拙著《问学集》中《篆隶万象名义中之原本玉篇音系》。

审音的书，尽管文章里两韵通用，而韵书里必须严辨同异。所以陆法言《切韵序》说："欲广文路，自可清浊皆通；若赏知音，即须轻重有异。"这就是陆法言著《切韵》的基本精神。

在齐梁时期的韵文里，谢朓、沈约审音最细，用韵最严，例如支脂之微四韵分用、鱼虞模三韵分用①、豪韵独用、肴韵独用、青韵独用、合韵独用等等，完全与《切韵》相同。这是很重要的一种史实，足以帮助我们了解《切韵》。值得特别提到的是刘勰的《文心雕龙》。《文心雕龙》共五十篇，每篇末尾都有八句赞语，而且都是押韵的。他特别喜欢用仄声韵，分韵非常严格。其中支脂微分用，齐佳分用，夬怪分用，歌麻分用，豪肴分用，尤幽分用，蒸登分用，侵覃谈分用；东韵、寒韵、仙韵、德韵、黠韵、缉韵、合韵等也都独用②，都跟《切韵》相符，若合一契。由此可知，齐梁人分韵的类别与《切韵》的编排是相应的。

我们还认为齐梁人用韵日趋严整也是一时的风气。这种风气逐渐由南方传到北方，所以北齐、北周时代北方的作家用韵也跟南人相近。

二 分 论

［阳声韵］

东部，锺部

《广韵》东冬锺江四韵在刘宋时代是完全通用的，到南齐的时候，

---

① 举平以赅上去。

② 说"分用"是有互相对照的例子，说"独用"是只有单独用的例子。《文心雕龙》中也有一些两韵同用的例子，如虞模同用、灰咍同用、欣殷文同用、元魂同用、庚清同用、盐添同用、葉怗同用、業乏同用之类，跟当时文人用韵的情况相同。

除江韵字少用外，其余三韵有分别为两部的趋势，即东韵为一部，冬锺两韵为一部。不过，作家之中，像谢超宗、王僧虔、王俭、谢朓、孔稚珪等人，东锺两部还有合用的例子；但是到了梁代以后，除江淹以外，大都分别得很清楚，北齐、北周、陈、隋各家也是如此。

这里需要讨论的是江韵。江韵从梁代以后作为韵脚的例子比较少，押韵的现象也错综不一。现在先举出实例来看：

梁　江　淹《齐太祖高皇帝诔》：公终邦风[①]（梁文 39/7 上）

《江上之山赋》：江峰重（梁文 33/2 下）

《丽色赋》：双容龙邦（梁文 33/4 上）

《哀千里赋》：江重（梁文 33/7 下）

《杂三言》：从重峰窗（梁文 34/9 下）

虞　羲《赠何湮之》：良邦裳阳（梁诗 12/8 下）

纪少瑜《月中飞萤》窗双（梁诗 12/21 上）

萧　统《七契》：邦封从（梁文 20/4 上）

萧　纲《秋夜》：江窗缸口（梁诗 2/10 下）

北齐　陆　卬《郊庙歌辞·高明乐》：从恭雍邦（北齐诗 1 下）

《郊庙歌辞·登歌乐》：用降（北齐诗 5 上）

北周　庾　信《柳遐墓志铭》：阳张章江（北周文 17/4 下）

《送卫王南征》：降江（周诗 26 上）

《代人伤往》之一：鸯双（周诗 28 下）

无名氏《于公歌》：双公（周诗 2/29 上）

陈　徐　陵《鸳鸯赋》：双鸯（陈文 6/1 下）

---

① 字下加点的都是江韵平声字或上声字。

《傅大士碑》：像文朗往讲(陈文11/12上)

陈叔宝 《同平南弟元日思归》：黄汤方锵长香江湘(陈诗1/7上)

隋 释真观 《梦赋》：昌杨双囊梁房堂锵芳(隋文34/56)

从上面这些例子可以看出，江韵独用的例子不多，在梁代和北齐的时候，大部分跟冬锺两韵合用，到北周陈隋之间，大部分跟阳唐两韵合用，这是很显著的变化。

阳部，庚部

阳部包括阳唐两韵，庚部包括庚耕清青四韵。阳唐两韵在齐梁陈隋时期是通用不分的，这跟魏晋宋时期相同。所不同的是，晋宋时期如成公绥、傅玄、张华、张载、左思、颜延之等，有时还用庚部的“明衡京兄横英”一类的字跟阳唐韵字在一起押韵，而到齐梁以后这种情形就很少了。

至于庚耕清青四韵，在魏晋宋时期一般都是通用的；没有丝毫的分野，只有宋代谢庄一个人青韵独用，不与庚清两韵相混。到齐梁以后，虽然大多数的作家庚耕清青四韵仍然通用，但是也略有差异，需要加以说明：

(1)青韵从谢庄独用以后，齐梁陈一百年之间，王俭、谢朓、江淹、沈约、陶宏景、萧洽、徐君倩、何逊、萧子云、刘孝威、徐陵、王褒、庾信等人的作品中也都分用。其中表现得最清楚、最严格的是刘孝威、徐陵、王褒三个人。其余诸家，青韵独用的例子也很多。这些作家的诗章固然青韵独用，辞赋碑铭亦复如是。例如：

王 俭 《齐高帝哀策文》：经垌形庭

谢 朓 《酬德赋》：迥艇溟鼎并婞

沈　约《弥陀佛铭》：形灵冥龄

《金庭馆碑》：庭星棂青

萧子云《玄圃园讲赋》：泞溟迥艇

刘孝威《妾薄命篇》：庭陉屏坰亭冥形

徐　陵《太极殿铭》：屏棂铭经廷

王　褒《从军行》之一：经亭陉泾形星青邢铭庭屏

庾　信《哀江南赋》：泾陉亭萤青

《豆卢公碑》：泾星灵亭铭

《郑常墓志》：星经亭星

这里面谢朓的《酬德赋》连用六个青韵上声字，刘孝威的《妾薄命篇》连用七个青韵字，王褒的《从军行》连用十一个青韵字，绝不会是偶然的现象，这表明青韵跟其他三韵的读音有不同。

(2)齐梁陈隋一个时期内庚部字相押的例子很多，除青韵常常独用外，庚清两韵分别独用的非常少，几乎都是庚清通押的。作家中庚清同用而不杂耕青两韵字的，有谢朓、范云、任昉、王僧儒、何逊、虞羲、裴子野、王筠、刘孝绰、刘孝威、刘令娴、萧子显、萧子云、庾肩吾、戴暠、阴铿、徐陵、王褒、颜之推、张正见、周弘正、周弘让、褚玠、孙万寿等人。由此可见，庚清两韵音近，而与青稍远。

(3)耕韵字押韵的，有“萌茎莺筝甍争”等字，这些字独用的例子很少，一般都跟庚清两韵在一起押韵。例如：

王　俭《灵丘竹赋》：荣萌英

江　淹《渡西塞》：荣鸣横英情生茎经

沈　约《会圃临春风》：茎莺惊

吴　均《咏灯》：茎屏轻生

萧　绎《玄览赋》：生贞荣名筝

江　总《梅花落》：甍莺

陈叔宝《三妇艳》：筝声楹争

　　　《洛阳道》：京生甍迎名

　　　《东飞伯劳歌》：莺迎

阳　慎《祀麓山庙》：灵平鸣城行明莺清轻

陈子良《上越国公杨素》：英情琼名衡楹缨甍盈并征兵城旌精鲸鸣平营声生明卿荣轻

这些例子里，耕韵独用的只有江总《梅花落》一例，其余都跟庚清两韵相押，单独跟青韵相押的一个也没有。由此可知，耕与庚清音相近，与青稍远。

有了上面分析的结果，再同庚部四韵的入声陌麦昔锡四韵对照来看，也是平入相应的。另外，我们也看到，与耕韵相对的入声麦韵，虽然一般都跟陌昔两韵相押，但是也有独用的。例如王僧孺《何生姬人有怨》以“隔脉”为韵，王筠《昭明太子哀策文》以“赜画册核”为韵，这对于我们了解《切韵》耕韵不与庚韵合为一韵，也不无启示。

蒸部，登部

《广韵》蒸登两韵，从魏晋起即开始分用，齐梁以下完全相同。唯一可以指出的是：在前一个时期内没有看到有去声字在一起押韵的例子，而这一个时期内已经有了，如《文心雕龙》中《神思篇》赞以“孕应兴胜”为韵，《事类篇》赞以“亘邓赠懵”为韵；但是一直没有上声的例子。

真部，文部

《广韵》真谆臻文欣五韵，在刘宋时期分为真文两部：真部包括真谆臻三韵，文部包括文欣两韵①。齐梁以下，这两部大体同刘宋时期相同。现在所要讨论的是欣韵的归类。欣韵在《切韵》中称殷韵。殷韵刘宋时期属于文部是毫无问题的，颜延之和鲍照的作品表现得很清楚。但是到齐梁以后就不然了。殷韵字本来就少，独用的例子尤其少。只有梁王僧孺《为何库部蓄妓拟靡芜之句》以"近隐槿"为韵，三个字都是上声隐韵字。齐梁陈隋时期的作家用韵很不一致，或跟文韵相押，或跟真谆两韵相押。如：

与文韵通押的：

谢超宗《永祚乐》：文殷云薰芬氲

朱　异《还东田宅》：文群纷云芬氲分嚑耘勤君

颜之推《观我生赋》：殷群军

卢思道《升天行》：群君文云垠氲闻纷

陆　卬《郊庙歌辞·食举乐》：君垠群云薰氲

与真谆两韵通押的：

谢超宗《郊庙歌辞·青帝歌》：亲垠

石道慧《离合诗》：欣晨

江　淹《拟古·谢惠连赠别》：勤人滨辰陈

沈　约《需雅》：珍薪陈神垠

陶弘景《造游篇》：因欣身宾津

徐　陵《戏书应令》：勤春人尘新巾身

庾　信《哀江南赋》：纶勤臣真人

王　褒《从军行》：人津身筋辛臣春贫

① 《切韵》韵目欣韵作殷韵，《广韵》避讳改为欣韵。

萧　悫《春庭晚望》：隐笋近尽

从以上诸例来看，殷韵字跟真谆两韵相押的较多，而跟文韵相押的较少，这很可能是齐梁以后方音上有了转变，所以跟刘宋时期不同。

再从其他方面的材料来看，真殷也多不分。例如“斤”“筋”两个字都是殷韵字，《万象名义》“斤”音居誾反，“筋”音居银反，“誾”“银”两个字都是真韵字。《万象名义》的反切是取自陈顾野王的原本《玉篇》，足见顾野王不分真殷。又隋曹宪的《广雅音》内真殷两韵字也常常互切，即如上面所说的“誾”字见于《广雅·释训》，曹宪音“誾”为鱼斤反，以“斤”切“誾”，正是真殷不分的例子，恰恰可以证明曹宪音与顾野王音相同。进而言之，这种真殷不分的现象在当时(陈隋间)可能相当普遍，也就是唐以后的韵文真殷通押的前驱。

元　部

这一部包括《广韵》元魂痕三韵。元韵跟魂痕两韵在一起押韵是从刘宋时期开始的，到齐梁以后三韵仍然混用，合为一部。从这一点可以证明：《切韵》把元魂痕比次在一起，不把元韵与先仙同列，是有实际语音的根据的。

在此以外，我们还可以看到两种现象：

(1)元韵的上声字独用的居多，魂痕两韵的上声字与元韵上声字同用仅见于庾信的诗文。

(2)庾信诗文中有时用先部字和元魂两韵在一起押韵，尤其同元韵相押的较多。如：

《登歌》：牷樽原(周诗)

《哀江南赋》：冤言屯门船(北周文)

《尉迟氏墓志》：原园门魂年言

《华林园马射赋》：菀坂转远

《小园赋》：晚远转坂浑

《罗氏墓志》：田年捐原

《喜晴》：建贩传宪堰怨辩献巽寸闷万（周诗）

由这种现象我们可以了解，在庾信的语音中元韵不但接近魂痕，而且也跟先部的先仙两韵相近。

先部，山部

《广韵》先仙山三韵，在刘宋时期是完全通用的，到齐梁时期，先仙两韵仍然合用，而山韵趋向于独立，不与先仙相混。齐代的作家王俭和谢朓对于这两类分别极严，就是很明显的例证。到了梁代，只有江淹、沈约、吴均几个人混用，特别是江淹，三韵完全合用；其余的作家很少用山韵字作韵脚，大都用先仙两韵字相押。这一点与晋宋时期完全不同。

晋宋时期的作品中，山韵字出现的次数非常多，几乎每一个作家都多次用山韵字同先仙两韵字在一起押韵；但是到了齐梁以后全然改观，足证这时山韵字跟先仙两韵字的读音颇有不同。因此，把山韵分出独立为一部。与此相同的是，刘宋时期寒部的删韵字在梁以后也独立为一部，不与寒桓两韵同用。山删两韵的分立，正是唐代山删两韵通押前所经过的一个阶段①。由此，我们也可以了解陆法言编《切韵》

① 唐代山删两韵通用是很普遍的情形。我们可以举一个简单的例子，如王昌龄《出塞》："秦时明月汉时关，万里长征人未还；若使龙城飞将在，不教胡马度阴山。"关还是删韵字，山是山韵字，正是删山通用的例子。

之所以把删山分为两韵，并且以“寒删山先仙”为次的道理了。

删部，寒部

《广韵》寒桓删三韵，在刘宋以前是混用不分的，到齐梁以后，除江淹、吴均照旧外，其他作家都把寒桓作为一类用，把删韵作为一类用，直到陈隋都是如此，只有庾信偶尔把这两类相押，那是特殊的现象。《切韵》寒桓总为一韵，唐代韵书开始分为两韵，那只是分别开口、合口而已，主要元音当无不同。

侵部，覃部，谈部，盐部

《广韵》闭口九韵，在晋宋时期内侵覃谈三韵各为一部，盐添两韵为一部；九韵之中惟有咸衔严凡四韵字较少，难以定其分合。到了齐梁陈隋时期仍然如此。现在根据入声业乏两韵独用的情形来推断，严凡两韵或许与盐添不同；但是从韵文押韵的例子来看，严凡咸三韵字都跟盐添两韵字相押，所以只可附于盐部；衔韵如“衫”“嵌”二字跟覃韵相押，止可附于覃部。

［阴声韵］

脂部，微部

《广韵》脂微两韵，在晋代通用不分，到刘宋时期才开始有分化为两部的趋向，到齐梁以后脂韵就很少同微韵合用了。即使有合用的，也只限于“追衰谁绥蕤推”几个舌音齿音的合口字；这几个合口字，在《广韵》虽属于脂韵，但不同脂韵的“姿眉私夷悲龟帷”等字押韵，而跟微韵字押韵，推想这几个字的读音已跟微韵相同，那么，也就不能算为脂微合韵了。这一点，王力先生在《南北朝诗人用韵考》里已经明白指出。至于脂韵去声的舌音齿音字，如“醉帅遂坠怼”等字，虽然也有同微韵去声通押的例子，但是没有甚么显著的变动，我们还不能下任何结论。北周庾信的作品中脂微两部的去声字普遍通押，那只是一种个别的现象。脂韵在齐梁以后不同微韵为一部，正是一种新的变化。

另外还有一种新的变化，就是脂韵和之韵合为一部。脂之两韵通押，在刘宋时期谢灵运的作品里已经有了这种现象，到齐梁时期便普遍起来，只有谢朓、沈约二人分别最严。如：

谢　朓《咏邯郸才人》：墀眉悲姿私（脂韵）

《在郡卧病》：兹时菑辞飔持丝期嗤（之韵）

《始之宣城郡》：理史子祀士齿耻里涘市里趾始（之韵上声）

《酬德赋》：已巳杞枲沚子耻里（之韵上声）

《三日侍华光殿曲水宴》：位备辔肆（脂韵去声）

沈　约《和竟陵王抄书》：期兹诗疑滋词辎芝嗤（之韵）

《郊居赋》：怡基芝栭持嬉兹时（之韵）

《忧威》：兕水雉指失轨（脂韵上声）

《郊居赋》：璲器肆祟地至泪（脂韵去声）

《弥勒赞》：二地辔器位坠至贰媚秘邃备懿（脂韵去声）

这些例子当中，有多到十几个韵字的，可是没有一例是脂之相押的。不过，由齐梁下至陈隋，除沈、谢二人以外，其他所有的作家都是脂之合用的。

脂之合为一部，我们从韵文以外的材料也可以得到证明。例如顾野王原本《玉篇》和曹宪《广雅音》都有很多例证。

《广韵》脂韵字：咨《玉篇》子辞反①脂（诸时反）夷（馀之反）饥（羁治反）仳（《广雅·释诂》曹宪音鼻之反）②胵（《广雅·释器》曹宪音齿之反）鸱（《广雅·释鸟》曹宪音齿之反）

《广韵》旨韵字：雉（《玉篇》除理反）比（俾似反）

《广韵》至韵字：至（《玉篇》之异反）示（时志反）贰（如志反）

《广韵》之韵字：辞（《玉篇》似咨反）治（除饥反）

这些都是脂之相通的例子，足与韵文押韵相印证。

哈部，皆部

《广韵》咍灰皆三韵字，在两汉时期分在脂之两部，"哀回阶"一类字属于脂部，"来杯戒"一类字属于之部。魏晋宋时期仍然有分别。从宋末鲍照开始才合用不分，到齐代就完全合为一类了。这是比较大的变化。可是从齐代咍灰皆并为一部以后，皆韵又逐渐分出，不与咍灰同用，于是又分成两部：咍部包括咍灰两韵，皆部只有皆韵一韵。由梁代起直至陈隋都是如此。这就与《切韵》的分韵极其相近了。不过皆部在诗文用韵中没有上声字，也很少有去声字独用的例子③。像"界戒"等字在齐梁时期跟祭霁两韵相押，到陈隋时期则跟泰韵相押，还没有《切韵》分别得那样整齐。

泰部，祭部

晋宋时期，泰部包括泰夬废三韵，祭部包括祭霁两韵。齐梁以下，祭霁仍为一部，泰为一部。惟诗文用韵中很少有夬韵字，只有

---

① 《玉篇》反切根据《篆隶万象名义》摘记。

② 曹宪《广雅音》不仅脂之合为一韵，支韵也跟脂之相混。

③ 惟见刘勰《文心雕龙·谐隐》赞以"惫蒯诫坏"四字为韵。

《文心雕龙·檄移》赞以"话败趸迈"四字为韵，似乎夬韵已经独立为一部。

至于废韵，所见例字极少，只有下面三个例子：

梁　萧　纲　《七励》：肺莱绘綷（莱綷，咍部字；绘，泰部字）
北周　庾　信　《伤心赋》：载爱碎刈（载爱碎，都是咍部字）
　　无名氏　《陆乂歌》：对乂（对，咍部字）

这三个例子都不是独用的例子，只可根据晋宋时期的情况把废韵归属于泰部。

齐　部

在晋宋之间，《广韵》齐韵字是跟皆灰咍三韵字在一起押韵的，从谢庄、鲍照二人起已经独用，到齐梁陈隋一个时期，齐韵自成一部，作家中很少跟皆灰咍三部押韵。这一部有平上二声字。去声字一律跟祭韵同用，没有区分。

支部，佳部

刘宋时期，支佳两韵是在一起押韵的，到了齐梁陈隋一个时期，佳韵独成一类，不与支韵相押，因此分为两部。佳韵字比较少，而且诗文用韵里未见去声字，可能因为韵窄，所以大家都不大用。《文心雕龙·诠赋》赞曾以"派画隘稗"四字押韵，这都是佳韵的去声字；由此可以推想佳韵在当时确实有它的独立性，刘勰这个例子值得我们注意。

歌部，麻部

《广韵》歌戈麻三韵，在魏晋宋时期完全合用，惟有麻韵的上去二声字在晋宋时期大部分的作品里是独用的，演变到齐梁的时候，麻韵的平声字也完全独用了，所以要分为歌麻两部。歌部包括《广韵》歌戈两韵，由齐梁直至陈隋都合用不分，《切韵》歌戈总为一韵与这一时期押韵的情形相合。

鱼部，模部

在魏晋宋一个时期内的作家一般都是鱼虞模三韵通用的，到齐梁以后，鱼韵即独成一部，而模虞两韵为一部，这与刘宋以前大不一样。尽管作家中也有两部合用的，在谢超宗、江淹、萧统、萧纲、萧绎、张缵、沈炯等人的作品里都可以看到，但是以鱼虞两韵通押者多，鱼模两韵相通的就很少。

就模部模虞两韵来说，一般是通用不分的，不过也有几家模虞分用。表现最明显的，有沈约、吴均、何逊、张缵、顾野王、牛弘几家，其中以沈约分别最为严格。现在举沈约、何逊两家为例：

沈　约《贤首山》：徒孤都胡涂乌逋酺吴（模韵）

《少年新婚》：岖朱躯珠凫肤敷隅驹趋夫（虞韵）

《郊居赋》：区株娱朱隅衢跗（虞韵）

《郊居赋》：武主宇缕朊竖（虞韵上声）

《宿东园》：路步互故露顾兔素暮度（模韵去声）

何　逊《秋夕叹白发》：扶殊隅珠躯须庑隅愉枢株凫嵎（虞韵）

《宿南洲浦》：苦浦五鼓莽土（模韵上声）

从这里我们可以了解：《切韵》分模虞为两韵，在读音上是有分别的。

尤　部

这一部包括《广韵》尤侯幽三韵字，从魏晋时代起就通用不分，直到陈隋，毫无变动。《切韵》尤侯幽虽然分为三韵，但在齐梁陈隋的韵文里侯幽两韵很少有独用的例子。《文心雕龙·封禅》赞以“休彪幽虯”四字为韵，可以算是幽韵字独用。“休”，《广韵》入尤韵，音许尤切，别有“烋”字入幽韵，音香幽切，训“美也，福禄也。”封禅赞曰“封勒帝勣，对越天休”，“休”与“烋”同义。不过在顾野王的《玉篇》里尤幽两韵仍是不分的。例如“幽”音於稠反，“樛”音居愁反，“稠”“愁”都是尤韵字，以“稠”切“幽”，以“愁”切“樛”，正是尤幽不分的例证。幽韵，等韵家虽列为四等韵，但依照韵书反切系统仍然属于三等韵。

豪部，肴部，萧部

《广韵》豪肴宵萧四韵，在魏晋宋一个时期内大多数的作家都是通用不分的，但到齐梁陈隋时期，豪韵为一部，肴韵为一部，宵萧两韵为一部，共分三部。这三部分别较严，通用的情形极少。

［入声韵］

屋部，烛部，觉部

《广韵》屋沃烛觉四韵，魏晋时期分为屋沃两部，截然不混；到刘宋时期四韵通用，才合为一部。等到齐梁时期又分为三部：屋韵为一部，烛韵为一部，觉韵为一部。至于沃韵字，在齐梁时期没有作为韵字的，在陈隋时期只有三个例子：

北周　庾　信　《哀江南赋》：覆鹿騄酷睦轴熟屋哭

隋　　虞世基　《元册太子哀策文》：属玉缛沃

　　　释真观　《梦赋》：惑毒德贼克则得国匐肋冒①告

这三个例子，第一例“酷”字跟屋韵字相押，第二例“沃”字跟烛

① “冒”字读为入声，见《广韵》德韵，音莫北切。

韵字相押，第三例有“毒”“告”二字跟德韵字相押；沃韵的归属类别似乎很难决定，但是我们按照平声冬韵与锺韵为一部的情形来对比，自然可以确定沃韵当属于烛部了。

药部，陌部，职部，德部

药部包括《广韵》药铎两韵，陌部包括陌麦昔锡四韵，职部是职韵，德部是德韵。这四部的分类，从刘宋时期起就划分得很清楚，跟《切韵》以音类相从的分韵系统是一致的，直到齐梁陈隋都没有甚么变动。这里需要说明两点：

(1)觉部觉韵与药部字的关系

在前面已经说过，江韵字在陈隋之间常常跟阳部字通押。现在我们看到，江韵的入声觉韵字从梁代起也常常跟阳部的入声药部字通押，平入是相对应的；不过觉韵字和药部字关系最密的是药部的铎韵字，而不是药韵字。例如：

梁　萧　纲　《海赋》：凿礴博浊壑漠(浊，觉部字；其他是铎韵字)

北周　庾　信　《和张侍中述怀》：剥角落壑鹤渥寞镬㲉箨洛索药缴诺托亳郭藿薄获乐涸朔雹浊鹊橐数廓(字下加点的是觉韵字，药缴鹊是药韵字，其他是铎韵字)

《哀江南赋》：乐学落角乐略索鹤浊(字下加点的是觉韵字，略是药韵字，其他是铎韵字)

由此可以确定，觉韵字的读音与铎韵相近。

(2)陌部陌麦昔锡四韵相押的关系

①陌麦昔锡四韵一般都是通用的。四韵之中，除昔韵有独用者外，陌昔两韵多在一起押韵，这跟平声庚清两韵常在一起押韵是一致的。

②锡韵和昔韵相押的较多，但是也有独用的例子：

梁　裴子野《湘东王善政碑》：绩迪
　　何　逊《闺怨》：壁滴
　　王　筠《饯临川王》：戚檄
　　萧　纲《楚妃叹》：寂壁戚滴
陈　陈叔宝《宴宣猷室》：击敌

这些，与平声青韵有独用例是相应的。

③麦韵除与陌昔两韵通押外，也有独用的例子，如：

梁　王僧孺《何生姬人有怨》：隔脉
　　王　筠《昭明太子哀策文》：赜画册核

由以上所述可以推想，《切韵》分陌麦为两韵，在声音上是有分别的。

质部，物部

质部包括《广韵》质術栉迄四韵。质術栉三韵通用，与平声真谆臻三韵通用正相同。平声真臻两韵是一类，其相对的入声质栉两韵在韵文的押韵里也是一类。还有，在顾野王的《玉篇》里"瑟"音所昵反，"虱"音所乙反，都是以三等质韵字作栉韵字的切语，也表明质栉声音相同。

至于迄韵，在齐梁陈隋时期内没有独用的例子，仅见隋皇甫毗

《玉泉寺碑》以“律讫出毕实”为韵，迄韵的“讫”字与质術两韵字相押。所以把迄韵归入质部。在曹宪《广雅音》里迄韵字大都用三等质韵的“乙”字作切语。例如《广雅·释诂三》“疙”音居乙、鱼乙二反[①]，“钦”音居乙反，《广雅·释训》“圪”音五乙反。由此可知，陈隋之间有的方音(如江都)质迄两韵音同。

此外要说明的是，在齐梁时期有的作家以质部字与脂部去声字“訾位器懿寐匮焠瘁”等相押，如齐王融、王思远，梁江淹、萧衍、徐勉、王筠等人，都有这种情况。据此推测，当时有些方言脂部可能还有某种韵尾存在。可是到陈隋时期就很少有这种现象了。

跟质部音近的有物部。物韵字一般都跟质術两韵相押，仅仅有一个与月部相押的例子，就是江淹《悼室人》的第二首以“郁拂物忽慰”为韵[②]。根据平声真文两部分韵的情形来看，质物两韵一定也有不同，因此分为两部。

月部，屑部

月部包括《广韵》月没两韵，屑部包括屑薛两韵，这与相对的平声韵元部和先部是相应的。屑部在刘宋时期包括屑薛黠三韵，到齐梁以后黠韵字独立，就很少有跟屑薛押韵的了。只有齐陆厥《奉答内兄希政》以“绝札辙别”为韵(齐诗 4/6 下)，任昉《王贵嫔哀策文》以“哲杀缺翳”为韵(梁文 44/4 下)，陈张君祖《赠沙门竺法頵》以“劫悦闭灭穴察洁”为韵(陈诗 4/12 上)，即仅此三例中黠与屑薛通用。这与前一个时期颇有不同。

又前一个时期内屑薛两韵往往与去声祭霁两韵通押，在齐梁时期

① 据王念孙《广雅疏证》本。

② “慰”音“郁”。

还很普遍，可是陈隋时期就很少见了。另外，月部字在齐梁时期有些作家用来跟咍部的去声字和泰部的废韵字相押，也是到陈隋时期就少见了。这样，《切韵》的四声分韵的系统也就完全形成了。

月屑虽然分为两部，但是两部字通押的情形还有。从梁代的江淹直到北周的庾信、隋朝的柳䛒的作品里都有这种例子，发展到唐代，月没两韵就常常跟屑薛两韵在一起押韵了。

黠部，曷部

黠韵字如“察拔八札杀黠”等，在晋宋时期都是跟屑薛两韵相押，到齐梁以后开始独立成为一部。如何逊《答江革》以“札拔”为韵（梁诗9/6上），萧子云《赠吴均》以“黠拔杀察”为韵（梁诗10/5上），还有《文心雕龙·书记》赞以“札讷[①]拔察”为韵，都是黠韵独用的例子。不过，黠韵的字并不太多，如“滑”字，从刘宋以至齐梁都是属于月部的。宋谢灵运《岭表赋》以“越阙月滑”为韵，梁萧衍《江南弄·游女曲》以“滑月阙”为韵，是其例。

缉部，合部，葉部，業部

这是很整齐的四部，缉合两韵各为一部，葉怗两韵为一部，業乏两韵为一部。四部的韵字以業部字最少，合部次之。但是四部没有一个互相通押的例子，所以分别最为清楚。如果跟相对的平声韵对照起来看，谈咸衔三韵的入声字未见。谈韵是独成一部的，推想它的入声盍韵也应当自成一部。惟有咸衔两韵的属类我们知道得还不够清楚，它们的入声（洽狎二韵）究竟如何，还难以确定。

---

① 讷，《广韵》收在没韵，音内骨切，但黠韵女滑切有“䛔”字，训“言逆下”。

《切韵》的性质和它的音系基础

一

陆法言的《切韵》是研究汉语中古时期(公元3世纪至6世纪)语音的重要资料，以前已经有很多人利用它来考查中古音的语音系统，但是《切韵》是怎样性质的一部书，它的音系的基础是什么，它代表什么时代、什么地方的语音，它能不能作为我们论定中古音的依据，学者的意见还不一致。

对这些问题要理解透彻，惟有从各方面有关的材料进行探讨。首先我们要从《切韵序》研究起。陆法言的序文很简短，但是关于他作《切韵》的缘起、旨趣和著作的精神都已有所说明。《切韵序》说：

> 昔开皇初，有刘仪同臻、颜外史之推、卢武阳思道、魏著作彦渊、李常侍若、萧国子该、辛谘议德原、薛吏部道衡等八人同诣法言门宿。夜永酒阑，论及音韵。以古今声调，既自有别，诸家取舍，亦复不同。

吴楚则时伤轻浅，燕赵则多涉重浊，秦陇则去声为入，梁益则平声似去。又支脂鱼虞，共为不韵；先仙尤侯，俱论是切。欲广文路，自可清浊皆通，若赏知音，即须轻重有异。吕静韵集、夏侯该韵略(该或作詠)、阳休之韵略、李季节音谱、杜台卿韵略等各有乖互。江东取韵，与河北复殊。因论南北是非，古今通塞，欲更捃选精切，除削疏缓，颜外史、萧国子多所决定。魏著作谓法言曰：向来论难，疑处悉尽，何为不随口记之？我辈数人，定则定矣。法言即烛下握笔，略记纲纪。后博问英辩，殆得精华。于是更涉余学，兼从薄宦，十余年间，不遑修集。今返初服，私训诸弟，凡有文藻，即须声韵。……逐取诸家音韵、古今字书，以前所记者，定之为切韵五卷。剖析毫氂，分别黍累。……非是小子专辄，乃述群贤遗意。……于时岁次辛酉大隋仁寿元年也。

从序文我们可以了解以下几点：

(1)当时各处方言语音不同。

《切韵序》云："吴楚则时伤轻浅，燕赵则多涉重浊"，此指韵而言。陆德明《经典释文》《序录》说："方言差别，固自不同，河北江南，最为巨异。或失在浮清，或滞于沈浊。"是南北的方言差异很大。《颜氏家训》《音辞篇》说："南方水土和柔，其音清举而切诣，失在浮浅，其辞多鄙俗；北方山川深厚，其音沈浊而鈋钝，得其质直，其辞多古语。"与法言序文所述相同。此所谓轻浅、重浊，意义不很清楚，可能是从韵母元音的洪细、前后、开合几方面来说的。日本沙门了尊《悉昙轮略抄》卷一《弄纽事》一条引《元和新声韵谱》云："傍纽、正纽皆谓双声，正在一纽之中，傍出四声之外，傍正之目，自此有分，清浊之流，因兹别派。口(?)赋云："欲求直义，必也正名。五韵(音?)谱此，九弄斯成。笼唇，言音尽浊，开齿，则语气俱轻。常(当?)以浊还浊，将清而成清。”(见大正新修《大藏经》二七〇九，六五九页)了尊书作于元世祖至正二十四年(公元1287)，所引《元和新声韵谱》为唐人所作，今所传元本《玉篇》神珙《四声五音九弄反纽图》序即节取此书，其中“笼唇”“开齿”之说，指声指韵，含义不明，但对于理解“轻浅”“重浊”的意义不无帮助。至于法言序文所说“秦陇则去声为入，梁益则平声似去”，这是当时方言中声调差异最明显的。秦陇去声为入，除声调不同以外，韵尾一定也有不同。关于这一方面的例证不多，我们现在所发现的例子，都属于阴声韵字，而且主要是去声祭泰夬废和入声曷没黠辖屑薛之间的关系。例如晋赫连屈孑亦作屈丐，北周宇文泰，原名黑獭，唐关中言狡狯为狡刮(此条见玄应《一切经音义》卷十八，赵振铎同志《从切韵序论切韵》一文已引及。见《中国语文》1962年10月号)之类皆是。

(2)《切韵》以前诸家韵书分韵不同，各有乖互。

序文说：“古今声调，既自有别，诸家取舍，亦复不同。”又说：“吕静韵集、夏侯该韵略、阳休之韵略、李季节音谱、杜台卿韵略等各有乖互。江东取韵，与河北复殊。”此五家书都已亡佚不存，分韵情况只有在唐代王仁昫《刊谬补缺切韵》四声韵目小注中略有一些记载，由此我们还可以看出其中的异同。五人之中，吕静是晋代任城人，任城在今山东曲阜。阳休之，右北平无终人，北魏洛阳令阳固子，仕于北齐、北周。无终在今河北蓟县。李季节，名槩，李公绪弟，姊为邢邵妻，赵郡平棘人，仕于北齐。平棘在今河北赵县。杜台卿，北齐杜弼子，博陵曲阳人，仕于北齐，后又仕于隋。曲阳在今河北定县。这四个人，吕静时代较早，阳、李、杜三人都仕于北齐，时代先后很近，而且都是当时所谓“河北”地方(即北齐所领疆域)的人。至于夏侯该则不见史传，唐李涪《刊误》云："梁夏侯该撰《四声韵略》十二卷。"(《隋书·经籍志》作十三卷)是夏侯该仕于梁。《颜氏家训·书证篇》说他和谢炅都是读数千卷书的人，足见也是博闻之士。魏晋至齐梁，夏侯氏大都为谯郡人，谯郡在今安徽亳县，也属北方。夏侯该既仕于梁，可能是北人南渡之后而定居于江南的。这五家书是陆法言编纂《切韵》的主要参考资料。《韵集》时代较早，北魏江式《上古今文字表》说吕忱放故左校令李登《声类》之法作《韵集》五卷(《隋书·经籍志》作六卷)，宫商角徵羽各为一篇，(见《魏书·江式传》)隋潘徽《韵纂》序也说："末有李登声类、吕静韵集，始判清浊，才分宫羽。"(见《隋书·潘徽传》)由此推想《韵集》可能只有韵的大的分类，而没有立出四声的韵目。(颜之推《家训》和陆德明《经典释文》也可以证明这一点。)其他阳、李、杜几家书，都与陆法言时代接近。《隋书·经籍志》：阳休之《韵略》一卷，李槩《音谱》四卷。杜台卿书则不著目。隋刘善经《四声论》里曾提到阳休之的《韵略》。他说："齐仆射阳休之，当世之文匠也。乃以音有楚夏，韵有讹切，辞人代用，今古不同。遂辨其尤相涉者五十六韵，科以四声，名曰韵略。制作之士，咸取则焉。后生晚学，所赖多矣。"(见日本释空海《文镜秘府论》引，隋志刘善经《四声指归》一卷，即此书。)从刘善经的话我们可以知道阳休之的《韵略》是辨析音韵的书，书仅一卷，可能只举相关的五十六韵加以辨析，而分别四声，此与陆氏《切韵》分为一百九十余韵的一类韵书恐有不同。

南北朝期间，韵书很多，而分韵颇不一致。基本的原因是由于所根据的方音有不同。《颜氏家训·音辞篇》说："各有土风，递相非笑，指马之喻，未知孰是。共以帝王都邑参校方俗，考覈古今，为之折衷。榷而量之，独金陵与洛下耳。"颜之推，世居金陵，先仕于梁，梁末归齐，在邺为官二十余年，所以对南北的人物、语言和书籍都很熟悉。夏侯该是梁代博学知名之士，本为颜之推所知。阳休之、李季节、杜台卿等人都仕于北齐，颜之推与他们同朝共事，对于他们的书当然知道得很清楚。所以《音辞篇》所说最为可信。根据上面一段话，可知当时的韵书各有土风，作者以帝王都邑的语音又参酌方言，加以折衷，而编定成书。语其大较，南北有殊。北人以洛阳音为主，南人以金陵音为主。所以《切韵序》也说："江东取韵，与河北复殊。"足见南北韵书因语音有异而颇有不同。

各家韵书分韵所以不同，不仅由于语音地有南北，时有古今，而且也与各家审音分韵的标准有关。例如《颜氏家训》《音辞篇》说："韵集以成仍宏登合为两韵，为奇益石分作四章。""成""仍""宏""登"四字切韵分在"清""蒸""耕""登"四韵，而《韵集》则合为两韵。可能是"耕""清"合而为一，"蒸""登"合而为一。《家训》原文"仍""宏"二字疑倒。"耕""清"之合，犹如吕静兄吕忱所著《字林》《甍》音"亡成反"（见任大椿所辑《字林考逸》），《切韵》则音"莫耕反"（见切三），字在耕韵。"为""奇"二字《切韵》同在支韵，"益""石"二字《切韵》同在昔韵。《韵集》把"为""奇"分别开，可能由于二字韵母开合有不同。《韵集》把"益""石"分别开，可能由于二字韵母内的元音洪细有不同。"益""石"上古音是不同部的，"益"为支部之人，"石"为鱼部之人。晋代"石"为铎部字，"益"为锡部字，仍非一部。（详《汉魏晋南北朝韵部演变研究》第二分册内）"益"与"嗌"《切韵》为同音字，隋杜台卿《玉烛宝典》卷六引《字林》音"一鬲反"，"鬲"《切韵》属锡韵，推考《韵集》"益"字可能与"鬲"字为韵，不与"石"字为韵，与齐梁以后音不同。颜之推只是根据当时的语音来论《韵集》，所以认为不妥，他是不了解古音的。由此可见所根据的语音不同，所持的审音分韵的标准不同，诸家韵书也就不能不各有乖互。持有不同见解的人，自然各有所是，各有所非。如阳休之的《韵略》，刘善经说："制作之士，咸取则焉。后生晚学，所赖多矣。"认为很切合实用。而颜之推在《家训》《音辞篇》里说："阳休之造切韵，殊为疏野。"则认为失于粗俗，不够典切。足见制作不同与作者个人的要求和见解有关。

(3)《切韵》为辨析声韵而作，参校古今，折衷南北，目的在于正音，要求在于切合实际。

法言论韵，根据刘臻、颜之推等人所论，以为诸家音韵分韵不同，审音都不够精细。支与脂、鱼与虞不为一韵（阳、李、杜、夏侯四家并同），而先与仙、尤与侯则混而不分（李、杜、夏侯同），未为妥当。他们的主张是"俗广文路，自可清浊皆通，若赏知音，即须轻重有异"。因此辨音分韵，不能不细。这是《切韵》一书的基本精神。

要考校音韵，自然要涉及到南北古今之异同。所以《切韵序》说刘、颜诸人"因论南北是非，古今通塞"。而且"欲更捃选精切，除削疏缓，颜外史、萧国子多所决定。"由此可见诸人论难，斟酌古今，考究南北，取其精切，去其疏缓，显然有一个正音的观念在内。这都可以从《切韵序》中看出。

当时讨论音韵的八个人都是当世知名的学者和文人。刘臻、颜之推、萧该三人是南人，幼年可能都居于金陵（详见陈寅恪先生《从史实论切韵》一文），而且都曾仕于梁。刘臻是刘显子，显最精于《汉书》。萧该是梁武帝的从孙，精于《文选》和《汉书》，著有《文选音义》和《汉书音义》。其他五人则为北人。五人之中，只有卢思道生于范阳（今河北省涿县），其余大都生长于邺城（今河北省临漳县，旧属河南省）。不过卢思道在十五岁时就到了邺下。（以卒年推考，当为武定五年，公元547。）他在《孤鸿赋》序说："余志学之岁，自乡里游京师，便见识知音。"（见《北史》卷三十）邺下是东魏的都城，后来高齐也建都于此。

魏彦渊(即魏澹)，史称钜鹿下曲阳人(今河北省石家庄东晋深县)，魏季景子。季景父鸞，仕魏，卒于洛阳。季景少孤，博学有文才，弱冠有名京师(洛阳)，与族侄魏收相亚。魏天平初(公元 534)迁居邺下，历大司农卿、魏郡尹卒。时澹年十五。(见《北史》卷五十六)由此可知魏澹不生于洛阳，即生于邺城，钜鹿不过是他的郡望。李若，史称顿丘人(今河南省内黄东清丰县，旧属河北省)，李平孙，李谐子。世居于邺(见《北史》卷四十三)。辛德源，辛術族子，史称陇西狄道人(今甘肃省兰州南临洮县)，但他的族人都仕于北齐(见《北史》卷五十)，他很可能也生长于邺，陇西仅仅是他的郡望罢了。薛道衡，史称河东临汾人(今山西省万荣西荣河镇)，薛孝通子。孝通仕于魏，兴和二年(公元 540)卒于邺，时薛道衡年仅六岁(见《北史》卷三十六)，是道衡当亦生于邺城。这五个人居于邺下都有三四十年之久。**由此可见当时论韵的人**，**三人代表金陵**，**五人代表邺下**。(陆法言是陆爽子，也是生于邺城的。爽为鲜卑步陆孤族之后，史云魏郡临漳人，天保以后即仕于北齐，直至齐亡，入关。见《隋书》卷五十八。临漳即邺城。)如果我们认为他们是代表八个不同地点方言的人，那就错了。这一点很重要。因为大家引史书，引来引去，只谈他们的郡望，而不注意他们生长的地点，就不能明白陆序所说“因论南北是非”的“南北”主要指的是哪些地方，或者还会由此产生很多错误的见解。陆序所谓“南北”实际指的就是“江东”与“河北”(上文已明言“江东取韵与河北复殊”)，而江东以金陵为主，河北以邺下为主，从诸人的生长的地方可以断定。

这些人论韵时在隋开皇之初(公元 581)。八人之中，除刘臻、萧该入关较早以外，其余都是在周武帝平齐(公元 577)之后才到长安的(见《北齐书》卷四十二《阳休之传》)，入关不过三四年，所以因其素习，扬榷南北，自然会以江东、河北为主。当时诸人讨论，往复论难，最后陆法言把他们所决定的要旨撮记下来，这就是后来仁寿元年(公元601)法言撰集《切韵》时所根据的准则。这在《切韵序》里说得很明白。

在开皇初年，刘颜等人在讨论“南北是非”、“古今通塞”时所持的见解和取舍的标准在《切韵序》中都没有说明，可是我们还可以从《颜氏家训·音辞篇》里看到颜之推的见解。《音辞篇》说：

> 南方水土和柔，其音清举而切诣，失在浮浅，其辞多鄙俗。北方山川深厚，其音沈浊而铫钝，得其质直，其辞多古语。然冠冕君子，南方为优，闾里小人，北方为愈。易服而与之谈，南方士庶，数言可辨；隔垣而听其语，北方朝野，终日难分。而南染吴越，北杂夷虏，皆有深弊，不可具论。

这是就“音”与“辞”合起来说的。南人语音清切，北人语音浊钝，南人语多俚俗，北人语多典正。所谓“多鄙俗”者，指多言俚语而言，所谓“多古语”者，指多为书记相承应用的语词而言。这是就一般情况来说的。从士庶两个阶段来说，北方是一致的，南方则区别很大。南方庶族所操为吴语，士族所操多为北语(详见陈寅恪先生《东晋南朝之吴语》一文)。如果就南方士族的音辞而论，则南优于北。颜之推所以这样说，当与言辞是否“清雅”、语音是否“切正”有关系。《梁书》卷四十八《卢广传》说：“广少明经有儒术，天监中归国，时北来人儒学者，有崔灵恩、孙详、蒋显，并聚徒讲说，而音辞鄙拙，唯广言论清雅，不类北人。”颜之推《音辞篇》说：“至邺以来，唯见崔子约崔瞻叔侄、李祖仁李蔚兄弟颇事言词，少为切正。”可见北人多半杂有乡音，不如南方士族之注意声韵。颜之推在《音辞篇》里也指出了南北音的异同。

他说：

> 其谬失轻微者，则南人以钱为涎，以石为射，以贱为羡，以是为舐。北人以庶为戍，以如为儒，以紫为姊，以洽为狎。如此之例，两失甚多。

这里明白指出在声母方面，南人从与邪，乘与禅不分；在韵母方面，北人鱼与虞、支与脂、洽与狎不分。颜之推认为各有所失。法言作《切韵》在分声析韵方面都与颜之推的主张是一致的。从邪、乘禅不混，支脂、鱼虞、洽狎有分。足见《切韵》既不专主南，亦不专主北。陈寅恪先生说："是此书之语音系统并非当时某一地行用之方言可知"，这话是合乎当时的记载的。

其次再看关于"古今通塞"的问题。《家训·音辞篇》也有论述。《音辞篇》说：

> 古今言语，时俗不同，著述之人，楚夏各异。苍颉篇反稗为逋卖，反娃为于乖。战国策音刎为免。穆天子传音谏为间。说文音戛为棘，读皿为猛。字林音看为口甘反，音伸为辛。韵集以成仍宏登合成两韵，为奇益石分作四章。李登声类以系音羿。刘昌宗周官音读乘若承。此例甚广，必须考校。
>
> 前世反语，又多不切。徐仙民毛诗音反骤为在遘（在疑当作仕），左传音切椽为徒缘，不可依信，亦为众矣。今之学士，语亦不正，古独何人，必应随其讹僻乎？通俗文曰：入室求曰搜，反为兄侯，然则兄当音所荣反。今北俗通行此音，亦古语之不可用者。

玙璠，鲁之宝玉，当音余烦，江南皆音藩屏之藩。岐山当音为奇，江南皆呼为神祇之祇，江陵陷没（案在梁承圣三年，公元554），此音被于关中，不知二者何所承案，以吾浅学，未之前闻也。

北人之音，多以举、莒为矩。唯李季节云："齐桓公与管仲于台上谋伐莒，东郭牙望桓公口开而不闭，故知所言者莒也。然则莒矩必不同呼。"此为知音矣。

河北反攻字为古琮，与工、公、功三字不同，殊为僻也。

从这些话我们可以了解颜之推对于古今音的看法。他认为古今时俗不同，书音作者有南有北，前代书中的音读反语，有讹僻而不切于今者，则不宜用。"古独何人，必应随其讹僻乎?"正是说明这种精神。他并没有尚古的思想。其次，语词有两读的，以相沿的读法为正，不论南北。例如"玙璠"当音余烦，"岐山"当音为奇，"攻"当与工、公、功等字音同，虽江南音"璠"为"藩"，音"岐"为"祇"，河北反"攻"为"古琮"，以无所承案，皆所不取。这与陆德明《经典释文》中所载的读音也是一致的。陆德明在《经典释文·叙录》中说："文字音训，今古不同，前儒作者，多不依注，注者自读，亦未兼通。今之所撰，微加斟酌。若典籍常用，会理合时，便即遵承，标之于首。其音堪互用，义可并行，或字有多音，众家别读，苟有所取，靡不毕书，各题氏姓，以相甄识。……其或音、一音者，盖出于浅近，示传闻见，览者察其衷焉。"在《释文》中，"璠音烦，又方烦反"，"岐音其宜反，或祁支反"，标之于首的音与《家训》所定完全相合（参看拙著《颜氏家训音辞篇注补》）。《释文·叙录》中论及读音又说："又以登升共为一韵，攻公分作两音，如此之俦，恐非为得。"这与颜之推不以"攻"音"古琮"

为然也是一致的。

由此看来，颜之推是重今而不重古的，他所重视的是当时行用的相承的读书音和实际存在于语言中的语音分类，而不是晋宋以上的古音。就前代的书音而论，古通而今不通的，从今；（如“椑”不音“逋卖”，“娃”不音“于乖”，“谏”不音“间”，“乘”不音“承”。）今音南北读音不同的，则以相承的读音为定。（如“玙璠”当音“余烦”，“攻”当音“工”之类。）在《音辞篇》里，他曾说：“吾家儿女，虽在孩稚，便渐督正之，一言讹替，以为己罪矣。云为品物，未考书记者，不敢辄名，汝曹所知也。”足见他是重视书音的。重视书音，并不等于事必依古。他的宗旨与陆德明所要求的“会理合时”是相似的。他在《家训·书证篇》论到文字的书写时曾说：

> 世间小学者，不通古今，必依小篆，是正书记。凡尔雅、三苍、说文岂能悉得苍颉本指哉？亦是随代损益，各有同异。西晋已往字书，何可全非？但令体例成就不为专辄耳。考校是非，特须消息。
>
> 吾昔初看说文，嗤薄世字。从正，则惧人不识，随俗，则意嫌其非，略是不得下笔也。所见渐广，更知通变，救前之执，将欲半焉。若文章著述，犹择微相影响者行之，官曹文书，世间尺牍，幸不违俗也。

深知通变，不为专辄，这与他论音的态度也是一致的。因此，如果认为陆法言序文所说“因论南北是非、古今通塞”，就是在以古正今，或有意识地要保存古音，或者有的地方舍今从古，有的地方又舍古从今，漫无标准，这恐怕都是不对的。从颜之推在《音辞篇》中所说可知他们是以当时的语音为准。前代音书分声析韵不合于今者，固然不取（如《韵集》），就是反切用字所表现的声韵类别有不切当的，也在摈弃之列。如徐邈反骤为仕遘，切椽为徒缘之类，必须考校。《切韵序》所说“欲更捃选精切，除削舒缓，颜外史、萧国子多所决定”，这正是要求切合实际的表现。《切韵》的分韵注音无不与颜之推所论相合，足见颜之推的见解已在《切韵》中完全表现出来了。要了解《切韵》的性质，自不能不注意颜之推所说的话。至于萧该的见解，可能与颜之推相同。他的《汉书音义》亡佚已久，清人虽有辑本，所存无多，可以不论。

根据上文所论，关于《切韵》的性质，我们可以认识得比较清楚了。总起来说，《切韵》是根据刘臻、颜之推等八人论难的决定，并参考前代诸家音韵、古今字书编定而成的一部有正音意义的韵书，它的语音系统是就金陵、邺下的雅言，参酌行用的读书音而定的。既不专主南，亦不专主北，所以并不能认为就是一个地点的方音的记录。以前有人认为《切韵》的语音系统代表隋代的长安音，那是错误的。这一点在陈寅恪先生的文章里已经分辨得很清楚。

二

不过，《切韵》对于南北音的取舍和对于序中所说五家韵书斟酌损益的情形还需要探索。

我们可以先从五家韵书来研究起。五家韵书固然早已亡佚，但是我们还可以从王仁昫《刊谬补缺切韵》四声韵目小注中约略了解这些书一些分韵的情况。在我们所见到的几十种唐五代写本刻本韵书中只有王仁昫《切韵》韵目下有这种小注（详拙著《唐五代韵书集存》），陆法言书的传本，长孙讷言和孙愐书的传本，都没有。因此应当认为这种小注是王仁昫加的，不是陆法言原书所有。但唐蘭先生认为这是陆法言原有的东西。如王仁昫书说陆云“冬无上声”，即见王书湩字注。关于这个问题，还不易确定。因为若说非陆书原有，在陆书久已盛行，而五家书逐渐凌替之际，王仁昫于唐中宗时（公元 705—709）刊正陆书，有什么需要一定要补加这些小注呢？若说原为陆书所有，何以陆书、长孙书的传本中都丝毫不见呢？当然，我们也可以说这些传本书定的时间一般都比较晚，间有书写时间比较早的又阙韵目，无由得见。不过既难确断，不妨阙疑。我们只看材料是否重要，其价值并不因人而异。肯定地说，这些韵目下的小注是非常有用的。（黄淬伯先生《关于切韵音系基础的问题》已指出。见《中国语文》1962 年 2 月号。）它不仅可以帮助我们了解《切韵》与以前诸家韵书的关系，而且可以使我们略知晋以后齐梁时代南北语音的情况，当然，这是更重要的一面。

现在所见唐本王仁昫《切韵》韵目下有小注的有四种写本（书写时间有早晚）：

(1)明项元汴跋唐本王仁昫撰定《刊谬补缺切韵》，题“长孙讷言笺注，裴务齐正字。”（现藏故宫博物院）

(2)敦煌出唐本王仁昫新撰定《刊谬补缺切韵》，见《敦煌掇琐》内。（原件，为法人伯希和劫去，现藏巴黎国家图书馆）

(3)明宋濂跋唐本王仁昫新撰定《刊谬补缺切韵》。（现藏故宫博物院）

第一种只有平声一部分韵目下有注、第二种缺平声注，惟第三种最完备。不过第三种书写略有脱误，可以据第二种校补。现在就三种写本参校，列表如下（见下页）：

平声	上声	去声	入声
			(韵目排列与原次不尽同)
1东	1董吕与肿同。夏侯别,今依夏侯	1送	1屋
2冬无上声。阳与锺江同韵,吕夏侯别,今依吕夏侯。		2宋阳与用绛同,夏侯别。今依夏侯。	2沃阳与烛同。吕夏侯别,今依吕夏侯。
3钟	2肿	3用	3烛
4江	3讲	4绛	4觉
5支	4纸	5真	
6脂吕夏侯与之微大乱杂,阳李杜别,今依阳李杜。	5旨夏侯与止为疑,吕阳李杜别,今依吕阳李杜。	6至夏侯与志同,阳李杜别,今依阳李杜。	
7之	6止	7志	
8微	7尾	8未	
9鱼	8语吕与麌同,夏侯阳李杜别,今依夏侯阳李杜。	9御	
10虞	9麌	10遇	
11模	10姥	11暮	
		12泰无平上声。	
12齐	11荠	13霁李杜与祭同,吕别,今依吕。	
		14祭无平上声。	
13佳	12蟹李与骇同,夏侯别,今依夏侯。	15卦	
14皆吕阳与齐同,夏侯杜别,今依夏侯杜。	13骇	16怪(夏侯与泰同,杜别,今依杜。)	
		17快无平上声。李与怪同,吕别与会同,夏侯别,今依夏侯。	

续表

平声	上声	去声	入声
15 灰夏侯阳杜与咽同，吕别，怡今依吕。	14 贿李与海同，夏侯为疑，吕别，今依吕。	18 队李与代同，夏侯为疑，吕别，今依吕。	
16 咽怡	15 海	19 代	
		20 废无平上声。夏侯与队同，吕别，今依吕。	
17 真吕与文同，夏侯阳杜别，今依夏侯阳杜。	16 轸	21 震	5 质
18 臻无上声。吕阳杜与真同，夏侯别，今依夏侯。			7 栉吕夏侯与质同，今别。
19 文	17 吻	22 问	6 物
20 殷阳杜与文同，夏侯与臻同，今並别。	18 隐吕与吻同，夏侯别，今依夏侯。	23 焮	8 迄夏侯与质同，吕别，今依吕。
21 元阳夏侯杜与魂同，吕别，今依吕。	19 阮夏侯阳杜与很混同，吕们别，今依吕。	24 愿夏侯与慁别，与恨同，今并别。	9 月夏侯与没同，吕别，今依吕。
22 魂吕阳夏侯与痕同，今别。	20 混	25 慁吕李与恨同，今并别。	10 没
23 痕	21 很们	26 恨	
24 寒	22 旱	27 翰	11 末
25 删李与山同，吕夏侯阳别，今依吕夏侯阳。	23 产吕与旱同，夏侯别，今依夏侯。	28 谏李与裥同，夏侯别，今依夏侯。	12 黠
26 山阳与先仙同，夏侯杜别，今依夏侯杜。	24 潸阳与铣猕同，夏侯别，今依夏侯。	29 裥	13 辖
27 先夏侯阳杜与仙同，吕别，今依吕。	25 铣夏侯阳杜与猕同，吕别，今依吕。	30 霰夏侯阳杜与线同，吕别，今依吕。	14 屑李夏侯與薛同，吕别，今依吕。

续表

平声	上声	去声	入声
28 仙	26 狝	31 线	15 薛
29 萧	27 篠李夏侯与小同，吕杜别，今依吕杜。	32 啸(阳李夏侯与笑同，夏侯(?)与效同，吕杜并别，今依吕杜。)	
30 宵	28 小	33 笑	
31 肴阳与萧宵同，夏侯杜别，今依夏侯杜。	29 巧吕与皓同，阳与篠小同，夏侯并别，今依夏侯。	34 效(阳与啸笑同，夏侯杜别，今依夏侯杜。)	
32 豪	30 皓	35 号	
33 歌	31 哿	36 个吕与祃同，夏侯别，今依夏侯。	
34 麻	32 马	37 祃	
35 覃	33 感	38 勘	20 合
36 谈吕与衔同，阳夏侯别，今依阳夏侯。	34 敢吕与槛同，夏侯别，今依夏侯。	39 阚	21 盍(□□□同，夏侯□□□夏侯。)
37 阳吕杜与唐同，夏侯别，今依夏侯。	35 养夏侯在平声阳唐、入声药铎并别，上声养荡为疑，吕与荡同，今别。	40 漾夏侯在平声阳唐、入声药铎并别。去声漾宕为疑，吕与宕同，今并别。	27 药(吕杜与铎同，夏侯别，今依夏侯。)
38 唐	36 荡	41 宕	28 铎
39 庚	37 梗夏侯与靖同，吕别，今依吕。	42 敬吕与诤劲径同，夏侯与劲同，与诤径别，今并别。	19 陌
40 耕	38 耿李杜与梗迥同，吕与靖迥同，与梗别，夏侯与梗靖迥并别，今依夏侯。	43 诤	18 麦
41 清	39 静吕与迥同，夏侯别，今依夏侯。	44 劲	17 昔【注残损不可辨】

续表

平 声	上 声	去 声	入 声
42 青	40 迥	45 径	16 锡李与昔同,夏侯与陌同,吕与昔别,与麦同,今并别。
43 尤夏侯杜与侯同,吕别,今依吕。	41 有李与厚同。夏侯为疑,吕别,今依吕。	46 宥吕李与侯同,夏侯为疑,今别。	
44 侯	42 厚	47 候	
45 幽	43 黝	48 幼杜与宥同,吕夏侯别,今依吕夏侯。	
46 侵	44 寝	49 沁	26 缉
47 盐	45 琰吕与忝范豏同,夏侯与范豏别,与忝同。今并别。	50 艳吕与梵同,夏侯与㮇同,今并别。	24 葉吕与怗洽同,今别。
48 添	46 忝	51 㮇	25 怗
49 蒸	47 拯无韵,取蒸之上	52 证	29 职
50 登	48 等声。	53 嶝	30 德
51 咸李与銜同,夏侯别,今依夏侯。	49 豏李与槛同,夏侯别,今依夏侯。	54 陷李与鉴同,夏侯别,今依夏侯。	22 洽李与狎同,吕夏侯别,今依吕夏侯。
52 銜	50 槛	55 鉴	23 狎
53 严	51 广陆无此韵目,失。	56 严陆无此韵目,失。	31 业
54 凡	52 范陆无反,取凡之上声,失。	57 梵	32 乏吕与同业,夏侯与合(?)同,今并别。

附注:

(1)韵目全依王仁昫书第二种、第三种写本。

(2)入声韵母取其与平上去相应,排列次序与原来次序不尽相同,可参看韵母上数字。

(3)注文加()号的表示只见于第二种写本。

这些韵目下的小注当然还不是很精细完备的。因为每韵之下并非把各家一一论列，有些韵的分合还说得不够明确(如庚、耕、清、青四声韵目)，有些韵也没有提到(如豪、覃、蒸、登之类)。另外，前人韵书的韵目和收字的范围未必完全相同，小注但从《切韵》本身的分韵略与以前各家比较，恐怕也不尽密合。这个表只能做为一个粗疏的纲目来看待。

五家书中，《韵集》一书最难理解。从王韵小注中所说来看，吕书东冬锺江似乎有别，脂与之微又大乱杂，这都与宋齐以后的现象相近(详后)，而颜之推所说“成仍宏登，合成两韵”并不见于王韵小注，小注所记与其兄吕忱《字林》音也相去较远，姜亮夫先生曾经怀疑陆韵所据《韵集》不似晋人之作(见《瀛涯敦煌韵辑》)，这话不无道理。古人同名姓的固然常见，前代一部书经过后人增益改订仍题原作姓氏的也很多。所以王韵所注是否就是晋代的《韵集》，很可怀疑。不过，《颜氏家训》中《韵集》与《字林》常常并举，颜所引《韵集》如为晋吕静之书，则陆法言所称应当与颜之推所说为一书。时代辽远，殊难确定。如果王韵小注就指的是晋吕静之作，那么，韵目小注中所称吕某与某同、某与某别只能看作是借《切韵》所定的韵目来加以说明而已。因为吕静原书未必有韵目，即使有韵目，也未必与《切韵》完全相同。

根据上列韵目下的一些小注来比较《切韵》与五家书分韵的异同，可以看出：

(1)利用等韵学的名词来说，同摄之内，一等韵与三等韵的韵字在吕静书中一般是分为两韵的。惟阳唐不别，歌麻去声箇祃同韵。在夏侯书中一三等韵也多分立，惟元与魂同，尤与侯同。阳、李、杜三家参差较多。《切韵》都从分不从合。

(2)同摄之内，三等韵与四等韵在吕静书中大都分为两韵。如齐韵去声霁与祭别，先与仙别，萧与宵别，尤幽去声宥幼有别。惟盐添上声琰与忝同韵，清青上声靖与迥同韵，不完全一致。其他四家，则三四等韵大体都不分，惟有杜台卿书萧与宵不同韵。《切韵》并别。

(3)同摄之内，《切韵》所分的二等相重的韵，如蟹摄的佳与皆，山摄的删与山，咸摄的咸与衔，在夏侯书中都分立为两韵，别家严格独立分开的很少，惟有《韵集》删与山别，咸与衔别，阳休之《韵略》删与山别而已。杜台卿书不详。《切韵》皆从夏侯。

(4)《切韵》中的独立二等韵，如江、夬、臻、肴、耕等，在夏侯书中都独立为一韵，别家或分或否，《切韵》皆从夏侯。

(5)《切韵》的灰咍两韵，痕魂两韵都分立。《韵集》灰与咍别，魂与痕同。其余四家灰与咍、痕与魂都合而不分。《切韵》痕与魂分为两韵，似前无所承。

(6)《切韵》真、文、殷几韵，吕静真与文同，殷韵上声隐韵与文韵上声吻韵同，而殷韵入声迄韵又与真韵入声质韵有别。阳、杜两家真与文别，而殷同于文。夏侯真与文别，殷亦不同于文，而与臻同韵，入声则栉与迄并同于质。《切韵》则真、臻、文、殷、质、栉、迄、物都分立为部。

(7)《切韵》阳唐两韵，惟夏侯该分立，其余四家都合为一韵。《切韵》与夏侯该同。

(8)《切韵》去声泰韵，《韵集》与夬韵为一韵，夏侯泰怪同韵，杜台卿怪与泰别。又去声废韵，《韵集》不与别韵同，夏侯同队，其他三家不详。《切韵》都分别不混。

(9)《韵集》盐添咸凡上声琰、忝、豏、范同韵，夏侯琰与豏、范别，则平声盐、咸、凡不混。《韵集》谈与衔同，夏侯亦不混。《切韵》并别。

就以上所举可知《切韵》分韵以吕静等五家书为资据而又加以整齐，所以分韵多于以前各家。且四声相承，颇有伦序，大胜于前。五家之中，吕静与夏侯该两家分韵都比较细。夏侯书最大的特点在于二等韵都独立为部，吕静书最大的特点在于一摄之内三四等韵大半分立（惟清与青、盐与添合）。这是比阳、李、杜三家较细的地方。阳、李、杜三家脂、之、微三韵有别，而吕、夏侯两家则脂与之、微相乱。阳、李、杜三人都仕于北齐，而分韵所以不一致，当与分韵原则和审音的精粗大有关系。三家之中，阳休之分韵最宽。如多与锺江同，山与先仙同，肴与萧宵同，都与李、杜不同。所以颜之推讥其疏野。李、杜两家分合相近，如灰咍同韵、殷文同韵、先仙同韵、霁祭同韵之类皆是。两家之中，杜分韵似比李稍细。如李萧与宵同，而杜有别。有些二等韵，阳休之与三四等同韵者，杜皆有分。如山不与先仙同，肴不与萧宵同，皆不与齐同，都类似夏侯。夏侯泰怪一韵，吕静会（泰）夬一韵，而杜泰韵独为一部，与吕、夏侯不同。足见阳、李、杜三家中，李、杜又比阳分韵略密。小注所举虽不甚全，但两家书分韵的大类与《切韵》并不远。另外，五家书分韵固然各有不同，而各家的类例也不一致。吕静、夏侯该一等与三等或分或合，不完全相同，四声韵目的分合也不完全相应。这是很显著的。阳、李两家分韵虽宽，但内部大体一致。《切韵》除采用吕静、夏侯两家以外，又参酌于阳、李、杜。凡各家立有成规，审音细密，开合洪细之间条理清楚的，《切韵》都一一承用。遇到诸家辨析不甚明晰的，又分别异同，并使四声都能相应（惟入声排列尚不够整齐）。如分痕魂为两韵，定真、臻、殷、文为四韵，其入声质、栉、迄、物四韵也分别与真、臻、殷、文相承。有因有革，系统分明，所以唐代长孙讷言笺注序说："陆生此制，酌古沿今，无以加也。"

从《切韵》与五家书韵目的比较上，我们可以了解《切韵》分韵兼取诸家之长，而自有它的类例。其不同于诸家的，主要有两点：

(1)审音精密，重分而不重合。一摄之内，一三等有分，三四等有分，二等完全独立，体例严整，秩然不紊。以前诸家都不曾辨析如此精细。这就是序文所说“剖析毫氂，分别黍累”的具体事实。

(2)分韵辨音，折衷南北，不单纯采用北方音。前代诸家韵书随南北方音而异，陆法言生于河北，而采用夏侯书的地方独多(见前)，这与以前诸家仅以一方方音为准者大不相同。法言所熟悉的是北方音，而这样重视夏侯书，当与《切韵序》所说颜之推、萧该多所决定有关系。

这两点也可以说就是《切韵》的特点。这与前面所论《切韵》的性质完全相符。陆法言撰集《切韵》所以要审音精密，折衷南北，目的固在于正音，同时也便于南北通用。南北语音不同，或分或合，用的人完全可以根据自己的方音与韵书比合同异，按音检字，所以分韵不妨精密。

这种办法，当然不无缺点。主要缺点在于不是单纯一地语音的记录。但是从历史的条件来看，当时这些学者要想编定一部韵书，既要保持语言中细致的区别，又要使南北人都能应用，也不得不如此。当时南北韵书分辨声韵虽有疏密之分，而大类相去不远。在一大类之中，区别同异，取其别而不取其同，对整个语音系统不曾有根本的改变，因此，这样做也完全是可以行得通的，并且也符合客观的情况和实际的需要。在韵书的发展上具有一定的历史意义。

有人认为《切韵》的语音系统是颜之推、萧该、陆法言等人主观地、人为地随意拼凑而成的，这是由于缺乏深入研究，徒腾口说所产生的误解。首先，这种分辨音韵的做法并非杂拼杂凑，它本身原具有严整的辨类的系统性。“拼凑”一词根本用不上。其次，从颜之推所说南北语音的异同来看，《切韵》的分韵辨音是有实际语音的根据的，所以也不能说就是主观的、人为的拼合。我们要根据《切韵》编写的精神和体制与各方面的材料相比较才能获得正确的理解。

三

《切韵》与实际语音究竟有多少距离，它所凭借的语音基础究竟如何，是一个重要的问题。

要解决这个问题，我们应当先看一看隋以前齐梁陈之间诗文押韵的情况。这个时期一共一百一十年（公元 479—589），南方是齐、梁、陈，北方就是北魏、北齐、北周。齐、梁、陈诗文押韵的部类前后大体是接近的。北朝的北魏近于刘宋，北齐、北周则近于梁，前后略有不同。仅就梁陈时期即 6 世纪而论，南北诗文押韵的部类是很接近的。现在将齐、梁、陈之间韵文押韵的部类依《切韵》韵目简单列表如下（详见《汉魏晋南北朝韵部演变研究》第三分册）：

［阳声韵］ （举平以赅上去）	［入声韵］	［阴声韵］ （举平以赅上去）
1. 东	1. 屋	1. 支
2. 冬 锺	2. 沃 烛	2. 脂 之
3. 江	3. 觉	3. 微 切韵脂韵追衰谁绥蕤推等字大都与此部押韵
4. 真 臻 殷	4. 质 栉 迄	4. 鱼
5. 文	5. 物	5. 虞 模
6. 元 魂 痕	6. 月 没	6. 泰 废（去）
7. 寒	7. 曷	7. 齐（平上）
	8. 黠	

[阳声韵]

(举平以赅上去)

8. 删

9. (山)庾信分用

10. 先 / 仙

11. 覃

12. 谈

13. 阳 / 唐

14. 庚 / 耕 / 清 / 青

15. 侵

16. 盐 / 添

17. 蒸

18. 登

19. (咸)

20. (衔)

21. (严) / (凡)

[入声韵]

9. 鎋

10. 屑 / 薛

11. 合

12. (盍)

13. 药 / 铎

14. 陌 / 麦 / 昔 / 锡

15. 缉

16. 葉 / 怗

17. 职

18. 德

19. (洽)

20. (狎)

21. 业 / 乏

[阴声韵]

(举平以赅上去)

8. 霁 / 祭(去)

9. 佳

10. 皆

11. 夬(去)

12. 灰 / 咍

13. 萧 / 宵

14. 肴

15. 豪

16. 歌

17. 麻

18. 尤 / 侯 / 幽

这个简单的韵部表是根据一般押韵的情况来定的。其中阳声韵与入声韵是相应的。《切韵》的分韵大部分与梁陈时期南北诗文押韵的部类相合。颜之推、卢思道等人的诗文用韵也大致与上表相同。举颜之推《观我生赋》韵字为例：

1. 茫疆王亡祥裳荒翔章乡忘芳梁狼墙航张吭羊光康芒湘方伤潭艎阳(阳唐)

2. 及立邑粒集袭入泣及(缉)

3. 群军口云(文)

4. 雪汭列说说(薛)

5. 衡声名生城兵(庚清)

6. 脑道扫草保昊老(豪上)

7. 鸢天年旋廛悬烟焉弦连虔宣(先仙)

8. 伐窣窟阙没忽月(月没)

9. 让望谤唱量王壮畅帐抗炀丧状掠状葬恨上怆(阳唐去)

10. 颜关搴还(删仙)

11. 路度故慕(模去)

12. 壤想囊网朗赏(阳唐上)

13. 侵浔金临琴心林寻岑沉深阴吟(侵)

14. 芑市已峙仕里齿己恃水止始使祉起(之脂上)

15. 速竹口复木逐宿毂福谷哭(屋)

16. 津邻宾亲臣人屯辛鳞身真仁申秦巡人身贫尘臻麟(真臻)

这些大体都与上列韵表相符。总的来说，韵文的押韵一般都比《切韵》的韵部稍宽。《切韵》把韵文经常相押的各韵比次在一起，如冬锺、脂之、虞模、灰咍、元魂痕、先仙、萧宵之类，与韵文押韵的大类是相合的。但韵文押韵在求音调协和，《切韵》分韵则旨在审音，所以分韵不得不细。

不过，不同的作家因方音不同或讲求音韵协和的精细程度不同，分韵也不完全一样。有人在作品中有时相近的两部通押，有人就分别得很严。在韵部表中一部包括《切韵》几韵的，固然多数人通押无别，但也有人辨析较精，不相通用。举例如下：

(1)《切韵》庚耕清青四韵在魏晋宋时期的作家一般都是通用的(通

用当然不等于整个韵母完全相同），只有宋代的谢庄青韵独用，不与庚清两韵相混。齐、梁、陈之间，庚耕清青四韵大多数的作家通用不分，但是王俭、谢朓、江淹、沈约、陶宏景、萧洽、徐君倩、何逊、萧子云、刘孝威、徐陵、王褒、庾信等人青韵多独用。（王褒，梁王规子；庾信，庾肩吾子。二人原仕于梁，后入北周。）其中用韵最严的是刘孝威、徐陵、王褒三人。刘孝威《妾薄命》连用七个青韵字（庭、陉、屏、垌、亭、冥、形），王褒《从军行》连用 11 个青韵字（经、亭、陉、泾、形、星、青、邢、铭、庭、屏），这绝不是偶然的现象。这正表明青韵和庚耕清三韵不同。

庚清两韵在齐、梁、陈之间同用的例子很多。耕韵字少，一般也都与庚清合在一起押韵，独用的仅见江总《梅花落》一诗（甍、罂相押）。但是耕韵相对的入声麦韵，梁王僧孺《何生姬人有怨》以隔、脉为韵，王筠《昭明太子哀策文》以赜、画、册、核为韵，都不与陌、昔两韵相押。这对于我们了解夏侯该《韵略》耕韵不与庚韵合为一韵不无帮助。

(2)《切韵》脂之两韵字在刘宋时期一般是分用的，从谢灵运起脂之两韵已经有通押的现象，到齐梁时期，在南方作品中便逐渐成为普遍的情形。可是谢朓、沈约二人绝不混用。如谢朓诗《在郡卧病》以兹、时、菑、辞、飔、持、丝、期、嗤九字为韵，《始之宣城郡》以理、史、子、祀、士、齿、耻、里、涘、市、裹、趾、始十三字为韵，都是之韵字。沈约诗《和竟陵王抄书》以期、兹、诗、疑、滋、词、辎、芝、嗤九字为韵，《郊居赋》以怡、基、芝、栭、持、嬉、兹、时八字为韵，都是之韵字，不杂一个脂韵字。而沈约《弥勒赞》以二、地、辔、器、位、坠、至、贰、媚、秘、邃、备、懿十三字为韵，又都是脂韵字，不杂一个之韵字。（沈约脂韵偶有与支韵字相押的。)足见分用之严。

(3)《切韵》鱼、虞、模三韵在齐、梁、陈时期大多数作家鱼韵独用，间或有鱼虞两韵通押的。至于虞模两韵，一般通用不分。不过也有分别很细的。例如沈约、吴均、何逊、张缵等人都分别得很清楚。其中沈约分别最为严格。现在举沈约、何逊两家为例：

沈约《贤首山》：徒孤都胡涂乌逋酺吴(模韵)

《宿东园》：路步五故露顾兔素暮度(模韵上声)

《少年新婚》：岖朱躯珠凫肤敷隅驹趋夫(虞韵)

《效居赋》：区株娱朱隅衢跗(虞韵)

武主宇缕膴竖(虞韵上声)

何逊《宿南洲浦》：苦浦五鼓莽土(模韵上声)

《秋夕叹白发》：扶殊隅珠躯须庑隅愉枢株凫嵎(虞韵)

由此可见两家分别虞模，秩然不紊。

(4)《切韵》尤幽两韵齐、梁、陈时期同用。梁刘勰《文心雕龙》《诸子篇》赞以秀、宙、授、囿为韵，四字都是尤韵去声字；《封禅篇》赞以休、彪、幽、虯为韵(休与烋音义同)，四字都是幽韵字；尤幽不混。

以上几点表明《切韵》分韵虽密，但与实际语音确有联系。同时我们也看到文人用韵有宽有严，而谢朓、沈约都是用韵较严的，这正是从齐永明起文人精于审辨音韵的表现。《南史》卷四十八《陆厥传》云："时盛为文章，吴兴沈约、陈郡谢朓、琅琊王融以气类相推毂，汝南周颙善识声韵。约等文皆用宫商……五字之中，轻重悉异，两句之内，角徵不同，不可增减，世呼为永明体。"梁锺嵘《诗品》下说："三贤咸贵公子孙，幼有文辨，于是士流景慕，务为精密。"足见用韵精细是当时的风尚。沈、谢所以能用韵细，也正是语音有别的表现。韵文押韵既然如此，那么，编韵书的人在分韵上也就不能不趋于精细了。

梁代正是沈约擅名文场的时期，流风所被，一时文士大都精辨音韵。《南史》卷二十二《王筠传》云：

> 沈约每见筠文咨嗟，尝谓曰："昔蔡伯喈见王仲宣，称曰：王公之孙，吾家书籍，悉当相与。仆虽不敏，请附斯言。自谢朓诸贤零落，平生意好殆绝，不谓疲暮，复逢于君。"……约制《郊居赋》，构思积时，犹未都毕，示筠草，筠读至雌霓（五的反）连蜷，约抚掌欣抃曰："仆常恐人呼为霓（五兮反）。"次至坠石磓星及冰悬坞而带坻，筠皆击节称赞。约曰："知音者希，真赏殆绝，所以相要，政在此数句耳。"筠又尝为诗呈约，约即报书叹咏，以为后进擅美。筠又能用强韵，每公宴并作，辞必妍靡。约尝启上，言晚来名家，无先筠者。

王筠所以为沈约所称赏，文辞之外，与精于音韵不无关系。筠又能用"强韵"，更是很好的证明。

此外，刘勰也是沈约所赏识的人。勰为东莞莒人，世居京口（今江苏镇江东）。所著《文心雕龙》列有《声律》一篇，与沈约所提倡的完全符合，如桴鼓之相应。《文心雕龙》五十篇，篇篇有赞，而且用韵很严格。其中尤以仄声韵为多。从刘勰的押韵可以使我们对《切韵》的分韵了解得更清楚。现在把五十篇赞的韵字摘记如下，并注出《切韵》韵目：

(1)原道：教孝貌效（肴去）

(2)徵圣：宰采海在(咍上)

(3)宗经：古五府祖(模虞上)

(4)正纬：纬贵沸蔚(微去)

(5)辨骚：骚高劳豪(豪)

(6)明诗：含南参耽(覃)

(7)乐府：体陛启礼(齐上)

(8)铨赋：派画隘稗(佳去)

(9)颂赞：赞烂旦玩(寒去)

(10)祝盟：谈甘蓝惭(谈)

(11)铭箴：轨水履美(脂上)

(12)诔碑：立集泣戢(缉)

(13)哀吊：弄恸控送(东去)

(14)杂文：饱巧昴搅(肴上)

(15)谐讔：惫蒯诫坏(皆去)

(16)史传：孔总动董(东上)

(17)诸子：秀宙授囿(尤去)

(18)论说：论寸遯劝(元魂去)

(19)诏策：诰好蹈号(豪去)

(20)檄移：话败虿迈(夬)

(21)封禅：休彪幽虬(幽)

(22)章表：扆伟尾斐(微上)

(23)奏启：禁酖浸任(侵)酖字疑误。

(24)议对：课懦和播(歌去)

(25)书记：札讷拔察(黠)

(26)神思：孕应兴胜(蒸去)

(27)体性：诡髓紫靡(支上)

(28)风骨：并骋鲠炳(庚清青上)

(29)通变：业乏怯法(业乏)

(30)定势：承绳凝陵(蒸)

(31)情采：验赡艳厌(盐去)

(32)镕裁：瞰滥淡担(谈去)

(33)声律：近吻槿隐(殷文上)

(34)章句：恒朋腾能(登)

(35)丽辞：配载态佩(灰咍去)

(36)比兴：览胆敢涣(谈寒上)涣字疑误。或谓当为澹字之讹。

(37)夸饰：检渐琰玷(盐上)

(38)事类：亘郑赠懵(登去)

(39)练字：训分运奋(文去)

(40)隐秀：包爻交匏(肴)

(41)指瑕：驾谢化亚(麻去)

(42)养气：想养朗爽(阳唐上)

(43)附会：叠葉接协(葉怗)

(44)总术：门源繁存(元魂)

(45)时序：变卷选面(仙去)

(46)物色：合纳飒答(合)

(47)才略：禀锦甚品(侵上)

(48)知音：定订听径(青去)

(49)程器：德北则国(德)

(50)序志：智易义寄(支去)

这些例子虽然不多，但很重要。其中支、脂、微分用，齐佳分用，夬怪分用，歌麻分用，豪肴分用，尤幽分用，蒸登分用，侵、覃、谈分用，东韵、寒韵、德韵、黠韵、缉韵、合韵独用，都与《切韵》分韵相同。特别是二等韵佳、皆、夬、肴、勰等分别很清，夏侯该《韵略》也正是如此，足见夏侯书所代表的是江东语音。（我们不能说刘勰是按照夏侯书押韵，因为上列五十例中尚有与夏侯书不符合的。）夏侯书佳与皆、删与山有别，在梁代诗文押韵中也同样可以找到例证。（北周庾信佳与皆、删与山也很少同用。）《切韵》因承夏侯，二等韵一一分立，由此可以证明《切韵》分韵决不是主观的、人为的，其中所分多与齐、梁、陈之间江东音相合。

四

以上是就隋以前齐、梁、陈之间诗文押韵的情况来看的。不过，诗文的押韵，问题很复杂，有些韵一般通用不分的，如冬锺、先仙、阳唐、尤侯之类，也难以定其区别。因此，我们最好能利用具有反切的字书来与《切韵》相比较。

现存与《切韵》时代最接近而且收字最多、反切最完备的字书是梁代顾野王所著的《玉篇》。顾野王生于梁天监十八年（公元519），卒于陈太建十三年（公元581），吴郡吴人（今江苏苏州）。他在梁大同年间为太学博士，奉诏编撰《玉篇》。全书共收一万六千九百一十七字（见《封氏闻见记·文字篇》）。现在原书虽然只存八分之一强（日本所藏残卷约二千一百余字，可是日本空海的《万象名义》还保存了原书的全部反切）。根据《万象名义》和现存的原本《玉篇》残卷来考查，我们知道《玉篇》的韵类与《切韵》非常接近。主要的差别是《切韵》的脂与之、灰与咍、真与臻、尤与幽、严与凡诸韵从《玉篇》的反切来看都是一部。

殷与真、庚与清部分相乱。《切韵》其他各韵如东、冬、锺、江、支、微、鱼、虞、模、齐、佳、皆、泰、祭、夬、废、文、元、魂、痕、寒、删、山、先、仙、萧、宵、肴、豪、歌、麻、覃、谈、阳、唐、耕、青、侯、侵、盐、添、蒸、登、咸、衔等(包括上、去、入),《玉篇》都分别不混。(详见拙著《万象名义中之原本玉篇音系》。)由此可见《切韵》分韵不仅与齐、梁、陈之间(包括北齐、北周)诗文押韵的情况基本一致,而且与梁代吴郡顾野王《玉篇》的韵类几乎全部相同。特别值得注意的是一攝之内三等韵与四等韵之分与《玉篇》完全吻合。

这种事实更清楚地表明了《切韵》在韵的方面所采用的分类大都本之于南方的韵书(夏侯该《韵略》)与字书(顾野王《玉篇》)。回到前面所说,《切韵》的分韵主要是颜之推、萧该二人所决定的。颜之推论南北语言曾说:“冠冕君子,南方为优;闾里小人,北方为愈。”他既然认为士大夫阶级通用的语言南优于北,而他本人又原是南方士大夫阶级中的人物,他所推重的自然是南方士大夫的语音。《切韵》分韵既合于南朝夏侯该、顾野王之作,而二人都是梁朝士流,夏侯该曾读数千卷书,顾野王又为梁太学博士,他们所根据的必然是当时承用的书音和官于金陵的士大夫通用的语音。这与颜之推所提倡的也正相符合。然则《切韵》的语音系统也就是这种雅言和书音的系统无疑。

《切韵》完全采用北方音的地方究竟有多少,因为材料缺乏,不易考索。从《颜氏家训·音辞篇》我们知道在声母方面北人从邪、乘禅是有分别的,而南人相混,《玉篇》和《经典释文》都是如此。《切韵》从邪、乘禅有别,那一定是根据北方语音来定的。在韵类方面,北人与南人也颇有不同,颜之推曾指出北人支与脂、鱼与虞、洽与狎多不分,但北人脂与之有别,脂亦不与微相乱。如北齐陆卬、魏收、祖珽等人的诗文中之、微都是独用的,不杂一个脂韵字。《切韵》分脂、之、微为三韵，与北音一致。阳休之、李季节、杜台卿三家韵书这三韵也是有分别的。但就现存的材料从总的方面来看，《切韵》分韵还是从南者多。唐代人多指称陆韵为吴音，那未必就是无根之谈。（另详拙著《切韵与吴音》一文。至于唐代有人误以为法言为吴郡陆氏，那又是另外一回事。）

根据以上所说的一些材料来推断，《切韵》音系的基础，应当是公元6世纪南北士人通用的雅言。至于审音方面细微的分别，主要根据的是6世纪南方承用的书音。除此之外，过多的推度，就未必妥当了。

五

王显同志认为陆法言《切韵》是以洛阳音为基础，而兼采古音、方音的。（见《切韵的命名和切韵的性质》，《中国语文》1961年4月号）以事理而论，陆为北人，编制韵书，固应以河洛音为准，不过法言定韵，“乃述群贤（颜、萧诸人）遗意”，语其大别，从阳、李、杜三家韵书和北人诗文押韵情形来看，与洛阳、邺下之音当相去不远；言其细别，则与颜之推所举的南音，顾野王《玉篇》的分韵、梁代文人的押韵大半相同。（与陆德明《经典释文》的反切也多相合，因《玉篇》成书在前，故本文不再举《释文》为例。）所谓“洛阳音”，由于文献不足，我们知道得很少，空谈无益。即以北齐的民间歌谣和文人的诗文押韵而论，与《切韵》的分韵还有很多不同。北齐的邢劭和魏收都是幼年生长于洛阳的，卢思道和薛道衡同与颜、萧等人论韵，是久居于邺下的，他们的诗文用韵就与《切韵》不尽相合。邢劭元或与先押韵，咍或与皆押韵；魏收宵与豪同押；卢思道删或与山为韵；薛道衡支或与脂同用。这固然与文人用韵所要求的精密程度如何有关（南朝齐梁人的诗文用韵也同样有这种现象），但是我们要说《切韵》音系的基础是洛阳音，那只能是就分韵的大类来说，《切韵》韵类的细微区别实际上是依据南方士大夫承用的读书音而定的。至于北齐邺下或洛阳的读书音与南方相去多少，还无法说明。就颜之推所说而论，除崔子约、李祖仁等少数人以外，语音切正者不多，足见辨音分韵不如南方精切。

陈寅恪先生曾说东晋以后南朝士族所说都是洛阳旧音（见《东晋南朝之吴语》），又说《切韵》的语音系统不是当时某一地行用的方言，《切韵》所悬之标准音是东晋南渡以前洛阳京畿旧音之系统（见《从史实论切韵》）。这里面包括两方面的事情。从南朝与东晋南渡以前北方文化的关系来说，东晋南渡以后，士族仍保持有北方旧日的读书音，南方士族也浸染而操北语，这是历史事实。《切韵》音系与东晋南渡以前洛阳音有联系这也与语言发展的事实相合。洛阳在东汉、魏、晋是全国政治文化的中心，东晋南渡以后的金陵在学术文化方面承接洛阳之旧，来南的高门大姓，风范、语言累世相传，不坠故常，这也是完全可能的。这是一方面的事情。另一方面的事情是《切韵》的语音系统是不是就是东晋南渡以前的洛阳音，这要看《切韵》中声韵两方面实际的类别与西晋洛都音是否完全一致而定。但根据各方面的材料，我们看到西晋时代的语音并不与《切韵》相同。例如东中（东）不同部，邦降（江）不同部，奚妻（齐）不同部，梅回（灰）不同部，木六（屋）不同部，石易（昔）不同部，并与《切韵》有异。如果说《切韵》音就是东晋南渡以前的洛阳旧音，与历史事实不合。南朝士族仍操北音，未必就是西晋洛京之旧，其中必然有同有异；颜之推所重的音，是会理合时、相承应用的书音，古今之间，有通有变，而不是空悬鹄的，追摹前代。因此，我们不能单从文化历史一方面来看，就认为《切韵》所悬的标准音就是东晋以前的洛阳音。

总之,《切韵》是一部极有系统而且审音从严的韵书,它的音系不是单纯以某一地行用的方言为准,而是根据南方士大夫如颜、萧等人所承用的雅言、书音,折衷南北的异同而定的。雅言与书音总是合乎传统读音的居多,《切韵》分韵定音既然从严,此一类字与彼一类字就不会相混,其中自然也就保存了前代古音中所有的一部分的分别,并非颜、萧等人有意这里取方音,那里取古音。《切韵》的音系是严整的,是有实际的雅言和字书的音读做依据的。颜之推、萧该二人必然都能分辨,其他诸人也一定都同意这些类别。《切韵序》说:"魏著作谓法言曰:向来论难,疑处悉尽,何为不随口记之?我辈数人,定则定矣。"足见当时诸贤反复论难,剖别同异,而最后定出这样一个系统出来。这个系统既然是由南北儒学文艺之士共同讨论所得,必定与南北的语言基本都能相应。这个音系可以说就是6世纪文学语言的语音系统。所以研究汉语语音的发展,以《切韵》作为6世纪音的代表,是完全可以的。

《切韵》与吴音

唐代盛行诗赋，当时流行最广的韵书是陆法言的《切韵》。但是陆书分韵较细，为便于作诗押韵起见，唐初考试允许一些窄韵可以合用。《封氏闻见记》卷二《声韵》条说：

> 隋朝陆法言与颜魏诸公定南北音，撰为《切韵》，凡一万二千一百五十八字，以为文楷式。而先仙、删山之类，分为别韵，属文之士共苦其苛细。国初许敬宗等详议，以其韵窄奏合而用之。法言所谓欲广文路，自可清浊皆通者也。

许敬宗在高宗时为礼部尚书，封演所说奏《切韵》韵窄事可能就是在他掌礼部的时候。封演为代宗时人，他说《切韵》先仙删山有分，文士苦其苛细。这正反映唐代很多地方的语音与《切韵》不尽相同。许敬宗所奏请合用的都包括哪些韵固不可知，以先仙删山之例推之，佳皆、祭霁、清青、咸衔之类或者也在内。孙光宪《北梦琐言》卷九云："广明以前(公元880)，《切韵》多用吴音，而清青之字不必分用。"清青与先仙例正相同。

唐代各地的语音当然也不一样，而与《切韵》音相差较多的可能是北方音，因此就有《切韵》是吴音的说法。李涪《刊误》说：

自周隋已降，师资道废，既号传授，遂凭精音。《切韵》始于后魏，校书令李登撰《声类》十卷，梁夏侯该撰《四声韵略》十二卷，撰集非一，不可具载。至陆法言采诸家纂述，而为已有。原其著述之初，士人尚多专业，经史精练，罕有不述之文，故《切韵》未为时人之所急。后代学问日浅，尤少专经，或舍四声，则秉笔多碍，自尔以后，乃为要切之具。然吴音乖舛，不亦甚乎？上声为去，去声为上。又有字同一声，分为两韵。且国家诚未得术，又于声律求人，一何乖阔？然有司以一诗一赋而定否臧，音匪本音，韵非中律，于此考核，以定去留，以是法言之为，行于当代。法言平声以东农非韵，以东崇为切；上声以董勇非韵，以董动为切；去声以送种非韵，以送众为切；入声以屋烛非韵，以屋宿为切。又恨怨之恨，则在去声，很戾之很，则在上声；又言辩之辩，则在上声，冠弁之弁，则在去声，又舅甥之舅，则在上声，故旧之旧，则在去声；又皓白之皓，则在上声，号令之号，则在去声。又以恐字恨字俱去声。今士君子于上声呼恨，去声呼恐，得不为有知之所笑乎？又《尚书》曰“嘉谋嘉猷”，法言曰“嘉予嘉猷”。《诗》曰“载沉载浮”，法言曰，“载沉载浮（伏予反）”。夫吴民之言，如病瘖风而噤，每启其口，则语戾喎呐，随笔作声，下笔竟不自悟。凡中华音切莫过东都，盖居天地之中，禀气特正。予尝以其言证之，必大哂而异焉。且《国风·杕杜》篇云：“有杕之杜，其葉湑湑。独行踽踽。岂无他人？不如我同姓。”又《小雅·大东》篇曰：“周道如砥，其直如矢，君子所履，小人所视。”此则不切声律，足为验矣。何须东冬中终妄别声律，“诗”，“颂”以声韵流靡，贵其易熟人口，能遵古韵，足以咏歌。如法言之非，疑其怪矣。予今别白去上，各归本音，详较重轻，以符古义。理尽于此，岂无知音？其间乖舛既多，载述难尽，申之后序，尚愧周详。

李涪，据孙光宪《北梦琐言》卷九云是陇西李福之子。李福，《旧唐书》卷一百七十二附见《李石传》。福于文宗太和七年登进士第，曾为商郑汝颍四州刺史，户部尚书，僖宗乾符间为宰相。史书称为陇西人，可能是原来的郡望，未必生于陇西。李涪这一段话很重要，他用晚唐洛阳音和《切韵》音比较，力斥《切韵》与中州音不合，而且指明陆法言《切韵》是吴音。这说明当时北方人对《切韵》并不满意。

误认为《切韵》是吴音，据唐人记载，这与误以为陆法言是吴郡陆氏有关系。赵璘《因话录》卷五说：

又有人检陆法言《切韵》，见其音字，遂云：“此吴儿真是翻字太僻！”不知法言是河南陆，非吴郡也。

赵璘的先世是穰人（今河南邓县），他是关中贵族柳澹的外孙，他在开成三年及进士第，在武宗宣宗时为官。赵璘以后，僖宗昭宗间陕西武功人苏鹗所著《苏氏演义》也指出法言不是吴人。《苏氏演义》说：

陆法言著《切韵》，时俗不晓其韵之清浊，皆以法言为吴人而为吴音也。且《唐韵序》云隋开皇初仪同刘臻等八人诣法言论音韵曰：“吴楚则多伤轻浅，燕赵则多伤重浊，秦陇则去声为入，梁

> 益则平声似去。”此盖研穷正声，削去纰缪也，岂独取方言乡音而已哉？洎孙愐等，论音韵者二十余家，皆以法言为首出。薛道衡，隋朝之硕儒，与法言同时，尝与论音韵，则岂吴越之音而能服四方之名人乎？盖陆氏者本江南之大姓，时人皆以法言为士龙、士衡之族，此大误也。法言本代北人，代为部长大人，号步陆孤氏。后魏孝文帝改为陆氏。及迁都洛阳，乃下令曰：“从我入洛阳，皆以河南洛阳为望也。”当北朝号四姓，穆奚於皆位极三公，比汉朝金张许史，兼贺娄蔚，谓之八族。后魏征西将军东平王陆俟生馛、归、骐驎、馥，皆相继为黄门侍郎。驎孙爽，隋中书舍人，生法言，正言。正言，隋朝承务郎。

苏鹗与李涪同时，特论正与李涪相反。他指出法言本代北鲜卑人子孙，并非吴郡陆，这是很对的。关于法言是陆俟的后人的一段话与《元和姓纂》河南陆氏条大致相同。《北史》卷二十八《陆俟传》也说俟为代人，俟季子骐驎，骐驎子孟远，孟远子槩之，槩之子爽，爽子法言。《魏书》卷四十《陆俟传》孟远作顺宗，可能就是一个槩人。法言祖名槩之，所以《切韵序》称李季节而不称李槩。骐驎，则是法言的高祖。苏鹗说陆爽为驎孙，世代有误。陆爽，《隋书》卷五十八有传。《陆爽传》说爽为魏郡临漳人，祖顺宗，父槩之，子法言，郡望与《北史》不同。陈援庵先生于1936年曾著《切韵与鲜卑》一文(见1936年8月6日《大公报》《图书副刊》)，在据《元和姓纂》、《北史》等书考证陆法言先代世次之余，并指出：

> 至于郡望，《魏书》于鲜卑例称代人，迁洛以后，则称河南洛阳人。今《隋书·爽传》不称河南洛阳人，而称魏郡临漳人，盖爽

父仕北齐，此从北齐迁邺以后之称，非郡望有异也。

这些都可以证明法言为河南陆，而非吴郡陆。《隋书·陆爽传》不称为河南洛阳人，而称为魏郡临漳人，所以很少有人知道法言为鲜卑人之后。赵璘、苏鹗所言与《北史》完全相合。李涪虽然没有说陆法言就是吴人，但从他对吴人之言妄加讥笑一段话来看，可能正如苏鹗所说误以法言为吴人而为吴音。李涪曾为国子祭酒，对陆法言尚且有这种误解，当时持同样见解的人一定很多，所以赵璘、苏鹗才提出来加以驳正。

陆法言不是吴郡陆而是河南陆已无疑问，而当时人所以指称《切韵》为吴音还要从两方面来看：一方面固然与误以为陆法言为吴人有关，但另外一方面一定也由于陆法言书有不少地方是接近于吴音的。二者正互相迁涉。可惜有关这一方面的记载不多。除李涪《刊误》所记以外，还有一些论到吴音的材料，如：

(1)唐试太常寺奉礼郎景审在慧琳《一切经音义序》中说：

> 古来音反多以傍纽而为双声，始自服虔，元无定旨。吴音与秦音莫辨，清韵与浊韵难明。至如武与绵为双声，企以智为叠韵，若斯之类，盖所不取。近有元庭坚《韵英》及张戬《考声切韵》，今之所音，取则如此。

(2)又开成五年顾齐之《序》云：

> 又音虽南北，义无差别。秦人去声似上，吴人上声似去，其间失于轻剽，伤于重浊。

(3)慧琳《音义》卷一《大唐三藏圣教序》“覆载”条下云：

上敷务反，见《韵英》，秦音也；诸字书音为敷救反，吴楚之音也。

(4)慧琳《音义》卷四《大般若波罗蜜多经》卷三百六十三“茂盛”条下云：

上莫候反，吴楚之音也。《韵英》音为摸布反。

(5)慧琳《音义》卷十二《大宝积经》卷二十七“堆阜”条下云：

下扶久反，吴楚之音也。《韵英》云：音扶武反。

(6)日本释中算《法华经释文》卷上《序品母字》下引麻杲云：

美诂反，古《切韵》用吴音，作莫厚反。

慧琳疏勒国人，唐大兴善寺僧。《音义》作于德宗时(建中末年创始)，到宪宗元和二年才完成。景审《序》说慧琳音字取自元庭坚《韵英》和张戬《考声切韵》。宋钱易《南部新书》卷五(戊)说：“天宝时翰林学士陈王友元庭坚撰《韵英》十卷，未施行，而西京陷胡，庭坚卒。”据此可知元庭坚《韵英》作于玄宗天宝年间。元庭坚的里贯已无可考。唐代元氏郡望大都为河南，即洛阳，如元结、元稹等都是。张戬，王国维说："其人见《唐书·宰相世系表》，官至泗州刺史。其弟锡，相武后、温王，则戬亦伪周时人。"(见《观堂集林》卷八)按张锡为山东武城人，《唐书》有传。由此可知张戬也是北方人。所作《考声切韵》字音与《韵英》当极接近，否则，慧琳书就不会与《韵英》同时采用。

释中算《法华经释文》引麻杲，麻杲无考，所作有《切韵》五卷，见《日本见在书目》。日本源顺《倭名类聚抄》和信瑞《净土三部经音义集》也都引到麻杲书。

慧琳《音义》说《韵英》的音是秦音，所举的覆字、阜字都是《切韵》尤韵系的字。《切韵》覆字在宥韵，阜字在有韵，慧琳说覆音敷救反、阜音扶久反都是吴楚之音，正指《切韵》而言。《韵英》覆音敷务反，务《切韵》为遇韵字，阜音扶武反，武《切韵》为麌韵字，这都表明《切韵》尤韵系轻唇音字《韵英》都读同麌韵系。再看李涪《刊误》所说"《尚书》曰：'嘉谋嘉猷'，法言曰：'嘉予嘉猷'，《诗》曰：'载沉载浮'，法言曰：'载沉载浮伏予反'"，也是同样的问题。《刊误》今本两"予"字均为"矛"字之误(宋《百川学海》本已如此)。《切韵》"矛""谋"同音，都在尤韵，"浮"字即"阜"字平声，也在尤韵，所以李涪说法言"嘉谋"音"嘉矛"，"载浮"的"浮"音"伏矛反"。李涪的意思是陆法言既然"谋"与"矛"同音，而"浮"字不当作伏予反。这表明李涪所说的洛阳音"谋""浮"二字不同韵。"浮"字一定也同《韵英》的"覆""阜"二字音一样归入虞韵。至于"谋""矛"二字为重唇音，李涪如何读不可知。推想不读如侯韵(王国维摹本《切三》音莫侯反)，即读入模韵(与模同音)。考慧琳《音义》卷十四《大宝积经》卷六十八"矛矟"条下云："上莫侯反，《韵英》音暮蒲反。"莫侯反依上文所引慧琳文例也应当说吴楚之音，而《韵英》"矛"音暮蒲反，正读同模韵。今本《刊误》两"矛"字错为"予"字，所以学者多不得其解。王国维未加深考，而以为李涪的意思是在论鱼模不须分别(见《观堂集林》卷八第二十六页)那是错误的。因为《切韵》一系韵书“谋”“予”绝不同音。根据慧琳所引《韵英》的读音就可以了解李涪所说的实际意义了。

至于麻杲《切韵》“母”字音美诂反，“诂”字陆法言《切韵》在模韵上声姥韵，“母”字则在侯韵上声厚韵，麻杲以莫厚反为吴音，改用美诂反，是“母”字读入模韵系。慧琳《音义》引《韵英》“茂”字音摸布反，也正与麻杲音“母”为美诂反相同。“茂”《切韵》为侯韵去声候韵字，“布”为模韵去声暮韵字。《韵英》“茂”音摸布反，则读入暮韵，与暮字同音。慧琳《音义》卷六十《根本说一切有部毗奈耶律》卷二十八“耸茂”条“茂”即音暮。那就是根据《韵英》一类的书来注的。由此可见《切韵》侯韵系的唇音字《韵英》已归入模韵系，而麻杲《切韵》与《韵英》也正相同。这两种书都应是根据唐代北方音来作的。证之李涪《刊误》,《切韵》尤侯两系唇音字读入虞模两系，关中音与洛阳音完全相同。元和十一年白居易作《琵琶行》以住、部、妒、数、污、度、故、妇、去等字为韵也正是同样的现象。

又景审《一切经音义序》说：“至如武与绵为双声，企以智为叠韵，若斯之类，盖所不取。”这都指不取《切韵》音而言。《切韵》一系书仙韵“绵”音武连反，去声寘韵“企”音去智反，与景审所说正相合。“武”“绵”《切韵》是双声，所以用“武”切“绵”，景审说慧琳不取，可证“武”字已不读重唇。“企”“智”二字《切韵》一系书同收支韵去声寘韵，而且以“智”切“企”。(《广韵》企又见上声纸韵，音丘弭反，非陆书之旧。王写本《切三》纸韵中尚无企字。)但慧琳《音义》卷一百《肇论》上卷“企怀”条“企”音诘以反，与“企”同音的“跂”字，或音诘氏反(见卷四十五“足跂”条)，或音诘以反(见卷五十三“踱跂”条和卷七十九“跂行”条)，或音诘纸反(见卷九十八“鸟跂”条)。“企”“跂”都读上声，不读去声。

“氏”“纸”二字《切韵》都是支韵上声纸韵字，“以”则在之韵上声止韵。慧琳在“跂”下引《考声》云：翘足也。跂作上声读当出自张戬书。慧琳《音义》卷八十六“跂凤”条“跂”音“企”，足证“企”字音诘以反不误。如此说，“企”字不仅不读去声，而且可以与上声止韵同韵，所以景审指出《切韵》“企”以“智”为叠韵，今所不取。玄应书则“企”仍作去声读。

景审以吴音与秦音对举，慧琳书以吴楚音与秦音对称，足见当时北方音不同于南方音。慧琳为疏勒人，来至长安，可能止习熟关中话，所以就以秦音与吴楚音对言。王国维说：“陆韵者，六朝之音也。《韵英》与《考声切韵》者唐音也。六朝旧音多存于江左，故唐人谓之吴音，而以关中之音为秦音。故由唐人言之，则陆韵者，吴音也，《韵英》一派，秦音也。”（见上举一文）李涪以为《切韵》完全就是吴音，那是不对的。因为《切韵》音的基础是公元 6 世纪南北通用的雅言，分韵辨音是采取以前南北诸家韵书之长，而不是以一方方言为准。封演说：“陆法言与颜魏诸公定南北音，撰为《切韵》。”苏鹗说：“此盖研穷正声，削去纰缪也，岂独取方言乡音而已哉?”这些话都是正确的。不过《切韵》在审辨声韵方面受颜之推等人的影响承袭南方读书音的地方比较多，到了唐代，北方语音又有了新的发展（如上声全浊声母字变为去声），所以有很多人把陆韵的音称为吴音。如果认为仅仅是由于误以为陆法言为吴郡人因而说陆韵为吴音，那还不是完全正确的解释。

唐五代韵书集存总述

韵书是按照字音分韵编排文字的一种书。远自魏晋时期应用反切注音的方法盛行以后，就开始有了粗疏的按音分字的韵书。后来为经籍作音的书不断增多，学者在通习书音反切的过程中提高了辨音的能力，而且逐步有了系统的音韵知识，韵书才有了新的发展。在南北朝时期，分别纽韵、区分四声的韵书相继产生。如梁夏侯该、北齐阳休之、李槩以及杜台卿等各有述作，而审音分韵，互有异同。到隋代统一南北以后，临漳(即邺城)陆法言根据颜之推、萧该、魏彦渊、薛道衡等人的讨论，参酌南北韵书，编定为《切韵》五卷(公元601)，着重保持了当时传统书音的音位系统，并参校河北与江东语音，辨析分合，而不以一地方音为准，以利于南北人应用。虽然自成一家言，而实际上是为了适应当时政治统一形势的需要而作的。(详见拙著《问学集》中《切韵的性质和它的音系基础》一文)。

到了唐代，文人用力于诗赋，离不开韵书，于是《切韵》大行于世。可是陆法言书重在分辨声韵，所收文字和义训并不详备，因此在唐代又有不少种增修的韵书。这些韵书大抵因承陆法言《切韵》，而又有所增益和变革。增益包括增字，增注，还有增加又音和异体字。变革包括改变体例韵次，改换反切用字和分韵加细。陆书分为193韵，常用的字大都没有训解，一韵之内，每纽第一字下先记反切和又音，次记一纽的字数，如果本字有训解，则先列训解后列反切。字有异体，则注云“古作某”、“或作某”。唐人所修的韵书，见于记载的有二十余家。现在流传下来的写本或刻本，保存比较多的主要是长孙讷言的笺注、王仁昫的刊谬补缺切韵和孙愐唐韵一类的书。这三种书的类例各不相同。

长孙书作于高宗仪凤二年(公元677)，重点在于以《说文》订补《切韵》，体例因承法言之旧，而字数略有增加，所增的文字大体都出自《说文》。原书的文字形体和义训与《说文》不相合的，多据《说文》增加案语，笺记于原注之末。一纽的字数如有增加，则记载字数时注明“几加几”。

王仁昫书作于中宗神龙二年(公元706)(拙作《王仁昫切韵著作年代释疑》已有考证，在《问学集》内)，全书分为195韵，韵次同于法言书，但增多了与平声“严”韵相承的上去两韵，反切大都依据陆书，而重点在于增字加训。原书没有训解的，一律补加训解；原书没有收录的字，都用朱书补缀于每纽之末。每纽第一字下不先出训解，而先出反切，次出训解。最后注一纽收字的总数，但不再注明“几加几”。至于异体或又音，一般都列在训解之后。王韵在小纽第一字下先出反切，那么，按音检字，就更为便利了。

孙愐《唐韵》作于唐开元二十年(公元732)之后。据清人卞永誉《式古堂书画汇考》所记明项元汴所藏宪宗元和九年(公元814)的《唐韵》写本，分类总数与王仁昫书相同，所收文字为一万五千字，最大的特点乃是增加训释。可是清末民国初年，蒋斧印的《唐韵》则又是在孙愐以后的一种《唐韵》，分韵已经进一步增多。“真”、“寒”、“歌”平上去各分为两韵，入声“质”、“末”也各分为二。全书总有二百零四韵。其注文之繁密，亦前所未有，这与项本孙愐《唐韵序》中所说注释的情况是相合的。书中每纽第一字下先出训解，后出反切和义音，最后记出一纽字数，与陆书、长孙书相同。(惟入声“乏”韵先出反切，后出训解，与王韵相同。)若字有增加，则一律注明“几加几”。惟前一数字指一纽总数，后一数字指总数内所增的字数，体例与长孙笺注一类的书所说的“几加几”涵义不同。更值得注意的是书中的反切用字改变极多，已非陆法言之旧，这是很大的变易。其后，韵书又有了新的发展。不仅收字加多，注释加详，而且分韵也增多，其中有多到二百一十一韵的。以平声为例，除“真”“谆”、“寒”“桓”、“歌”“戈”分立以外，又从“仙”韵分出合口字，称为“宣”韵，有的又从“齐”韵中分出“栘”“臡”二字为“栘”韵，审音分韵更加精细。有的韵书一韵的纽次还改为按声母的五音类属来排列，秩然有序，这又是一种创新的体制了。

以上所说这些书同是以陆法言《切韵》为基础而发展出来的，音系的大类并没有很大的改变；但从书的体制上来说，《唐韵》以后的韵书和《唐韵》以前的韵书很有不同。可以说：分韵加多和注释增繁是这一系韵书发展的一个总的趋势。分韵加多，主要是把《切韵》中一些开合口字都比较多的韵书分为两韵，以便于寻检。注释增繁，不仅是增加义训，而且增加了不少解释名物和详述姓氏的材料。这样，韵书就兼有多方面的用处，更符合社会的需要。所以到五代刻板盛行以后所刻的韵书都是这一类的。

现在所集的唐五代本韵书种类比较多，其中有些零篇断简，其书名和作者都无可考。不过，根据上面所说的几种韵书的体例、性质和内容来互相比证，也可以寻绎出这些韵书的类别和各类书彼此之间的关系。比证是很有用的方法。现在本书所分的七类，即(1)陆法言《切韵》的传写本，(2)笺注本《切韵》，(3)增训加字本《切韵》，(4)王仁昫《刊谬补缺切韵》，(5)裴务齐正字本《刊谬补缺切韵》，(6)《唐韵》写本，(7)五代本韵书，只是一个粗疏的类别，是根据韵目、韵次、收字、反切和注文等几方面来分辨异同而加以排比的。每一种书所安排的地位都是经过与其他写本反复比较而确定的。凡性质和特点相近的就归为一类。一类之内，有的是同一种书的不同写本，有的只是性质相近的几种不同的书，其中又以体制和内容相似与否比次先后。类与类前后的安排，主要是从韵书发展的趋向来定的。事物总是不断发展的。最初编韵详于音或字体，其后乃详于训解，趋于时要，进一步则辨音加细，训释益繁。根据这样一种情况，大体也就可以排出一个先后次第来。

这些韵书，书写的年代有早有晚，但大都为册叶装，也就是古人所说的叶子本。每一种写本都不免有脱落和错字。错字有因形近或因承上文而误的，有因声相同或相近而误的。由音近而讹的，有时也会透露出一点当时写书人口里读音的情况，值得注意。写本的通例是在韵目上用朱笔记出韵目的数次，韵目有的也用朱笔来写。每韵小纽第一字上大都加上朱点，以便寻览。有的写本在记一纽的字数时也用朱笔，这是在写完之后经过检校而再加上的。不过，有些写本就直用墨书。另外，唐人写字在偏旁方面有不少通俗的写法。例如“互”作“牙”，“氐”作“互”，“扌”作“才”，“侯”作“使”，“匹”作“疋”，“匱”作“遺”，翻阅较多，自然可以熟悉。原来书写的时候，也有由于一时疏忽而写错的，写者多在字旁加一墨点，或加三点，表示这个字是不要的。有时把上下两个字写颠倒了，写者就在下字旁加一倒笔“丨”做标识。如斯二〇五《切韵》卷首有“伯加千一字”一行，“一”字旁有“丨”，这表明原文是“一千”而不是“千一”，因为写时笔误，所以在“一”字旁加倒笔“丨”来改正。这类例子是常见的，我们不应当读为“千一”，应当依写书人的指示读为“一千”。在《敦煌掇琐》一书里往往把字写错，这与不明唐人书写的习惯有关系。唐人韵书中注文与正文相同的字多半用“⺀”来表示，“⺀”即由古代的“二”字来的。五代刻本当中也有不用“⺀”而用一竖线“丨”来表示的，这又是晚出的简易的办法。

陆法言《切韵》所表现的是南北朝齐梁时期传统书音的一个音韵系统，并非一时一地之音，这在前面已经说过了。到了唐代，南北语音又有了改变，科举考试，作诗押韵，虽以《切韵》为准，但文人苦其苛细，不得不略有变通。可是上层的读书人仍然以《切韵》作为论音的依据，所以唐人所修的韵书几乎都没有脱离《切韵》的成规，即使有人别创新裁，也很少流传下来。现在所看到的这些韵书当中既没有《韵诠》、《韵英》那一类完全革新的书，也没有发现与《广韵》韵次完全相同的韵书。其中比较特殊的是裴务齐正字本《刊谬补缺切韵》和五代刻本《切韵》。裴本《切韵》改革韵次，五代刻本《切韵》改变纽次，这都反映出一部分唐人语音的情况。

在反切方面，这些书里互有异同。其中有些只是用字上的差异，与音类不相涉，但也有些牵涉到读音的问题。属于用字上的改变，各书的情况不同。在用字上为什么要改变，还不完全清楚。稍能理解的有两种情况：一种是为避讳而改字。例如王仁昫书作于中宗时，为避太宗讳改“民”为“名”（入声质韵“蜜”字，民必反，改为名必反），为避高宗讳，改“治”为“直”（平声锺韵“重”，治容反，改为直容反；去声御韵“筯”，治据反，改为直据反），为避中宗讳，改“显”为“典”或“茧”（上声铣韵“铣”，苏显反，改为苏典反；“典”、多显反、改为多茧反）。又如蒋斧印本《唐韵》避睿宗讳改“旦”为“案”或“旰”（去声翰韵

“翰”，胡旦反，改为侯旰反；“旰”，古旦反，改为古案反）。另一种是反切上字不用正纽字，而改用旁纽字。在《切韵》里有不少用同一韵系的同纽四声字作切语的，这就是古人所谓的正纽字。例如脂韵“葵”音渠隹反；上声“揆”则音葵癸反；又平声“逵”音渠追反，去声“匮”则音逵位反；这些都是正纽字互切的例子。可是从《唐韵》以后就略有改变。例如虞韵去声遇韵的“树”字，王韵作殊遇反，“殊”即“树”之平声，蒋本《唐韵》则作常句反；又同韵“芋”字王韵音羽遇反，羽为“芋”之上声，《唐韵》则作王遇反；“常”与“殊”、“王”与“羽”声同而不属于同一韵系，这就是旁纽双声。反切用字的改变，在《唐韵》中最多。至于改变切语而涉及到读音问题的，主要是声母中的唇音、舌音和匣母用字的改变。例如支韵“铍”字，王韵音敷羁反，当本于陆法言书，而笺注本《切韵》二改作普羁反；同韵“卑”字，笺注本一音符移反，而裴本《切韵》作必移反。又脂韵“邳”字切韵音苻悲反，而笺注本二作蒲悲反；同韵“胝”字，笺注本一作丁私反，笺注本二则改作陟夷反。文韵“云”字，笺注本一作户分反，王韵则作王分反；同样，月韵“越”字，笺注本一作户伐反，王韵则作王伐反。觉韵“斲”字，笺注本一和王韵音丁角反，《唐韵》则改竹角反。又月韵“怖”字，笺注本一音匹伐反，《唐韵》则作拂伐反。这些都表明韵书的编者或写者为切合语音的实际情况对反切不免有所改动。不过，把反切完全彻底地一一加以修订的书并没有发现。

在文字方面，这些书中以王仁昫书所收的异体和通俗字体最多。我们要了解唐代文字的通常写法，这是最有用的书了。书中所载的通俗字体，如趋、埽、胥、吴、来、缠、儁、乔、将、潜、绳、隐、庿、袜、宋等都是承用已久的简体字，很多至今仍然通用。刘復作《宋元以来俗字谱》止取宋元以后的字，而没有上求之唐代（如《干禄字书》之类），未免数典忘祖。

在注释方面，陆法言书原来是非常简略的，从长孙讷言据《说文》补加一些训解以后，到王仁昫作《刊谬补缺切韵》，每字都有了训释，不过还比较简要，惟自裴本《切韵》以后，韵书训释增多，一字往往数训，而且引书增繁。以裴本而论，除引《五经》、《说文》以外，还引到《论语》、《孟子》、《吕氏春秋》、《韩诗外传》、《淮南子》、《东观汉记》、《独断》、《尔雅》、《方言》、《释名》、《广雅》、《字林》、《汉书音义》、《字书》、《玉篇》、《山海经》、《荆南异物志》、颜师古《汉书集注》等书以及汉魏晋之间的辞赋；而蒋本《唐韵》则引书更加繁富。如《埤苍》、《声类》、《韵略》、《纂文》、《文字集略》、《字统》、《文字指归》、《音谱》以及《国语》、《庄子》、《风俗通》、崔豹《古今注》、《列仙传》、《三国志》、《晋书》、《神异经》、《南越志》、何氏《姓苑》等书，以前各韵书都不曾称引，而且在不常见的字下大都注明出处。下至五代传刻的一些韵书，踵事增华，文字加多，训释也更趋详密，甚至还引及《文选》中的乐府诗。宋代所修的《广韵》就是承袭这一类晚出的韵书而来的。

总起来说，现在所见的这些韵书就是唐代在不同时间内所流行的一些字典。其中的文字音训固然多以前代书籍为本，但也登录不少口语中通行的词。有些字的写法可能与现代不同，而词义与现代仍有不少是一样的。因此，这些韵书对研究近代汉语文字、语音以及词汇特别是词义各方面发展的历史都是极其有用的资料。

唐五代的北方语音*

中国汉语语音的发展，自上古到现代可以分为几个时期。先秦可以称为上古前期，两汉可以称为上古后期；魏晋宋可以称为中古前期，齐梁陈隋可以称为中古后期；唐宋可以称为近古时期，元明清可以称为近代时期；自清朝灭亡以后到现在可以称为现代。每个时期都各有特点。

陆法言的《切韵》所表现的语音系统是齐梁陈隋时期的读书音的系统。陆法言辨别古今南北音，重分而不重合。在唐代虽然还作为科举考试作诗作赋押韵的准则，但实际的语音已经有了新的发展，声韵的类别已不完全跟《切韵》相同。因此在考试时也不得不有所变动。封演《闻见记》卷二“声韵”条说：

> 隋朝陆法言与颜、魏诸公定南北音，撰为《切韵》，凡一万二千一百五十八字，以为文楷式；而先仙删山

---

* 本文是向第十五届国际汉藏语言学会议提出的论文。1984 年曾在日本东京大学作过公开演讲。

之类分为别韵，属文之士共苦其苛细。国初许敬宗等详议，以其韵窄，奏合而用之，法言所谓“欲广文路，自可清浊皆通”者也。

又孙光宪《北梦琐言》卷九有一条说：

广明①以前，《切韵》多用吴音，而清青之字，不必分用。

根据这样的记载，我们可以知道唐代语音的韵类已有并合，并不都跟《切韵》的分韵相同，礼部取士不得不许其通用。但实际的语音并合的韵类还要多。礼部因为要照顾四方不同的方音，只能并合各地方音相同的一些韵，南北方音差别较多的一些韵就不一定要根据某些地区的读音加以并合了。例如“微”韵应当是一个独用的韵部，可是我们看到有这样的例子：

唐代史学家刘知幾字子玄，著有《史通》。他因避唐玄宗李隆基讳，以字行。按“几”是“微”韵字，“基”是“之”韵字，当时北方“几”“基”两字一定同音。

又《封氏闻见记》卷四“匭使”条说：

天宝中，玄宗以“匭”字声似“鬼”，改“匭使”为“献纳使”。乾元初②复其旧名。

按“匭”为旨韵字，“鬼”为尾韵字。据此可知当时脂、微两韵的合口字

① 唐僖宗年号，公元 880 年。

② 肃宗，758 年。

音同。

这两个例子说明北方“微”韵跟“脂”、“之”两韵不分，而礼部取士并不曾把“微”韵并入“脂”、“之”两韵。由此也可以知道唐代北方的语音确实跟《切韵》不完全相同。

要了解唐代语音的实际情况，我们可以利用的书籍和资料很多。单就研究北方的语音系统来说，我曾借重于以下几种材料：

一　韵书一类

1. 裴务齐正字本《刊谬补缺切韵》①——这部韵书有很多特点，韵部的排列次序不同于陆法言《切韵》。如“阳”“唐”两韵列于“江”韵之后，“登”韵列于“文”“斤”两韵之后，“删”“山”“无”三韵列在“先”“仙”两韵之后，“佳”韵次于“歌”“麻”两韵之间等等都反映一些实际的语音情况。

2. 武玄之《韵诠》的韵目——《韵诠》已佚。日本安然的《悉昙藏》(收《大正新修大藏经》内)卷二曾引到《韵诠》的五十韵头：

罗　家　支　之　微　鱼　虞　模　佳　齐　皆　移　灰　哈

萧　宵　周　幽　侯　肴　豪

东　冬　江　锺　阳　唐　京　争　青　清　蒸　登　春　臻

文　魂　元　先　仙　山　寒　琴　岑　覃　谈　咸　严　添

盐

其中没有《切韵》的“脂”(并入“之”)、“殷”(并入“文”)、“痕”(并入“魂”)、“删”(并入“山”)、“衔”(并入“咸”)、“凡”(并入“严”)几韵，而多“移”“岑”两韵。武玄之可能是武后时人。从韵目的归并和韵目的

① 见拙著《唐五代韵书集存》，中华书局，1984年。

排列次第上来看，都反映出一些语音情况。

3.《守温韵学残卷》——守温是晚唐时代南汉（陕西兴元府）的比丘。[①] 书中列字母为三十。后有辨“类隔切”一段，列有“切轻韵重例”和“切重韵轻例”，举“方美切鄙”和“疋问切忿”等为例，由此可知唇音已有轻重之分。残卷中又有“辨声韵相似，归处不同”一段，详举“不”、“芳”两母（即宋代等韵书中的“非”、“敷”两母）的字对列，又由此可知“不”“芳”两母字已多不能分。

二 字 书

1. 颜元孙《干禄字书》——颜元孙生于唐高宗时，京兆长安人。这部书里有些韵是不分的。如脂之，齐祭，灰咍，先仙，萧宵，覃谈，庚清，盐添之类不分，都跟《切韵》不合。可知《切韵》中的同一摄的一等、三等的重韵和同一摄的三等与四等大都并合为一部。

2. 张参《五经文字》——张参，泾州人（甘肃泾川）。《五经文字》作于代宗大历十年（公元 775）。书中“轻唇”与“重唇”、“舌头”与“舌上”在反切上都分别很清楚。韵部方面，并合的较多。如东冬。支脂之微，佳皆，灰泰，祭霁，真殷，删山，先仙元，覃谈，庚耕，清青等都不分。这跟《干禄字书》的分韵相似，而同一摄的二等重韵都合而为一部，在这本书里表现得很清楚。

3.《俗务要名林》——这是唐代流行在西北的一种分事类编排的杂字书，出自敦煌石室，有音有义，刘复先生所编的《敦煌掇琐》收有法国巴黎国家图书馆藏本（伯希和编号 2609）。但英国伦敦大英博物馆藏

① 参看拙著《读守温韵学残卷后记》，《问学集》上册，中华书局，1981 年。

有另一本(斯坦因编号 617)存字比巴黎本多。① 这部书所注的反切很清楚是唐代当时某地区的读音，跟《切韵》、《广韵》音不同。我们可以举一些例子来看。

支脂之微不分：

箕居机反　机居疑反　缡力之反　梨力之反　醨力之反

脂职离反　胑音夷　鸱处之反　淇勤衣反

《广韵》缡、醨是支韵字，梨、鸱、脂是脂韵字，箕、胑、淇是之韵字，机是微韵字。

先仙不分：

线私见反　翦资典反　煎则见反　箭谘见反　溅津见反

《广韵》这些字都是仙韵系字，而这些反切的下字“见”、“典”二字都是先韵系字。

庚耕不分：

鹦焉庚反　莺鳥庚反　虻莫耕反

前两个字《广韵》入“耕”韵，后一个字入“庚”韵。

盐严不分：

钳巨严反　淹於严反

这两个字《广韵》都归“盐”韵。

佳皆不分：

樟薄皆反②　稗彭拜反

这两个字《广韵》都是佳韵系字。

真韵合口与文韵不分：

① 见拙著《俗务要名林校注》(未刊)。

② 樟。《广韵》作“簰”，《集韵》收有“樟”字，两字是异体。

粉不准反

此字《广韵》在"吻"韵，而"准"是"轸"韵字。

山删不分：

板博限反

此字《广韵》在"潸"韵，而"限"是"产"韵字。

黠辖不分：

辖行八反

"八"为"黠"韵字，"辖"为"辖"韵字。

陌麦不分：

垎胡革反　珀普革反　白彭革反　格胡革反

蚝睹革反　搦奴麦反

"革"、"麦"在《广韵》入麦韵。而这些被切字都是"陌"韵字。

侯韵上声"厚"韵唇音字归入"模"韵上声：

亩莫补反

佳韵去声合口字"话"字归入"麻"韵去声，音胡霸反。

喻母三等字读近匣母：

纬玄贵反　　揁王忽反

这两个字都是合口字。《广韵》纬于贵反，揁户骨反。

三　音义书

慧琳《一切经音义》——此书成于唐宪宗元和初年，前面有南阳人景审序。序文称："古来音反，多以傍纽而为双声，始自服虔，元无定旨，吴音与秦音莫辨，清韵与浊韵难明。至如'武'与'绵'为双声，'企'以'智'为叠韵，若斯之类，盖所不取。近有元庭坚《韵英》及张戬《考声切韵》，今之所音，取则于此。"

按书中所载，《韵英》的音是秦音，而称陆法言《切韵》为吴音。如卷一《大唐三藏圣教序》“覆载”条下云：“上敷务反，见《韵英》，秦音也；诸字书音为敷救反，吴楚之音也。”又卷四《大般若波罗蜜多经》“浮泡”条下云：“上辅无反，……吴音薄谋反，今不取。”同卷“茂盛”条下云：“上莫候反，吴楚之音也；《韵英》音为摸布反。”由此可知慧琳音所采用的是天宝末年元庭坚《韵英》的读音。《韵英》音所代表的当是唐代的关中音。关中音跟《切韵》音很不相同。

除以上所举者外，我们还看到有下列一些现象：

风音封(卷二“风狂”条)。锋音芳空反(卷四“锋利”条)。

这表现东锺不分，而且轻唇音后失去i音。

熙音虚饥反(卷一“熙怡”条)，又音希(卷十“熙怡”条)。颐音以伊反(卷一“颐颔”条)。绮音欺纪反(卷一“绮饰”条)。鸱音齿之反(卷一“鸱鸮”条)。翅音施至反(卷三“有翅”条)。医音于饥反(卷四“医药”条)。

支脂之微四韵开口字相混。

负音扶武反(卷六“负债”条)。阜音扶务反(卷八“陏阜”条)。

《切韵》尤韵唇音字已转入虞韵。

街音皆(卷四“街巷”条)。崖音牙皆反(卷六“山崖”条)。

佳皆两韵不分。佳韵去声合口字或转入麻韵去声，如“画”音获骂反（卷六“绮画”条）。

咸音陷岩反（卷四“咸味”条）。岩音雅咸反（卷八“岩穴”条）。
泛音芳陷反（卷七“游泛”条），又音芳梵反（卷十“泛涨”条）。

咸衔凡不分，“泛”读轻唇音，没有 i 介音。

这些例子都给我们很多启示，表明北方关中音与《切韵》不全相合。

唐代的书音，如颜师古《汉书》注、张守节《史记正义》、何超《晋书音义》等，反切注音极多，都在不同方面表现出唐代北方音的特点，与以上所举慧琳的材料相应。这些书的反切注音在日本大岛正二先生所著的《唐代字音の研究》一书已搜罗极为完备，这里就不援引例证。

四　北方文人所作的诗歌

唐代的杜甫、元稹、白居易、元结、李商隐、杜牧等人诗歌的押韵类别代表陕西、河南地区的语音，可以跟以上说的几种材料相印证。

五　敦煌石室所出的变文和其他民间文学作品

1.《敦煌变文集》——这本书里收了七十八种作品，大体是中唐以后到五代期间北方的作品，其中有韵的有五十二种。根据这些材料分析其韵部，可以归纳为二十三韵部，① 其中阴声韵部七部，阳声韵部八部，入声韵部八部：

阴声韵	歌	麻	哈	之	鱼	尤	萧	
阳声韵	东	阳	庚	蒸	真	寒	侵	覃
入声韵	屋	药	陌	职	质	曷	缉	合

2.《敦煌曲子词集》——这本书收词一百六十一首，分韵与变文基本相同。

六　唐代的汉藏对音材料

法国马伯乐有《唐代长安方音考》，罗常培先生有《唐五代西北方音》都是极重要的著作。罗先生说："就大体上讲唐五代西北方音的声母应当有六组二十九类。"按其中知照庄三类不分，禅邪匣变入清母审心晓，床母大部分由禅变审。轻唇音非敷奉已然露了分化的痕迹。至于韵母，则分为二十三摄五十五韵。

以上所举的这些包括了唐五代 7 世纪中叶到 10 世纪中叶三百年间的一些可以用来考察语音发展的主要材料。根据这些材料大体可以了解唐五代北方语音的基本情况。现在把近人所论定和我所考察的结果分声母、韵母、声调三方面简单概述如下：

（一）声母

《切韵》的声母有三十五母：

---

① 详见拙作《敦煌变文与唐代语音》，《语言文字学术论文集——纪念王力先生学术活动五十周年》，上海大百科全书出版社。

p	pʻ	b	m		
t	tʻ	d	n	l	
ṭ	ṭʻ	ḍ			
ts	tsʻ	dz		s	z
tṣ	tṣʻ	dẓ		ṣ	ẓ
tś	tśʻ	dź	ń	ś	ź
k	kʻ	g	ng	x	ɣ
ɸ					j

在唐代，等韵学家定字母为三十：

不	芳	并	明			
端	透	定	泥	来		
知	徹	澄	日			
精	清	从			心	邪
照	穿	禅			审	
见	溪	群	疑			
影					晓	匣	喻

现在我们可以推知的有以下几点：

1. 重唇音在北方有的方言如秦音已开始分化为重唇、轻唇两类，由 pf，pfʻ，bv 进而读为 f，fʻ，v，鼻音 m 没有变。在《汉书注》、《史记正义》、《五经文字》、慧琳《音义》中的反切，轻重唇分别得很清楚。

2. 轻唇音宋人称为“非”“敷”的两母在语音中逐渐混同，不易分辨。守温韵学残卷《辨声音相似，归处不同》分举“不”“芳”两母的轻唇音字相比已露出迹象。

3. 从书音中可知舌上音与正齿音一般不混。罗先生考定西北方音读同一类，应是方音中的特殊现象。

4. 从唐人《归三十字母例》与五代刻本《切韵》以“知徹澄来”为一组[①]和书音中还有端、知两组互切的例子来看，知、徹、澄似读为破裂音 t́，t́ʻ，d́，后来才变为破裂摩擦音。

5. 正齿音在《切韵》里二、三等字有分别，在唐代北方有的方言相混，读同一类，即读为 tṣ，tṣʻ，dẓ，ṣ；有的方言不混，二等读 tṣ，tṣʻ，dẓ，ṣ，三等读 tś，tśʻ，dź，ś。另外，床母三等与禅母，根据守温书《两字同一韵凭切定端的》一条来看，当时已趋向于相同，慧琳音是不分的。

6. 日母在五代刻本《切韵》中与照穿三等为一组，《归三十字母例》中“审穿禅日”也排在一起，[②] 可证日母当读为 ń 或 ńź。

7. 守温字母没有娘母，而娘母在西北方言里可能开始出现。[③]

8. 喻母四等字根据梵汉对音和五代刻本《切韵》与照穿三等作为一组排列来看，可以确定读 j。喻母三等字(于母)，五代刻本《切韵》与牙音 k，kʻ 和晓母、影母列在一起，不与喻母字同列，当读为ɣ，与匣母相同。但慧琳《音义》匣、于两类字的反切是不混的，于类可能由ɣ→h→ɸ。

9. 从书音中有以全浊仄声切全清和以全清切全浊仄声的例子来推测，北方音韵的全浊声母已开始有清音化的倾向。这是研究近代语音发展史应当留意的一种情况。唐人李肇《唐国史补》卷下有一条说：“今荆襄人呼提为堤，……关中人呼稻为讨，呼釜为付。”这也就是浊声母变为清声母的例子。

---

① 参看拙作《五代刻本〈切韵〉及其声母的读音》一文，见《语言学论丛》第七辑。

② 参见拙著《唐五代韵书集存》，中华书局，1984 年。

③ 参看罗常培《唐五代西北方言》，历史语言研究所，1933 年，22 页。

10. 从书音中有以次清切全浊平声和以全浊平声切次清的例子来推测，全浊平声字有读为次清音的迹象，也很值得注意。例如：①

①悖《广韵》队韵蒲昧切，《汉书注》、《史记正义》音布内反。

极《广韵》职韵渠力切，《汉书注》居力反。

惧《广韵》遇韵其遇切，《史记正义》俱遇反。

扁《广韵》铣韵方典切，《汉书注》步典反。

谪《广韵》麦韵陟革切，《史记正义》直革反。

②剽《广韵》宵韵符霄切，《史记索隐》匹遥反。

鳍《广韵》尤韵自秋切，《文选》李善注且由反。

磅《广韵》唐韵普郎切，《史记正义》蒲黄反。

洮《广韵》豪韵土刀切，《汉书注》徒高反。

愀《广韵》小韵亲小切，《汉书注》材小反。

(11)据汉藏对音，唐五代西北方音摩擦音心邪两母不分，晓匣两母不分。②

(二)韵类

《切韵》分韵比较细，当时北方的语音并不与《切韵》一致。颜之推曾指出北方鱼虞不分，洽狎不分③，北齐李槩《音谱》佳皆不分，先仙不分，萧宵不分，庚耕不分，尤侯不分，咸衔不分，都与《切韵》不同。④ 在唐代的书音里所反映出来的情况是《切韵》中的一等重韵、二

---

① 以下诸例都见于大岛正二《唐代字音の研究》。

② 参看《唐五代西北方音》。

③ 见《颜氏家训》音辞篇。

④ 详见唐写本王仁昫《刊谬补缺切韵》韵目下小注。

等重韵、三等重韵以及同摄中的三等韵和四等韵都一律相混，这都说明唐代的语音逐渐有了新的变化和发展。

根据北方一些诗人作品的押韵和变文及其他民间文学作品的押韵进行归纳，可以分为二十三个韵部。[①] 这二十三部就是唐五代八九世纪实际语音韵部的分类。下面把二十三部分别列出，并注出《广韵》的韵目：

［**阴声韵部**］

(1)歌部　包括歌戈两韵字(举平以赅上去)。ɑ，uɑ

(2)麻部　包括麻韵字，佳韵“涯、钗、崖、洒、罢、画”等字，夬韵的“话”字，梗韵的“打”字。ɑ，ia，ua 歌麻两部有的方言(如西北)不分。[②]

(3)咍部　包括佳皆灰咍泰夬几韵。ai，uai

变文这一部有跟之部押韵的例子，元音可能偏前，读 æi，ɛi 之类。

(4)之部　包括支脂之微齐祭废几韵。i，ui，iei，iuei。齐韵在唐代诗歌里多独用，间或与皆韵相押。

(5)鱼部　包括鱼虞模三韵和尤侯韵的唇音字。io，u 鱼虞音近 iu。

变文中有与之部押韵的例子。模韵音 u，鱼虞非组、知组、照组字和尤侯韵唇音字可能读 u。

(6)尤部　包括尤侯幽三韵唇音以外的字。ou，iou 这一部的元音拟为 o，不作 ə。变文中有少数与鱼部押韵的例子。

---

① 在这里没有举例证，详见拙作《敦煌变文与唐代语音》。

② 见《唐五代西北方音》。

(7)萧部　包括豪肴宵萧四韵字。au　iau

[阳声韵部]

(8)东部　包括东冬锺三韵字。ong，iong

东韵三等字与锺韵读 iong，元音不作 u。

(9)阳部　包括江阳唐三韵字。ang，uang，iang

唐韵、江韵和阳韵的知组字、照组字读 ang。

(10)庚部　包括庚耕清青四韵。eng，ieng，ueng，iueng

(11)蒸部　包括蒸登两韵。əng，iəng，uəng

(12)真部　包括真谆臻文殷魂痕几韵。ən，iən，uən，iuən

变文里这一部有少数跟庚蒸两韵押韵的例子。

(13)寒部　包括寒桓删山先仙元几韵。an，uan，ian，iuan

在诗歌的作品中元韵与魂痕相押，但也有与先仙两韵相押的，代表语音新的变化趋向。

(14)侵部　包括侵韵一韵。iəm

武玄之《韵诠》别出"岑"韵，可能照组字读 əm。

(15)覃部　包括覃谈盐添咸衔严凡八韵。am，iam

[入声韵部]

(16)屋部　包括屋沃烛三韵。ok，iok

(17)药部　包括药铎觉三韵。ak，uak，iak

(18)陌部　包括陌麦昔锡四韵。ek，iek，uek，iuek

(19)职部　包括职德两韵。ək，uək，iək，iuək

(20)质部　包括质術栉物迄没几韵。ət，iət，uət，iuət

(21)曷部　包括曷末辖黠屑薛月几韵。at，uat，iat，iuat

(22)缉部　包括缉韵一韵。iəp

(23)合部　包括合盍葉怗洽狎业乏几韵。ap，iəp

这里需要说明几点：

(1)这二十三部代表唐五代北方语音韵类的基本情况。在一部之内各韵的读音各处方言不尽相同，这里的拟音采用的是宽式的写法，只代表大致的音类而已。

(2)这二十三部跟《四声等子》所立的十六摄比较，除宕江两摄这里合为一部外，其余都相同。

(3)同部之内一、二等韵的元音，在方音中可能有分别，如ɑ与a之分，上面的拟音中未做细致的区别。

(4)阳声韵收－ng，收－n的字在关中和西北有通押的现象。如庚部、蒸部、真部偶尔通押。真寒两部也偶有通押的例子。

(5)入声韵跟阳声韵是相承的，《切韵》音分－p，－t，－k三种韵尾。在唐五代北方方言中可能有部分地区－k，－t韵尾相混。如变文中《维摩诘经讲经文》有一处质、葉、陌、职几韵字通押(见《敦煌变文集》519页)。但也会有另一种情况，就是－k，－t韵尾变为喉塞音[ʔ]。杜甫在《赴奉先县咏怀》和《北征》两篇长诗里“质”部字和“曷”部字在一起押韵，因为韵尾都是－t；但韩愈《进学解》既以“拙杰适”为韵，又以“粟织食窃斥”为韵，“拙杰窃”三个字的韵尾是收－t的，“粟适织食斥”五个字的韵尾是收－k的，韩愈把两类字在一起押，可能都收喉塞音[ʔ]。

(三)声调

《切韵》按照四声分韵，下至《广韵》，因袭旧章，字音声调没有改变。但是在唐五代语音里字的声调已经有了新的变化。最重要的是上声的浊声母字变入去声。唐僖宗乾符间李涪作《刊误》，根据洛阳音改正《切韵》的上声浊声母字统归去声，这是大家熟知的一件事。

其次是唐代的北方音浊声母有清音化的倾向，平声有两个声调，浊音字开始有读为送气清音的迹象(例见前)。声调的分化也就与声母的清浊发生关系。有些方言四声各有轻重两种声调，跟现代有些方言四声各分阴阳相似。①

还有一点可以附带一谈的就是在变文中上、去声通押的情况比较多，推测上去二声的声调略有高下低昂之分，比较接近，而与平声和入声不同，所以经常通押。

从上面的概述，我们可以看出唐代北方的语音已经跟《切韵》一系的韵书很不相同了。这样对于我们划分汉语语音发展的历史阶段就颇有启发。一方面由此可以理解到宋代以后语音的演变跟唐代的关系②。另一方面由此可以理解到现代汉语普通话的形成是经过很长一段历史的。现代普通话的语音不同于《切韵》，其演变远自唐代就已经开始。从两汉以至元明的历史来看，在不同时期都有战乱，人民流转迁徙不定，方言互相影响，语音也就不断有改变。由唐至宋，由宋至元明，语音系统越变越趋于简单，固然由于语言本身发展的规律使然，同时也跟社会的变动有关。这一点也是值得我们留意的史实。

---

① 参看拙著《关于唐代方言中四声读法的一些资料》，《问学集》上册，496—500页。

② 参看拙著《宋代汴洛语音考》，《问学集》下册。

敦煌变文与唐代语音*

一

变文出自敦煌佛窟，是起于唐代的一种说唱体的文学作品。这种说唱体的作品之所以产生，由于佛寺之有俗讲。俗讲以演说佛经故事，取悦听众，广招布施为事，在8世纪的时候已经非常盛行。后来说唱的内容兼及历史故事和民间传说，有讲有唱，而且还有图画，听者填咽寺舍，为之倾倒。变文就是这种俗讲的话本。

敦煌佛窟所保存下来的变文一类的民间文学作品写本有一百八十多件，1957年王重民等所编的《敦煌变文集》经过校录，选编了七十八种，其中包括变文和其他语体文学作品。这些写本大都写于五代时期，其中有明确年代记载的约十余种。原作有的可能出于俗讲法师之手，如唐明宗《长兴四年中兴殿应圣节讲经文》，有的可能出于文人学士之手，如《四兽因缘》、《燕子赋》、《茶酒论》之类。这些民

---

* 本文为庆祝王力先生80寿辰而作。

间文学的语言极接近口语，有的既有讲说，又有演唱。演唱又多作韵语。在七十八种作品当中，有韵语的，计变文有二十二种，讲经文和押座文有十八种，杂文学有十二种，共五十二种。为便于称引，列目如下：

1. 伍子胥变文　　2. 孟姜女变文
3. 汉将王陵变文　　4. 捉季布变文
5. 李陵变文　　6. 王昭君变文
7. 董永变文　　8. 张义潮变文
9. 张淮深变文　　10. 舜子变文
11. 庐山远公话　　12. 葉净能诗
13. 燕子赋(一)　　14. 燕子赋(二)
15. 茶酒论　　16. 下女夫词
17. 太子成道经　　18. 太子成道变文
19. 八相变文　　20. 破魔变文
21. 降魔变文　　22. 难陁出家缘起
23. 长兴四年应圣节讲经文　　24. 般若波罗蜜经讲经文
25. 阿弥陀经讲经文(一)　　26. 阿弥陀经讲经文(二)
27. 阿弥陀经讲经文(三)　　28. 阿弥陀经讲经文(四)
29. 妙法莲华经讲经文(一)　　30. 妙法莲华经讲经文(二)
31. 维摩诘经讲经文(一)　　32. 维摩诘经讲经文(二)
33. 维摩诘经讲经文(三)　　34. 维摩诘经讲经文(四)
35. 维摩诘经讲经文(五)　　36. 观弥勒上生兜率天讲经文
37. 无常经讲经文　　38. 父母恩重经讲经文(一)
39. 父母恩重经讲经文(二)　　40. 目莲缘起

41. 大目乾连冥间救母变文　　42. 地狱变文
43. 功德意供养塔生天因缘变　　44. 欢喜国王缘
45. 丑女缘起　　46. 秋吟
47. 左街僧录大师压座文　　48. 季布诗咏
49. 苏武李陵执别词　　50. 百鸟名
51. 四兽因缘　　52. 齖䶗书

这些俗讲话本和民间文学作品的写本，每一种所存多寡不同，有的只有一件，有的就有四五件，多者达八九件，足见这种作品在唐五代时期是普遍流行的。其创作的时代，当有早有晚，甚或迭有增益，但估计最晚的也在五代之末。其流布的地区可能极广，估计都是北方的作品。这些作品既然都是接近口语的文字，我们就可以根据其中有韵的部分探讨其用韵的类别，这对于研究唐以后北方方言语音发展的历史会有不少的帮助。

二

变文的韵语大体都是七言一句。两句一韵，间或也采用三、三、七的句法。偈语中有一些是五言的，韵脚或用平韵，或用仄韵，形式多样。押韵也有宽有严。平声与仄声分别较细，平声中杂有上声去声的不多，但阴声韵上声与去声有通用的例子。韵语换韵时首句末一字往往押韵，这是分韵时一个很好的凭借。

写本中韵字也有文字讹误和上下倒置的例子，需要根据文义和上下韵字加以改正。有些唱词把不同韵摄的字在一起通押，这对于考订读音很有用，当分别讨论。

根据前面所列的五十二种讲唱文字的韵语，辨析其韵类，我们可以看到阴阳入三声韵字都已具备。虽然这些文字不是一个人的作品，但是所表现出来的韵部类别还是一致的，无疑问这些作品是以共同的语音系统为基础，代表了八九世纪语音的实际情况。经过分析整理，阴阳入三声可以归纳为二十三个韵摄。下面按阴阳入三声的次第，将各摄摘要举例叙述如下，不别作谱。

(1) 果　摄

这一摄包括《广韵》歌戈两韵系开口字和合口字，独成一部。如：

李陵①：(饿)破过(86)②　(婆)何他(84)
成道：　(多)㑩河(294)
难：　　(婆)河陁多过(403)
长：　　多罗窠(424)
般：　　何罗(426)跎过何多罗(428)何他(436)
阿：　　过我坐挫贺□(458)
妙：　　多歌罗跎摩(広)(491)

另外，也有少数例子和假摄字相押：

张(附1)：(波)花河(119)
八相：　(陁)迦罗魔婆(342)
丑：　　(过)娥和迦婆(798)

---

①　左边的名目是变文题目的简称。

②　韵字外加括号的是单句韵字。后面括号内的数字是《敦煌变文集》的页数。

(2) 假 摄

这一摄包括《广韵》麻韵一系字和佳韵系的“崖”“涯”“罢”央韵的“话”，梗韵的“打”。如：

伍：　谢写者野舍夜(11)　捨夜断化(12)①

李陵：(崖)赊斜加遮车沙茶霞鸦家华(88)

八相：花家耶车衙(涯)(331)

长：　差家夸(423)

阿：　(怕)者下驾捨(457)

阿$_2$：(沙)迦花捨家茶瓜暇鸦(474)

妙：　(花)牙嗟花家(513)　(夜)下化(514)

燕：　舍卸谢骂下打跨亚价呀价(252)

茶：　些花芽茶家华夸(267)

父：　下怕洒罢差(679)

目：　瓜家叉吒(709)

大目：(沙)家麻嗟叉吒遮(730)

丑：　野舍话差□(794)　嗟差花迦些(796)　(迦)差葩嗟花(800)

在变文里麻韵与歌戈两韵分用非常明显，只有后梁末帝贞明六年(公元920)所写《金刚般若波罗蜜经讲经文》有以下几例与歌戈葉韵：

沙家差花罗(427)　夸罗(431)　(花)芽罗(437)

① 字下加×号的疑书写有误。

差家沙他(438)

又“钗”字《广韵》收在佳韵，《集韵》兼收麻韵。《燕子赋》以“枷奢衙钗沙遮麻枷”为韵(252)，《太子成道经》以“(台)开钗摧来”为韵，是“钗”字有两读。

(3)蟹　摄

这一摄包括《广韵》佳、皆、灰、咍、几韵系和去声泰夬两韵字。如：

伍：　(对)队碎(24)

孟：　哀哉回来(33)

王陵：(回)来媒(39)

李陵：(催)来开(86)

八相：(才)来阶哉腮(333)　来哉偕(335)

破：　催回开排回来(345)　灾来魁题(353)

降：　(会)昧礧碎快(383)

难：　来怪来(347)

长：　(开)堦乖斋怀(417)

妙：　(偕)怀斋哀来(492)

燕：　回来差①腮𩣡骸开哀灾(249)

　　　赖害奈配背腿盖碎罪对(250)

下女：阶崖(276)

大目：雷来回梅牌(738)

---

① 《燕子赋》原文“拔拳相差”，“差”疑通“扠”，扠是以拳相加的意思。

龂：　在爱菜解解改配(858)　亥在改(860)

(4) 止　摄

这一摄用韵的例子比较多，包括《广韵》支、脂、之、微、齐几韵系和去声祭韵字，现在摘举一部分例子如下：

伍：　(泪)顇累里弃死(7)　意贵弃(22)

孟：　(此)裹是起试离弃止死(33)

王陵：(兜)迟儿知期移眉兜(43)

李陵：子始祀意止碎[①]地事□(74)

昭君：(威)妃微绯旗围危辉衣肥归帏西(102)

　　　(涕)悲齐西鼙□妻稽泥(106)

破：　移知丝斯儿(344)　(梨)知持威眉帷非议　持(380)

　　　(比)鬼畏至地(387)

金：　弥持提期随(433)

燕：　季侍置愧类味理詈(251)

茶：　贵醉岁畏气意智类(267)

无：　(世)异避计悴第备(661)

目：　迟鼻仪饥儿梨匙饥(706)

龂：　比里觜地起泪意事睡起底起礼底鬼此(858)

在变文里，这一摄的字有少数与蟹摄字相押的例子。例如：

① 原句是“养子承望奉甘碎”，案“碎”疑当作“脆”，脆为祭部字。

张：　枚埃回催飞(125)

韩：　哀栖嵬龟皈晕(137)

阿：　(会)智在罪类(454)

阿₂：　弥知疑迟灰(463)

大目：哀哉开饥财灾(719)　跪礼坏地水泪气鬼威(739)

　　　地离随饥思为屍捶(761)

秋：　时衣盃提(811)

这里的“哀哉开财灾”为咍韵字，“嵬灰捶盃”为灰韵字，“在”为海韵字，“罪”为贿韵字，“会”为泰韵字，“坏”为怪韵字。

又本摄还有少数与遇摄字相押的例子。如：

张(附一)：渠书眉飞时儿虞儿移知衣(117)

张淮深：　庐麾诸尸威(125)

功：　　　智意虑跪寺志比(766)

(5)遇　摄

这一摄包括《广韵》鱼、虞、模三韵系的字和尤、侯韵系的唇音字。举例如下：

王陵：　(羽)虑母怒语去取苦(42)　母苦助(46)

李陵：　(母)苦否(95)　(怒)苦去虏母(95)

昭君：　隅趋于殂须殊珠孤部(100)

张淮深：谋胡苏(127)

燕：　　(步)去土五雨缕语府处祖语误惧度怒祖(251)

茶：　富慕缶舞肚鼓

鼓(268)

破：　(护)悟句豫茂(365)

降：　度路祖庶诉(374)　(度)树茂(388)

妙：　喻布柱作树库(496)

大目：　否(母)午土无诛嘘否(721)　虚诛涂否(722)　(部)府处(724)

丑：　(语)处女貯妇(791)　(敷)　牟铺扶苏(793)

这里“牟谋缶茂妇母否部富”都是尤、侯韵系的唇音字。“作”字《广韵》收入声铎韵和去声暮韵。此处当作去声读。

本摄有少数与止摄字押韵的例子。如：

韩：　楚雨舆雨地聚(138)

燕：　步去工五雨纸语府处祖语误惧度虎怒祖(251)

(6)流　摄

这一摄包括《广韵》尤、侯、幽三韵系字。惟尤、侯两韵系的唇音字除“浮”字外都转入遇摄。下面举几个本摄字押韵的例子：

伍：　忧投游秋州流头(16)

张：　(侯)楼雠忧收流浮抽休头牛留(115)

燕：　头州浮头(263)

降：　奏久谬莠幼口后門(376)

妙：　(缪)游头游休(510)

大目：楼浮修由(716)

在变文里，这一摄也有少数跟遇摄字相押的例子：

难： 除流尤休求(402)

燕： (头)疏居诸虚(250)

妙： (休)有数否谬(507)

(7) 效 摄

这一摄包括《广韵》萧宵肴豪四韵系的字。例如：

孟： (叫)妖〔窔〕①道早倒(32)

王陵：笑叫老悄号道(41)

张： 劳刀逃襖(袍)高(115)

妙： (遥)招飘饶消(511)

丑： (窕)小小笑脚(789) (诏)了笑嫂好(792) 笑少巧老少(793)

秋吟：悄晓照少了(809)

这里的"脚"字《广韵》收在入声药韵，音居勺切，变文中有几处"脚"字都跟药铎韵字在一起押，只有《丑女缘起》这一处"袜脚"跟"小、笑"等字押韵。按另一本作"袜 㰐"，疑"㰐"为"靿"字别体。"靿"是《广韵》效韵，音於教切，注云："袜靿"

① 加六角括号的字是改正原来的错字。

(8)通　摄

这一摄包括《广韵》东冬锺三韵系的字。例如：

伍：　　(通)戎龙空同中(25)

张淮深：(桐)龙戎浓容衡胸红重公(126)

远：　　宗农同中容虫(192)

燕：　　从容同冬(265)

降：　　通空中同恭从龙空春(389)

目：　　通宫钟恭中(758)

(9)宕　摄

这一摄包括《广韵》阳、唐、江三韵系的字。此类韵字极多，简单举例如下：

伍：　　娘强肠惶亡行(音杭)汤苍王亡乡(8)

　　　　光粱鸯长妆堂桑当忙(11)

李陵：(降)邦场方降强羊疆王(92)

成道：(江)瓨双(228)

降：　　(仰)样匠像障量〔亮〕响养飏望长(372)

妙：　　(养)量样上浪(506)

燕：　　(香)墙腔王(251)

这里字下加点的都是《广韵》江韵字。变文里江韵字独用的很少，只有《太子成道经》一例(288 页)独用。

这一摄字有少数跟《广韵》庚、清两韵字押韵的例子：

孟：　当尝乡坊平常生争(263)

下女：庭光(275)

妙：　清朗量(512)

维：　王祥光名王(644)

(10)梗　摄

这一摄包括《广韵》庚、耕、清、青四韵系的字。变文里四韵相押的例子比较多，这里只举几个例子：

伍：　　(行)声生情经(6)

王陵：　营营惊名横婴坑兵声(38)

昭君：　(情)情轻行兵坑声行生倾平名城(105)

张淮深：庭城旌平青程明宁(123)

舜：　　盲耕明(134)

长：　　(清)听星宁经(412)

大目：　荣行行耕零生卿名经(734)

齖：　　生争声听羹铛(楚庚切)声(858)

这一摄的字有两个跟《广韵》蒸、登韵字相押的例子：

妙：　听经崩经能(460)

大目：迎争坑忘〔承〕生崩(741)

这里“承”是蒸韵字，“崩、能”是登韵字。另外还有少数跟臻摄真谆文痕等韵字在一起相押的例子：

妙：　情精经亭情引经(496)

父：　人辛轻生情停(676)　亲顶身辛停生(696)

大目：亲云军人神名(724)

(11)曾　摄

这一摄包括《广韵》蒸、登两韵系的字，独成一部。如：

燕：　胜升矜承呥(253)

长：　(层)澄稜灯升(422)

妙：　乘憎能(504)　(僧)称灯澄仍(514)

大目：(腾)层凝(737)

(12)臻　摄

这一摄包括《广韵》真谆臻文欣魂痕诸韵系的字。押韵的例子极多，简单举例如下：

王陵：(亲)人嗔真君恩门(45)

季：　(秦)君昏云尊军吞巡身辰人军臣军人云身尘钧裙坤人村贫真鳞分恩因……尊忻文分臣门……闻门懃臣间身(51—71)

昭君：惛腽□分浑根门屯恩盆论魂(98)

门奔盆恩樽存闻痕棍魂(103)

燕：　钝颗咻(逊)困问顿寸髎①咽闷(252)

　　　罯纭仁群(253)

阿：　论尽分恨分顺(458)

这一摄的字有少数例子是跟曾摄蒸登韵字相押的：

伍：应认近问(9)

破：春滨人群僧(352)

难：(勤)尊身僧人(403)

维：频乘身闻(528)　巡银腾闻(529)

无：文陵雲尊垠身嗔(656)

欢：昏胜尘春人(772)　身僧昏灯门(776)

还有两三例是跟山摄先仙元山几韵相押的：

燕：　(人)嗔亲年婚□驎传连分言身神山嗔(265)　嗔钱文身(265)

茶：　贤传文旋泉弦(268)

又有两个例子是跟深摄侵韵相押的：

季：金群恩勳(熏)门群罯(61)

维：(真)孙嫔斟尊(519)

① 《广韵》《集韵》无髎字。

(13)山　摄

这一摄包括《广韵》寒、桓、删、山、先、仙、元几韵系的字。简单举例如下：

伍：　叹窜伴汉岸难(4)

　　　(边)连冤天船(12)

王陵：　(年)前弦翻鞍(37)

李陵：　蕃前元(缘)垣天年专前愆(41)

昭君：　蕃山团穿关千连年前泉传穿怜膻烟□边 (101)

张淮深：年烟蝉泉宣寒兰前旋颜(125)

燕：　沅端寒竿弹安残漫(谩)(251)

　　　见愿卷辩健便面(252)

降：　(殿)面扇见免(376)

长：　(山)闲间攀颜闲攀颜(416)

何：　难餐闲山颜(451)

在变文里，这一摄有几个例子跟咸摄盐添两韵系的字押韵：

维：　选见面叹念(596)

　　　染浅转(596)

丑：　坛缠缘船潜(787)

这里“潜”为盐韵字，“染”为琰韵字，“念”为㮇韵字。

(14) 深　摄

这一摄仅限于《广韵》侵韵系字，不与其他闭口韵字相混。例如：

伍：(沉)深襟深心(15)

张：心林擒深侵心霃(114)

降：心金针音深(370)

妙：(寻)侵沈深临(512)

茶：心金林沈音钦淫深(268)

(15)咸　摄

这一摄韵字少，仅见覃、谈、盐、添四韵系的字。押韵例子如下：

下女：(纤)潜簾(277)

维：　三堪谈惭(594)

(16) 通摄入声

通摄入声包括《广韵》屋、沃、烛三韵字。例如：

燕：狱辱鸽曲嘱束(251)

妙：(福)狱毒肉哭(490)

无：录速烛扑欲足(663)

父：育足禄辱狱(692)

这里“毒”字是沃韵字，其他是屋、烛两韵字。在《燕子赋》里有一处以“秃屋伏赎狱责”为韵(253 页)，“责”为麦韵字。

(17) 宕摄入声

宕摄入声包括《广韵》药、铎、觉三韵字。举例如下：

燕：　(崔)削弱掠着乐作臛错膊脚斫却(299)

降：　(灼)愕弱(385)

无：　酌恶约(658)

大目：(恶)著脚萼[腭]错(716)

　　　(恶)错脚鹤[霍]剥落(723)

季：　却幕觉错(845)

上面的“剥”字、“觉”字是觉韵字。

(18) 梗摄入声

梗摄入声包括《广韵》陌、麦、昔、锡四韵字。举例如下：

燕：　析宅吓格役白伯戚掴索擘剔凷翮夕赤责(249)

下女：额客(276)

大目：(逖)迹历的(729)

在变文里，这一类入声字有少数例子跟宕摄入声字押韵：

韩：　(恶)莫脚搏落落赫客(138)

大目：著积夕惜益宅擘(740)

(19)曾摄入声

曾摄入声包括《广韵》职、德两韵字。举例如下：

伍：　食殛忆棘(23)

孟：　克棘力忆(32)

李陵：(北)逼得国得(96)

晏子：食力得则(244)

这类入声字在变文里有跟梗摄入声字相押的。例如：

父：　(力)惜德逆惜德(688)

大目：(息)得懺(憾)黑识力(732)

百鸟：[走亦]〔趚〕吃得赤色翼(852)

还有一例是跟通摄入声字相押的：

伍：(侧)宿色食识(9)

(20)臻摄入声

臻摄入声包括《广韵》质、術、栉、物、迄、没几韵字。举例如下：

孟：　疾悉(252)

茶：　栉室毕溢日唧七(268)

降：　(弗)日出失述(378)

金：　(術)疾实(435)

妙：　術出(490)

大目：(没)毕骨恤佛(714)

逸匹没出(738)

目：(没)毕恤出一(757)

这类入声字有一例跟梗摄入声字押韵：

妙：(室)已积失悉匹出(491)

比较特殊的是《维摩诘经讲经文》以臻摄入声字跟宕摄、梗摄、曾摄入声字通押：

(得)失屈密识一酌逆

识变(易)力逸识历出

质识尺溺摵识觅益

出识[觅]擗识(519)

这里字下加·的是曾摄入声字，加◦的是梗摄入声字，加▵的是宕摄入声字。

(21)山摄入声

山摄入声包括《广韵》曷、末、黠、辖、屑、薛、月几韵字，变文中在一起押韵。例如：

伍：(绝)绝别歇节(11)

王陵：(说)割血拙末(46)

李陵：咽切血日(96)

降：　(日)说灭孽劣察(375)

(达)割□撮末掇萨(379)

(别)发节铁歇洁迭雪折阙(382)

妙：　(切)萨徹阙歇(505)

父：　(月)说裂节惱〔悄〕割彻节劳〔劣〕(681)

秋：　(说)咽裂灭切(808)

这里“月曰歇阙发”等字是月韵字，“割萨”是曷韵字，“末撮掇”等字是末韵字，“察”是黠韵字，其他为屑薛两韵字。

屑薛两韵字，在《燕子赋》里有一例曾以“切说雪决”跟“捉”字押韵，“捉”是宕摄入声觉韵字。还有《大目至乾冥间救母变文》有一例以屑、薛、曷、末几韵字“说摄沫穴割活”等字跟臻摄入声的“出”字和咸摄入声的“插”字押韵(见726)，这是比较特殊的。

(22)深摄入声

深摄入声只限《广韵》缉韵一韵字。变文中押韵的例子有：

燕：急入执(252)

妙：汁岌(490)

大目：(入)立挹(720)　(急)涩立湿泣(721)　(集)汁入拾立泣(733)

(23)咸摄入声

咸摄入声有《广韵》合、葉、業、三韵字。变文中押韵的例子有：

茶：葉接(267)

下女：（摄）涉業（274）　鸽迎（276）

三

上面根据变文的押韵所分的二十三部应当就是唐五代北方语音分韵的大类。《敦煌变文集》里所收的材料有书写年代可考的有十四件，时代最早的是《张义潮变文》，写于唐宣宗大中十年（公元856），时代最晚的是《捉季布传文》，写于宋太宗太平兴国三年（公元978）。中间有写于唐懿宗咸通八年（公元867）的一件，写于后蜀孟昶广政十年（公元947）的一件，其他都写于后梁、后唐、后晋几个时代。大体来看，所有这些民间文学作品都是产生在中唐8世纪以后到五代期间的北方，押韵的部类当即代表北方口语的实际情况。

关于这一点，我们还有不少材料可以作证明。比如敦煌石窟所出的曲子词，除梗、曾两摄的入声字通押稍多以外，其他与变文押韵的情况基本相同。例如：

1.《浣溪沙》“山后开园种药葵”一首以“葵、池、微、诗、扉”为韵，《广韵》支脂之微四韵合用。

2.《长相思》“侣（旅）客在江西”一首以“西、稀、棋、泥、戹、归”为韵，齐韵字跟支、之、微合用。

3.《感皇恩》“当今圣受（寿）被南山”一首以“山、连、班、前、颜、旋、年、天”为韵，删山先仙四韵合用。

4.《破阵子》“莲脸柳眉休韵”一首以“雲、新、人、神、恩、春”为韵，真谆文痕四韵合用。

5.《鱼歌子》“春雨微香风少”一首以“少、好、笑、悄、道、貌、早、惱"为韵，豪肴宵三韵系字合用。[1] 这些都跟变文押韵的情况一致。

此外，还有韵书和音义书的材料。如现存的唐写本裴务齐正字本《刊谬补缺切韵》的韵次，以阳唐两韵列于江韵之后，以元韵列于先仙之后，以佳韵列于歌麻两韵之间，这说明江与阳唐音近，元与先仙音近，佳与麻相近，这些都反映出唐代的语音有了新的发展。另外，唐代的音义一类的书也比较多，如万年人颜师古的《汉书注》，河内人司马贞的《史记索隐》，洛阳人何超的《晋书音义》，泾州人张参的《五经文字》等都是中唐公元 8 世纪以前北方人的作品。在这些书里的反切所反映的韵部情况与当时流行的《切韵》也都有不同。概括来说，有以下几点：

(1)《切韵》的一等重韵，如东冬、灰咍泰、覃谈之类相混者多。

(2)《切韵》的二等重韵，如佳皆夬、删山、庚耕、咸衔之类相混者多。

(3)《切韵》的三等重韵，如支脂之微、鱼虞、真殷、元仙、尤幽、盐严凡之类相混者多。

(4)《切韵》中属于同摄的三等韵跟四等韵，如祭霁、先仙、萧宵、清青、盐添之类相混者多。

(5)入声韵的分合与相承的阳声韵大体相同。

这些都代表了唐代北方口语音的实际情况。在何超的《晋书音义》里还有齐韵开口字用脂、之两韵字作切语的例子。

在佛经音义书中慧琳的《一切经音义》跟《切韵》的音韵系统很不相

① 以上据王重民《敦煌曲子词集》录。

同。据景审序文称："近有元庭坚《韵英》及张戬《考声切韵》[①]，今之所音，取则于此"，可知慧琳音义的反切是根据《韵英》和《考声切韵》而来。慧琳音的韵部类别也跟上边所说的基本一致。我们知道慧琳曾说《韵英》音是秦音。那么，慧琳音的韵部类别就是唐代关中音的代表了。现在《广韵》每卷韵目下所注的"独用"、"同用"跟唐代北方的语音是很接近的。

唐人应试作诗是要按照礼部所定的韵部押韵的，但是一般非应试的诗就比较随便，往往是按照口里的读音来押韵，在古体诗和其他押韵的文字里表现出来的实际语音的情况就更清楚些。像上面所说的变文的押韵情况，在唐诗里也可以见到。如杜甫、王昌龄、刘禹锡、元稹、杜牧、李商隐、白居易等人都是北方的作家，杜甫、白居易都生于河南，又久居陕西长安，王昌龄、杜牧都是关中京兆人，元稹是洛阳人，刘禹锡是中山人，李商隐是怀州河南人，他们的诗里同于变文押韵的地方很多(详见前一文)。由此可以知道唐代北方的语音已逐渐与《切韵》分韵的大类有不同。变文押韵的范畴是更进一步发展的表现。后代北方普通话的音韵系统应当说就是在这一基础上发展而成的。变文和其他民间文学的写本虽然出自敦煌佛窟，但所表现出来的押韵范畴并非局限于西北一隅。实际代表了中唐以后陕西长安以及河南洛阳等处广泛地区的语音韵部的分类。

1920年马伯乐(H. Maspero)发表了《唐代长安方音考》，利用《切韵》，日译汉音、汉藏对音等材料考证7、8、9世纪唐代长安的声韵部类和读音，给我们提供了许多好的见解，可是没有能利用到唐代音

① 元廷坚，据《南部新书》说是天宝末年人。张戬，据《唐书·宰相世系表》当是武后时人。

义书的反切和变文的押韵材料，现在我们可以进一步根据变文和其他民间文学作品的押韵来推测 9、10 世纪唐五代北方的读音。

四

下面我们就根据变文押韵的部类推测当时的读音情况。

[阴声韵部]

(1)果摄一部歌戈两韵分为开口、合口两类：

歌 a　戈　ua

(2)假摄一部包括麻韵二等开合口字，三等开口字，还有佳韵的开口字“涯、钗、崖、罢”，夬韵的“话”，梗韵的“打”。“迦”字《广韵》收戈韵，音居伽切，伽依梵汉译音应归麻韵。又杜甫《玉华宫》以“瓦下泻洒假马把者”为韵。敦煌曲子词《菩萨蛮》“常惭血怨居臣下”一首“下”与“洒”押韵。

麻$_{二开}$ 佳$_{崖}$a　麻$_{二合}$ 夬$_{话}$ua

麻$_{三开}$ ua

“洒”字和“涯”字在唐人诗中亦读入上摄支韵。如刘长卿《过长沙贾谊宅》以“迟悲时知涯”为韵。“话”字，杜牧《赠宣州元处士》诗以“者下话寡”为韵，已读入麻韵。

(3)蟹摄一部包括的字类较多。有佳、皆两韵开合口字，灰韵合口字，咍韵开口字，泰韵、夬韵开合口字。

哈泰$_{开}$ai　　灰泰$_{合}$uai

佳$_{开}$皆$_{开}$夬$_{开}$ai　　佳$_{合}$皆$_{合}$夬$_{合}$uai

在变文里这一部的字有跟止摄一部字押韵的例子，这可能由于中唐以后西北河西一带的方音哈灰佳皆等韵的元音偏前，读为 æ，uæi，或 e，ue。

(4)止摄一部包括之韵字和支脂微三韵开合口字，还有齐韵和去声祭韵开合口字。

支脂之开口	i	支脂合口	ui
微开	əi	微合	uəi
齐祭开口	ei	齐祭合口	uei

齐韵在唐人诗里以独用者居多，间或与皆韵相叶；但在变文里每与支脂之微相押，后代则变为 i，ui 一类的音。

(5)遇摄一部包括鱼、虞、摸三韵字和尤、侯两韵的唇音字。北方人鱼虞两韵不分，已见《颜氏家训·音辞篇》①。唐代北方鱼虞当合为一韵。

鱼虞	iu	摸	u
鱼虞$_{非组、知组、庄组、照组、日母}$			u
尤侯唇音字			u

① 《颜氏家训》说："北人以庶为戍，以如为儒。"

变文里鱼虞两韵牙喉音字有跟止摄字相押的例子，因为 i，iu 声音相近。《广韵》尤韵“浮”字，在唐人诗中与流摄字在一起押韵的居多，如杜甫《登岳阳楼》“吴楚东南坼，乾坤日月浮”，“浮”与“楼舟流”三字相押，而在敦煌曲子词里已有跟遇摄字相叶的例子，如《菩萨蛮》“枕前发尽千般愿”一首“浮”与“枯”押韵。

(6)流摄一部包括尤、侯、幽三韵唇音以外的字。

侯	ou
尤幽	iou

(7)效摄一部包括豪、肴、宵、萧四韵字。豪韵为一等字，肴韵为二等字。

豪	ɑu	肴	au
宵萧	iau		

[阳声韵部]

(8)通摄一部包括东冬两韵一等字和东、锺两韵三等字。

东$_{一}$冬	ong
东$_{三}$锺	iong

(9)宕摄一部包括阳、唐、江三韵字。

唐$_{开}$江阳$_{知组、照组、日母}$ ɑng

阳	iang
唐$_{\text{合}}$江$_{\text{知组、庄组}}$阳$_{\text{合}}$	uɑng

(10)梗摄一部包括庚、耕、清、青四韵字。

庚$_{\text{二开}}$耕$_{\text{二开}}$	eng
庚$_{\text{三开}}$清$_{\text{开}}$青$_{\text{开}}$	ieng
庚$_{\text{二合}}$耕$_{\text{二合}}$	ueng
庚$_{\text{三合}}$清$_{\text{合}}$青$_{\text{合}}$	iueng

(11)曾摄一部包括蒸登两韵字。

登$_{\text{开}}$	əng	登$_{\text{合}}$	uəng
蒸	iəng		

(12)臻摄一部包括真、谆、臻、文、殷、魂、痕几韵字。

痕真$_{\text{知组、照组、日母}}$文$_{\text{非组}}$臻	ən
真殷	iən
魂谆文	uən
真$_{\text{合}}$	iuən

在变文里这一部字有少数与梗摄字庚韵三等字和清青两韵字相押(例子见上文梗摄下),但臻摄字又跟曾摄蒸登两韵字相押,例子较多。臻摄字又有两例跟深摄侵韵的“金”、“斟”两字相押。今拟臻摄的元音

为 ə，跟曾摄、深摄相同。在方音里可能也有读为 en 的，所以有的作品跟梗摄字相押，《燕子赋》还跟山摄先仙元山几韵字相押。

(13)山摄一部包括寒、桓、删、山、先、仙、元几韵字。

寒	ɑn	桓	uɑn
删山开口	ɑn	删山合口	uan
先仙元开口	ian	先仙元合口	iuan

山摄字有跟咸摄盐添两韵字相押的例子。元音是相应的。

(14)深摄只有侵韵系字，元音拟为 ə，与臻摄相应。

侵	iəm

(15)咸摄有覃、谈、盐、添四韵字。咸、衔、严三韵没有押韵例子。

覃谈	ɑm
(咸)(衔)	am
盐添严	iam

(16)通摄入声包括屋、沃、烛三韵字。

屋沃	ok
烛	iok

这里所拟的元音是o，唐以后就逐渐变为u。

(17)宕摄入声包括铎韵、药韵、觉韵三韵。

铎开觉	ɑk
药开	iak
铎合	uak
药合	iuak

(18)梗摄入声，这一部包括陌麦昔锡四韵字。

陌二开麦开	ek
陌三开昔开锡开	iɛk
陌二合麦合	iek
陌三合昔合锡合	iuɛk

(19)曾摄入声，这一部包括职德两韵字。

德开	ək	德合	uək
职开	iək	职合	iuək

(20)臻摄入声，这一部包括质術栉物迄没几韵字。

质知组、照组、日母物非组栉	ət
质迄	iət
没术	uət

质$_{合}$	iuət

(21)山摄入声，这一部包括曷末辖黠屑薛月几韵字。

曷	ɑt	末	uɑt
辖黠$_{开口}$	at	辖黠$_{合口}$	uat
屑薛月$_{开口}$	iat	屑薛月$_{合口}$	iuat

(22)深摄入声，这一部包括缉韵字。

缉	iəp

(23)咸摄入声，这一部包括合(盍)葉(怗)(洽)(狎)業(乏)几韵。盍、怗、洽、狎、乏几韵没有押韵例子。

合(盍)	ɑp
(洽)(狎)(乏)	ap
葉(怗)業	iap

这里拟的入声韵尾，通宕梗曾几摄的入声收－k，臻山两摄的入声收－t，深咸两摄的入声收－p，但是在《维摩诘经讲经文》第一种里质、術韵字与药职陌昔锡等韵字押韵(518－520)，虽然元音相近，而韵尾收－t与收－k不同，是否其中收－k尾的已有变化不可知。估计可能因为同是入声字的缘故，所以在一起通押。

五

经过以上的考察，我们可以明确知道以下几点：

(1)唐代从中唐以后北方的音韵系统已经不同于《切韵》，变文的押韵部类代表北方的实际语音。

(2)变文押韵的部类跟唐代的一些书音和音义书的韵类以及北方诗人押韵的情况可以互相印证。

(3)变文押韵的部类可分为二十三部。用《四声等子》的十六摄名目来说，除宕、江两摄字并为一部外，其他各摄字都各为一部。梗曾两摄字尚未合并。

(4)现在大北方的普通话的韵母系统就是在这二十三部的基础上发展来的。要研究普通话语音发展的历史不能不注意变文的材料。

关于唐代方言中的四声读法

《切韵》一系的韵书都是按照平上去入四声来编排的。汉字的读音有平上去入四声的分别是从很古就有的，四声的名称和四声类别的确定则从宋齐时代开始。从文献上我们知道宋洛阳人王斌曾著有《五格四声论》，到梁代吴兴沈约又著有《四声谱》，从来编纂韵书的人就以四声来分韵了①。如梁夏侯该《四声韵略》、北齐阳休之《韵略》都是如此。到了隋初陆法言编纂《切韵》也就采用了这种办法。

《切韵》里在字的声调的分别上跟晋宋以迄隋初许多韵文的押韵本上是相合的，足见《切韵》在这一点上是有根据的。但是古四声究竟是怎样读的始终是难以确定的一个问题。

从现代汉语的方言来看，各处方言的调类跟《切韵》一系韵书中四声的分合有很大的不同。现代的方言平声都分为两类，一类是阴平，一类是阳平，阴平都是古清声母字，阳平都是古浊声母字。上去两声有些方言也随着声母的清

① 详见日本空海《文镜秘府论》所引刘善经四声论。

浊各分为两类，即阴上、阳上、阴去、阳去。但大多数的方言上声全浊声母字都读为去声(次浊声母字不如此)。入声有些方言保留，有些方言读为平声或去声；保留入声的又有的跟平声一样分为阴入、阳入两类，有的则不分。因为调类的分合不同，各处方言调类的数目也就不同了。少的有四个调、五个调，多的有六个调、七个调，更多的有八个调、九个调。例如北方话系统内很多方言只有四个调，南京话有五个调，客家话有六个调，福州话、厦门话有七个调，吴语系统的方言一般都有八个调，广州话有九个调。古今调类的分合如此不同，要考研古四声的读法就更加困难了。

但是从现代方言的调类分别和古四声的类别比较来看，同属于古四声的一类而现代方言分为两类都与声母的清浊有关，这是一件很明显的事实。就平声来看就很清楚。那么，古四声在陆法言的时候是否同一类之中已经就有了这种区别了呢？我们还没有材料能够说明这一点。但因声母清浊不同而声调的读音有异，从唐代的一些文献里已经可以看出一些端绪来。

首先我们看到唐代有些方言的上声全浊声母字已经不读上声而读去声。

白居易《琵琶行》："自言本是京城女，家在蛤蟆陵下住。十三学得琵琶成，名属教坊第一部。曲罢曾教善才伏，妆成每被秋娘妒。五陵年少争缠头，一曲红绡不知数。钿头银篦击节碎，血色罗裙翻酒污。今年欢笑复明年，秋月春风等闲度。弟走从军阿姨死，暮去朝来颜色故。门前冷落鞍马稀，老大嫁作商人妇。"这里面"部"、"妇"两个字都是上声全浊声母字，其他的几个韵脚如"住、妒、数、污、度、故"等都是去声字，足见在白居易的口里"部、妇"两个字已经读同去声。① 白居易生长于河南，后迁居陕西渭南县。这首琵琶行是在唐宪宗元和十一年(公元816)作的。

昭宗时李涪《刊误》中曾经批评《切韵》说："吴音乖舛，不亦甚乎？上声为去，去声为上。……恨怨之恨则在去声，很戾之很则在上声。又言辩之辩则在上声，冠弁之弁则在去声。又舅甥之舅则在上声，故旧之旧则在去声。又皓白之皓则在上声，号令之号则去声。又以恐字恨字俱去声。今士君子于上声呼恨，去声呼恐，得不为有识之所笑乎？"这里所举的"很、辩、舅、皓"等字都是上声全浊声母字，"恨、弁、旧、号"等字都是去声全浊声母字。李氏又说："凡中华音切莫过东都，盖居天下之中，禀气特正。予尝以其音证之，必大哂而异焉。"李氏既然不同意《切韵》的分法，可知当时洛阳音上声全浊与去声全浊已经读得一样。

这些事实可以初步说明声调的分化从唐代已经开始，而且声调的分化与声母的清浊有关系。

至于四声一类之中而分别为两个不同的声调，我们也看到了一些资料。日本大正新修《大藏经》内沙门安然的《悉昙藏》卷五中定异音条有这样一段话：

诸翻音中所注平上去入，据检古今，难可以为轨模。何者？如陆法言《切韵序》云：古今声调既自有别，诸家取舍亦复不同。吴楚则时伤轻浅，燕赵则多涉重浊，秦陇则平声为入，梁益则平声似去。若尔风音难定，孰为楷式？我日本国元传二音：表则平

① 在《广韵》里"部"是厚韵字，"妇"是有韵字，从琵琶行的押韵来看，部、妇的韵母也有了改变。

声直低，有轻有重，去声稍引，无轻无重，入声径止，无内无外。平中怒声与重无别①，上中重音与去不分。金则声势低昂与表不殊，但以上声之重稍以相合，平声轻重，始重终轻，呼之为异。唇舌之间亦有差异。

承和之末，正法师来，初习洛阳，中听太原，终学长安，声势大奇。四声之中，各有轻重。平有轻重，轻亦轻重，轻之重者，金怒声也。上有轻重，轻似相合金声平轻，上轻始平终上呼之，重似金声上重，不突呼之。去有轻重，重长轻短。入有轻重，重低轻昂。元庆之初，聪法师来，久住长安，委搜进士，亦游南北，熟知风音。四声皆有轻重。著力平入轻重同正和上。上声之轻似正和上上声之重，上声之重似正和上平轻之重。平轻之重，金怒声也，但呼著力为今别也。去之轻重，似自上重，但以角引为去声也。音响之终，妙有轻重，直止为轻，稍昂为重。此中著力，亦努声也②。

这一段话里内容很丰富。虽然有些话我们还不能完全理解，但对于我们了解古四声的读法有很大的帮助。

安然《悉昙藏》作于日本元庆四年(公元880年)，相当唐代僖宗广明元年。承和之末就是唐宣宗大中元年(公元847年，白居易就是这一年死的)。安然这一段话里所说的事实都是公元9世纪以前的事情。

文中所说的表金两家，指的是表信公和金礼信。日本净严悉昙三密抄卷上说："我日本国元传吴汉二音。初金礼信来留对马国，传于

① "怒声"即指浊声母。

② 见大正新修《大藏经》卷八四，四一四页。

吴音，举国举之，因名曰对马音。次表信公来筑博多，传于汉音，是曰唐音①。"表信公传到日本的汉字读音是"汉音"，金礼信所传的是"吴音"。依安然所说表金两家所传汉字读音的声调略有不同。

安然说："表则平声直低，有轻有重；上声直昂，有轻无重；去声稍引，无轻无重；入声径止，无内无外。"又说："平中怒声与重无别，上中重音与去不分。"所谓轻重，就是两种不同的声调。根据其他的材料，我们可以知道轻重的分别跟声母的清浊是有联系的。例如日本空海的《文镜秘府论》里以"庄"字为全轻，以"床"字为全重就是一个例子②。"庄"是照母字，清浊不同，所以说"庄"为轻，"床"为重。又如日本古写本《汉书·扬雄传》残卷"夔"字旁引《切韵》"葵癸反"下称"上声重"。"夔"是群母字，也是浊声母，所以称为重。由此来看，平声有轻有重，就是平声清声母字和浊声母字声调不同。这跟后世四声同一类中又分为阴阳两类是一样的。

依安然所说，表信公所传汉字的读音，平声分为两种声调，上去入三声都是一种声调，而上声全浊读入去声。所谓"平声直低"，"上声直昂"，"去声稍引"，"入声径止"就是文中所说的声势低昂。这种四声高低的情况跟唐代的元和韵谱所说："平声者哀而安，上声者厉而举，去声者清而远，入声者直而促"非常相近③。至于平声之中又分轻重，轻重的高低如何，安然没有说。

安然还提到承和末(公元 847)正法师和元庆初(公元 877)聪法师

---

① 悉昙三密抄作于日本贞享年间(公元 1684—1687)，当清康熙间。此段引文见《大藏经》卷八四，七三一页。"表信公"本居宣长以为"表"是"袁"字之误。见汉字三音考(公元 1784)。

② 见《文镜秘府论》卷一调声下。

③ 见元刻本《玉篇》前神珙四声五音九弄反纽图序引。

传到日本的汉字读音。这两家跟表金两家不同，四声各有轻重。这是值得注意的。

四声各有轻重，那就成为八个声调了。这跟现代吴语系统一些方言中四声各有阴阳两类很相似。这两家所传都是9世纪唐代北方的读音，可是四声轻重的读法并不一致。安然所说有些我们还不能完全理解。安然讲到正法师的读音，四声各有轻重，平声上声的轻重是怎样的分别，安然说得还不够明显。至于去声入声，安然说："去有轻重，重长轻短，入有轻重，重低轻昂"，这就比较容易懂了。

关于四声轻重的读法，在日本沙门了尊的《悉昙轮略抄》里有一段记载。他说："私颂云：平声重初后俱低，平声轻初昂后低，上声重初低后昂，上声轻初后俱昂，去声重初低后偃，去声轻初昂后偃，入声重初后俱低，入声轻初后俱昂①。"了尊的《悉昙轮略抄》作于日本弘安十年(公元1287)，当元世祖至元二十四年。从他记载的一段话来看，所谓轻重就是低昂的分别，重低轻昂。了尊的时代要比安然晚得多了，他对于四声轻重的解释跟安然所说9世纪正法师所传的汉字读音未必完全相合，但一定也是一种相传的旧说。

姑不论了尊所记跟安然的话是否相合，根据安然的一些话我们可以知道至少在唐代的时候方言中的四声读音已经有了因声母清浊之不同而读法也不相同的现象。他所说的轻重跟元代周德清的《中原音韵》所说的阴阳应当是相近的。

从以上所举的材料来看尽管我们对于陆法言时代的四声读法还不够了解，可是对于唐代方言中的读法可以知道一些。概括来说，有以

---

① 见大正新修《大藏经》卷八四，六五七页八声事一条。这一段话在罗常培先生《汉语音韵学导论》八〇页也引到。

下几点：

(1)平上去入四声在唐代已经因为声母清浊之不同而有了不同的读法，调类的数目也有增加。

(2)唐代大多数的方言中平声已经分为两个调类。安然说表金两家和正法师聪法师两家平声都分别轻重就是一个证明。

(3)唐代有些方言中的声调因声母清浊之不同有了分化。可能比较普通的是上声全浊字与去声全浊字读成一调。白居易和李涪的音就是如此。

(4)唐代有些方言四声各有轻重，跟现代吴语粤语四声各分阴阳相似。

1958 年

宋代汴洛音与《广韵》

汴梁即今之开封，与洛阳居天下之中区。自东汉、曹魏、西晋，下至后魏都以洛阳为国都，唐代则定为东都，车轨交错，达于四方，人士往来，言谈之间，大都以洛阳音为正。宋代都于汴梁，汴梁东离洛阳约六百里，语音当去洛阳不远。

宋代礼部悬科取士，诗赋押韵，要以《礼部韵略》为准程，不得违例。宋修《广韵》韵目下所注独用同用例即本于《韵略》。但诗家如非应制之作，遣兴吟咏，多据实际语音押韵，不局限于功令，所以根据诗家诗歌的用韵材料可以考证当时的语音分韵的情况。

现在就以北宋洛阳人邵雍(公元1011—1077)、程颢(公元1032—1085)、程颐(公元1033—1107)、尹洙(公元1001—1046)、陈与义(公元1090—1138)等人和开封雍丘(今河南杞县)人韩维(公元1017—1098)、宋庠(公元996—1066)、宋祁(公元998—1061)等人的诗为资料来考察他们的诗歌的押韵与《广韵》韵部的异同。邵雍有《击壤集》(《四部丛刊》本)，程颢有《明道文集》(见《二程文集》)，程颐有

《伊川文集》，尹洙有《尹河南文集》，陈与义有《简斋集》(《四部丛刊》本)，韩维有《南阳集》(《宋诗钞》本)，宋庠有《宋元宪集》(《聚珍版丛书》本)，宋祁有《宋景文集》。宋庠、宋祁兄弟二人史称为安州安陆人(即今之湖北安陆)，但宋氏先世久居雍丘，他二人虽生于安陆，但二十岁以后就移居汴梁，所以与韩维同列为雍丘人。

为考察洛阳和汴梁的语音分韵便于叙述其与《广韵》的异同起见，下面按《四声等子》十六摄的名目依类加以说明。

(1)果摄歌戈两韵，《广韵》注同用；假摄麻韵则为独用。但在邵雍诗里歌戈麻通用，而且蟹摄的佳韵牙音字也与麻韵字相押。如《击壤集》十四《小车吟》：

> 仁义场圃，闻见无涯(佳)，里巷相切，亲朋相过(戈)，人疑日驭，我谓星查(麻)。或游金谷，或泛月波(戈)，或经履道，或过铜驼(歌)，进退云水，舒卷烟霞(麻)……

陈与义诗歌戈两韵没有与麻韵相协例，但佳韵牙音字也与麻韵同用。例如《简斋集》一《決韵周教授秋怀》诗：

> 一官不办作生涯(佳)，几见秋风卷岸沙(麻)。宋玉有文悲落木，陶潜无酒对黄花(麻)。天机兖兖山新瘦，世事悠悠日自斜(麻)。误矣载书三十乘，东门何地不宜瓜(麻)！

其他如程颐、韩维、宋庠都如此。

(2)止摄《广韵》支脂之三韵通用，微韵独用。唐代已有支脂之微通用的例，如洛阳元稹的《有鸟》诗以“鸱衰飞枝儿”相押(见《元氏长庆集》二十五），元结《寄源休》诗以“事累吏易帅贰智畏”相押。宋代邵雍、程颐、陈与义、韩维等人支脂之微几韵也一样通用，而且与蟹摄齐韵平上去三声字和去声祭韵、废韵合用不分。例如：

《击壤集》三《秋怀》：晴窗日初曛，幽庭雨乍洗（荠），红兰静自披，绿竹闲相倚(纸)，荣利若浮，情怀淡如水(旨)，见非天外人，意从天外起(止)。

又《安乐吟》：安乐先生，不显姓氏(纸)，垂三十年，居洛之涘(止)。风月情怀，江湖性气（未)，色斯其举，翔而后至(至)。无贱无贫，无富无贵(未)。无将无迎，无拘无忌(志)，窘未尝忧，饮不至醉(至)，收天下春，归之肝肺(废)。盆池资吟，瓮牖荐睡(寘)。小车赏心，大笔快志(志)。或戴接篱，或着半臂(寘)。或坐林间，末行水际(祭)。……

《简斋集》二十七《题像》：两眉轩然，意像无寄(寘)，而服如此，又不离世(祭)，鉴中壁上，处处皆是(纸)，简斋虽传，文殊无二(至)。

陈与义《无住词》《清平乐木犀》：黄衫相倚(纸)，翠葆层层底（荠)。八月江南风日美(旨)弄影山腰水尾(尾)。

(3)蟹摄包括《广韵》齐佳皆灰咍和祭泰夬废几韵。齐韵独用，佳皆同用，灰咍同用，祭霁(齐去)同用，泰独用，废独用，夬与佳皆去声卦怪两韵同用。惟宋邵雍等人除齐祭废与止摄字合为一类外，其余诸韵都通用不分，只有佳韵的佳崖涯和夬韵的话字读入假摄而已。如：

《击壤集》三《秋怀》：山横暮霭中，鸟逝孤烟外（泰），残菊忧霜催，幽兰惧风败（夬），患难人不喜，富贵人所爱（代），我心曰不有，爱憎岂能卖（卦）。

《简斋集》十五《邓州西轩书事》：千里空携一影来（咍），白头更着乱蝉催（咍），书生身世今如此，倚遍周家十二槐（皆）。

《南阳集》《舟中夜坐》：晴霜落波底，斗柄插堤外（泰）。扁舟灯火明，樽酒夜相对（队）。临欢意暂遣，念离心已痗（队）。篙师喜冰坼，理楫事晨迈（夬）。

(4)遇摄包括鱼虞模三韵，《广韵》鱼独用，虞模同用。宋邵雍、陈与义、韩维等三韵通用不分，尤侯韵唇音字也与鱼虞模韵字相押。如：

《击壤集》七《寄长安幕张文通》：无学又无谋（尤），胸中一向虚（鱼），枯肠怏饮酒，病眼怕看书（鱼）。洛浦轻风里，天津小雨余（鱼），故人千里隔，相望意何如（鱼）？

《简斋集》八《钱柬之惠泽州吕道人砚》：君不见铜雀台边多事土（姥）；走上觚稜荫歌舞（麌），餘香分尽垢不除，却寄书林汙缣楮（语）。

(5)流摄包括《广韵》尤侯幽三韵，《广韵》注为同用。邵雍等人诗与《广韵》同。如：

《击壤集》一《高竹》：高竹临清沟（侯），轩小

亦且幽（幽），光阴虽属夏，风露已惊秋（尤）。月色林间出，

泉声砌下流(尤)，谁知此夜情，邈矣不能收(尤)。

程颢《明道文集》三十八《秋日偶成》：寥寥天气已高秋(尤)，更倚凌虚百尺楼(侯)，世上利名群蠛蠓，古来兴废幾浮沤(侯)。退居陋巷颜回乐，不见长安李白愁(尤)。两事到头须有得，我心处处自优游(尤)。

(6)效摄包括《广韵》萧宵肴豪四韵。《广韵》萧宵同用，肴独用，豪独用。宋代邵雍、韩维四韵通用，陈与义、宋庠诗中萧宵相押，而陈与义豪韵独用，宋庠肴韵独用，与《广韵》相同。如：

《击壤集》十五《属事吟》：鹪鹩分寄一枝巢(肴)，不信甘言便易骄(宵)。当力尚难超北海，去威何足动鸿毛(豪)。……

《南阳集》《对雨思苏子美》：五月阴盛暑不效(效)，飞云日夕起嵩少(笑)。回风飒飒吹暮寒，翠竹黄蕉雨声闹(效)。北轩孤坐默有念，人生会合那可料(啸)。昔与子美比里间，是月秋近足霖潦(号)。……

(7)宕摄、江摄唐人诗中已有通用例，宕摄包括阳唐两韵，江摄只有江韵一韵。邵雍诗阳唐与江韵通押，与阳唐相承的入声药铎两韵也与江韵入声觉韵相押。如：

《击壤集》四《答人见寄》：髩毛不患渐成霜(阳)，有托琴书子一双(江)。……

《击壤集》十四《谢王胜之惠文房四宝》：铜雀或常闻，未尝闻金雀(药)，始愧林下人，识物不甚博(铎)。金雀出何所？必出自灵岳(觉)。……

《南阳集》《又和子华兄(韩绛)》：济济高燕会，众宾且喜乐(铎)，方冬气常温，是日寒始若(药)，愁雲际平林，垂见雪花落(铎)，四座喜相顾，有引必虚爵(药)，中堂岂非佳，东圃罗帟幄(觉)。……

(8)梗摄包括《广韵》庚耕清青四韵，《广韵》庚耕清三韵同用，青独用。邵雍、程颐、尹洙、陈与义、韩维、宋庠等人庚耕清青四韵通用。又曾摄包括《广韵》蒸登两韵。入声为职德两韵。邵雍等人也与庚清青等韵通押。如：

《击壤集》四《不寝》：闲坐更已深，就寝夜尚永(梗)，展转不成寐，却把前事省(静)。莫枕时昏昏，拥衾还耿耿(耿)，西窗明月中，数茎芭蕉影(梗)。

《明道文集》三十八《游鄠山诗象戏》：大都博奕皆戏剧，象戏翻能学用兵(庚)。车马尚存周战法，偏裨兼备汉官名(庚)，中军八面将军重，河外尖斜步卒轻(清)。却凭纹楸聊自笑，雄如刘项亦闲争(耕)。

《宋元宪集》十五《新岁雪霁到西湖作》：水华烟态压回汀(青)，客至无情亦有情(清)，芳草不须缘短梦，一番新绿满塘生(庚)。

《简斋集》十《夏日集葆真池赋诗》：清池不受暑，幽讨起予病(映)，长安车辙边，有此荷万柄(映)，是身虽可懒，共寄无尽兴(证)。鱼游水底凉，鸟宿林间静(静)，谈余日亭午，树影一时正(证)，清风不负客，意重百金赠(证)。……

(9)通摄包括《广韵》东冬锺三韵，《广韵》东独用，冬锺同用。按唐代洛阳东冬已读同一韵(见李涪《刊误》)，宋代东冬锺三韵通押，入声屋沃烛三韵亦然。如：

《击壤集》六《落花长吟》：花秾酒更浓(锺)，花能十日尽，酒未百壶空(东)。……

《明道文集》三十八《秋日偶成》：闲来无事不从客(锺)，睡觉东窗日已红(东)。万物静观皆自得，四时佳兴与人同(东)，道通天地存形外，思入风雲变态中(东)，富贵不淫贫贱乐，男儿到此是豪雄(东)。

《简斋集》二十《晚登燕公楼》：栏干纳清晓，拄杖追黄鹄(沃)，燕公不相待，使我立于独(屋)，雾收天落川，日动春浮木(屋)，举手谢时人，微风吹野服(屋)。

(10)山摄包括《广韵》寒桓删山先仙元几韵。《广韵》寒桓同用，删山同用，先仙同用，而元与魂痕同用。宋代邵雍等人寒桓删山先仙都合用无碍，惟略分洪细而已。诸韵入声曷末黠辖屑薛也都通用不分。至于元韵，多与先仙合用，与魂痕通押的较少。元韵的入声月韵也与屑薛等韵通押。此自唐代洛阳元稹和独孤及已肇其端。下举宋人诗为证：

《击壤集》三《宿延秋庄》：驱车入洛周，下马弄飞泉(仙)，乍有雲山乐，殊无朝市喧(元)，非唯快心志，自可忘形言(元)。借问尘中有，谁为得手先(先)。

又《秋怀》：万里晴天外，一片霜上月（月），长松挺青葱，群卉入消歇（月）。有齿日益衰，有发日益脱（末），获罪固已多，此公难屑屑（屑）。

《明道文集》三十八《晚春》：人生百年永，光景我逾半（换），中间几悲欢，况复多聚散（翰）。青阳变晚春，弱柳成老幹（翰），不为时节惊，把酒欲谁劝（愿）？

《景文集》五《省舍晚景》：日稷城阴生，尘露稍云歇（月），密树抱烟沈，高禽映天没（没），外物既不扰，清机亦徐发（月），何意羲皇风，吹我襟袖末（末），少驻北堂睡，娟娟待明月（月）。（没韵为魂韵入声，诗中能押。）

(11)臻摄包括《广韵》真臻谆文欣魂痕诸韵，《广韵》真臻谆同用，文欣同用，魂痕同用。宋代邵雍等人都通用不分。相对的入声质栉術物迄物也一致相押。唐代洛阳人元结、独孤及已如此（如《元次山文集》三《忝官引》，独孤及《毗陵集》一《壬辰岁过旧居》）。但宋人诗臻摄入声且每与梗曾两摄入声字相押，与唐人不同。如：

《击壤集》四《与人话旧》：耳目所闻见，且言三十春（谆），才更十次闰，已换一番人（真）。圮族绮纨故，朱门车马新（真）。从来皆偶尔，何者谓功勋（文）。

《击壤集》十九《费力吟》：事无巨细，人有得失（质），得之小心，失之费力（职）。（职，蒸韵入声字。）

《简斋集》十八《出山》：阴岩不知晴，路转见朝日（质）。独行修竹尽，石崖千丈碧（昔）。（昔为清韵入声字。）

《南阳集》《利涉塔院》：许公读书地，尘像一来拂（物），门掩僧不归，檐低燕飞出(術)，高人不可见，石塔镇寒骨(没)。

(12)咸摄包括《广韵》覃谈盐添咸衔严凡八韵。《广韵》覃谈同用，盐添同用，咸衔同用，严凡同用。邵雍等八韵都通协不分。相对的人声合盍葉怗洽狎业乏亦然。如：

《击壤集》一《高竹》：高竹逾冬青，四月方易葉，抽萌如止戈，解箨若脱甲(狎)。修静信可爱，绕行不知匝(合)，嗟哉凡草木，徒自费钮锸(叶)。

《简斋集》二《腊梅》：世间真伪非两法(乏)，映日细看真是蜡(盍)。

《南阳集》《孔先生见约同游》：群峰罗立青巉巉(衔)，中有佛庙名香严(严)，飞泉洶涌出峰后，四时激射喧苍岩(衔)，跳珠喷雪几百丈，下注坎险锺为三(谈)。援萝频瞰石底净，明镜光溢青瑶函(覃)。……

(13)深摄包括《广韵》侵韵。《广韵》侵韵独用。宋代诸家也都独用，不与咸摄字相混。入声缉韵也不与咸摄的入声字通押。

《击壤集》三《晨起》：山高水复深，无计奈而今(侵)，地尽一时事，天开万古心(侵)。轻烟笼晓阁，微雨散青林(侵)，此景虽平淡，人间何处寻(侵)。

《南阳集》《晚过象之葆光亭》：浮沉间里间，放志谢维絷(缉)，行贪月色静，归犯露华湿(缉)。寒鼓出城重，飞星过楼急(缉)，却想竹庭下，主人犹独立(缉)。

根据以上以北宋时期汴洛诗家的押韵与《广韵》韵部的比较来看，宋代韵部通押的情况跟《广韵》的同用、独用例已大不相同，而跟唐代大北方的语音的分韵极为接近，[①] 主要的发展是：“齐”韵字与支脂之微相押；“蒸”、“登”两韵字与庚耕清青相押，入声亦同；“元”韵字与先仙相押，入声亦同。元代周德清作《中原音韵》，分韵类为十九部，有好几部跟北宋汴洛音是相同的。如上面所说的“齐”韵归在“齐微”部，梗曾两摄字合为“庚青”部，“元”韵归入“先天”部。这些都可以说明由唐到宋、到元，韵部的分合在北方语音里已经跟《切韵》一系的韵书迥乎不同了。《中原音韵》作于元泰定元年(1324)，晚于邵雍、程颢、宋庠、韩维等人二百四五十年，北音又有了新的演变。假摄又分出“車遮”，止摄又分出“支思”，入声又派入三声，就一步一步跟现代的普通话语音系统接近了。

---

① 见本书《唐五代的北方语音》一文。

宋代方音

宋人笔记中有论及当时四方语音者，惜皆零散不备，而所指方域亦不甚明确，但由是可略知当时方音与今日方言之异同。因录出数则，略加诠释。

黄鉴《杨文公谈苑》云：“今之姓胥、姓雍者皆平声。春秋胥臣、汉雍齿、唐雍陶皆是也。蜀中作上声、去声呼之。盖蜀人率以平为去。”

案此谓蜀人音胥姓作上声，音雍姓作去声。《广韵》胥姓只有平声一读，雍则平去二音。宋邵思《姓解》卷三雍亦有於容、於用二切。蜀人以平为去，前代载记中不多见。隋陆法言《切韵序》曾云：“秦陇则去声为入，梁益则平声似去。”益即巴蜀之地。杨亿谓蜀人率以平为去，惜未能多举例证。

刘攽《贡父诗话》云：“司马温公论九旗之名，旗与旂相近，《诗》曰：‘言观其旂’，《左传》‘龙尾伏辰，取虢之旂’。然则此旂当为芹音。周人语转，亦如关中以中为蒸，虫为尘，丹青之青为萋也。五方语异，闽以高为歌，荆楚以南为难，荆为斤。昔闽士作《清明象天》破题云：‘天道如何，仰之弥高。’会考官同里，遂中选。荆楚士题雪用先字，后曰‘十二峰峦旋旋添’，读添为天字也。向敏中镇长安，土人不敢卖蒸饼，恐触中字讳也。”(《皇朝类苑》卷六十二引此文文字颇有不同。其中有“关中人言清浊之清则不改”一语，今传本《贡父诗话》未举。)

案刘贡父引司马光言谓旆本音芹，引《小雅》晨旂押韵与《左传》辰旂押韵为证是也。此节所记关中言青为萋，青《广韵》为青韵字，萋为齐韵字，青韵有尾音—ng，而齐韵无韵尾辅音，谓青为萋，则青韵读似齐韵。唐五代之间西北方音即如此。罗常培先生《唐五代西北方音》第三十七页所载《藏汉对音千字文》写本青韵字与齐韵字韵母皆作 ye 是也。今陕西西陲及甘肃平凉等地读音，青等字亦无韵尾—ng。至于以中为蒸，以虫为尘，中虫皆为东韵字，蒸为蒸韵字，尘为真韵字，中若音蒸，则虫当音澄，不知何以不同。长安人恐触向敏中讳而不敢卖蒸饼，是中蒸音近无疑。中为知母字，蒸为照母字，中为蒸音，不仅韵母相混，而且知组与照组亦合为一类。

闽人以高为歌音，亦见陆游《老学庵笔记》(见下)。《广韵》高为豪韵字，高字音歌，则豪韵与歌韵无别，故闽士即以高与何押韵。今福州语豪、歌两韵元音同读[ɔ]，高音[kɔ]，歌亦音[kɔ]，与贡父所记闽音情况相同。

荆楚人以南为难，以荆为斤，韵尾均与韵书音韵系统不同。南为覃韵字，韵尾为—m，难为寒韵字，韵尾为—n，以南为难，是—m 尾已变为—n 尾。故荆南举子吟雪诗以添字入先字韵。

荆字韵尾为－ng，斤字韵尾为－n，以荆为斤音，不仅元音有变，韵尾亦由－ng变－n。今湖北、湖南、四川等地荆等字亦多有收－n者。

张师正《倦游杂录》云："关右人或有作京师语音，俗谓之獠语，虽士大夫亦然。有太常博士杨献民，河东人。是时鄜州修城，差望青斫木，作诗寄郡中寮友，破题曰：'县官伐木入烟萝，匠石须材尽日忙。'盖以乡音呼忙为磨方能叶韵。士人而徇俗不典，亦可笑也。"（据《皇朝事实类苑》卷六十七）

案关右谓函谷关以西。河东在今山西永济。忙为唐韵字，磨为戈韵字。呼忙为磨，则忙字无韵尾－ng。

沈括《梦溪补笔谈》卷一云："经典释文，如熊安生辈，本河朔人，反切多用北人音；陆德明，吴人，多从吴音；郑康成，齐人，多从东音。如'璧有肉好'，肉音揉者，北人音也。'金作赎刑'，赎音树者，亦北人音也。至今河朔人谓肉为揉，谓赎为树。如打字音丁梗反，罢字音部买反，皆吴音也。如'疡医祝药劀杀之齐'，祝音咒，却康成改为注，此齐鲁人音也。至今齐谓注为呪。官名中尚书，本秦官，尚音上，谓之常书者，秦人音也。至今秦人谓尚为常。"

案沈括为杭州人，生于宋仁宗天圣九年（公元1031年），卒于哲宗绍圣二年（公元1095年）。神宗时为史馆检讨、集贤校理，又曾为河北西路察访使，鄜延路经略使，故熟悉河朔音及秦音。

熊安生，《周书》卷四十五有传，为长乐阜城人，通五经，长于三礼，北齐时为国子博士，后又入周。有《周礼义疏》二十卷，今亡。阜城在今河北阜城县。陆德明所著《经典释文》无熊安生音。沈括所谓经典释文即经典音义之意。《尔雅·释器》："肉倍好谓之璧"，陆书为肉字作音云："如字，又如授反。"如授反即揉字音。《书·舜典》："金作赎刑"，《释文》赎音石欲反，徐音树。徐为徐邈。《广韵》肉为屋韵字，赎为烛韵字，音肉为揉，音赎为树，是入声读为去声。又赎《广韵》音神蜀切，为床母三等字，树音常句切，为禅母字。《释文》赎音石欲反，石属禅母，则与树为双声。沈括谓宋代河朔人谓肉为揉，谓赎为树，与今日北方音相似。

打音丁梗反，陆氏《释文》以前无此音。《切韵》始有德冷反，同沈音。罢字，《左传》襄公三十年"皆自朝布路而罢"，《释文》罢，音皮买反。《论语·子罕》"欲罢不能"，《释文》音皮买反，又皮巴反，又音皮。皮买反即《切韵》薄解反。案沈括谓打音丁梗反、罢音部买反为吴音，是北宋时大部分地区读音已与《切韵》不同。欧阳修《归田录》云："遍检字书，乃无此'打'字音丁雅者，其义主考击之打，自音谪耿。以字学言之，打字从手从丁，丁又击物之声，故音谪耿为是，不知因何转为丁雅也。"今苏州言打音dang，与沈括所说正同。罢字义为休止，音薄解反，《切韵》归入蟹韵。宋辛弃疾《稼轩词·水龙吟》"稼轩何必长贫"下阕以下、马、罢、哑诸字为韵，下、马、哑等皆为上声马韵字。又史达祖《梅溪词·贺新郎》"同住西山下"上阕以下、社、者、榭、惹、罢诸字押韵，其中除榭字为去声祃韵字外，下、社、者、惹四字皆为上声马韵字。由是可知罢字已由bai变为ba，与现代方言相同。北音去声。吴音上声，读作ba，浊声母，是沈括音也。

《周礼·天官》："疡医掌肿疡、溃疡、金疡、折疡之祝药劀杀之齐"，郑玄注云："祝当为注，读如注病之注，声之误也。注谓附著药"，陆氏《释文》云："祝，之树反，出注。"案祝《广韵》有之六、职救二切，一在屋韵，一在宥韵，注字则在遇韵，音之戍切。郑玄以祝字义为巫祝及祭者祝辞之意，故以祝为误字，当改作注，故《释文》依郑说音之树反。沈括谓祝音咒，与郑注不合。沈云："至今齐谓注为咒"，二字音近。官名尚书之尚，《周礼·天官·冢宰》《释文》音常，《广韵》平声阳韵音市羊切，与《释文》同。常、尚声调不同，沈以平声读为秦音。

陆游《老学庵笔记》卷六云："四方之音有讹者，则一韵尽讹。如闽人讹高字，则谓高为歌，谓劳为罗。秦为讹青字，则谓青为萋，谓经为稽。蜀人讹登字，则一韵皆合口。吴人讹鱼字，则一韵皆开口。他仿此。中原，惟洛阳得天地之中，语音最正。然谓弦为玄，谓玄为弦，谓犬为遣，谓遣为犬之类，亦自不少。"

案陆游为山阴人（今浙江绍兴），此条论四方有讹言，则一韵尽讹，盖以韵书读音为准。合于韵书者为正，不合于韵书者为讹。闽人谓高为歌，谓劳为罗，秦人谓青为萋，谓经为稽，与前引《贡父诗话》所言相同。

陆称登字蜀人读为合口，鱼字吴人读为开口，揆陆意，当时方言登字一韵大都读为开口，鱼字一韵大都读为合口，惟蜀人、吴人读音开合不同。洛阳音谓弦为玄，谓玄为弦，谓犬为遣，谓遣为犬，亦属开合问题。《广韵》玄、犬皆合口字，弦、遣皆开口字。洛阳音与《广韵》音正相反。

陆游生于宋徽宗宣和七年(公元1125年)卒于宁宗嘉定三年(公元1210年)曾为福州宁德主簿(今福建宁德)通判夔州(今四川奉节),又随王炎至秦陇,戍守大散关(在今陕西宝鸡西南,地近甘肃),文中所言闽人、蜀人、秦人语音盖即闻之于上述各地。

又《老学庵笔记》卷十云:"世多言白乐天用相字多从俗语作思必切,如'为问长安月,如何不相离'是也。然北人大抵以相字作入声,至今犹然,不独乐天。老杜云:'恰似春风相欺得,夜来吹折数枝花',亦从入声读,乃不失律。俗谓南人入京师,效北语,过伽蓝,辄读其膀曰'大厮国寺',传以为笑。"

案相与厮双声,同为心母字。口语音与韵书所载之文字读音未必完全相合。相《广韵》但音息良切,无思必切一音。厮字《广韵》亦只收平声支韵,音息移切,训为厮养、役使。至于相共之义与读音,韵书并阙而不录。唐人诗中相有厮音,而字仍作相,宋人词曲,则有迳写为厮者。如欧阳修《渔家傲》:"莲子与人长厮类,无好意,年年苦在中心里",厮类即相类也。又同调:"天与多情丝一把,谁厮惹,千条万缕萦心下",厮惹即相惹也。由此可知厮当为仄声。(孙奕《履斋示儿篇》卷二十三引《古今诗话》云:"厮字唐人作斯音,五代时作入声。陶谷诗云:'尖簷帽子卑凡厮,〔短鞦靴儿末厥兵〕'是也")谓相为厮,或不限于北方,欧阳永叔乃庐陵人(今江西吉安),则大江以南亦有言厮者。

赵彦卫《云麓漫钞》卷十四云:"且四方之音不同,国墨北惑字,北人呼作谷木卜斛,南方则小转为唇音。北人近于俗,南人近于雅。"

案赵彦卫字景安，浚仪人(今河南开封)，于南宋孝宗隆兴元年(公元1163年)及进士第(见钱大昕《潜研堂金石文跋尾续》第五)。《云麓漫钞》有开禧二年自序，署为新安郡守，新安郡即徽州。宋宁宗开禧二年为公元1206年，是时景安盖年逾六十矣。或云生于北宋，恐误。国墨北惑为《广韵》牙唇喉三类字，《七音略》国惑二字为合口，墨北二字为开口。此云国墨北惑四字"北人呼作谷木卜斛，南方则小转为唇音"，似此四字开合读同一类。《广韵》国墨北惑为德韵字，谷木卜斛为屋韵字，两者相去较远。北人呼国墨北惑为谷木卜斛，为它书所未载。罗常培先生《唐五代西北方音》所录四种藏汉对音材料中国惑默北等字与屋韵字韵母相同，与赵彦卫所言宋代北音情况相似。今山西晋城太原等地国与谷音亦相同。至于赵谓"南方则小转为唇音"，所指者何，尚难确定。

由此数则已可略知宋代南北东西方音中之一二特点，材料虽少，但其中可供研究古今音变之参考者尚多，考音论史者不可以其零散而忽之也。

秦朝统一文字的历史意义

一 春秋战国时期的秦国文字与六国文字

根据《史记·秦本纪》，周宣王时，秦庄公为西垂大夫。周幽王为犬戎所杀，秦庄公之子襄公救周有功，所以周平王东迁雒邑以后，封襄公为诸侯，始立秦国，跟东方诸侯通使聘享。经过春秋战国时期，约五百年，秦灭六国，统一天下。

秦国处于西周故地，承接周人的文化，所使用的文字跟西周的铜器文字(即金文)是同一系统的。我们现在所能看到的秦始皇以前的主要材料有五种：

(1)《史籀篇》的籀文。《汉书·艺文志》小学类载《史籀》十五篇，注称"周宣王太史，作大篆十五篇，建武时(光武帝公元25—55)亡六篇矣。"《史籀篇》远在汉末即亡佚。许慎《说文解字》收录有二百二十多字，称之曰"籀文"。王国维作《史籀篇疏证》(见《观堂集林》)认为《史籀篇》为春秋战国之间秦人所作以教学童的书。字的体势与篆文接近而比较繁复。

(2)秦景公时(公元前576—前537)的“秦公钟”和“秦公簋”，字形较西周金文稍趋整齐，但很有气势。(见《三代吉金文存》)

(3)石鼓文。石鼓时代古人认为是周宣王时候的。近代有人认为是秦穆公时所刻(公元前659—前621)，有人认为是灵公时所刻(公元前424—前413)，诸说不一。但文字形体谨饬齐整，时代当晚于秦公簋。有拓本和影印本。

(4)诅楚文。秦惠文王时所刻(公元前318以后)。有三石，一在凤翔，一在渭河出土，一在洛阳出土。文见《古文苑》。有摹刻本。文字跟小篆极相近，有少数字跟籀文相同。

(5)秦大墓石磬。今年陕西考古工作者在凤翔发掘秦一号大墓，发现石磬断片，刻有文字，类似秦公簋。

这几种材料在体势上没有很大的差别，很清楚是同一系统的文字。惟东方诸国的文字互有不同，跟秦国的文字更不相同。就各国铜器铭文的形体来看，有两方面不同，一方面是书法的体式不同，或方、或长，或整饬，或疏放，北方与南方的风格各异；另一方面是字的形体笔画不同，而且各有一些特殊的字。至于传世的战国时期的盟书、鉨印、货布、陶器、竹简上的文字，都是六国古文，更是变化多歧，不易辨识。(参看图版一)。汉代所发现的“古文经”(包括孔子壁中书)，有《尚书》、《周官》、《春秋左氏传》、《论语》、《孝经》等也都是六国文字，跟秦国文字是两个系统。到秦始皇灭六国以后，二十六年(公元前221)下令统一文字。

二 秦始皇统一文字的政治意义

文字是用以记载语言、治理国家、发展文化的不可须臾离的工具。所以许慎《说文解字叙》说：“盖文字者，经艺之本，王政之始，前人所以垂后，后人所以识古，故曰本立而道生，知天下之至啧而不可乱也。”自春秋至战国之末，历时将近五百年，各国文字差异很大，秦灭六国后，就汲汲于“一法度、衡石、丈尺，车同轨，书同文字”(《史记·秦始皇本纪》)，这在政治、经济、文化上都具有极重要的意义。

《说文解字叙》说：“秦始皇帝初兼天下，丞相李斯乃奏同之，罢其不与秦文合者。斯作《仓颉篇》，中车府令赵高作《爰历篇》，太史令胡毋敬作《博学篇》，皆取史籀大篆或颇省改，所谓小篆者也。”秦始皇三十三年李斯又奏请“史官非秦记皆烧之。非博士官所职，天下敢有藏诗书百家语者悉诣守尉杂烧之。”因是六国文字既废除不用，而用六国文字所写的书籍也归于消亡。这是中国文化史上一次极大的变革。秦始皇所以要统一文字，其意义在于(1)实行高度中央集权，统一文字，灭绝六国文书，免除六国诸侯后裔和豪族大姓复起，兴起战争；(2)要实行政令统一，制度一致，统一文字是治理国家必然的要求；(3)统一文字，客观上促进了语言的统一、民族的融合与人民之间的团结，社会经济、文化也就得以发展。李斯对原有的秦文大篆颇作省改而成小篆，使书写容易，进一步发挥了文字的作用，更具有重要的意义。

三　秦篆在体势结构上的改变

李斯等改大篆为小篆，现在我们还可以看到秦始皇二十八年的泰山刻石、琅玡台刻石的拓本和三十七年会稽刻石的宋代徐铉的摹本。根据这些材料和许慎《说文解字》所收的篆书跟以前的金文、石鼓文以及诅楚文等来比较，很明显可以看到秦代小篆已由繁趋简，由不整齐趋向整齐，由不规则趋向规则。在秦人没有灭六国以前，即战国晚

秦朝小篆

整齐方正化

金文 石鼓 石

石 詛楚文

规范化

石 詛 金 金 石

偏旁定型化

石

石 秦公殷 石 石

简化

石 石 石 石 石

期，秦文字已经有了趋向简易和接近六国通行文字的迹象(如商鞅量、吕不韦戈)，李斯等又进行有意识的省改，并走向规范化，这在汉字发展史上是一大进步，也是符合汉字发展的规律的。

文字是全社会普遍应用的语言记事的工具，书写的体势结构首先要求简易可行，要求规范化，其次要求整齐美观。李斯等改易大篆以为小篆，注意到好几方面：

(1)整齐方正化。改变过多的图画式的不规则的斜笔，使之成为方正横竖井然的字体。

(2)形声字的偏旁地位有定，不容紊乱。把大多数形声字的结构方式定为左边是形符；右边是声符，可者上边是形符，下边是声符，或者更易形符声符的位置，以求便于书写，使之整齐美观。如“女”字边以前大篆的写法是在右边，小篆都改在左边，树立确定的规范。

(3)同一偏旁的写法定型化。不仅写法固定，笔画的多寡也有定。

(4)笔画简化。大篆笔画过于繁复，一律简化，使之易写，并且归于方正整齐。

以上这几方面在改大篆为小篆的过程中都充分体现出来了。(参看图版二)这是由甲骨文、金文发展到大篆以后的一次总的改造，使文字的形体全面系统化、标准化，对后代汉字的发展有极大的积极作用。

四　秦朝统一文字对文化的发展所起的作用

文字的统一是文化发展的标帜。小篆既是古文字形体的总改造，又是新的文字发展的转折点，后代的隶书、草书、楷书、行书都是在小篆的基础上经过不同阶段的改变发展而成的。隶书比篆书草率，在战国时期已经出现。秦代隶书兴起以后，逐渐成为一种民间应用的字体。到了汉代隶书大为盛行，篆书就比较少用了。文字的发展转到一个新时代。隶书写起来比篆书容易得多。篆书宛转曲折的笔画改为平

春秋战国时期古文字示例

- 明：秦公簋　晋姜鼎
- 秦：秦公簋　楚王酓忎鼎
- 楚：晋公盦　楚王酓忎鼎　楚王酓忎盘
- 齊：齐侯鼎
- 陳：陳侯因資敦　陳侯簠
- 皇：齐叔夷鎛　徐王義楚鍴
- 敬：秦公簋　齐叔夷鎛
- 德：秦公簋　齐叔夷鎛　陳侯因資敦
- 畏：齐叔夷鎛　徐王孫遺者鐘
- 忘：吴王鑑　陳侯午敦
- 作：紀慶叔匜
- 愻：越者汈鐘
- 期：齐侯盘　許子鐘
- 保：齐叔夷鎛
- 經：陳曼簠
- 典：齐叔夷鎛
- 鑄：楚王酓肯鼎

以上见于铜器

耳　取　卑　女　侃　氏　是　道

善　息　豆　喜　誓　安　高　童

以上見于盟書鉨印貨布陶器

公　秦　陳　敗　大　民　用　惟　武

蔡

以上壁中書古文

直简易的写法，就事半而功倍。书籍的传写自然一天比一天多起来，文化的传播和发展也就加快。秦朝的统一文字，一方面是取消六国文字之不与秦之合者，一方面是改变旧日的大篆以成整齐简易的规范化的小篆。如果不做这一番工作，任凭各地使用各自原来书写的文字，必然有碍于民族的统一和文化的发展。所以统一文字对全民族文化的发展起了积极推进的作用。

文字跟语言是紧密相联系着的。汉字的结构形式和结构的法则，经过秦朝的统一文字，都已经固定，偏旁都有其系统性，不仅书写与学习有规律可循，而且为配合语言创制新字有了一定的办法，形声字由是而不断增多，文字在记录语言上能更好地相适应。汉字本身因形以见义，又因形以见音，成为世界上独有的一种特殊文字，为发展祖国的辉煌灿烂的文化起到巨大的作用。由此可见李斯提倡统一文字，并且省改大篆为小篆对汉语语言文字的发展也具有极其重要的历史意义。联系到我们今天的工作，整理汉字，提倡汉字规范化，进行部分有条理的适当的简化是必要的。但是我们也必须防止随意的创造简化字，破坏汉字的传统规范。

许慎及其《说文解字》

汉代是中国文化史上一个光辉灿烂的时代。从公元前二世纪到公元后二世纪四百年之间出了很多杰出的文学家、史学家、哲学家、经籍文献学家、科学家。文学家有枚乘、司马相如、扬雄、张衡、蔡邕；史学家有司马迁、班固、荀悦；哲学家有桓谭、王充；经籍文献学家有刘向、刘歆、贾逵、马融、郑玄；科学家有张苍(数学家)、张衡(天文学家，又是文学家)、张机(即张仲景，医学家)、华佗(医学家)。这些都是著名的人物。他们不仅继承了春秋战国以来的文化遗产，而且更发扬光大，给中国的文学、史学以及其他方面奠立了一个富厚的基础。对于中国文化的发展贡献极大。他们的著作包容的方面极广，是我们研究中国文化史极其宝贵的资料。

这里所要提出来说的一个人是许慎，他是汉代最著名的一个文字学家、词汇学家。他是中国文字学的开山祖师，在中国语言学史上所占的地位非常重要。他的著作《说文解字》从东汉一直到现在一千八百多年始终为人所重视，是一部不朽的著作。我们要研究汉以前的古典著作，或研究汉语史和古文字，对于《说文解字》不能一无所知。就这种意义来说，不知道许慎的《说文解字》跟研究文学和史学的人不知道司马迁的《史记》同样是一种缺点。

许慎，字叔重，生于东汉，是汝南郡召陵(shào líng)人。召陵，在现在河南的郾城县东边四十五里的地方。郾城县许村还有许慎的墓。

关于许慎的生平事迹，在范晔《后汉书》卷一〇九下《儒林传》里有简单的叙述。如果参照许慎自己写的《说文解字后叙》和他的儿子许冲的《上说文解字表》，我们可以知道得更详细一些。

根据史传所记，许慎是一个性情笃实而纯厚的人，他在年少的时候就博通《五经》，所以当时的人就用“五经无双许叔重”一句韵语来称赞他，马融对他也非常推崇。

汉代传习的经书，有今文经和古文经的分别。今文经是秦汉之间博士弟子口耳相传下来的，在汉代都是用通行的隶书来写的，所以称为今文经。古文经大部分都是汉武帝时鲁恭王拆毁孔子住宅，从墙壁中取出来的，这种书都是用战国时通行的古文字来写的，所以称为古文经。古文经跟今文经不仅文字的写法不同，就是内容也不尽相同。西汉时代古文经没有发现之前，传习的都是今文经，等到古文经发现以后，才有人研究古文经。到了东汉时代，古文经开始盛行起来。当时传授古文经的第一个大师就是贾逵(公元30—101)。

贾逵既通今文经，又精于古文经。许慎就是他的学生①。贾逵在章帝建初四年(公元79)曾与班固、傅毅、博士议郎及诸生诸儒在北宫白虎观讲论《五经》同异，建初八年(公元83)又奉诏在黄门署为弟子门

① 许冲上表称：“臣父故太尉南阁祭酒慎本从逵受古学。”

生讲授《春秋左氏传》、《穀梁传》、《古文尚书》和《毛诗》。许慎最初在汝南郡做“功曹”，后来被推举为“孝廉”，到洛阳之后就做了太尉府的“祭酒”。“祭酒”是太尉府曹属之中的主要人物，他住在京师，所以能够从贾逵问业。贾逵到和帝永元十三年(公元101)才死，而许慎也一直在太尉府。他作《说文解字》，跟从贾逵受古文经有很大的关系①。

《说文解字》的《后叙》作于永元十二年(公元100)②，就是贾逵死的前一年。许慎在安帝永初四年(公元114)又曾与马融、刘珍及博士议郎五十余人在东观校《五经》、诸子和史传。到建光元年(公元121)，病居于家，才叫他的儿子许冲上《说文》。距离写《后叙》的时候已经有二十二年。

许慎的生年和卒年已无可考。清人根据贾逵的生年——光武帝建武六年(公元30)来推断，认为许慎可能生于明帝永平之初(永平元年，公元58)。至于卒年，则又根据《后汉书·西南夷夜郎传》所说“桓帝时郡人尹珍自以生于荒裔，未知礼义，乃从汝南许慎、应奉受经书图纬”的话，推断许慎可能卒于桓帝初年(桓帝建和元年，公元147年)。这样说起来，许慎的岁数总在八十以上了。

许慎的著作除了《说文解字》以外，还有《五经异义》和《淮南子注》，不过都已亡逸不存，只有清人的辑本。

许慎著《说文解字》的时候，正是古文经盛行的时代。古文经是用战国时代的古文字来写的，跟当时通行的隶书很不相同。自从古文经出现以后，今文经家就大相非毁，排斥古文，称秦时隶书是古帝先王

① 许冲上表里说：“慎博问通人，考之于逵，作《说文解字》。”

② 许慎《说文解字后叙》说：“粤在永元，困顿之年，孟陬之月，朔日甲申。”根据这一句话定为永元十二年。

之书，父子相传，不得改易。并且随意解说文字，牵强附会，毫无条理。许慎既博通经籍，而又从贾逵学习古文经，对于今文经家的这种向壁虚造的巧说邪辞深恶痛绝，所以搜罗篆文和古文及籀文[①]编成一部字书。一方面把经传群书的训诂写下来，一方面还说明字体的结构和字的读音，使人们知道相传的古文字是怎样写的，每一个字在字形上和语义上应当如何讲解。这部书把汉代能够看到的古文字尽量记载下来，实在是中国古代文献中极其重要的著作。

许慎对于文字在文化发展上的作用看得很清楚。他曾经说："文字者，经艺之本，王政之始，前人所以垂后，后人所以识古。"[②]我们要读古代的书籍，要了解古代的文化，不懂得古代的文字是不行的。许慎这部书是极可宝贵的遗产。我们有了他这一部书才能认识秦汉时代的许多篆书的石刻和器物的铭文，才能认识商代的甲骨文字和商周两代的铜器文字以及战国时代的古文。没有《说文解字》，我们就很难通晓秦汉以前的古文字，商周文物上所记载的事实也就很难索解了。

许慎这部书的伟大的贡献不仅在保存了上古时代的古文字，更重要的是他创通文字构造的条例，用了多少年的功夫创造性地编出一部具有系统的字书，给后世编纂字典的人立下一个规范。因此我们更应重视这部书，了解它在中国语言学史上的地位，了解怎样运用这部书去进行汉语史的研究工作。

这部书题名为《说文解字》，"文"指的是独体的象形表意的字，"字"指的是合体的表意字和形声字，因此题称《说文解字》，后世一般简称为《说文》。

---

① "籀文"是出自《史籀篇》的大篆。

② 见许慎《说文解字叙》。

中国古代的字书，主要有三类：一类是通俗的教童蒙识字的“杂字”书，一类是按部首来编排的有系统的字书，一类是按声韵来编排的韵书。《说文》就属于第二类，而且是其中最早的一部书。

在《说文》以前从秦代起就有了“杂字”书。最知名的是《仓颉篇》①，相传为李斯所作。另外还有赵高的《爰历》和胡毋敬的《博学》。这都是以开头两个字来题篇名的。到了汉代，把三个书合在一起，称为《仓颉篇》，以六十字为一章，一共有五十五章。后来扬雄又续《仓颉》作《训纂篇》，东汉郎中贾魴又作《滂喜篇》。后人合称为“三仓”。这种书都是四字一句，而且是韵语②。西汉时司马相如又曾作《凡将篇》，是七言韵语，东汉元帝时史游作《急就篇》则有七言、三言和四言。《急就篇》在魏晋六朝的时候很流行，所以现在我们还能够看到全书，其他都亡逸无存了③。

这种“杂字”书即便都保存下来，除了可以考见汉代的词汇以外，在文字学史上并没有什么价值。

许慎的《说文》则不然了。他看出这样的字书是没有什么用处的，他根据当时对于文字的构造和意义声音的关系的理解，即“六书”的分类④来分析篆文，把所有的字按照形体的构造来加以区分，凡形旁相同的就类聚在一起，以共同有的形旁作部首，其他同从一个形旁所构成的字都系属其下。许多部首又按照篆书形体的相近与否来编排先后

---

① 文字本来是人民在劳动过程、生产过程所创造的，古人传说是黄帝史官仓颉所造。《仓颉篇》开头一句话是“仓颉作书”，所以称为《仓颉篇》。

② 罗振玉、王国维所编的《流沙坠简》和劳榦的《居延汉简考释》中都有这一类书的逸文。

③ 清代马国翰《玉函山房辑佚书》和近代人龙璋的《小学搜佚》中都有《三仓》辑本。

④ “六书”按照计慎所说即指事、象形、形声、会意、转注、假借。

的次序。这样就把极其纷繁的成千上万的汉字都编排在一起了。这种办法是前所未有的，是许慎的创见。他看到了汉字的特点，不如此，很难编出一部便于应用而又有系统的字典来。这在过去语音很分歧，汉字写法还没有完全打乱的时候，的确是一种极其宝贵的经验。所以段玉裁称赞这部书说："此前古未有之书，许君之所独创，若网在纲，如裘挈领，讨原以纳流，执要以说详，与《史籀篇》、《仓颉篇》、《凡将篇》乱杂无章之体例，不可以道里计。"①

《说文》一共十五卷，一至十四是本书，最后一卷是叙目。全书一共有五百四十部。根据许慎原叙所说，全书收字九千三百五十三文，重文一千一百六十三，解说的字数是十三万三千四百四十一字②。

五百四十部的次序是始"一"终"亥"。始"一"终"亥"是有意义的，因为汉代阴阳五行家言万物生于"一"，毕终于"亥"。其他部首则主要是据形系联。凡部首绝大多数都是形旁，只有少数几部的部首是声旁（如丩部、句部）。一部之内的字一般都是把意义相近的放在一起。例如言部"诗""谶""讽""诵"列在一起，"讪""讥""诬""诽""谤"列在一起；肉部"肓""肾""肺""脾""肝""胆""胃""脬""肠"列在一起，"胯""股""脚""胫""腨"列在一起。这都是意义相近或事物相类的，所以以类相从，不相杂越。

至于每一个字的写法则一以篆文为主，如古文、籀文跟篆文有不同，则先列篆文，把古文或籀文列于篆文解说之下，一一加以说明。有时一字兼有"或体"，也同样列于正文解说之下。

---

① 见许慎《说文解字叙》段注。

② 现在的大徐本字数增多将近二百，解说则少于原书一万七千多字，可见现在的传本经过传写已有增损，跟许氏原书所记字数不合。

每一字的解说，一定是先解说字义，然后说明形体的构造。说明形体的构造时，凡象形字，则言“象某某之形”。凡指事字，则曰“指事”。凡会意字，则曰“从某从某”，或曰“从某某”。凡形声字则曰“从某、某声”。如果是会意而又是形声字的，则曰“从某从某、某亦声”。例如：

气　雲气也，象形。

齿　口断骨也。象口齿之形，止声。

毛　眉发之属及兽毛也。象形。

二　高也。此古文上，指事也。

多　重也。从重夕，夕者相绎也，故为多。

男　丈夫也。从田从力，言男用力于田也。

放　逐也。从攴，方声。

奢　张也。从大，者声。

舒　伸也。从舍从予，予亦声。

由此可见《说文》对于字形的结构和造字的含义特别重视。有时在解说中也指出读音，则曰“读若某”。例如“瑂读若眉”，“逝读若誓”，“稌读若涂”，“刱读若创”。“读若某”之中，有的是注音，有的兼明通用。但注音是主要的。

许氏在解说中，有时引用经传来说明字义或字音。除少数用今文经外（如《仪礼》用今文经，诗间用《韩诗》），一般都用古文经。在解说中也常常引到其他人的说法，全书有一百一十余条，这就是叙文所说“博采通人，至于小大信而有证”的实例。解说中涉及训诂的，有的出于《尔雅》，有的出于扬雄的《方言》，有的出于前人的经传训释、《仓颉解诂》。由此可见许慎著《说文解字》不仅从贾逵问业，而且囊括了许多前人的经说和字说，可以说是集两汉经学之大成了。

《说文》既然是这样一部书，所以在东汉末年就为人所重视。郑玄注《仪礼》、《周礼》、《礼记》都曾经引用《说文》的解说。由魏晋以至隋唐一直有人传习。虽然《说文》并没有把两汉时代应用的文字都收罗无遗①，有些解说也偏于株守字形，不免牵强附会之嫌，可是这样编排文字的体例，已经成为后来编纂字书所共同遵守的方法了。

首先我们要提到的是晋吕忱的《字林》②，吕忱事迹无可考，《魏书·江式传》所载江式《上古今文字表》里称吕忱为任城人（今山东济宁），作晋义阳王典祠令。《隋书·经籍志》则题为"弦令"。唐张怀瓘《书断》又称吕忱字伯雍。关于他的事迹我们只知道这么多。

吕忱的《字林》是根据《说文》来作的。在唐以前《说文》和《字林》总是相提并论。《字林》收字比《说文》多。唐封演《闻见记》说：

> 晋有吕忱，更按群典，搜求异字，复撰《字林》七卷，亦五百四十部，凡一万二千八百二十四字。诸部皆依《说文》，《说文》所无者皆吕忱所益③。

吕忱《字林》自南宋以后失传，清任大椿有辑本，名《字林考逸》。

《字林》之外，按照《说文》来编的字书，还有梁顾野王的《玉篇》。顾野王，《陈书》有传，他是吴郡吴人，陈宣帝太建十三年卒（公元

---

① 《说文》解说中的字就有没有收入正文的。大徐校定本增补四百多字，列在每部之后，称为"新附"。事实经传里面还有很多的字不见于《说文》的。

② 《字林》卷数前人所说多寡不同，有五卷、六卷、七卷三种说法。

③ 见《封氏闻见记》卷二《文字》。

519—581)。《玉篇》是在梁武帝大同九年(公元543)编纂成书的。这部书共有三十卷，体例跟《说文》相同。所不同者在于《说文》是五百四十部，而《玉篇》删并“哭”“延”“教”“眉”“自”“䛐”“畝”“后”“六”“弦”十部，别增“父”“云”“喿”“尢”“处”“兆”“磬”“索”“炑”“弋”“单”“丈”十二部，一共是五百四十二部。又“書”字《说文》在“聿”部，《玉篇》则改为部首，把《说文》的“畫”都归并在一起[①]。其次是部次的安排也与《说文》不尽相同。《说文》的部次是据形系联的，即使有时把意义相近的排列在一起，也还是形体相近的。《玉篇》虽然大部分跟《说文》相合，可是有时就专取其意义相近的比次在一起。例如“人”“兒”“父”“臣”“男”“民”“夫”“予”“我”“身”“兄”“弟”“女”相连，次序就跟《说文》完全不同[②]。

《玉篇》原书收字一万六千九百一十七[③]，比《字林》又多四千余字。每字之下，先出反切，后引经传和群书训诂，注文非常详细。现在我们所看到的《玉篇》注文比较简单，已不是顾氏《玉篇》原来的面貌了[④]。

从《字林》和《玉篇》的编制都可以看出《说文》对后世字书影响之大。《隋书·经籍志》有《古今字书》十卷，北魏杨承庆《字统》二十一卷，书虽亡逸，根据佚文，还可以知道也都是按照《说文》的体制来分部的。以部首编排字书可以说是从《说文》以后一直沿用的办法。宋人编纂的《类篇》，明张自烈的《正字通》，以及清人所编的《康熙字典》都

① 见清钱大昕《十驾斋养新录》卷十三《玉篇》一条。

② 《说文》的字体是篆文，《玉篇》的字体是隶书，不必强同。

③ 见《封氏闻见记》卷二《文字》。

④ 顾野王原本《玉篇》有唐写本，见罗振玉影印《原本玉篇残卷》及黎庶昌《古逸丛书》。

是按照偏旁部首来编排的，只是分部有不同而已。

《说文》这部书在中国语言学史上的地位很高。清人非常重视这部书不无道理。许慎看到形声字是汉字里最多的一部分，所以特别注重形声字的分析。书中指出某字从某某声，一方面是分析字形，一方面也就是指出字的声音。凡从某声得声的字，它的读音必然跟某声切近。因此清人从《说文》中悟出根据谐声字可以参照《诗经》的韵脚考定古韵的分部。同时《说文》中引经与现在的经文往往不同，因而清人又体会到古人以文字记录语言，时有假借。清人了解了古韵的分部，又了解了古人用字有假借，所以有很多古书中向来难解的句子，他们都能从声音训诂和文字通假上理解到它的原意。

许慎著《说文》，在解释字义上还特别注意造字的“本义”。他的说法不一定都对，可是清人从这一点认识到字有“本义”，有“引申义”，有“假借义”①，在语义学上有了新的发展。

这些都是《说文》对于后来研究汉语声音、训诂所起的一些影响。

在今天来看，《说文》仍然有它的价值。我们要研究古文字，要知道汉字的发展和变迁固然离不开这部书，就是要研究汉语词汇发展的历史和词义的演变以及古音的系统，也需要应用这部书。我们应当从中吸取各种有用的东西。

现在我们所看到的《说文》的本子，时代比较早的是唐写本和宋刻本。唐写本有两个本子，一个是木部残本，存一百八十八字，将近全书五十分之一；一个是口部残简，存十二字。前一种是中唐人写本，原为清人莫友芝所藏，现为日本人所有，后一种是唐宋间日本的摹本，为日本人所藏。

---

① 见段玉裁《经韵楼集》卷十一亯饗二字释例。

唐本跟六朝所传《说文》是比较接近的。但可惜只有残本。今天我们能看到的全本，是南唐徐锴的《说文解字繫传》和宋徐铉的《校定本说文解字》。徐锴是徐铉的弟弟，前人称徐铉为“大徐”，徐锴为“小徐”。小徐本有注释，大徐本则主要是校定原书，没有注释。小徐本有影抄宋本，大徐本有北宋刻本。清人翻刻的本子都很多。小徐书以祁寯藻刻本为最好，大徐书以孙星衍《平津馆丛书》本为最好。

小徐书著述的目的在于注释原书，其中许氏原文跟唐写本相同的地方较多(只就木部而言)。大徐书是用许多本子来校定的，很多地方跟唐写本不同。所以清代段玉裁注《说文》，很重视小徐本。

《说文》原本是没有反切注音的。现在我们看到的唐写本已有注音。唐写本的注音跟隋唐间流行的韵书不同，而跟相传的《字林》音相合[①]。现在我们所看到的二徐本又跟唐写本不同。大徐本的反切是根据唐代的孙愐《唐韵》加上去的，小徐本的反切是南唐朱翱所加的。读音也不完全相同。现在我们一般应用的本子都是大徐本《说文》。

《说文》是很不容易读的一部书，因为古字古义很多，必须有注解才能理解得透彻。谈到《说文》的注本，徐锴的《繫传》是最早的一种注本了。徐锴对于《说文》用力很勤，徐铉称他弟弟作《繫传》的意义在于“考先贤之微言，畅许氏之玄旨，正阳冰之新义[②]，折流俗之异端。”[③]徐锴作《繫传》参考的古书不下一百多种。他一方面疏证许说，一方面又进一步从声音上来讲解字义，创见很多。不过有时征引古书过于繁冗，解说字义不很精当，所以还不是最好的注本。

① 详见拙作《唐本说文与说文旧音》，《问学集》七二二页。

② 唐大历中李阳冰曾刊定《说文》，肊说颇多。

③ 见徐铉所作《说文韵谱序》。

清代《说文》之学盛行，注《说文》的有好几家。最重要的一部书就是段玉裁的《说文解字注》。段玉裁是戴震的学生，他作《说文解字注》用了三十多年的功夫，先写为长编，然后简括成书，是一部体大思精的著作。他首先根据许慎原书的体例和《玉篇》、《集韵》的训释以及宋代以前的古书引到《说文》的字句来校订二徐本的是非，其次再根据经传子史和其他古书来解说许书的训解。除此之外，并说明一个字的多方面的意义以及意义的引申和变化。他的最大的贡献在于创通条例，以许书证许书，以声音为关键，说明训诂。清人研究说文的莫不受其影响。不过他好谈本字本义，有时流于武断。他改动篆文九十字、增加篆文二十四字，删去篆文二十一字，有些地方未免过于鲁莽。

同时注《说文》的，还有桂馥、王筠。桂馥有《说文解字义证》，王筠有《说文句读》。桂氏《义证》，目的在于征引古书，找出许慎解说的根源，故不参杂己见；王氏《句读》则采掇段、桂两家之书，删繁举要，以便初学。桂、王两家都尽量根据二徐原本而不轻易乱改，态度非常审慎。段氏则颇有更易，在这一点上是远不如桂、王两家了。三家之书，各有所长，都是研究《说文》的必备的参考书。

清人研究《说文》的书有一百多种，1928 年丁福保按类汇编在一起，名为《说文解字诂林》。我们要检查一个字，各家的原注都依次分别列出，这当然是最便于参考寻检的一部书了。

1956 年 8 月

中国文字学发展史

一　战国秦汉间的识字书

中国的文字学已有长久的发展历史。远在春秋战国时期就有了学童识字的字书。班固《汉书·艺文志》小学类载《史籀》十五篇，他说："史籀篇者，周时史官教学童书也。"《史籀篇》早已亡佚，许慎(公元58？—147?)《说文解字》里还保存了二百多字，字形繁复，跟春秋到战国初期的铜器文字比较接近。据王国维(公元1877—1927)推测，《史籀篇》应是秦国早期教学童的识字书。"籀文"就是战国时秦国所使用的文字。"籀文"也称为"大篆"。

后来，秦始皇兼并天下，实行统一文字，李斯等又改《史籀》大篆为"小篆"，字形既求其整齐方正，笔画又要求简化，偏旁写法也要求一致；这是一次极为重要的文字整理工作，对后代汉字的发展有很大影响。李斯又作《仓颉篇》，赵高作《爰历篇》，胡毋敬作《博学篇》。这些书都是教学童的字书，对推行小篆，统一文字也起了重要的作用。汉代初年把三部书合在一起，总称为《仓颉篇》。这种书既为学童识字而设，所以编为韵语，以便记诵。《仓颉篇》是四字一句，两句一韵(见居延所出汉代木简和安徽阜阳所出汉简以及敦煌马圈湾所出汉简)。《汉书·艺文志》说："仓颉多古字，俗师失其读。宣帝时征齐人能正读者，张敞从受之。"所谓"正读"，就是能认识是什么字，能知道它的音义。《仓颉篇》本用小篆书写，汉代隶书盛行，也就用隶书来写了，所以传习不绝。到汉武帝时司马相如作《凡将篇》，元帝时史游作《急就篇》，成帝时李长作《元尚篇》。《凡将篇》是七言韵语，据说没有重复的字。《急就篇》则有三言、四言、七言，而以七言为主。三言、四言隔句一韵，七言每句押韵。到平帝时扬雄又作《训纂篇》，去《仓颉篇》中的重复字，凡八十九章，五千三百四十字。这些书只有《急就篇》流传下来，我们可以看到汉代通行字书的样式。《仓颉篇》既多古字，到后汉光武帝时张敞外孙之子杜林作《仓颉故》，以解释其中的字义，这是字书有注解之始。《汉书》说："世言小学者由杜公"，等于说文字之学创始于杜林。(见《杜邺传》)

二　"六书"说与文字学的建立

汉代通行使用的文字是隶书，对文字有研究的是一些古文经家。"古文经"是六国晚期的写本古书，如毛诗、春秋左氏传、古文尚书、古文论语等都是用六国时期的古文字写的，跟篆书不同。古文经家在朝廷秘阁校书，他们能看到许多古书，他们从篆书和古文、籀文中分析出造字的条例，创为"六书"说。"六书"的名称曾见于《周礼·保氏》。汉人所称的"六书"细目始见于《汉书·艺文志》。《艺文志》说："古者八岁入小学，故'周官保氏'掌养国子，教之六书，谓：象形、象事、象意、象声、转注、假借，造字之本也。"班固《汉书·艺文志》大都本于刘歆《七略》，所以很明显，"六书"说是古文经家创造出来的。这种造字条例的分析成为早期文字学理论的一部分。到汉和帝时，侍中贾逵的弟子许慎根据六书进一步分析篆书的形体结构，建立研究文字体系的方法，作《说文解字》十四篇，按照偏旁分为五百四十部，始“一”终“亥”，凡同从一个偏旁的都列在一起，同条共贯，杂而不越；每个字的解说都兼顾到形音义三方面，这是极大的特点。全书以小篆为主，兼收古文、籀文，共收字九千一百五十三字，重文一千一百六十三字，是中国也是世界最早的一部最有创造性的字典，在中国也是最有影响的一部字典。书中保存了大量的古文字和古音古义，对研究文字的功用极大。中国文字学在这时已经建立起来了。后代许多字书都仿照《说文解字》的体例，按部首编排文字，这种方法一直到现在还在应用。

三　魏晋南北朝的字书

汉代篆书不通行，通行的是隶书和草书。《说文》的正文是篆书，在社会上不易通行，所以晋任城人吕忱作《字林》七卷，用隶书书写，全书沿袭《说文》的编排方法，仍分为五百四十部，而收字有一万二千八百二十四字(见唐封演《封氏闻见记》)，比《说文》多三千六百七十一字。在唐代这部书跟《说文》同为士林所重，但到宋代以后反而亡逸，清人任大椿始有辑本。南朝梁代，吴郡人顾野王又编纂一部《玉篇》，共分三十卷，仍沿袭《说文》的编法，分为五百二十四部，但是部次有变动。书中每字下详举字义，并引证经传文句和注解，这是前所未有的。字有异体，则分列在两部或数部，也跟《说文》列于一字之下不同。全书收字达一万六千九百一十七字(见《封氏闻见记》)，又比《字林》多四千多字，这正反映文字在随着语言不断发展。这部书在唐代跟《说文》一样流行，一直流传至今。不过，今本《玉篇》是唐代孙强的增字本，注文已大加删节，宋人重修，名为《大广益会玉篇》，跟顾野王原书的面目全不一样了。

魏晋南北朝的文字学主要表现在编纂字书上。一是多收罗古今异体，二是多列举训释例证，原原本本，信而有征。这两方面对后世字书的编纂都有很大的影响。如宋代的《类篇》，明代的《学汇》、《正字通》，下至清代的《康熙字典》，都合于《玉篇》的格局，广采众书编纂而成。其次，魏晋时代有关文字的杂书也不少，如魏张揖的《古今字诂》、《杂字》、《埤苍》，晋王义的《小学篇》，晋葛洪的《要用字苑》，宋何承天的《纂文》，齐王劭的《俗语难字》，梁阮孝绪的《文字集略》等都见于前代史志，唐人书中引到的很多，他们对文字跟语言的实际配合以及俗语、今义之类都极为重视，这是一大特点。可惜这些书今已亡佚无存，惟清人有辑佚本。在魏晋时代"仓雅之学"盛行，"仓"即《仓颉篇》，"雅"即《尔雅》。《尔雅》是汉初的小学家所编的解释词义的书。张揖、郭璞学识都极为渊博。郭璞尤精于训诂，著述亦多。

四　唐代刊正字体与《说文》研究

南北朝时期解散隶体，行书、草书、楷书盛行，字的写法日趋于混乱。如"恶"写为"恧"，"鼓"写为"皷"，"席"写为"席"之类，（见北齐颜之推《颜氏家训·书证篇》）都是一些别字讹体，所以到隋唐时代开始刊正文字。隋代曹宪曾著《文字指归》四卷。到唐代贞观年间秘书监颜师古作《字样》一卷，以刊订经籍文字。其基本精神是折衷于篆隶正俗之间，取其适中，以为楷法。后来他的侄孙颜元孙又作《干禄字书》，分字为正、通、俗三体，提倡高文典策应当用正体，一般书牍可用通用体或俗体。其后唐玄宗有《开元文字音义》一书以隶书居首，而以篆文附下，以确定楷体的写法。到唐代宗大历中张参又作《五经文字》一书，根据《说文》、《字林》、《经典释文》等书审定字体；文宗太和开成间唐玄度又作《新加九经字样》，补充《五经文字》所不备；开成石经刻成以后，楷书更加有了一定的规范。这是文字学史上在整齐文字方面所取得的重要成果。

唐代本是韵书盛行的时期，虽然也有人编制了很大的字书，如武则天的《字海》就有一百卷之多，但是没有传布。反之，在社会上却有不少记载日常用语的书，如敦煌古书中的《时用要字》、《字宝》、《碎金》、《俗务要名林》之类，自成一类，很切合实用。

《说文》在唐代虽为应"书学"考试的人所必学，可是因为有《玉篇》、《切韵》可以检字，就很少有人真正理解《说文》的价值去从事于整理工作。大历中李阳冰精于篆书，曾刊定《说文》，但多荒谬无稽之说，徒知篆法，不足以言学。直到唐末五代时期南唐徐铉、徐锴兄弟二人才精究许书，而徐锴尤为精通。徐铉入宋后曾与句中正等校订《说文》，使《说文》流传至今，传习不绝。徐锴著有《说文解字繫传》四十卷，这是《说文》最早的注本。徐锴认为"文字之义，无出《说文》"，所以把许书比之于"经"，而称自己的解释为"传"。《繫传》的主要工作是疏证许说，引书以证古义，并且从文字的谐声偏旁和字音上推寻语义的本源，创见很多。在文字方面特别说明古书中字有假借。由于时移世易，字又有古今之异。辨析精审，在文字学史和训诂学史上都占有很重要的地位。徐锴又有《说文解字韵谱》十卷，把《说文》的字按韵书的韵部来排，颇便于检索。

五　宋代的金石文字之学

五代末和宋代初年好古之士，注意搜集古文奇字，编纂成书，如郭忠恕的《汗简》，夏竦的《古文四声韵》都是。他们所根据的材料主要出自书本和一部分的石刻。可是，后来商周钟鼎彝器出土日渐增多，有些学者如刘敞、杨南仲、欧阳修等开始从事古器物著录和研究。一方面摹绘器形，一方面试着认识铭文。宋哲宗元祐七年(1092)蓝田吕大临作《考古图》，并作了释文，这是属于古文字学的第一本书。他虽然只认识了几百字，但是为古文字学的建立开创了道路。后来类似《考古图》的书有王楚的《宣和博古图》，王俅的《啸堂集古录》。专录铭文的有南宋绍兴年间薛尚功的《历代钟鼎彝器款识法帖》。专门集录文字的有王楚的《钟鼎篆韵》。后来薛尚功又作《广钟鼎篆韵》。集录的文字稍稍加多，这是清代学者研究钟鼎文字的先驱。

宋代不单是对钟鼎彝器文字开始进行研究，而且对石刻文字也很注意。欧阳修的《集古录》和赵明诚的《金石录》都有关于石刻的记载。在南宋孝宗乾道二年(公元 1166)洪适(kuò)作《隶释》一书，凡二十六卷，收碑碣二百五十八通，专门研究汉碑的隶书，考证不少文字的假借，提供了很多重要的材料，代表了一种新的研究方向。

六　宋元间的六书之学

六书自东汉人提出以后，应用六书来研究文字构造的不多。宋代王安石作《字说》，过分强调形声字的声旁有义，把形声字都解释为会意字，六书就缺其一。南宋时郑樵创新，不用《说文》系统，专用六书作文字形体的分析，以独体为文，合体为字，立三百三十母为形之主，八百七十子为声之主，合为一千二百文，成无穷之字。他把《说文》的五百四十部归併为三百三十部，开后人归併部首之先河。他的学说保存在《通志·六书略》里。宋末元初戴侗作《六书故》，则不用《说文》部目，而另分为九部。一曰数，二曰天文，三曰地理，四曰人，五曰动物，六曰植物，七曰人事，八曰杂，九曰疑，分为三十三卷。文字以钟鼎文为主，注用隶书，以六书说明字义，颇有创见。可惜不为人所重视。元世祖时杨桓又作《六书统》二十卷，用六书来统摄文字，先列古文大篆，次列钟鼎文字，再列小篆。他想利用古文字来推寻造字本意，但为六书所囿，类例庞杂，反不足取。

七 明代的《字汇》和《正字通》

自许慎作《说文解字》创以形旁编排文字的方法以后，《字林》、《玉篇》和宋代的《类篇》都仿效《说文》而作。惟《玉篇》稍变许氏部次，而把部首字义相近的序列在一起，《类篇》则一如《说文》原来的部序不改。明代万历四十三年(1605)，梅膺祚作《字汇》十二卷，另外创制新的排列法，具有革新精神。他按照楷书笔画多少排列部目，自一画至十七画列为二百一十四部，而一部之内的字也按笔画多少排列次第，这是很便于检查的一种新的方法。因为从篆书变为隶书，部首之间已经很难据形系联，为便于查检，势不得不以笔画多寡为序。所以后来的字书如崇祯末年张自烈、廖文英所编的《正字通》，清康熙年间所编的《康熙字典》都沿袭承用，至今还是编排检字常用的方法。

《字汇》收字以见于《洪武正韵》的为主，兼采经史中常见的字，怪僻的字一律不收。注释比较简要，在明代极为流行。《正字通》就是根据《字汇》而作的。全书也分为二百一十四部。不过收字多于《字汇》，注解也增繁，并援引前代书籍为证，兼及一般俗语意义。虽稍嫌芜乱，然比宋代的《类篇》切于实用。清代的《康熙字典》也就是以《正字通》为蓝本修辑而成。收字加多，例证更加充实，惟成于众手，不无错误。道光年间王引之奉命作《字典考证》十二卷，刊正其误。

八　清代的说文之学

中国文字学到了清代有了很大的发展，这跟考证经史、推重汉学有很大的关系。因为要通五经就不能不通小学，而小学里最重要的一部书就是《说文》，所以《说文》之学在清代最为盛行，以“说文学”名家的很多。段玉裁（公元1735—1815）有《汲古阁说文订》和《说文解字注》三十卷，桂馥（公元1733—1802）有《说文义证》五十卷，王筠（公元1784—1854）有《说文释例》二十卷和《说文句读》三十卷，钱坫（公元1744—1806）有《说文斠诠》十四卷，朱骏声（公元1788—1856）有《说文通训定声》十八卷。其他有关《说文》的论述极多，不胜枚举。

他们对《说文》的研究，主要有下列几个方面：

（一）校勘许书　《说文》经过历代传写，到宋代刻板，讹夺已多；明代毛晋、毛扆用宋本开雕，又出现一些错误。所以段玉裁首先根据不同的宋刻本和徐锴《说文解字系传》、熊忠《古今韵会举要》以及其他古籍校订汲古阁本的讹误。段氏以后又有几家刊正《说文》，进一步改正宋以后传本的疏失。

（二）解释许书的体例　为读通《说文》，首先要了解《说文》的体例。钱大昕在《十驾斋养新录》里最先指出《说文》中有注文连篆文读例。如“参”字下注文是“商星也”，应读为“参商星也”。段玉裁作《说文解字注》更随注阐发许书通例，王筠极为推重。王氏又作《说文释例》一书，多所发明。后来又有人对《说文》中的“一曰”、“读若”、“引经”等等作考证。

（三）疏证许书的训解　《说文》中保存了很多的古字古义。在清代最先注解《说文》的是段玉裁。他引证经传子史来解释许说，并且从形体和声音两方面说明字义，最有创见。同时注《说文》的还有桂馥、钱诂。桂馥的《说文义证》搜集的古书训解最为完备，对研究许书的训解很有帮助。后来王筠又参照段、桂两家书作《说文句读》，简当易读。

（四）说明古今字和假借字　文字在使用上因时代的不同而有古有今。段玉裁说："古今者，不定之名也。三代为古，则汉为今；汉魏晋为古，则唐宋以下为今。"（见《广雅疏证序》）许慎书中有些是古字跟后代通用的字形不同。清人研究《说文》，根据许书的训释而说明古某字与今某字相当，以见文字的孳乳和演变。古人写字，有时同音或音近假借，古书所以难读，往往由于文字有假借。清代研究《说文》的人，如段玉裁、王念孙、桂馥、朱骏声对古书的假借字都有所发现，解释了不少经传中文字训诂的问题。

（五）根据《说文》的谐声字研究古音　古音的研究自宋代就已经开始。郑庠有《古音辨》，吴棫有《韵补》。到明代陈第又作《毛诗古音考》和《屈宋古音义》。主要都是根据《诗经》和《楚辞》等韵文考证古韵。到清代又开始注意到文字的谐声。段玉裁据《诗经》押韵分古韵为十七部，又按照《说文》的文字谐声系统把声旁按十七部列为谐声表，以与《诗经》押韵情况相印证，在考证古音方面创出另一种方法，识见超卓，引起很多学者重视。后来就出现不少《说文谐声谱》之类的著作。影响所及，也就有人利用文字的谐声系统研究古声母的类别了。

（六）根据《说文》的文字谐声系统，因声以求义　形声字的声旁相同的字，其意义有时相近或相通，在清人的小学著作中，段玉裁阐发得最清楚。他说："学者之考字，因形以得其音，因音以得其义。"（见《广雅疏证序》）又说："声与义同原，故谐声之偏旁多与字义相近，此会意形声两兼之字致多也。"（见《说文解字注》示部禛字注）他在《说文注》里举出很多谐声字声中见义的例子。如凡从"于"声的字多训大，凡从"皮"之字皆有分析之意，凡从"巠"声的字皆训直而长者，如此之类很多。这样把形音义贯串在一起来研究，执简驭繁，掌握规律，使知识条理化，成为新的语言文字之学，这是前所未有的。

九　近代的古文字学

清代学者除了研究《说文》篆书以外，也还注意到隶书和草书。如顾霭吉有《隶辨》，翟云升有《隶篇》，石蕴玉有《草字汇》，都是属于字典的性质。可是自乾隆嘉庆时期起，金石学特盛。清朝官修的《西清古鉴》和《宁寿鉴古》著录的是宫内所藏的钟鼎彝器，而在民间又不断有古器物出土，收藏家不仅摹为图录，而且研究器物上的铭文，古文字学也就有了很大的发展。研究的主要对象是金文、石鼓文、古玺和古陶文字。同治间，吴大澂著《字说》，提出一些文字的新的解释，他又作《说文古籀补》，搜集了各种古文字材料以增补《说文》，为用古文字与《说文》籀篆相对照进行研究提供了方便。

从 18 世纪中叶到 19 世纪中叶，一百年之间，集录铜器铭文的，在阮元(公元 1764—1849)的《积古斋钟鼎款识》之后，有吴式芬(公元 1796—1856)的《攈古录金文》，吴荣光(公元 1773—1843)的《筠清馆金文》，方浚益(公元？—1899)的《缀遗斋彝器款识考释》等；著为图录的，有吴大澂的《恒轩吉金录》，刘喜海的《长安获古编》。品类繁多，盛极一时。关于文字的研究，如刘心源的《古文审》，孙诒让的《古籀拾遗》、《籀顾述林》、《古籀余论》等书对研究金文都有所发明，而孙诒让倡偏旁分析法尤为重要。

到了近代，古器物收藏家更注意摹拓传印。罗振玉(公元 1866—1940)对影印铜器铭文不遗余力，有《周金文存》、《三代吉金文存》，搜罗甚富，为研究铜器铭文提供极大的便利。王国维(公元 1877—1927)又作有《金文著录表》，把前人书中已著录的钟鼎彝器都注明见于何书，学者也就可以按图索骥，检视原书了。

引起古文字学家有更大兴趣的是商代甲骨卜辞的发现。自清光绪二十五年(公元1899)在安阳殷墟发现甲骨文以后，古文字学转入了一个新的时代。王懿荣、刘鹗首先搜罗甲骨。刘鹗又印出《铁云藏龟》一书，学者大为惊喜。孙诒让开始认识甲骨文，写出《契文举例》，后又作《名原》，对汉字的发展有了更多的理解。

后来甲骨文出土的数量越来越多。罗振玉把他历年收藏的汇编为《殷虚书契》前后编印出，并作《殷商贞卜文字考》和《殷虚书契考释》，王国维作《戬寿堂殷虚文字考释》，又根据卜辞考证商代的先公先王，成就独多。在罗、王之后，已故的著名的古文字学家有董作宾、容庚、郭沫若、于省吾、唐兰、陈梦家、孙海波等人。这些人里，容庚有《金文编》，孙海波有《甲骨文编》，都按《说文》部次编排，等于是金文字典、甲骨文字典。董作宾曾从事安阳殷虚的发掘工作，最先提出卜辞要作断代的研究，并作有《殷曆谱》。陈梦家有《殷虚卜辞综述》一书，对甲骨卜辞作了全面的说明。郭沫若、唐兰、于省吾三家著述极多，他们在考释甲骨文、金文两方面都各有发明，成绩超卓。在文字学理论和研究方法上建树较多的是唐兰。唐兰论文字的构成破除“六书说”，而倡“三书说”，即象形、象意、形声，以三书范围一切文字，这是一种新的见解。(见所著《中国文字学》)

现在古文字的研究正在蒸蒸日上，甲骨文、金文都有集录在一起的书，如《甲骨文合集》、《殷周金文集成》，为研究提供了方便。近些年来，出土文物日多，春秋战国时期的铜器、陶器、货币以及秦汉的竹简、木简、汉代的帛书都是研究的材料，古文字学定将有更大的发展。

十 结 语

根据上面的叙述，中国文字学发展的历史按照时代来说，可以概括为以下六个时期：

(一)秦汉时期　秦代到西汉以编纂学童的识字书为主。东汉时期古文经家注意研究相传的篆文、古文、籀文，分析造字的原则，创“六书”说，开始建立文字学。和帝时，许慎作《说文解字》，以篆文为主，兼采古文、籀文，创按形体偏旁编排文字的方法，分别部属，据形系联，成为中国第一部字典，影响极大。

(二)魏晋南北朝时期　这个时期文字逐渐增多，一字往往有异体，而且有不少增益偏旁的字，因此出现了各种不同的注解详细的字书，同时也出现了按韵编排文字的韵书。还有解释古今字和俗语、俗字的书。这个时期是编纂字书的时期。自东晋以后，也是音义书盛行的时期。

(三)隋唐时期　这个时期为了确定楷书的规范，减少南北朝时期的别字讹体，因而有“字样”之学，目的是确定楷法，使楷书趋于定型。在这个时期内虽然韵书盛行，但是在文字形体方面仍尽量要求纯正，对正体、俗体分别很清。这个时期内，除刊正文字的书籍以外，还有很多属于《时用要字》一类的书和编纂日常口语词汇的书，这类书在社会上颇为流行。唐代篆学衰微，注意篆法的只有李阳冰堪称独步。到五代时，南唐徐锴始有《说文解字》的注解，成为一家言。

(四)宋元明时期　宋代有了《说文》的刻本，字学开始复兴。始而学者注意搜集古文字，编订成书；继而开始根据古器物和古代石刻等实物从事古文字的研究，为文字学开辟了一条新路。古文字学随着古器物学的兴起而建立起来。铜器的铭文由收录于古器物的图录中而被摹录为法帖，成为研究古代文字和文化历史的资料。由南宋到元代又有杰出之士，重新利用“六书”探讨文字制作的原则，虽时有新解，而所立类例不免支离破碎。明人承其弊，除编有按新的部首检字的字书和刊正俗体字者以外，虽有述作，但大都无可取。

（五）清代时期　清代是经学昌盛的一个时期，要通经传，就不能不研究文字、音韵、训诂，所以文字学也随之而兴盛。乾嘉之际，学者尊崇汉学，《说文》的研究最为盛行。他们以古音知识为基础，把文字、音韵、训诂融会贯通，向新的语言文字学的方向发展。道光、咸丰间学者注意到以钟鼎文字与《说文》篆书相比较。同治、光绪间钟鼎文字研究成为文字学的新的领域。到近代就有了极大的发展。

（六）近代　近代学者对文字研究所取得的成果比较多。研究的资料包括甲骨卜辞、铜器铭文以及玺印、竹简、木简、绢帛、石刻等所有的古文字和唐宋元明书籍中的俗体简字，研究内容之广泛为前所未有。而且不单纯局限于识字，由识字进而涉及到语词文句的意义和语法结构。有的学者如王国维、郭沫若更由古文字以考证古史和古代的社会文化。研究的方法特别重视分辨材料时代的早晚。例如甲骨卜辞要作断代的研究，铜器铭文分西周和春秋战国来诠释。多数学者能破除“六书”旧说，根据古器物上的文字探求古人造字的原则和字形结构发展的规律，同时也从形体上考索字的本义跟引申义的关系。因此文字学有了很大的发展，并成为语文教育的一部分。语言文字学家又从事整理汉字和简化汉字的工作，以促进汉字规范化，使汉字更好地为记录汉语服务。所有这些都是近代的新成就。

敦煌唐本字书叙录

中国有字书，远自秦朝以前开始。传说《史籀篇》是秦朝以前的书。秦始皇统一天下以后，李斯作《仓颉篇》，胡毋敬作《博学篇》，赵高作《爰历篇》，以四言为一句、两句一韵，供学童诵习之用。汉人合三书为一书，称为《三仓》。汉元帝时史游又作《急就篇》，有三言、四言、七言。成帝时李长又作《元尚篇》，平帝时扬雄又作《训纂篇》。今日所存者只有《急就篇》。到东汉时期许慎作《说文解字》，开始按字形偏旁分部编排文字，晋世吕忱作《字林》，梁顾野王作《玉篇》，都以许书体例为依据，下至唐代，如唐玄宗的《开元文字音义》、张参的《五经文字》都是如此。但是《三仓》、《急就》等书仍流传不绝。梁代周兴嗣奉梁武帝敕作《千字文》，流行更广。足见不同的字书在社会文化的发展上各有所用。宋齐以至陈隋之间，韵书盛行，但是在韵书之外还有不少种字书出现。见于《隋书·经籍志》的，如何承天《纂文》、周成《难字》、王义《小学章》、诸葛颖《桂苑珠丛》等，直到唐代都是风行的书，而到宋代以后却湮没无存了。

清代光绪二十五年敦煌石窟发现大量古书，英人斯坦因、法人伯希和相继来华、劫走万余卷，其中有许多种唐代的杂字书，这些字书除《千字文》外都不见于《新唐书·艺文志》和《旧唐书·经籍志》，很值得注意。

今所知唐本杂字书可以分为五类(音义书除外)：

(一)童蒙诵习书　如《开蒙要训》、《千字文》、《六合千字文》。

(二)字样书　如《字样》、《正名要录》、《时要字样》、《古今字样》。

(三)物名分类字书　根据事物名称分类编录，如《俗务要名林》。

(四)俗字字书　如《字宝》。

(五)杂字难字等杂抄　如《诸杂字》、《难字》。

现在分别铨次，述其大略。

一、童蒙诵习的字书

童蒙诵习的书主要是《千字文》和《开蒙要训》。很多是佛寺僧人和习字者所写。

(一)《千字文》　写本至多，有二十余件。文字有首尾，保存最全者为P.3108和P.3416，两卷均有乌丝栏，首题“敕员外散骑侍郎周兴嗣次韵”。开头为“天地玄黄，宇宙洪荒”、末尾为“谓语助者，焉哉乎也”。周兴嗣见《梁书·文学传》，字思纂，陈郡项人，世居姑熟。梁武帝时为员外散骑侍郎，佐撰国史，后又迁给事中，普通二年卒(公元521)。《千字文》是奉敕据王羲之所书的一千字而编纂成韵语的。以四字为句，文辞博赡，为世所重。加之书家迭相传写，所以一直流传至今。敦煌写本中也以《千字文》写本为多。一方面为识字，一方面为习书。惟书法工整者不多。周兴嗣《千字文》在梁代有国子祭酒萧子云注，《隋书·经籍志》和日本藤原佐世《见在书目》都有著录，今已不传。

在敦煌写本《千字文》中"吊民伐罪，周发殷汤"，有的写本"民"字避讳写为"人"。宋以后传本"殷"字则避讳改作"商"，与原本不合。又"年矢每催，羲晖朗曜"，有的写本"矢"误作"时"。

唐本中有两种特殊的残本，一为篆书《千字文》、一为真草《千字文》。

篆书《千字文》，存十二行、每行十字，字旁注出楷书，伯希和编为 P. 4702 和 P. 3658 两号，二者实为一书。P. 4702 号存五行，始于"承明，既集坟典"，后至"车驾肥轻"。在"车驾肥轻"后断绝一行，下即接 P. 3658 号首行。P. 3658 号存七行，始于"(桓)公匡合"，后至"驰誉丹青，九州"止。此书篆法极劣，笔画纠绕不清，全不知字体结构。唐人碑额所题篆书也往往如是，无怪李阳冰的篆书独步一时了。

真草《千字文》，伯希和编号为 P. 3561，存三十四行，每行十字，前行为真书，后行为草书，前后间出，书法极秀丽，原卷似为绢本。首行自"帷房纨扇员洁"始，末至"谓语助者焉哉乎也"止。后有题记为"贞观十五年七月临出此本蒋善进记"。案贞观十五年为公元 641 年，此本既为临本，其底本似即一般所称南朝陈永欣寺僧智永所书《真草千字文》。今以 1918 年罗振玉于日本用小川简斋藏本影印的《智永真草千字文真迹》对比，笔画酷肖，形制几乎丝毫不爽，有如即据小川藏本影拓，只是笔画稍纤细，笔力小弱而已。然草书笔法娴熟，自是高手。可惜其人事迹不传，临本仅存三十四行，诚为遗憾。

(二)《新舍六字千文》(S. 5961)　此书为卷子本，首行题"新合六字千文一卷"，次行题"钟铢(?)撰集千字文"，下题"唯拟教训童叟"。"钟"下一字不见字书，疑为讹字。此所称"新合六字千文"是就周兴嗣本原句在四字之外增加两个字，使原句意思稍稍显豁，学者易于理解，因此题为“新合六字”。这可能是乡里塾师所为，词句不免拙劣。开头说：

石勒称兵失次　梁帝乃付周兴
员外依文次韵　连珠贯玉相承
散骑传名不朽　侍郎万代歌称

下面就原书加字。如：

天地二宜玄黄　宇宙六合洪荒
日月满亏盈昃　阴阳辰宿列张
四时寒来暑往　五谷秋收冬藏
三年闰余成岁　十二月律吕调阳
神龙云腾致雨　露结九月为霜
黄金生于丽水　白玉本出崑岗

全卷所存有些事典已点出，如“墨悲丝染”作“墨子感悲丝染”，“存以甘棠”作“邵伯存以甘棠”；但是有些勉强凑字，未免流于荒诞。此卷缺损很多，尾部仅到“易輶攸畏”止，以下都残缺。

（三）《开蒙要训》 这是一种为童蒙诵习而编的书，敦煌写本有十五件之多，首尾完整的有 P.2487，P.2578，P.3054，P.3610，其他多有残缺。全书凡一卷，作四言韵语，共三百四十八句，一千三百九十二字。自天地、四时、山川、人事谈起，以下详记各类事物的名称，颇为完备，跟周兴嗣《千字文》述说事典，宣扬儒家思想者迥不相同，极适宜童蒙学习。这些写本都未题作者姓名。《隋书·绍籍志》、《旧唐书·经籍志》和《新唐书·艺文志》都未著录。惟《日本见在书目》有记载，云："开蒙要训一卷，马氏撰。"列于周兴嗣《千字文》之前，不过确切的时代和作者名字里贯等都不可考。此书到宋代以后很少有人提及。

这些写本中有书写年代的有三件：

(1)S.705 存八十三行，前部残缺，卷尾题"大中五年辛未二月廿三日学生宋文献诵安文德写"。此本书写工整，讹误较少。大中为唐宣宗年号，五年辛未为公元 851 年。

(2)P.2578 一卷，首尾完整，书法尚精细可观。难字字旁都加有直音，但稍有讹字，有数句跟其他写本小异。刘复先生所编《敦煌掇琐》已收录。罗常培先生曾据此考证唐五代西北方音。此卷末尾题"天成四年九月十八日敦煌郡学仕郎张□□书"。案天成为后唐明宗年号，天成四年为公元 929 年。

(3)P.3054 一卷，首尾完整，中间下部二十余行有缺损。前部为小字，后部作大字，其中多俗体讹字。卷尾题"维大唐天福叁年岁次已亥九月五日张富邦书"。案天福为后晋高祖石敬塘年号，三年为公元 938 年，但已亥为天福四年，与三年又不合，三当为四之误。写者处于边陲，不知后晋已代唐，所以仍书为大唐。

这三件中以第一件时代最早，可以与其他残本对校。P.3102 虽首尾残缺，书法也比较精美。

(四)百家姓(P.4630) 残叶二纸，无作者姓名。所记都是姓氏，四字一句，有韵。如：

赫连皇甫，尉迟公羊，澹台公冶，宗政濮杨。

淳于呙于，大叔申屠，公孙仲孙，轩辕令狐……

这里《广韵》的模韵字和虞韵字相押。另一纸以“农充容终弘东隆融空”等字为韵，“弘”为登韵字，与东冬钟三韵字相押，这表明晚唐五代时期方音与韵书的读音有不同。

又旧时塾师所教《百家姓》，起句为“赵钱孙李”，前人或以为《百家姓》为宋人所编，宋太祖姓“赵”，所以把“赵”字摆在最前。案P.4585与P.4630为同一书，存二十四行，起句即为“赵钱孙李”，疑后代所传的《百家姓》实出于唐代。

二、字样书

(一)《字样》和《正名要录》(S.0388)　这一件残卷，共存二百六十八行。前八十三行为《字样》一类书，卷首残缺，无书名和作者名。后一部分为《正名要录》。

《字样》部分后面说明了作书的意旨和体例说：“左依颜监《字样》甄录要用者考定折衷，刊削纰缪。颜监《字样》先有六百字，至于随漏续出不附录者，其数亦多。今又巨细参详，取时用合宜者。至如字虽是正，多废不行，又体殊浅俗，于义无依者，并从删剪，不复编题。其字一依《说文》、石经、《字林》等书。或杂两体者，咸注云‘正’，兼云‘二同’。或出《字诂》今文，并《字林》隐表，其余字书堪采择者，咸注‘通用’。其有字书不载，久共传行者，乃云相承共用。”

由此可知本书作者是根据颜师古的《字样》进一步有所考定补充的。主要是辨别形近义异和别体俗书，指明何者为正字，何者可以通用，一以《说文》、《字林》为定。如琱为治玉，彫为彫饰，凋为凋落，声旁相同，而义自有别，雕为鸟名，然相承又以此作为彫饰字。又如

“羅置署買罪”五字，准篆文都从网，汉熹平石经隶书都从四，楷书也就承用下来。其中辨明两字通用何者为正的极多，对纠正讹体有一定的作用。残卷中“治”学避唐高宗讳写为“理”(见“琱”字下)，则书写的时代自当在唐高宗或武则天之世。同一卷《正名要录》中不避中宗和玄宗讳也是明显的证明。

残卷《字样》后即为《正名要录》。

《正名要录》书名下题“霍王友兼徐州司马郎知本撰”。霍王为唐高祖第十四子，名元轨。太宗贞观十年(公元636)封为霍王，授绛州刺史，不久转为徐州刺史。至州，唯闭阁读书，吏事责成于长史、司马。贞观二十三年(公元649)转为定州刺史(见《旧唐书·霍王元轨传》)。案郎知本史无传记。《隋书·郎茂传》说：“有子知年”，郎知本是否与郎知年为同宗，则不可知。此书既题为霍王友兼徐州司马，则《正名要录》当作于贞观十年至二十三年之间。

这本书也是一本分别古今字形的正俗和辨别音同字异的书。其中分为六部分：

(1)隶定字与通行楷体笔画的异同。如贵字隶定字作“貴”，“丘”字隶定字作“北”。

(2)刊定正体与俗讹。如“婦”正，“妇”讹，“逃”正，“迯”讹。这些讹体都起自南北朝之间。

(3)辨正楷体与别体。如“豎”作“竪”，“嫂”作“婹”，“牀”作“床”之类，前者为楷体，后者为别体。

(4)定字形。如“切”从七，“爭”从爪，“坐”从两人，“弘”从尖口。

(5)定古今字异体。所举有二百四十对字。如棲与栖，鉏与锄、笴与笋，翦与剪，嶽与岳，形别而义同。前者为古典书籍中所用，后者为今代所通用。不过也有不准确的。

(6)辨音同义异字。这一类列举的字众多，有七百八十字。每字下注出主要的训释辨别与另一同音字意义不同。如祥注福，详注审。岐注山，歧注路。呈注示，程注期。徭注役，摇注动。中注内，忠注直。

《正名要录》与前一部分《字样》同为一人所写。《正名要录》题名在前一部分之后另起，则前者《字样》未必为郎知本所作。贞观中在颜氏《字样》之后，学士杜延业有《群书新定字样》一书(见颜元孙《干禄字书》序)。此《字样》是否为杜延业书亦难确定。

(二)《新商略古今字样》(S. 6208，S. 5731)　这是一种分别同音异义的字书。S. 6208 残卷有两部分，同为一人所写。前一部分无书名，是一种分类抄录事物名称的书(详下、事物名分类字书)。后一部分，另为一书，题《新商略古今字样撮其时要并行正俗释下卷□□》。书中所出都是同音的单字语词，并分别注其字义，以免混淆不分。例如"控"下注"制"、"倥"下注"偬"，"鞚"下注"韁三"。"控"义为控制，"倥"义为倥偬，"鞚"义为鞚韁，"三"字是指上面三个字同音，而意义不同。又如"诵"下注"读"，义为诵读，"颂"下注"碑"，义为碑颂，"讼"下注"言三"，义为讼言，"三"字指诵颂讼三字同音。卷中所出单字都是去声字，韵目次第与《切韵》相同。其间"暮"韵以后残缺过多，只存下半幅，有些字因破损而粘接的地位也不对。

S. 5731 残卷与 S. 6208 相衔接，实为一书，因断裂为二，斯坦因误编为两号。S. 5731 共存三十九行，有三十三行缺一幅纸的下一半，前十四行的上一半正与 S. 6208 末所存的下半幅一部分相衔接。S. 5731 前十四行的韵次也跟《切韵》相同，但所出单字有不见于王仁昫《切韵》的，时代或稍晚。

(三)《时要字样》(S. 5731)　此书写于 S. 5731 前十四行之后，题为《时要字样卷下第四》，此下所收字都是入声字，存屋沃烛觉至屑韵字。可惜只存上半幅字，下半幅残存不多。由所标“卷下第四”推断，全书当为两卷，上卷为平声字和上声字，平声为卷上第一，上声为卷上第二；下卷则为去声字和入声字，去声为卷下第三，入声为卷下第四，然则此所谓《时要字样》与 S. 6208 残卷的《新商略古今字样撮其时要》为同一书的别名。S. 6208 一段都是去声字当为下卷“第三”可知。S. 5731 卷尾别有“乾符六年己亥”题字，乾符为唐僖宗年号，六年为公元 879 年。此书当写于乾符六年以前。

三、物名分类字书

(一) 某氏字书残卷(S. 3227，S. 6208)　S. 3227 为一残卷，分类抄录各种事物名称。前面残缺颇多，无书名和作者。所存部分以犁耳、锄铧等耕作器物开头，下面是石部、靴器部、农器部、车部、冠帻部、鞍辔部、门窗部、舍屋部、屏幛部、花钗部、綵帛部。綵帛部只存残卷上截一段，而 S. 6208 残卷开头只有下截，恰可与 S. 3227 相补，两个残卷实际是一个书，却分裂为二。S. 6208 在綵帛部后是缬部、音乐部、饮食部、乾味部、薑笋部、果子部、席部、布部、七事部、酒部等。所有这些不同事物的名称，除了少数几个三个字的名词以外，如 S. 3227 屏幛部的“如意杖”与 S. 6208 的“葡萄酒”之类，大都是两个字的，这说明在唐代日常语言中双音词已经占了极大优势了。

(二)《杂集时用要字》一千三百言(S. 0610)　此书无作者主名，附抄于《启颜录》之后。《启颜录》为隋代侯白作，书久佚。此残卷存其一部分。《启颜录》末行有“开元十一年八月五日写了”的字样，下面即题“杂集时用要字一千三百言”，题目下书“二仪部第一”。再下即另起为词语。自“乾坤巽艮离兑震坎”开始，其后都是双字。如雷雹、觌电、霹雳、氏暗、虹霞、晖曜，后面又有扫洒、厅馆、拂拭、埃尘、西园、会友、东阁、延宾等词语。“二仪部”之后为“衣服部第二”，再下为“音乐部第二”，所记都是双音词。自书名题目到最后共存十二行。可以说又是一种分类专记双音词语的书。貌似类书，而实际是一种字书，所以名为“时用要字”。

（三）《俗务要名林》(P.2609，S.0617) 这是分类记载日常应用的各种不同语词的书，不见于古代书籍目录。伯希和劫去的一卷编号为P.2609，藏于法国巴黎国家图书馆，开头有残缺，只从“量部”“十撮为一勺，十勺为一合”开始，卷尾题“俗务要名林一卷”，无作者主名。从量部以下列有秤部、市部、果子部、菜蔬部、酒部、肉食部、饮食部、聚会部、杂畜部、兽部、鸟部、虫部、鱼鳖部、木部、竹部、草部、舟部、车部、戎仗部、水部、手部，每字下或注反切，或注直音，有的兼注词义。

案语词分类始见于《尔雅》和《释名》，后来的“类书”都分部隶事，例仿《释名》。这本《俗务要名林》分部罗举语词，便于寻检，自是唐代在民间普通流行的一本字书。P.2609曾刊布于刘复先生所编的《敦煌掇琐》内(琐一〇四)。惟原件颇有脱误，抄录刊刻也不无讹字。

至于斯坦因劫去的S.0617残卷，藏于伦敦大英博物院，起首也有残缺，但是可以增补上面P.2609所缺的一部分。此残卷开头为器用一类词。如罐、篘、桶、枯、弗、扫帚、簸箕等等，下接田农部，穀部，养蚕及机杼部，女工部，缲帛绢布部，珍宝部，香部，彩色部，数部，度部，量部，秤部，市部。以下接果子部，菜蔬部，酒部等等，直至车部、火部、水部、疾部开头为止。但P.2609车部后是戎仗部，下接水部、手部止，无火部，也无疾部，而多戎仗部，与S.0617不同。两本反切注音也有不同。如栗，巴黎本作离吉反，伦敦本作离七反；檎，巴黎本作渠金反，伦敦本作渠今反。

以两本共同有的部分相比较，伦敦本错字较少，而且巴黎本脱字处也可以据伦敦本补足。伦敦本所出的语词有多出于巴黎本的，如酒部多六个词，杂畜部多五个词，但巴黎本也有多于伦敦本的，如车部就多十一个词。两本注音也不尽一致。可知这两个写本是两个不同的传本，因此详略有异。细加比勘，可以发现伦敦本略胜于巴黎本。可惜伦敦本行头残缺很多，更无以考定为何人所作。由"虎"字下避讳音"武"来看，可能就是出于唐人之手。

本书是一部通俗字书，它的特点在于记载事物的名称有单音词，也有复音词。如属于器用部分的，在罐、桶、筐、箩之外，又有扫帚、簸箕、箔帘之类。綵帛绢布部有绿、缯、绮、绣之类，又有独窠、双絁、龟甲、雀眼、填心五种绫名，孔雀、瓜子、许香三种罗名，波斯、卧鹿、鸭子、对凤四种锦名。这不仅对于研究汉语词汇发展的历史有用，而且对于了解唐代社会的经济、生活、风习等也大有帮助，这是一份很重要的资料。

书中的注音，基本上属于《切韵》系统，但反切用字略有不同。如"白"音彭革反，"絮"音想虑反，"钖"音星历反，"米"音铭礼反，"钳"音巨严反等都是。其中有些反切也表现出一些当时的语音情况。如"梨"音力之反，"梨"《切韵》为脂韵字，此则归之韵；"樱桃"的"樱"音乌耕反，"樱"《切韵》为清韵字，此则归耕韵。如此之类，值得注意。

（四）某氏字书残卷（S. 5514）　残卷无书名和作者，存二十四行，有乌丝栏，也是一种分类记载语词的书。书中只有单字反切注音，没有训释，也没有标目。从所收的字类来看，大体上是自天地气象始，然后是四肢身体、装束衣物，以下继之以用具，如铃、镦、刷、剉之类。可惜仅此一段，没有相同的材料对校。其中反切注音，仍为《切韵》一系读音。惟书法拙劣。且有误字。

(五)某氏字书残卷(P.3391) 此残卷无书名，仅有十九行，似未照全。像是一杂抄的分类字书。开头九行属于刑律语词，如搜获、系缚、囚禁、牢狱、诘问、研穷、取实、不吐本情、漫言、诋语、多有错失、急通文状、免行鞭脊、犯罪、并放愆过，以及楼罗、了事之类，其次则罗举麦、豆、麻、菜蔬、椀叠等类名词。其中如筐子、釜子、镬子，在单音词下已加“子”字。从这些词汇我们可以理解到唐五代的政治经济和生产的一些情况。

(六)某氏字书残卷(S.3836) 这又是一卷杂抄的分类字书，存三十一行，有乌丝栏。性质与P.3391残卷相似，但较杂乱，字画亦拙劣。其中包括鸟类、牲畜类、虫类、野兽类、药类、食品类等词，但无标目。有些词有“儿”，如“驴驹儿”、“骆驼儿”、“马驹儿”，是其特点。这些语词带有“小”的意思，是语词已有“儿”后缀的表现。

四、俗字字书

郑氏《字宝》(P.2058，P.2717，P.3906；S.0619，S.6204)

《字宝》在敦煌写本中共有五件，三件为伯希和劫去，藏巴黎国家图书馆，有两件为斯坦因劫去，藏伦敦大英博物院。这五件文字互有短长，可以对校。P.2717刘复先生曾采录刊于《敦煌掇琐》(琐〇三)。P.2058和P.3906都有序文，P.2717序文不全。本书正文部分惟P.3906和S.6204最全，P.2058和S.0619末尾均有残缺。P.2717则传写稍有删略。但书写较整齐，有乌丝栏。其他各写本书法较拙劣。众本书写时代多不可知，只有P.3906卷尾有“天福七年壬寅岁四月二十日技术院学郎□□惠卿书于吕□”题记，天福为后晋高祖石敬塘年号，七年为公元942年。S.6204末尾有“壬申年正月十一日僧智贞记”题记，壬申应为哪一年也难定。猜想不是唐宣宗大中六年(852)，就是后梁乾化二年(912)。

此书 P.2058 卷首题《大唐进士白居易千金字图》，下面又题“次郑氏字图”，另一行题：

郑氏字宝　　千金赤白碎金

郑氏不知为何人。所称“白居易千金字图”，首卷也没有其他记载，字图如何，无可考校。书名之后有长篇序文。序文说：

凡人之运动足(?)皆有名目。言常在口，字难得知。是以兆人之用，每妨下笔，修撰著述，费于寻检。虽以谈吐，常致疑之。又俗猥刺之字不在经典史籍之内，闻于万人理论之言，字多僻远。口则言之，皆不之识。至于士大夫及博学之客贪记书传，典(籍)之言详，心岂暇繁杂之字。每欲自书，或被人问，皆称不识有何。耻之下辈而赧颜于寡知。则有无学之子，劣智之徒，或云俗字，不晓斯言谬甚。今天下士庶同流，用(庸)贤共处，[语]论相接，十之七八皆以协俗。既俗字而不识，则言话之讹訛矣。在上者固不肯录而示之，小学者又贪轻易而傲之，致使暧昧，贤愚蒙(?)细无辩。余今讨穷《字统》，援引众书，翰苑《玉篇》，数家《切韵》，纂成较量，辑成一卷，虽未尽天下之物名，亦粗济含毫之滞思，号曰《字宝》，有若碎金。然零取救要之时则无大改，而副笔济用之力实敌其金，谓之《碎金》。开卷有益，读之易识。取音之字，注引假借。余思济众为大，因以饰洁为美，将持疑从来者也。成之一轴，常为一卷，俯仰瞻瞩，实有所益，省费寻检也。今分为四声傍通，列之如右。(参照 P.3906 校订，尚有数处文理费解。)

这篇序文提出文字跟语言相连属的关系，语言中具有的通俗语词不能没有文字来写，这个观点是正确的。但事实上却又不为人所重视，因此作者参考众书辑成此篇，以便寻检。这是很难得的一部书。称为《字宝》，称为《碎金》，言其可贵，值得珍视。

全书所收词语按照平上去入四声叙列，主要是属于人的动作和形态以及事物情状的一些词，而属于东西的名称和动物的动作词都较少。属于人的，如：

人瞠眼（丑庚反） 人眼蒜（音花） 笑哯哯（由伊文。今案义同咦） 手挼挱（乃和反，素和反） 寒瘆瘆（所锦反） 语声誓（音西） 口嗫嚅（而葉反，下儒）

属于物的，如：

轮辊动（公稳反） 物窖窨（音教荫）白醭出（莫卜反） 齐矗矗（所六反） 声髼髼（音蓬） 物璺罅（音问）

这在唐本字书中别具一格。惟只注字音，不注字义，未免美中不足。虽说都是口语常谈，当时未必人人领会。在字的写法上，奇特的也不少，几乎不知何所取义。如“人眼蒜”的蒜字（今作花）、“水瀑洗”（所患反）的瀑（今作涮），“相侳倚”的侳（今作挨），都是六朝时期的俗字别体，在史传文学作品中是很少见的。

P. 3906在卷末入声后附录了几首诗。一首是沈侍郎濽碎金。诗云：“墨宝三千三百余，展开胜读两车书。人间要字应采尽，呼作零金也不虚。”沈侍郎不知为何人。从这首诗可以知道《字宝》应有三千三百余字。另外还有白居易和王建的诗都称道这部书有价值。

五、杂字、难字等杂抄

(一)《诸杂字》残叶(编号不详)　此残叶存字不多，题名为《诸杂字》，所出有用具和食品名称，共八行。杓斗、筐筯、刷子、木盔、灌头、瓶儿、花毡、帽子、手巾、腰绳、油炸、餬饼、木槌、牙盘、镜子等等。由此可知名词加“子”、加“儿”起源固早(在南北朝时)，到唐代已经比较普遍。另外，食品名物繁多，且多加“食”字偏旁，用意在于表现是食品，而在字形上反多赘疣。

(二)难字(S. 5690)　存三行，杂抄一些难字，疑取自某书。题目“难字”上一字只存一半，似为“卷”字。第二行中有“第四”二字，亦是一证。书法矫健，书写时代疑在中唐。

(三)杂字(S. 0840)　存十七行，杂抄难字，书法笨拙。有些字旁注直音，声韵也有与《切韵》不合的。如侧音责，衔音咸，绥音须，匮音具，贯音管，驻音主等，当属方音。

(四)杂字(S. 5712)　存七行，杂抄一些单字，与前者类似。有几个字旁边注有直音，如愦音具，羼音扇，黧音乳都与《切韵》音不合。

(五)《诸杂难字》(P. 3109)　首题《诸杂难字一本》下有“太平兴国八年记”八字。案太平兴国为宋太宗年号，八年为公元 983 年。此所谓诸杂难字似抄自佛经，共存五十五行。前九行为一人所书，颇拙劣，后四十六行为一人所书，颇工整。其中字下有注音的与《切韵》音多不合。如忌音巨，荣音营，蔽音闭，鄙音比，励音礼，慇音因，罽音计，储音诸等当是方音。此类注音为另一人所加。

以上所述，二、三、四几类都比较重要，因为三者代表了三种类型。对我们研究语言文字、词汇等都极有用。可惜经过晚唐五代时期的战乱，从宋以后都亡佚不传，幸有敦煌写本开拓了我们的知识领域，今谨将录文校订，汇为一编，作为《敦煌遗书》丛刊之一出版。

中国训诂学发展史

一 训诂的产生

汉语历史久远，有文字的记载已经有四千多年，而语言却随着社会的发展不断地有变化。春秋战国以前，一个字大都是一个词，春秋战国以后，构词法有了发展，双音词逐渐多起来，字的增加，字义也有引申和变迁。想要了解古书中的词义不能不有解释。因此在先秦书里就有不少解说字义的材料。其中有据字形说义的，如《左传》宣公十二年说："夫文，止戈为武"，宣公十五年说："故文，反正为乏"，昭公元年说："于文，皿蟲为蠱"。有从字音推求字义的，如《孟子·滕文公上》说："设为庠序学校以教之。庠者养也，校者教也，序者射也。夏有校，殷曰庠，周曰序。""庠"与"养"，"校"与"教"，"序"与"射"都音韵相近。在《易经》里，如《说卦》说："乾，健也"，"坤，顺也"，"坎，陷也"，"离，丽也"，都从音立训，也属同一类。又有用同义字来作讲解的，如《易经·杂卦》说："恒，久也"，"节，止也"，"解，缓也"，"蹇，难也"。这些都是字的常用义。有些字所代表的概念比较难懂，或别有专指，就采用语句加以说明。如《易经·繫辞下》说："幾者动之微，吉之先见也。"又《说卦》说："神也者，妙万物而为言者也。"在《孟子·梁惠王下》说："老而无妻曰鳏，老而无夫曰寡，老而无子曰独，幼而无父曰孤。"一一分别说明，力求明确，免有疑惑。在战国时代，"名家"是一时的显学，辨析名实，尤为精密。如《墨子·经上》说："平，同高也"，"中，同长也"，"圜，一中同长也"，"间，不及旁也"，"盈，莫不有也"，"信，言合于意也"，"梦，卧而以为然也"。这些可以说近似科学的定义了。

周朝自平王东迁雒邑以后，王室的势力日趋衰弱，诸侯争霸，战争频繁，人民转徙不定，语言也随之有了很大的变化。北方黄河流域有了区域共同语，凡是古语或方言为人所不能理解的就要用当时通行的语言即所谓"雅言"来解释。《论语·述而》说："子所雅言，《诗》、《书》、执礼皆雅言也。""雅言"就是"中夏"之言。《孟子·梁惠王下》解释齐景公时命太师作乐。诗云"畜君何尤"（"尤"是过错的意思）一句说："畜君者，好君也。"又《滕文公下》解《书经·大禹谟》"洚水警余"句说："洚水者，洪水也。"又《左传》宣公四年说："楚人谓乳，穀，谓虎，於菟。"这些又是以通语解释方言的例子。由以上所说可以充分理解训诂之兴在春秋战国时代。

训诂所以在春秋战国时代兴起，约有四种原因：一是语言有发展，古今语有不同和方言有不同；二是书面语用词与当时口语用词有不同；三是社会不断发展，名物繁多，一词多义的现象比较普遍；四是对用词表达思想的作用的理解和认识有了提高，逻辑思维日趋严密，因为有了以上几种原因，所以训诂在春秋战国时代就有了很好的开端。

二　两汉的训诂书与经传的注释

汉代是训诂学蓬勃发展的时期，由于秦末社会的动荡，语言起了很大变化，先秦古籍多凭口耳传授，用隶书写出，世称为今文经。而从汉武帝以后前代的古文经出现日多，其中多古字古义，不尽为人所识，因此就有训诂学家为之注释。但在西汉时期，今文经盛行时，注释五经的人已经很多。以《诗经》而论，就有齐、鲁、韩三家，文字颇有不同。其他各经也有章名训释之类。汉代的训诂学就是依靠经学而发展起来的，而且汉代已有专门解释词语的训诂书。主要的训诂书有《尔雅》、《方言》、《说文》、《释名》四种。这四种书各有特点，是中国训诂学的基石。

《尔雅》是由古代流传下来的最早的一部训诂书，无作者主名，从内容看应当是战国至秦汉之间经学家和小说家迭相增益而成的。旧说是周公所作，或说是孔子门人所作，都不足信。《汉书·艺文志》著录为三卷，二十篇，今存十九篇。书中《释诂》、《释言》、《释训》三篇是解释名物以外的语词，其余十六篇是解释各种事物名称的，如亲属、宫室、器物、山川、草木、虫鱼、鸟兽之类。书中所释的词语主要是出自经传古籍。“尔”是近的意思，“雅”是正的意思，“尔雅”就是言辞近于雅正的意思。书中有的以汉代的今语释古语，有的以雅言释方言，有的以俗语释雅言。《释诂》、《释言》、《释训》三篇主要是类聚一般意义相同或相近的词语用一个通用词作解释，如《释诂》：“初、哉、首、基、肇、祖、元、胎、俶落、权舆，始也。”其他各篇主要是类聚同类事物的名称分别解释。有古今称名不同的，有异名同实的，有同名异实的，用单词不能解释的，就用一句两句话作解释。品物多方，训解的方法也有不同。这是汉代早期一部训诂的总汇，成为后代解词释义的重要根据。汉代的训诂学也就由此开始发展起来。

《尔雅》之后，西汉末扬雄作《方言》，东汉和帝时许慎作《说文解字》，东汉末刘熙作《释名》都是极为重要的著作。

《方言》的全称是《𬨎轩使者绝代语释别国方言》，其中有绝代语释和别国方言。《隋书·经籍志》题为《方言》。扬雄(公元前53—公元18)是蜀郡成都人。汉成帝时到长安为郎，他由从四方来到长安的孝廉、卫卒的口里调查殊方异语，条列排比，整理成书。原书为十五卷，今存十三篇。这是专门解释方言语词的一部著作，所解释的语词有的是古代的方言，有的是当时不同区域的方言，把意义相近的列为一条，用当时通用的同义词作解释，并分别说明不同语词所通行的地区。这不仅是一部重要的训诂书，而且也是研究中国古代方言的一部重要著作，在中国语言学史上有很高的价值。

继《尔雅》、《方言》之后出现的《说文解字》为东汉和帝时汝南许慎(公元70？—147?)所作，这是中国最早的一部按照字形偏旁分部编排的字典，虽是一部字书，也是一部训诂书。许慎是贾逵(公元30—101)的学生，精通五经，既通今文经，也通古文经。他在《说文解字》里利用不同方式解说字义。有根据字形的构造说明造字的本义的：如“理”，治玉也；“忘”，不识也；“须”，面毛也；“突”，犬从穴中暂出也；“炙”，炮肉也。有根据古训以说明常用的词义的：如“慈”，爱也；“劲”，彊也；“辟”，法也。其中有许多是字的古义：如“沬”，洒面也；“浴”，洒身也；“澡”，洒手也；“洗”，洒足也；“颂”，皃也(同容)；“翁”，颈毛也；“奭”，盛也；“爱”，行皃；“澒”，丹砂所化为水银也(即“汞”)。书中也有从声音上来作解释的：如“诗”，志也；“尾”，微也；“马”，怒也，武也；“夜”，舍也，无不休舍也；“晋”进也，日出万物进。还有从字的声旁说词义的：如“斐”，分别文也；

“贫”，财分少也。又有根据方言为训的：如“夥”，齐谓多为夥；“眮”，吴楚谓瞋目顾视曰眮。《说文》解释一个字从形音义三方面上着想，立意精深，对后代的字节、训诂书影响极大。

《释名》又是另外一种训诂书，作者刘熙是后汉末青州人，他专从词的声音上推求事物所以得名的由来，用同音或声韵相近的语词作解释。这种方法训诂学上称之为“声训”，或称之为“音训”。声训本起于战国末，西汉时今文经家多从声音上解说字义，刘熙是要从语言出发来研究事物命名所以之故，跟今文经家不同。他是有意识地要把语音和语义联系起来，就音以求义。例如《释名·释天》说：“天，豫司兖冀以舌腹言之，天显也，在上高显也；青徐以舌头言之，天坦也，坦然高而远也。”虽然不免有主观唯心成分，但是从声音上推求各种事物名称的取义，类似寻求语源，对训诂学的发展有一定的影响。

汉代的训诂书还有《小尔雅》、《通俗文》可不具论。总起来说，各种解释词义的方法在汉代已经具备。最著名的训诂学家大部分都是古文经家。东汉时期古文经盛行，如贾逵、马融（公元79—166）、服虔、郑玄都先后注解经传。郑玄，北海郡高密人，生当汉季（公元127—200），兼通今古文经，所注最多。他能“就其原文，字之声类，考训诂、捃秘逸”，以发疑正读，成为“汉学”的正宗，与许慎并称为“许郑”。

三　魏晋南北朝训诂义疏之学

在魏晋时期，张揖和郭璞是最著名的训诂学家。张揖是三国时魏明帝太和年间（公元227—232）的博士，他搜罗汉代以前古书的词语和相传的古训集为《广雅》一书，体例完全依照《尔雅》，而补充《尔雅》所不备，所以名为《广雅》。张揖又作《古今字诂》和《难字》，见《隋书·

经籍志》。今已失传。郭璞(公元276—324)是东晋河东人，为弘农太守著作郎，博学多识，精通训诂，所作古书注释最重要的有《尔雅注》和《方言注》。《尔雅》在汉代已有好几家注本，郭璞别为新注，超越前人所作，他既能以今语释古语，又能以方言释雅言，诠释品物的形貌，以及其功用等尤为明晰。他所作的《方言注》能贯通古今，以晋代方言解释古代方言，并且联系语音，提出音有通转，为训诂研究增添了新的方法。

魏晋南北朝时期社会动荡，人民播迁流转，语言起了很大变化，古书词义艰深，不易理解，于是注释古书的风气日盛。魏晋时期，不仅《易》、《书》、《诗》、《左传》、《穀梁》、《论语》等儒家经典有注，其他古书如《史记》、《汉书》、《老子》、《庄子》以及辞赋之类也有人注释，训诂之学得以不致废坠。其中精义颇多，不无可取。自宋齐以后，兼释经注的"义疏"体出现，如梁代国子助教皇侃著有《礼记义疏》、《论语义疏》。义疏的兴起可能是受了佛教经典有"讲疏"的影响。

魏晋以后除经传有注释外，字书和辞书都多起来。字书和辞书之增多与语言词汇的范围扩大，文字的增多和一词多义有直接的关系。晋代有任城吕忱作《字林》七卷，仿照《说文解字》而有所增益。宋代何承天有《纂文》三卷，北魏阳承庆有《字统》二十一卷。梁代阮孝绪有《文字集略》六卷，顾野王《玉篇》三十卷。现在所存只有唐人增字本宋修《大广益会玉篇》。顾野王原书只有五卷残卷。其他各书清人都有辑佚本。

四　隋唐时期的训诂学

隋唐时期承接魏晋南北朝注释古书的风气纂著更多。隋代陆善经有《昭明文选注》，唐代李善也有《文选注》。孔颖达(公元574—648)奉诏作《五经正义》，包括《毛诗》、《尚书》、《周易》、《礼记》、《春秋左氏传》。同时又有贾公彦作《周礼注疏》，徐彦作《春秋公羊传注疏》，杨士勋作《春秋穀梁传注疏》。这些书都是参照前代已有的注释而有所抉择。李善书除解释文词字义外，并注明字音和字的通借，对文句的出典尤为注意，成为一种注释的体式。孔颖达的《五经正义》不仅解释经文，而且解释注文，对语言中的虚词和文法也有不少的解说，这是以前古书注释中少见的。

在经部集部以外，子部、史部书籍也有注释。如杨倞有《荀子注》，成玄英有《南华真经义疏》，司马贞有《史记索隐》，张守节有《史记正义》，颜师古有《汉书注》，章怀太子李贤有《后汉书注》，这都代表了一时的风气。虽然是随文释义，但是也汇集了许多前代的训诂资料。

隋唐时期，韵书盛行，可是字书也不少。如隋代诸葛颖的《桂苑珠丛》一百卷，唐武则天的《字海》一百卷，唐玄宗的《开元文字音义》三十卷，卷帙都极繁富，应有可观。可惜久已亡佚无存。但就前代书中所引到的材料来看，解词释义已改变旧观，由笼统而趋向于清晰，同时也由只记书面常训进一步注出当时口语使用的意义。这确是一种新的改变。就解词的范围而论，既有专门解释双音词的书，（如《兼名苑》），又有专门解释日常应用的口语词的书，现在还能见到的有出自敦煌石窟的《字宝碎金》和《俗务要名林》，都是极珍贵的材料。

唐代的字书、韵书以外还有一类音义书。音义书一类始自东晋，主要为经部书注音。到陈代陆德明（公元556—627）纂集前代各家所作书音（经书外，包括老子、庄子、孝经、论语、尔雅）为《经典释文》三十卷，注音之外，有时涉及字义。到北齐时曾有沙门为佛典作音义。后至唐代高宗时释玄应作《大唐众经音义》（通称《一切经音义》），唐宪宗时释慧琳又根据玄应书扩充，作《一切经音义》。这两部书都仿照《经典释文》的体例，就原本经文摘字为训，所采古代训诂资料极多，而且有所辨析，在传统小学书中独为一类，对研究前代训诂极为有益，所以随着藏经一直流传下来。清代学者从中辑录出许多训诂材料。

五 宋元明时代的字义研究

宋代承接五代时期研究古文奇字的风气，学者对大量出土的钟鼎彝器广事搜罗，扩大了眼界，学术思想也因之大为解放。在经学方面已不完全斤斤墨守古人的成说，而别创新义，如欧阳修的《诗本义》，王质的《诗总闻》都是如此。在解说文字方面则出现了王安石(公元1021—1086)的《字说》。王安石《字说》把形声字都说成是会意字。“六书”缺而为五，如谓与邑交为“郊”，同田为“富”，“讼者言冤于公”之类，完全出于言观臆断，虽行于一时，终不免为人所弃置不顾。

但同时有另一学者王子韶，他倡“右文说”(见沈括《梦溪笔谈》卷十四)，认为形声字的声符不仅表音，而且表义。凡谐声声旁相同的字大都有一个共同的基本意义。如“戋”是小的意思。水之小者曰浅，金之小者曰钱，贝之小者曰贱。如此之类，都以戋为义。汉字的形声字一般是形旁在左，用以表义，声旁在右，用以表音，所以称声旁为右文、王子韶，字圣美，浙右人(见《宣和书谱》卷六)，有《字解》二十卷，失传。他所创声旁有义的学说对后代的训诂学家提出因声求义的方法有很大的启发。

宋代研究《尔雅》的有邢昺(公元932—1012)、郑樵(公元1104—1162)两家。邢昺有《尔雅疏》，补郭璞注所未详；郑樵有《尔雅注》，引旧书以证郭；都各有发明。在南宋期间，朱熹(公元1130—1200)是重视训诂的人，他著有《周易本义》。《诗集传》、《四书章句集注》、《楚辞集注》等书。既采用前代旧注的优点，而又参酌新解；解经说字能运用到钟鼎彝器的铭文，见《诗·大雅》“行葦”，“既醉”，《江汉》诸篇，这是以前所少见的。

在宋代以前，学者对古今音异是比较模糊的。到南宋时期才开始注意到古韵问题。吴棫作《韵补》，从古代的韵文材料中考察古人分韵与《广韵》的异同。项安世的《项氏家说》也提出“诗韵”与后代不同。郑庠又作《古音辨》，讨论《诗经》分韵的大类。这是清代学者研究古韵的先导。对研究词义有一定的帮助。

元代在字学上承接南宋时期的“六书”之学，并不注意研究训诂，所以在训诂方面除有两三种经传注释外，没有什么突出的表现。

明代学术不振，受宋代性理之学的影响，游谈无根。训诂书籍有万历时朱谋㙔所作的《骈雅》，类聚古书中义近的双音词，按《尔雅》体例分类，每条予以解释，所以称为《骈雅》。这是一部属于雅学的书。万历以后研究古学的风气日盛，如江宁、焦竑(公元1541—1620)。成都杨慎(公元1488—1559)，桐城方以智等人都有著述阐发字义。方以智的《通雅》，根据古代的语言材料说明音义相通之理，兼论方言俗语，创见极多，对清代的学者有不少启示。

六　清代训诂学理论的建立

清代学者受晚明焦竑、杨慎等人提倡古学的影响，极力推崇汉代的经学和小学，重考据，求实证，不尚空谈性理之学。到乾嘉时代“汉学”大为昌盛，为经书、子书作注解的人很多。要解释经传就不能不研究文字、音韵、训诂，因此语言文字之学盛极一时。《说文》、《尔雅》成为人所必读之书。研究《说文》、《尔雅》的重要著作都多至数十种，或刊正文字，或发明古训，各有述造。其他如《方言》、《释名》、《小尔雅》、《广雅》等书也有人为之疏通证明。训诂之学有了极大的成就。著名的训诂学家指不胜数。

清代训诂学的发展跟古音学的成就有密切的关系。自清初顾炎武作《音学五书》，根据《易经》、《诗经》等书的韵字开始为古韵分之为十部起，经过江永(公元 1681—1762)、段玉裁(公元 1735—1815)，王念孙(公元 1744—1832)，孔广森(公元 1752—1786)、江有诰(？—1851)等人的研究，逐渐加详，发展为二十二部，同时戴震(公元 1723—1777)又提出韵类通转的学说。在声母方面，钱大昕(公元 1728—1804)又提出声转的说法(见《潜研堂答问》)，而且发明轻唇音古读重唇音，舌头音、正齿音古归舌头。这些都成为研究先秦古籍和探讨字义的根据。

在理论方面，清代学者任训诂学方面最大的贡献是沟通语言与文字的关系，提出研究文字和字义必须理解声音，不理解声音就无以解决从文字形体上所不能解决的问题，甚至有时会陷于迷惘而不知所措。因为语言是用声音来表达意义的，文字只是记录语音的符号，所以必须了解文字的声音，从声音去探求意义。戴震说："训诂音声相为表裏。"(见《六书音均表序》)这是很重要的见解。后来王念孙在《广雅疏证自序》里说："窃以诂训之旨，本于声音。故有声同字异，声近义同，虽或类聚群分，实亦同条共贯。"段玉裁为王氏《广雅疏证》作序，也说："文字有义而后有音，有音而后有形。学者之考字，因形以得其音，因音以得其义。治经莫重于得义，得义莫切于得音。"这些话十分精辟，成为清代学者研究训诂的准绳，从而建立了许多推考字义的理论和方法，把零散的知识贯串起来，使训诂学在中国语言学科中成为有系统、有理论、有严谨方法的一门学问。

清人研究训诂的目的，从实用的意义来说，首先是要解释经传和其他隋唐以前的古书。他们应用的方法主要有以下几种：

(1)从声音上推求文字的假借

古书之所以难读，一是由于有古字古义，二是由于文字上有假借。古字古义当考之《尔雅》、《说文》和其他前代书中的诂训，文字上的假借当求其本字，王念孙说："诂训之旨，存乎声音，字之声同声近者，经传往往假借。学者以声求义，破其假借之字，而读以本字，即涣然冰释。"(见王引之《经义述闻序》)那么，假借与本字的关系首先是音同或音近。段玉裁指出："假借必取诸同部。"(见《六书音均表》"古假借必同部说")所谓"同部"就是属于古韵的同一部。因此，凭借古韵的知识，按照文字上的同音或音近的关系，再参之以文义来推求本字，就可以解决许多古书中难解的文句和古人所加的训诂上的问题。(参看《经义述闻》卷三十二"经文假借"条)这是清人研究训诂方面的一大发现。

(2)确定字的本义，根据本义以说明引申义

清人认识到音有古今之异，同时也认识到词义有古义，有今义，有本义，有引申义。如"曾"(céng)作为虚词用，古义同于"乃"，后世用为"曾经"的意思。"仅"唐以前作"约近于"的意思用，后世用为"但"的意思，这就是古义与今义之分。又如"荟"，《说文》解为"草多貌"，引申为凡物荟萃之义(见《说文》段注)。"过"，《说文》训"度也"，引申为有过之过(见段注)。这就是本义与引申义的关系。汉语词汇中一词多义是常见的现象。段玉裁说："凡字有本义，有引申假借之余义焉。守其本义，而弃其余义者，其失也固；习其余义，而忘其本义者，其失也蔽。蔽与固皆不可以治经。"(见《经韵楼集》卷一"济盈不濡轨"条)他以历史发展的眼光说明词义的发展，对辨析字义极为重要。

(3)比证文句以考定词义

采用古书中相同的文句互相比证以考定词义，宋代人已经这样做了。在清代尤其重视这种方法。段玉裁注《说文》，刘台拱(公元1751—1805)作《论语骈枝》都能从实证出发解释古训。王念孙、王引(公元1766—1834)父子尤其善于利用古书的资料，解决从来没有人解决的问题。例如解《诗经》"终风且暴"，为"既风且暴"，解"邦之司直"为"主正人之过"(俱见《经义述闻》卷五)，都是颠扑不破的。王念孙的《读书杂志》，胜义环生，尤为人所称道。王引之作《经传释词》，专门解释古书的虚词，综合各种古书中的用例参互比证，而得其确解，对研究古代文献有极大的帮助。他的书已经联系到语法的范畴了。后来又有人作了补充。

(4)因声以求义

研究字义从声音上来考察，在清代以前虽然也有人注意到，如南唐徐锴的《说文解字繫传》，宋朝王子韶的《字解》，元朝戴侗的《六书故》，明朝方以智的《通雅》等，但都不曾进行全面有系统的研究，也没有能总结出具体的规律来。其主要原因在于缺乏古音的知识，清人有了先秦古音的知识，在前人成说的启发下进一步提出因声求义的原理，把形、音、义统一起来，因形以知音，由音以求义，为训诂的研究开辟了新的科学的途径。

段玉裁注《说文解字》首先提出"声与义同原。故谐声之偏旁多与字义相近"(见示部"禛"字注)，进一步又说"凡同声多同义"(见言部"誓"字注)。如从"农"声的字有厚重义，如浓、醲、脓，从"辰"声的字多有动义，如振、震、赈、唇。当然这不是绝对的。同从一个声符的字不一定只有一义，而不同声符音同或音近的也可以有同义的关系。段氏也同样指出有这类现象，这就比前人的右文说有了新的认识。王念孙作《广雅疏证》，就古音以求古义，而又把古书中有关的声近义通的字都联系起来解释，“引申触类，不限形体”，着重从语言的角度说明其间的音义相通和声音相转的关系。这种作法接近于词族的研究，是前所未有的。王氏又作《释大》一篇，从声母方面观察声母相同而意义也相近的现象，又是一种新的尝试。与王氏同时的程瑶田作《果蠃转语记》，指出凡物的形状、作用相同或相似的往往用声母相同的词来称谓，但字形不必相同。这又把声近义近的道理阐发无遗了。清代的训诂学到王氏父子已发展到一个崭新的阶段。研究的范围不仅是单音词，也注意到双音词；不仅研究实词，还研究虚词，初步进入了语法的范畴；对古书的解释提出许多新的见解，贡献极大。

清人对于训诂的研究所应用的方法主要是以上几种。他们除了注释古书和疏证古代训诂著作以外，还研究一些古代的钟鼎彝器款识，探讨一些文字的古义。并且做一些古代训诂音义的辑佚工作。如黄奭的《汉学堂丛书》，马国翰的《玉函山房辑佚书》，任大椿的《小学钩沉》，顾震福的《小学钩沉续编》等都是一些资料书。另外，清人还编纂了不少训诂书，如吴玉搢(公元1698—1773)的《别雅》，史梦兰(公元1813—1898)的《叠雅》，夏燮的《拾雅》，洪亮吉(公元1746—1809)的《比雅》等书。阮元还主编了一部《经籍纂诂》，把古书中所见的每字的训释都编录在一起，检一字，而众义俱在，是一部训诂资料的总汇，极为有用的工具书。在历代书籍当中还有很多方言的记载资料，也有人搜集编录，如杭世骏(公元1696—1773)有《续方言》二卷，程际盛又有《续方言补正》一卷。程先甲又有《广续方言》。其他方言、俗语也有人集录。如钱大昕有《恒言录》，胡文英有《吴下方言考》，毛奇龄(公元1623—1716)有《越语肯綮录》，翟灏有《通俗编》等等，为研究古今方言俗语提供了方便。

清人研究训诂的成绩是巨大的，但也不无缺点。主要的缺点有两方面：一是在段氏以后有些学者墨守《说文》，以为《说文》的字都是本字，《说文》的训解都是本义，一词一语都要到《说文》去寻本字，执碍而难通。不知《说文》九千五百多字中有古字，也有汉代后起的增益偏旁的字，具有前后不同的产生层次，不能做为平面的看待；其训解以通用义为多，也并非都是本字本义。甲骨文、金文的佐证很多。二是讲解训诂，声转无方，凡言"语转"、"一声之转"之类未必合于先秦古音，滥用通转之说，所言多误，如钱绎《方言笺疏》之类，足为先戒。

七　近代以来训诂学的发展

20世纪之初到现代研究训诂的学者继承清代学者研究的成果，吸收了外国的一些早期的语言学的知识，开展了一些新的研究工作。主要有以下几方面：

(1)字原和语根的探求

余杭章炳麟(公元1868—1936)作《文始》，取《说文》中的五百一十个独体字和半独体字作为"初文"和"准初文"，推求由同一"初文"而繁衍出来的音义相关的语词。凡音义皆近，叫做孳乳，音近义通，叫做变易。目的在求"语源"，求语词之间的亲属关系。但可惜没有脱离文字形体的束缚，所求不是"语源"，结果是文字之原，他用的方法是演绎法，而不是归纳法，在声音的通转上又以他所定的"成均图"为根据，有些也失之勉强。

其后，沈兼士先生(公元1886—1947)作《右文说在训诂学上之沿革及其推阐》主张以形声字为出发点，用归纳的方法研究形声字同一声符所表现的基本意义。但同一个声符所表现的意义不一定就是一个，也当有所区别。形声字的声符，凡音义相同或相近的可以构成一个词族，由此再联系音韵，借重古音的知识(包括声母韵母)，以求其语根。以实际证据为主，不以主观想象为断，其结果必较可信。这种理论无疑问是正确的。就研究的方法来说，把语言文字做为一个有系统的整体来研究，溯源探委，具有创新的精神，是极为可贵的。他后来所主编的《广韵声系》就是作为从事这种研究工作的张本。

(2)研究同源字

同源字是音近义同和义近音同的字，合在一起可以定出是同出一源。类聚同源字的意思也是在寻求语源。同源字的研究，其实就是语源的研究。同源字大都是同义词，或意义相关的词。在原始的时候本来是一个词，代表某一基本概念，后来语音分化为两个以上的读音，才产生细微的意义差别。但是同义词不都是同源字，要以声音是否相近为定。王力先生在这方面作了深入细致的研究，根据古代的训诂资料，探微索隐，编成《同源字典》一书，以韵部为纲，声纽为目，条理秩如，是研究汉语词义学的一部新著。

(3)虚词的研究

近代因为语法学的兴起，虚词的研究有了新的发展。最明显的改变是研究虚词的人对虚词的词类和用法都有比较清晰的说明。杨树达(公元1885—1956)曾根据《马氏文通》作《高等国文法》，后来就以《高等国文法》为基础，参照王引之《经传释词》作《词诠》一书，专门解说虚词。其后裴学海又作《古书虚字集释》，集录前人所说，并加以补正，与《词诠》相得益彰。吕叔湘先生有《文言虚字》一书，简明赅要，是学习古代文言文的一本重要的参考书。

(4)根据出土的古铜器铭文考订古书的训释

先秦的古书都以篆书古文书写，到汉代经过传写，后来又转写为隶书，文字讹变已多。汉代以来的解释往往有误。现代可以借助商周铜器铭文解决一些前代义训中的症结问题。近代著名的学者王国维(公元1877—1927)首先以铜器铭文解释《诗》、《书》中的常用词语(见《观堂集林》卷二《与友人论诗书中成语书》),别开生面。后来一些古文字学家继踵而起,创获更多。在这方面成就最多的是于省吾,他平生所最服膺的是王念孙,所以他所著的书都重实证,不为凿空之论,如《尚书新证》、《诗经新证》、《楚辞新证》等书驳正前人误解的地方极多,为利用古文字资料刊正古书开辟出一种新的门径。

(5)研究的范围扩展到唐宋以后语词的考释

清代学者对一些通常在书面上见到的口语词已经有所集录,大都是随笔札记,略明出处,而解释不多。近代以来,罗振玉(公元1866—1940)虽有《俗说》一书,稍补前人著述所不备,但仍属札记性质,还不能说是训诂的研究。惟到张相作《诗词曲语词汇释》一书才开始作唐以后诗词典语词的研究。诗词曲中很多习用的不容易懂的口语词在字书和词书中都没有解释,张相一一举例,比证详考,作出解释,是一种新的成就。同类的著作还有陆澹安先生的《小说词语汇释》、《戏曲词语汇释》和蒋礼鸿先生的《敦煌变文字义通释》都有很精到的解释,为阅读唐以后的文学作品提供参考。

从训诂学发展的历史来看,训诂学的兴盛,两汉是一个高峰,清代是一个高峰。两汉学者的训诂著作和经传的注释为训诂学的全面发展奠定了基础。两汉训诂学的兴盛跟语言变化的加剧和古文经的传布有极大的关系。清代的训诂学有理论,有方法,发展为一门语言学科,跟经学史学的考证和古音学等的成就有密切的关系。近代以来,学者受语言学、语法学的影响在理论和研究方法以及研究的范围上都有了新的建树,改变了旧日墨守古训,拘牵文字形体,和重古略今的风习,开创了新的途径。

研究训诂对解释古书，了解古代的科学文化和考证语发展的历史以及校勘古书，编写字典辞书都有重大的作用。今后的训诂学从理论上和实用上都会向建立有科学体系的汉语语义学的方向发展。

中国辞典学发展史*

辞典和字典的编纂在中国是具有悠久的历史传统的。早在汉代就有了训诂书和字书。《尔雅》是一部训诂书，分别训释古籍中的词语和草木鸟兽虫鱼的名称，这就是最早的一部词典。东汉许慎的《说文解字》是一部字书，按部首编排文字，说明字的形音义，成为后世字书编排的一贯格式。到魏晋以后，又有韵书出现，依韵列字，指明音义，成为一种按音排列的字书。这三种类型奠定了中国辞典字典的编排体式。

在历史的发展中，这三种不同格式的书又互相影响。训诂书没有注音的，就需要加注字音；字书中一字数音数义的就需要增加音义；韵书也要照顾到字体的正俗和义训的繁衍。因此，无论哪一种类型的书都要形音义三者兼顾，才便于应用。如汉樊光、李巡、晋郭璞都为《尔雅》作音，隋曹宪为《广雅》作音，《说文》以后，《字林》、《玉篇》音义

* 本文承日本京都大学人文科学研究所平田昌司先生约为《均社论丛》创刊十周年纪念而作；载京都 1984 年 12 月《均社论丛》十五号 1—4 页。

加详，《切韵》、《广韵》以后，义训不断增多，都是取于便用。形音义三者兼顾，这是辞典、字典发展的必然趋势。

古代的辞书、字典随时增多。这跟语言的不断发展和实际的需要是密切相关的。语言在发展过程中，不但词汇随着社会的政治经济和科学文化的发展日益加多，而且文字的形体也不断有增省变易，词的含义也有改变和引申。因此辞书和字书屡有新编，其内容和解词的方式也各有不同。大体来说，从汉末到隋唐就有以下几种情形：

1. 分事类或义类解释相关的词。如：

汉末服虔《通俗文》：容丽曰媌，形美曰婧，容媚曰婠，南楚以好为娃，肥骨柔弱曰婐娜，颊妍美曰妩媚，容茂曰姝(《御览》三八一)。不媚曰嫱，可恶曰娢，大丑曰奃，丑称曰媄(《御览》三八二)。合绳曰纠，单展曰纫，织绳曰辫，大绳曰絙(《御览》七六六)。鱼臭曰腥，猴臭曰臊(玄应《一切经音义》一“腥臊”下引)。鸟居曰巢，兽居曰窟(玄应《音义》八“巢窟”下引)。

刘宋何承天《纂文》：梁州以豕为猪，河南谓之彘，吴越谓之豨(《初学记》二九)。牛羊无角谓之牦，牛羊角长谓之犄(《初学记》二九)。在上曰帐，旁曰帷，四合象宫殿谓之幄也(慧苑《华严音义》上“吉祥幄”下引)。

唐张戬《集训》：有底曰囊，无底曰橐；大曰囊，小曰橐；皆盛物具也(慧琳《一切经音义》六“浮囊”下引)。

2. 采摭诗文中相关的词语类聚在一起。如：

梁元帝《纂要》：春曰青阳，亦曰发生、芳春、青春、阳春、三春、九春。时曰良时、嘉时、芳时(《初学记》三)。

3. 解释事物的异名。如:

唐释远年《兼名苑》:石灰一名垩灰,烧青白石成熟,冷竟浇之碎成灰也(源顺《倭名类聚抄(十卷本)》三"石灰"下引)。天河一名天汉(《倭名类聚抄》一"天河"下引)。流星一曰奔星(《倭名类聚抄》一"流星"下引)。细雨一名䨲霂(《倭名类聚抄》一"䨲霂"下引)。盃一名卮(《倭名类聚抄》四"盃盏"下引)。箒一名篲(《倭名类聚抄》四"箕附箒"下引)。

4. 解释语言中的双音词。如:

《通俗文》:言不通利,谓这謇吃(玄应《音义》一"謇吃"下引)。曲脊谓之伛偻(玄应《音义》二"背偻"下引)。淅米谓之洮汰(玄应《音义》七"洮汰"下引)。除物日摒挡(玄应《音义》一五"摒挡"下引)。金银镂饰器谓之错镂(《御览》七五六)。理乱谓之撩理(玄应《音义》一四"撩理"下引)。

《古今正字》:曭莽,不明皃也(慧琳《音义》九九"曭朗"下引)。宋寥,音深远,无人声也(慧琳《音义》四一"寂寥"下引)。

5. 说明物之所用。如:

《通俗文》:所以理发谓之刷(《御览》七一四)。张帛避雨谓之繖盖(《御览》七〇二)。

这些都说明古人很早就认识到语言的丰富性，不仅注意到文语词，而且注意到方言和日常的俗语，能从实际使用出发，采取一种综合解说的形式来解释词义。这种比附义近的、反义的、同物异名的、事物相类的词语在一起予以解说，在中国辞典学的发展中树立了一种新的格式，给综合性的类书提供了极好的解词的资料。这是我们研究中国语言学史时不可忽略的。

辞典和字典的注释贵于详实明晰。梁代顾野王的《玉篇》能详列义训，而且兼引书传文字为证，有凭有据，在辞典方面别开生面，给后日的韵书、字典创立了一种新的格式，这是值得称述的。小过，《玉篇》节中的训解主要采自前代书传的旧注，解释还不够明晰；并且对词义的引申和通常使用的意义也有所不备，不免美中不足。可是到隋唐以后，字书和韵书的解释就不同了。一则由简单趋于繁富，一则由笼统而趋向明晰。这是辞书、字典在释义方面进一步发展的新趋势。例如：

挹 《说文》十二上：抒也。

《玉篇》：诗曰不可以挹酒浆。挹，斞也。

隋诸葛颖《桂苑珠丛》：凡以器斟于水谓挹（慧苑《华严音义》上“挹”下引）。

觐 《说文》八下：诸侯秋朝曰觐劳王事。

《玉篇》：见也。

《桂苑珠丛》：觐谓就见尊老也（慧苑《华严音义》上“觐谒”下引）。

缮 《说文》十三上：补也。

《玉篇》：补也，善也，持也。

《桂苑珠丛》：凡治故造新皆谓之缮也（慧苑《华严音义》上“缮”下引）。

冀 《说文》八上：北方州也。

《玉篇》：冀州也。北方州故从北。

《桂苑珠丛》：冀谓心有所希求也（慧苑《华严音义》上“冀望”下引）。

某 《说文》六上：酸果也。

《玉篇》：莫回切，酸果也。又音母，不知名者云某。

《桂苑珠丛》：未有的名而虚设之曰某（慧琳《音义》六四“某摽”下引）。

机 《说文》六上：主发谓之机。

《玉篇》：弩牙也。

《桂苑珠丛》：机谓制动转之关键也（慧琳《音义》三三“机关”下引）。

编 《说文》十三上：次简也。

《玉篇》：织也，绳编以次物也，连也。

《桂苑珠丛》：取物交织谓之编也（慧苑《华严音义》下“编草”下引）。

片 《说文》七上：判木也。

《玉篇》：半也，判也，开拆也。

唐释氏（弘演）《切韵》：半也。薄物曰片，不全曰片（穗久迩文库本《五行大义》一背记引）。

二 《说文》十三下：地之数也。

《玉篇》：《说文》曰：地之数也。《易》曰：天一地二。

释氏《切韵》：一三之间也(《妙法莲华经释文》上引)。

胶 《说文》四下：昵也。作之以皮。

《玉篇》：胶者，《考工记》注云：皆谓煮用其皮，或用角。

释氏《切韵》：黏物煮皮角为之(《妙法莲华经释文》上引)。

浦 《说文》十一上：濒也。

《玉篇》：水源枝注江海边曰浦。

无名氏《四声字苑》：大川旁曲渚，船隐风所也(《倭名类聚抄》一"浦"下引)。

厅 《玉篇》：客厨。

《四声字苑》：延宾屋。又衙厅也(《倭名类聚抄》三"厅"下引)。

帆 《玉篇》：船上帆。

《四声字苑》：风衣也。船上挂樯上取风进船幔也(《倭名类聚抄》三"帆"下引)。

由上可知前代解词之书不仅释词的方式多种多样，而且有意识地注重内容的实用性，解释的词语也由笼统而趋向明晰。编排的方法，或按事类，或按部首，或按韵部，不拘一格。但根据习惯和汉字的特点，按照部首排列文字的方法一直相承应用。《说文》分部首为五百四十部，《玉篇》分为五百四十二部。自明梅膺祚的《字汇》、张自烈的《正字通》有所并合，定部首为二百一十四部以后，到清代编《康熙字典》的时候就因承不改了。

1984年6月

近三十年中国语文词典编纂法的发展

词典和字典是学习和工作必备的工具书。随着社会学术文化的日益发展，人们对词典和字典的需要也愈加迫切。不同的学科固然要有不同的专科词典，而一般应用的语文词典和字典尤为需要。

语文词典和字典的编纂不应当是陈陈相因的。在对于语言的研究，特别是在词汇学(Lexicology)和语义学(Semantics)有了新的进展的情况下，语文词典和字典的编纂必然会有新的面貌出现。近三十年来中国的语言科学各个部门的研究工作都取得了一定的成绩，如汉语历史的研究，现代汉语方言的研究，现代汉语书面语的词汇和语法的研究，以及少数民族语言的研究等等都有许多重要的专著出现。社会科学各方面学识的增长使词典和字典的编纂日趋完备。在研讨编纂符合实际需要的词典和字典的过程中，科学的词典学(Lexicography)也就逐渐建立起来。

为了说明近三十年来中国辞典编纂的发展，须要回顾一下以前辞典的情况。

过去我们经常应用的两部辞典，一部是商务印书馆出版的《辞源》，一部是中华书局出版的《辞海》。《辞源》是 1915 年印出第一版的。这在当时是一部首创的新型辞书，对发展我国文化起了极大的作用。编者深感以往但有字书而无辞书不能适应社会的需要，所以以单字为纲，单字下叙列“复词”，兼收古今词语和各种学科名词术语，具有百科辞典的性质，这样就把字书和辞书合为一体，在辞书史上别开生面。在解释方面，编者特别注意求其实用，不仅收录旧日书籍中的训释，还举出一般通行的意义。如“俗”字下的解释有：“一风俗也；二不雅曰俗。”另外也兼顾一部分词性的改变与词义引申发展的关系。如“俘虏”一词解释为“获也，谓为敌军所得也。今亦作名词用，所获之敌人皆谓之俘虏。”这是以前辞书里所没有的。

《辞源》强调各方面的实用性正是一大特点。其缺点主要是单字的音义与单字下所列的“复词”中的单字音义不能呼应，而且所引书证未能详注出处，甚至有错误，还不够完善。

后来，1936 年中华书局出版了《辞海》，虽然也是百科性的辞典，但收词范围扩大，而又注意选择，于五十万条目之中采录十万余条，凡是极易懂的词语一概不收。引书都详注书名篇名。一词多义，在分别义项时，侧重综合，避免繁琐。关于名物，前人解说不同，则一一详加考证，并附加按语。这些又比《辞源》提高了一步。

40 年代还有人编纂过专门汇集联绵字和异体词的书，如《联绵字典》、《辞通》之类，虽然不无缺点，但内容丰富，对研究古书中的词语也有一定的用处。另外，也还有一些不同的小字典、小词典以及成语词典等等。

近三十年来，由于广大的语文工作者对语言的研究取得了新的进展，为了适应社会的需要，词典、字典的编纂有了很大的发展，种类日益增多。现在，小型的字典已有好几种，如《新华字典》、《同音字典》、《学文化字典》等，中型的汉语词典已出版的也有好几种，如《汉语词典》、《现代汉语词典》、《新华词典》。此外还有《汉语成语词典》、《古汉语常用字字典》。为了适应小学的语文教育，还有已出版和正在编纂的小学生字典。除一般的词典、字典以外，还有同义词词典、方言词典、外来语词典之类都将相继出版。少数民族语言的词典也已编出多种并在持续编纂出版之中。词典、字典种类的增多，标志着我国文化在蓬勃不断地发展。

现在《辞源》、《辞海》又进行了修订，《辞源》以解释古书的词语为主，《辞海》是部综合性辞书，以解释社会科学、自然科学的词语和较常见的语词词语为主。这种修订实际等于重编，词条既不相同，体例也有改变，跟旧版已大不一样了。目前正在进行编纂《汉语大字典》和《汉语大词典》，古今兼顾，源流并重，利用已有的语文研究成果，会有更大的成就。

在不同种类的词典和字典的编纂实践中，编者一方面继承了以往辞书编纂法的优良传统，另一方面也积累了许多新的经验，对词典的目的要求以及编纂的方法和应当努力的方向都有了不少新的理解和认识，从实际工作中逐渐形成为科学的理论。中国的词典学必将建立起来成为一门有理论、有系统的专门学科。

从已出版和即将出版的一些字典和词典来看，普及的与提高的两种都同样被重视，而且既要有关于现代语的，也还要有关于古代语的；既要有普通一般性的，也还要有专属某一方面的(如方言的、外来语的)。这是总的方向。就词典中收词方面来说，要根据服务的对象，注意知识性、实用性、规范性；而在解释方面特别注意逻辑性、科学性、准确性——这些已经成为通常的准则。最大的改变，一是采用“汉语拼音方案”注音，一是解释的文句尽量用语体。中小型的词典、字典，大多按音序排列，另附部首检字。

从编纂的体例和方法来看，现在出版的辞书跟以往的辞书大有不同。主要表现在以下六个方面：

(1)分别同字异语。文字在使用中有同一个字代表两个或两个以上同音词的现象，如“花”字、“打”字，这种现象可以称之为“同字异语”。近些年来所出的词典，如《现代汉语词典》对这种同一个字而代表几个不同的语词的，大都分别为不同的词条处理，这在语言教学上有很大的作用。

(2)分清单字在复词中的读音。以往的辞书只在单字下注音，复词下概不注音；如果一个单字有几个读音，单字后面所领的复词应当采取哪一个读音，并未注出。如“蔓”有 màn，mán，wàn 三个音，“蔓草”音 màn，“蔓菁”音 mán，“瓜蔓”音 wàn，旧版《辞源》“蔓菁”下就没注音。旧的《辞海》在这方面也没有注意。可是现在新版的《辞源》和《辞海》这两部书在音义方面都有了很好的安排。《辞源》在单字下分列一字的音义，标出 1，2，在复词中读第 2 个音的就在字的右下方标出 2 字。新的《辞海》索性就把读第 2 个读音的注出来。如“兴”有 xīng，xìng 两个音，“兴味”“兴致”都注出读 xìng。《辞海》还有一个特点，就是所收的复词或成语中凡有异读的字，都一一加注汉语拼音，例如“无宁”的“宁”注出 nìng 的音，“款识”的“识”注出 zhì 的音。所有这些都是很大的改进①。我们知道音与义是相关的，把音读错，别人听了就会产生误解。如“发行”有两音，fāxíng 与 fāháng，意义不同，不能相混。

(3)词义的分析趋于细致。汉语里一个词在使用上可能有多种意

① 《辞源》也应该这样做。

义，有的因词性不同而意义有差别。在词典里应当分为不同的义项，并注明词性。这件事已经有人注意到。另外，以前的词典注释词义，多取自旧日的字书、韵书和训诂书，不免陈陈相因，失之于笼统。现在已趋向于细致。对于虚词，吸取前人研究的成果，辨析尤为详尽。例如“以”字作为介词，《辞源》旧版解释极少，而新的修订本就列举了七种意义：

①把，拿。《左传·僖二十三年》：“子犯以璧授公子。”

②在，于。《左传·桓二年》：“初，晋穆侯之夫人姜氏，以条之役生太子。”

③从。《汉书》九十五《西南夷传》：“今以长沙豫章往，水道多绝，难行。”

④向。《仪礼·乡射礼》：“主人以宾揖先入。”

⑤因为。《论语·卫灵公》：“君子不以言举人，不以人废言。”

⑥跟，同。《诗·邶风·击鼓》：“不我以归。”

⑦按，依照。《书·洪范》：“时五者来备，各以其序。”

这样的分别异同，给予解释，对读者理解古书中“以”字的意义和用法便利多多，我们不能不感谢编者用意之善。

一个词有多少意义，要看是否掌握了足够的语言资料。有足够的资料才便于分析综合。现在大家已经认识到广泛搜集资料的重要性，而且认识到要确定词义，应以语词在实际使用的意义为准，一些古语词要根据语词出处的上下文以断定其含义，这是极大的进步。

(4)解释词义侧重应用明确的解说方式。解释词义要做到准确不是一件容易的事，古人多用互训和解为“某也”“某貌”的方式。现在一般都避免互训，而采用意义极相近的词语来加以解释。例如“淳朴”解释为“诚实朴素”，“凌乱”解释为“不整齐；没有秩序”。最值得重视的是用科学的解释方式来说明词义。例如“夹”这样一个词，《现代汉语词典》的解释是：“从两个相对的方面加压力，使物体固定不动。”又如“感动”一个词的解释是：“思想感情受外界事物的影响而激动，引起同情或向慕。”有时还指出词义所应用的场合或语词使用的范围。例如：

〔进修〕为了提高政治和业务水平而进一步学习（多指暂时离开职位，参加一定的学习组织）。

〔浓厚〕（色彩、意识、气氛）重。

〔即使〕连词，表示假设的让步。注意：即使所表示的条件，可以是尚未实现的事情，也可以是与既成事实相反的事情。

〔乖戾〕（性情、言语、行为）别扭，不合情理。

〔不但〕连词，用在表示递进的复句的上半句里，下半句里通常有连词“而且、并且”或副词“也、还”等相呼应。

这些都表现出对解词释义的新的要求。

（5）重视词义的发展变化。词在语言使用的过程中语义是有发展变化的。自《新华字典》开始分辨词义的引申、比喻和转化，在教学上起了很大的作用。现在所出的词典，对多义词义项的排列采取两种方式：一种是通常应用的意义列前，不常用的意义列后；另一种是以本义或较早的意义列前，引申义、比喻义、通假义列后。新的《辞源》修订本对古词语的意义演变特别注意，不同义项的安排就采用第二种方式。这不仅可以使读者了解到词义发展的源流，而且给研究语义学的人提供了资料。不过，讲到意义的引申、比喻和通假也还有一个时代早晚的问题，要能安排得好，还是不容易的。

(6)注意例词、例句的选择和释义的书证与参阅资料的选定。词典里在解释词义时经常要举一些例词和例句，以为释义的补充。在现代语的词典和字典里，所举的例词和例句特别注意词语的规范性和词在语句中的实际用法。在解释古语词的词典里所引用的书证就特别注意选用时代最早的出处，而词的解释也是根据实际的例子概括出来的。新的《辞源》修订本有时还在解释词义之后根据需要适当地为读者提出可以参阅的书籍和篇目。有了这种提示，读者可以据此推寻原委，增加知识，求得进一步的理解。这是以前的词典中所少见的。以前编纂辞书的人虽然博览群书，参合比证，然后有所折衷，可是不立“参阅”一项，读者也很难理解其甘苦，甚且不免有“鸳鸯绣了从君看，不把金针度与人”之感。现在采用了注出“参阅”的方式是值得称赞的。

以上六项都充分表现出近三十年来中国在语文词典编纂史上取得了新的成果。任何学科的发展总是要在有广泛的探讨和研究的基础上随时代的需要而前进的。中国的辞书事业必将随着语言问题研究的扩大和深入而有新的更大的发展。

汉语语词意义的转变和发展*

一

这是一个很有意思的题目，但内容又十分复杂，须要细致地探讨，不是一两句话就能说清楚的。

词义是社会所约定形成的。就一个词所具有的意义来看，有原来的或最早的和比较普通的使用意义，也有由原义而衍生和转变出来的意义。要确定一个词的原义，一般可以从三方面观察：一是从字形上看它所表现的意义。例如“雨”，甲骨文作[甲骨文]，意思是天下雨；“若”，甲骨文作[甲骨文]，像人跪跽理头发之形，所以古书训解为“顺”。二是看古代文献中最初出现的涵义是什么。例如“河”，甲骨文作[甲骨文]，指黄河；“朕”，见屈原《离骚》“朕皇考曰伯庸”，“朕”是“我”的意思。三是看古代书籍中通常是怎样用的，它的意思是什么。例如“兵”本义为兵器，《周礼》有“五兵”；

---

* 本文是 1984 年 7 月 28 日在日本京都大学讲课的讲稿。

“册”指典册、简册而言，见于《左传》和《周礼》。这些是就推寻词的原义来说的。

如果要推寻词义的衍生和转变的轨辙，那就复杂得多了。可以说变化多端，类别纷繁，难以全面概括。虽则如此，我们还可以就不同的情况，从不同的角度来进行理解和分析。

二

一般语言学的书籍中讲到语义的变迁有“扩大”、“缩小”、“变坏”、“变好”等一些名目。在汉语里这类的现象是常见的。例如：

“江”、“河”两个词原来指的是长江、黄河，后来泛指一般的河流，北方称“水”，或称“河”，南方多称“江”。又“同胞”一词本指同一父母所生的兄弟姊妹，近世又用来称同一个国家的人，其侨居在国外的则称为侨胞。这都是意义的扩大(widening，generalization)。

“宫”原来指的是居住的房屋，《尔雅》有《释宫》篇，“宫”是泛称，后来则专指帝王后妃所住的高大的居室。又如“坟”原指高起的堤岸和土堆，《诗经》有“遵彼汝坟”的话，“汝”是“汝水”，汝坟是汝水的河堤，后来坟专指坟墓而言的了。这都是意义的缩小(narrowing，specializition)。

“赖”古有“善”的意思，如《孟子》有“富岁子弟多赖”的话。现在有“无赖”一词，还保存古义。但现在转有“坏”的意思。多就事物的情况而言。“氓”(méng)原是“民”的意思，《南史》、《北史》中有“流氓”一词，即是迁徙流转之人，可是现在普通话里“流氓”一词指行为不正当的人，音 liúmáng。这是意义变坏(degeneration，贬义 deterioration)。

“幽人”一词本指幽囚之人，后来用以指幽居隐逸之人。苏轼词“下有幽人独往来，飘渺孤鸿影”。又“乖”本是乖背的意思，后用指乖巧，现在普通话说小孩儿温顺安详曰乖，是意义变好(elevation，褒义 arnetioration)。

三

当然，也还有另外常说到的一些现象，如变轻、变重、以偏代全，或变换位置之类。举例来说：

“取”字从又，从耳。“又”表示右手，原义当是截耳(即馘 guó)，后来夺取别人的城池叫“取”，如说“取荆州”。现在说拿什么东西都说“取”，如“取货、取书”之类，意义由重变轻。也可以说是由强变弱。(hypobole)“病”古代原称大病，小病曰疾。《论语》说：“子疾病，子路使门人为臣”，“疾”“病”连在一起说。后代说“病”，意思变轻，小病也叫“病”。

“谕”原来的意思是告诉、譬谕，后来成为皇帝对臣子或上级对下级有所指示的敬辞，意义变重了。(litotes)“毒”原指痛苦，后来转有毒害、狠戾的意思。

“手”是人的肢体，以“手”代“人”是以偏概全。如古人说“弓箭手”是指持弓箭从事战争的人。又“春”跟“秋”是一年的两季，古人把“春秋”合为一个词来说，代表一年，后来又称人的年岁为“春秋”多少，这就是以少代多。

“闻”跟“聽”两个字都从“耳”，“聽”是用耳去接受声音，“闻”是聽到，后来把“闻”当作用鼻字去嗅气味，器官的位置改变了。现在北方有的地区把嗅气味又说为“聽”，如“你来聽聽”，说的是“闻”，而不是“聽”。那又不同了。

以上所说是从另外一个角度来看语义的转变。不过这些现象在汉语里并不是太多。

四

如果联系到语词的词性的话，语义的改变有时就牵涉到词性的改变。词性的改变在语音上还可能变调。名词可以转为动词，动词也可以转为名词。其他如形容词作名词、动词、量词作名词之类也有。我们可以举一些例子来看：

“关”原意可能是“门闩”(shuān)。《说文》说：“以横木持门户也。”《史记·魏公子列传》侯嬴说自己“乃夷门抱关者也”。“关”还指关口，如“函谷关”、“雁门关”，近代又有“海关”、“关卡”等名称。“关”由名词转为动词，那就是“关门”的“关”了。“粉”原指米粉。细粉或如粉状的东西也称之为粉。如“铅粉”、“花粉”。古人常说：“粉身碎骨，在所不辞”，“粉”成为动词，是使之成粉的意思。“臣”(chén)原意为“臣仆”。是名词，如果说“臣服”一词，“臣”是“称臣”的意思，那就是动词的性质了。

“班”字的字形中间从“刀”，“班”是分的意思。《说文》说：“分瑞玉”，这是动词。近代所说“分班”、“科班”都是由叙列等第而来的，是名词。“批”原是“手击”或“排开”的意思，后来有“批示”、“批注”都是动词。可是读书人在书上所加的“眉批”，帝王在奏折上加的“朱批”，“批”指所加的言辞，那就由动词变为名词了。

“尖”是“尖锐”的意思，是形容词，我们说“刀尖儿”、“笔尖儿”那就是名词了。“黄”是黄色，是形容词，如说“蛋黄儿”，“黄儿”成为名词。如“儿”有名词化的作用。又“恶”指言语、行为不善，是形容词。如果用指不善的行为或作恶事的人，那就是名词了。如说“为恶不悛”、“元凶首恶”，词性已经改变了。

“层”，《说文》训“重屋也”。凡是可以分出层次的都可以用“层”作量词来用。如“三层楼”、“两层意思”。现在我们有“地层”、“表层”、“矿层”等名称，“层”发展可以作名词来使用了。

“笔”是名词，我们说：“一笔钱”、“一笔买卖”，“笔”成为量词。“道”也是名词，如果说“九道湾”、“两道墙”，“道”就成为量词了。

汉语里形态的变化是不多的，不过，我们也可以看到形容词加“了”(·le)或加“起来”(·qilei)的时候就有“变为什么样子”的意思。如“头发白了”，“饭好了”，“天亮了”，“孩子一天一天大起来了”，这些句子里的谓词都是形容词，那就具有动词的性质，而意义也有了变化。这些都是从语法的角度来看意义的转变的。

五

语词意义的转变和增多，以前讲训诂的人通常都称之为“引申”，引申出来的意义称之为“引申义”，其实不可一概而论。有的由原义发展出来的可以说是引申，有的与原义没有关系，看不出是由原义而来，就不好称之为引申。因为一个词义的来源，不都是能弄清楚的。有不少是“取义于彼，寄形于此”的。凡由别的词义而来，因声音相同或相近而写为这个字的，即所谓“取义于彼，寄形于此”。另外，也还会有古人原来就是用一个字表示两种不同的意思，那也无所谓引申。所以谈意义的引申不能不谨慎。例如“亡尤”屡见于商代卜辞，“尤”是“过失”“祸患”的意思，至于后来所用“尤甚”、“怨恨”等义的都不能说是引申。又如“简”从“竹”，是“简牒”的“简”，至于“简单”、“简慢”等的意义，就不是引申义。

现在，我们可以把引申义所指的范围限制得窄一些。凡由原义孳衍，意思与原义关系比较贴近的，我们才称之为引申义。例如：

“奔”是奔跑，我们说“奔流”就是“急流”，“奔”取急速的意思。

“蔽”是掩蔽、遮掩的意思。说“一言以蔽之”，引申有“概括”的意思。

“泛”是漂浮，如说“泛舟”，引申有“浮浅”的意思，如说“泛泛之交”；又有“广泛”和“一般”的意思，如说“泛览”、“泛称”。

“筹”是计算数目的工具，引申有“谋画”的意思，如说“筹划”“筹备”。

“贫”原是贫穷。《论语》“不患寡，而患不均；不患贫，而患不安。”引申有“缺乏”、“不丰富”的意思，如说“内容贫乏”。

“素”是白色的丝，引申有“本来”的意思，如说“素质”、“素性”；又有“平时”、“向来”的意思，如说“素日”、“素不相识”。

“符”原指“符信”，如“兵符”。引申有相合的意思。因为“符信”都是剖分为二，而又可合而为一的，如“兵符”。如说“符合”、“相符”，即从“符信”的意思而来。引申又有“记号”的意思，如说“符号”、“音符”。

“归”原意是由一方面向另一方面去。古人称女子出嫁曰归。引申有“归还”、“归属”、“归并”等一类的意思。

“抚”指用手抚摩，引申有“安慰”、“慰问”以及“扶持”的意思，如说“安抚”、“抚慰”、“抚恤”、“抚养”。

“浮”指在水面漂浮，引申有“在表面上”、“空虚”、“多余”等一些意思。如说“浮泛不切实际”、“浮名”、“浮辞”、“人浮于事”、“心浮气躁”等等。

以上所举是意义引申的一类。

六

汉语词义的转变和发展除了上面所说的情况以外，还有很复杂的问题，那就是当一个语词作为一个语素在构词时可以表现出各种不同的意义。

汉语构词的基本方式有三种：一种是联合式，一种是偏正式，还有一种是述宾式。

可是词素在构词上反映的意义是多方面的。现在分别为以下几种：

1. 比喻义　比喻是常见的，而且有不同的比喻方式：

(1)明喻

盆地　锥形　林立　辐射　狐疑

绵薄　肤浅　笔直

橘红　月白　湖绿

(2)明比

木耳　耳房　河床　伤口　心房

针鼻儿　扣眼儿

(3)借喻

枷锁　机械　规矩　关键　眉目

荆棘　脸面　风波　本末　手足

爪牙

2. 专指义　意义有特定的，所以称之为专指义。如：

垂青（黑眼球） 扫盲（文盲）

排头（队伍站在最前面的人） 对外（外国）

3. 借指义 所指非本来的字义，借指别的意思，所以称之为借指义。如：

胸襟（指气量） 桑榆（指晚年）

后尘（指踪迹） 先锋（指领头的）

4. 借代义 以物代人，或以物代物，是借代义。如：

椿萱 冠盖 衣冠 裙衩 泰斗

领袖 丝竹 社稷

5. 转化义 去原来字义已远，转变出一种新义，所以称之为转化义。如：

白吃 白说 黄色（指小说） 用项（经费）

消息 声望 地道（真正的）

以上是从不同方面作的分别，仅仅是举例的性质，代表在构词上所表现出来的词义的发展。词义的发展有多种的样式，有许多问题还有待于深入研究。

论段玉裁《说文解字注》

清代注解《说文》的有段玉裁、桂馥、王筠、朱骏声几家，而传习广、影响大的是段氏《说文解字注》。段书创始于乾隆四十一年(公元 1776)，先为长编，名《说文解字读》，后来因为文字过繁，简练成注，到嘉庆十二年(公元 1807)才次第完成，前后用了三十一年的精力，可以说是一部体大思精的著作了。

《说文》是研究古代文字训诂的必读之书，旧日除南唐徐锴作《说文解字繫传》以外，没有其他注本，而徐锴书传抄也有残缺。清代乾嘉之间，正是汉学昌盛的时期。《说文》一书尤其为人所重视。段氏受学于戴震，既长于经学，又长于音韵、训诂和校勘，而且熟悉先秦两汉的古书和前代的字书、韵书，他用其所长来注解《说文》，不仅能淹贯全书，发其义蕴，而又能疏通古今音训，深知体要，所以大为学者所推重。

不过，事情总是创始者难。段氏凭借他那超卓的学力和才识来整理许书，固然有不少精辟的见解，但是由于一人的精力有限，平时搜集贯串用的时日多，考求研讨用的时日少，方面即广，自然不免有疏漏。甚至有时又自信太过，反而流于武断。所以，段书刊行以后，专门著书评订段氏之误的就有好几家。如钮树玉有《段氏说文注订》八卷，王绍兰有《说文段注订补》十四卷，徐承庆有《说文解字注匡谬》八卷。其他单篇散记驳正段注之误的也还不少。足见段注并非完全正确。要读段注，首先要了解其中得失所在，才不致迷惘而不知所从。

段氏认为"向来治《说文》者多不能通其条贯，考其文理"，所以悉心校其讹字，而为之注。（见卷十五下许慎叙注）段书包容甚广，总起来看，段氏的主要工作有下列几方面：

一、校订《说文》传本的讹误。 《说文》大徐本和小徐本不同，吸古阁所刻大徐本又与宋刻本不同，因此，段氏在作注之前，不能不先从事校勘。段氏是擅长校书的，他曾用几种宋刻大徐本互校，又用元人《韵会举要》校订小徐本，然后又以大徐本和小徐本对校。此外并据陆德明《经典释文》、唐人《五经正义》、《史记》、《两汉书》注、李善《文选注》、玄应《一切经音义》、唐宋类书以及《玉篇》、《广韵》、《集韵》等书所引以刊正二徐本之误；同时又斟酌《说文》通例，以本书证本书，决定今本之是非。误者正之，缺者补之，复者、衍者删之，字失其次者改之，并在注中说明。其中固然有得有失，但这种旁搜远绍，力求其是的作法是前所未有的。

二、发明许书通例。 段氏以前解说许书的人一般总是侧重于"六书"，而对许书的主旨和全书的大例并不甚理解。徐锴作《繫传通释》也很少发明。段氏以为"自有《说文》以来，世世不废，而不融会其全书者，仅同耳食，强为注解者，往往眯目而道白黑"（见许慎说文叙注），所以，他特别注重《说文》体例的阐发。有注于一字一句之下的，有注于一部之末的。例如：

(1)《尔雅》、《文言》所以发明转注、假借,《仓颉》、《训纂》、《滂熹》及《凡将》、《急就》、《元尚》、《飞龙》、《圣皇》诸篇仅以四言七言成文,皆不言字形原委,以字形为书,俾学者因形以考音与义,实始于许,功莫大焉。(见一部一字下)

(2)此书法后王,尊汉制,以小篆为质,而兼录古文、籀文,所谓"今叙篆文,合以古籀也"。小篆之于古籀,或仍之,或省改之,仍者十之八九,省改者十之一二而已。仍则小篆皆古籀也,故不更出古籀;省改则古籀非小篆也,故更出之。(见一部弌字下)

凡篆一字,先训其义,若"始也""颠也"是(见元字和天字下);次释其形,若从某某声是;次释其音,若某声及读若某是;合三者以完一篆,故曰形书也。(见一部元字下)。

(3)凡部之先后,以形之相近者为次,凡每部中字之先后,以义之相引为次。(见一部部末。关于部中字次,段氏在玉部末又有具体说明。)

凡许全书之例皆以难晓之篆先于易知之篆。如辑下云:车舆也,而后出舆篆,辄下云:车两輢也,而后出輢篆是也。(见车部辄字下)

(4)凡言亦声者,会意兼形声也。(见一部吏字下)

(5)凡言读若者,皆拟其音也。凡传注言读为者,皆易其字也。注经必兼兹二者,故有读为、有读若。读为亦言读曰,读若亦言读如。字书但言其本字本音,故有读若,无读为也。(见示部禜字下)。

凡字从某为某之属,许君必言其故。(见玉部瑱字下。此谓许慎必就字的形旁为训。)

(6)凡合二字为文，如瑾瑜、玫瑰之类，其义即举于上字，则下字例不复举，俗本多乱之。(见玉部瑜字下)

(7)许君原书篆文之下以隶复写其字，后人删之，时有未尽。(见玉部灵字下)

(8)《说文》言一曰者有二例：一是兼采别说，一是同物二名。(见艸部藋字下)

(9)《说文》凡草名篆文之下皆复举篆文某字，曰某草也。如葵篆下必云：葵菜也，蘦篆下必云蘦草也。篆文者其形，说解者其义，以义释形，故《说文》为小学家言形之书也。浅人不知，则尽以为赘而删之，不知葵菜也，蘦草也、河水也、江水也皆三字句，首字不逗。今虽未复其旧，为举其例如此。(见艸部蕅字下)

凡言某与某同意者，皆谓其制字之意同也。(见羊部芈下)

(10)按许引左氏，则言《春秋传》曰，引公羊则言《春秋公羊传》曰，以别于左氏。(见邑部鄌字下)

(11)凡许云礼者，谓礼经也。今之所谓《仪礼》也。(见糸部缙字下)

(12)许重复古，而其体例不先古文、籀文者，欲人由近古以考古也。小篆因古籀而不变者多，故先篆文，正所以说古籀也。隶书则去古籀远，难以推寻，故必先小篆也。其有小篆已改古籀，古籀异于小篆者，则以古籀附小篆之后曰古文作某、籀文作某。此全书之通例也。其变例，则先古籀，后小篆。如一篇二下云古文丄，丅下云篆文二。先古文而后篆文者，以旁帝字从二，必立二部，使其属有所从。凡全书有先古籀、后小篆者，皆由部首之故也。(见许慎叙“今叙篆文，合以古籀”下。)

诸如此类有关许书体例的说明在段注中总有五六十处之多。王筠《说文释例》序说："段氏书体大思精，所谓通例，又前人所未知"，对段书释例的一部分极为推重。读者可以由此入手理解许书。

三、根据古代群书训诂解释许说。 段氏《说文注》是段氏在经学、小学两方面成就的集中表现。许书训释大都根据经籍训诂而来，要疏证许说，必须对古书有根柢。段氏注《说文》所采用的方法是首先融会全书，以许解许。许书中同义词往往互训，段氏必随文举证，申明其义。其次则援引经传子史，推求许说所本。间或引用今方言与许说相证。许书训释简单，凡属于草木、鸟兽、山川、地理、名物、制度一类的词，段氏必博考群书，摘要说明。许说有可疑或传写有问题的，段氏也随例诠发。如许云：哭从狱省声，家从豭省声，段以为皆不可信。二上告部告下云："牛触人，角著横木所以告人也"，段氏谓许因"童牛之告"而曲为之说，非字意。八上人部仞下云："伸臂一寻八尺。"段氏据"尺"字下解说，并详考古代群书注释定仞下当云七尺。这都是很对的。许慎训解也有不可知的，则阙而不释。如一上玉部"琥"；许云："发兵瑞玉"。段云："许所云未闻。"三下殳部"殿"，许云："击声也"。段云："此字本义未见。"七下宀部"宋"，许云："居也"。段云："此义未见。"八上衣部"衺"，许云："衣带以上。"段云："此古义也，少得其证。"足见许氏在各方面都交代得很清楚。

段氏引用的材料极广，自先秦下至唐宋，很多重要的古书都涉猎到了。有时为了解释一个词的用法往往翻遍好几种书，反过来也运用《说文》训释解释了不少古书的文句。例如：

(1)若，许云：择菜也。（一下艸部） 段云：《晋语》："秦穆公曰：'夫晋国之乱，吾谁使先若夫二公子而立之，以为朝夕之急?’”此谓使谁先择二公子而立之，若正训择。择菜，引申之义也。

选，许云：遣也。（二下辵部） 段云：选遣叠韵。《左传》“秦后子有宠于桓，如二君于景。其母曰：弗去惧选。针适晋，其车千乘。”按此选字正训遣。后子惧遣，故适晋，实非出奔也。

(2)窕，许云：深肆极也。（七下穴部） 段云：窕与窘为反对之辞。《尔雅·释言》曰：窕，肆也。《大戴礼·王言》“七者布诸天下而不窕，内诸寻常之室而不塞”，《淮南·俶真训》“处小隘而不塞，横扃天地之间而不窕”，……《齐俗训》“大则塞而不入，小则窕而不周”，《兵略训》“入小而不偪，处大而不窕”，《墨子·尚贤中》“此道也，大用之天下，则不窕，小用之，则不困”，……《荀卿子》曰：“充盈大宇而不窕，入郤穴而不偪”，《管子·宙合》曰：“失成轴之多也，其处大也，不窕，其入小也，不塞”，《司马法》曰：“凡战之道，位欲严，政欲栗，力欲窕，气欲闲”，又曰：“击其劳倦，避其闲窕”。凡此皆可训窕为宽肆。凡言在小不塞，在大不窕者，谓置之小处，而小处不见充塞无余地；置之大处，而大处不见空旷多余地。高诱曰：“不窕，在大能大也。”今本《管子》、《墨子》窕误作究，非是。……郭注《尔雅》云：“轻窕者，多放肆。”真愦愦之说也。《左传》曰：“楚师轻窕”此窕义之引申，宽然无患谓之轻窕。

(3)骄，许云：马高六尺为骄。诗曰：我马维骄。（十上马部） 段云：《汉广》：“言秣其马”，“言秣其驹”，传曰：“六尺以上为马，五尺以上为驹。”此驹字《释文》不为音。《陈风》：“乘我乘驹”，传曰：“大夫乘驹”，笺云：“马六尺以下曰驹。”此驹字《释文》作骄，引沈重云：或作驹，后人改之。《皇皇者华》篇内同。《小雅》，“我马维驹”，《释文》云：“本亦作骄。”据《陈风》、《小雅》，则知《周南》本亦作骄也。盖六尺以下，五尺以上谓之骄，与驹义迥别。三诗义皆当作骄，而俗人多改作驹者，以驹与蒌、株、濡、诹为韵，骄则非韵，抑知骄其本字音在二部（即宵部），于四部（即侯部）合韵，不必易字就韵而乖义乎？陆氏于三诗无定说，彼此互异，由不知古义也。

这些都是以许书与古书文句互相证发的例子。书中连带校释古书的地方很多，似乎支离，实际也是在证明许义。

许慎《五经异义》与《说文》有同有异，段氏以为《异义》先成，《说文》晚定，当以《说文》为主（见一上示部社下）。汉人《诗》《礼》传注也有和许慎训解不同的，大都属于各物制度一类的词，段氏也一并采录，加以比较，考其源流，辨其得失（见玉部琫下）。

四、阐发音与义之间的关系。 《说文》是很古的一部字书，其中保留了很多古字、古音、古义。段氏为许书作注，在字形音义三方面都用了很大的功力。他认为文字的形音义三方面是互相关联的，要研究《说文》，必三者互求。而三者之中，最重要的关键在于了解声音，他在王念孙《广雅疏证》序里曾说：

> 小学有形、有音、有义，三者互相求，取其一可得其二。有古形，有今形；有古音，有今音；有古义，有今义；六者互相求，举其一可得其五。古今者，不定之名也。三代为古，则汉为今；汉魏晋为古，则唐宋以下为今。圣人之制字，有义而后有音，有音而后有形。学者之考字，因形以得其音，因音以得其义。治经莫重于得义，得义莫切于得音。

他有这种卓见，所以在《说文》注里特别注意音与形义的关系。每字之下，除举出徐铉本《说文》反切以外，并标出他所考定的古韵十七部的部类，使学者不仅可以由此略知古今音的异同，还可以藉此理解音与形义之间的种种关系。以音以纲，就音以说明文字的孳乳通假和词义的相近相通，这是段注的特点之一。钮树玉在《段氏说文注订叙》中反以“创十七部以绳九千余文”为病，那完全是不理解段注的话。

《说文》九千多字，形声字最多。形声字的声旁，有的只是表音，有的可以由声中见义。而声旁相同的字，意义也有时相通。段氏在示部禛字下说：“声与义同原，故谐声之偏旁多与字义相近，此会意形声两兼之字致多也。说文或称其会意，略其形声，或称其形声，略其会意，虽则省文，实欲互见。不知此，则声与义隔。义或如宋人《字说》，只有会意，别无形声，其失均诬矣。”在十四上金部鏓字下说：“悤者多孔，蔥者空中，聰者耳顺，义皆相类。凡字之义必得诸字之声者如此。”书中类似这种阐发声义关系的例子很多。例如：

(1)芋，许云：“大叶，实根骇人，故谓之芋也”(一下艸部)。段云：“口部曰：吁，惊也。”《毛传》曰：“訏大也。凡于声字多训大。”

(2)蒲，许云：“华盛”。(一下艸部)段云：“此于形声见会意。薾为华盛，濔为水盛皃。”

(3)㿟，许云：“白牛也”。(二上牛部)段云：“白部曰：皠，鸟之白也。此同声同义。”

(4)诐，许云：“辨论也。”(三上言部)段云：“皮，剥取兽革也。柀，析也。凡从皮之字皆有分析之义，故诐为辩论也。”

(5)誓，许云："悲声也。"(三上言部)段云："斯，析也。澌，水索也。凡同声多同义。"

(6)蕡，许云："大鼓谓之蕡。"(五上鼓部)段云："凡贲声字多训大。"如《毛传》云："墳大防也；颁，大首皃；汾，大也；皆是。"

(7)袗，许云："禅衣也。一曰盛服。"(八上衣部)段云："参本训稠发。凡参声字多训为浓重。"

(8)袲，许云："衣厚皃。"(八上衣部)段云："凡农声之字皆训农。醲，酒厚也；浓，露多也；袲，衣厚皃也。"

(9)锽，许云："钟声也。"(十四上金部)段云："按皇，大也，故声之大字多从皇。"

(10)陉，许云："山绝坎也。"(十四下𨸏部)段云："陉者，领也。《孟子》作径，云：山径之蹊。赵注：山径，山领也。《杨子法言》作山岴之蹊，皆即陉字。凡巠声之字皆训直而长者。"

这些就是"因形以得其音，因音以得其义"的例子。但是，并非所有的形声字都如此。有的声旁只是表音，有的字声旁虽然相同而意义相去很远，不能执一以概全。(后来刘师培在《正名隅论》里说凡从某一声的字都有某义，丝毫不加分辨，那是错误的)。不过，段氏就其中可考的加以阐发，使学者知道怎样从散漫中去寻求条理，认识语音语义与文字之间的关系，仍然很重要。

在解释联绵词的时候，段氏也同样用声音来贯串。例加。

(1)齟，许云："齟齬齿也。"(注连篆文为句，二下齿部)段云："《广韵》曰：龃龉不相当也。或作钼铻。上床吕切，下鱼巨切。按金部鉏下云：鉏鋙也。鋙或作铻。《周礼注》作鉏牙。《左传》西鉏吾，以鉏吾为名，牙吾古音皆在九鱼。……”

(2)瞥，许云：“埃瞥日无光也。”(七上日部，瞥，奴代切)段云：“埃瞥犹叆叇也。《通俗文》：雲覆日谓之叆叇。”

(3)旖，许云：“旖施旗皃。”(七上㫃部)段云：“旖施叠韵字，在十七部(案即古韵歌部)。许于旗曰旖施，于木曰檹施，于禾曰倚移，皆读如阿那。《桧风》‘猗傩其枝’，传云：倚傩，柔顺也。《楚辞》‘九辩’‘九难’则皆作旖旎，《上林赋》‘旖旎从风’，张揖曰：旖旎犹阿那也。《文选》作猗狔，《汉书》作椅柅。《考工记注》则作倚移，与许书禾部合。知以音为用，制字日多。《广韵》《集韵》曰婀娜，曰旖㫊……皆其俗体耳。”

(4)佝，许云：“佝瞀也。”(八上人部)段云：“佝音寇，瞀音茂，叠韵字。二字多有或体。子部㱿下作㱿瞀，《荀卿·儒效》作沟瞀，《汉书·五行志》作区霿，《楚辞·九辩》作怐愗，《玉篇》引作佝愗，应劭注《汉书》作㲄霿，郭景纯注《山海经》作㲉霿，其音同，其义皆谓愚蒙也。”

以上所举都是一些联绵词。联绵词的写法有时虽然不相同，但是从声音和意义两方面来看，往往可以确定就是一个词。段氏能用古韵部类来判断(如鉏牙为鱼部字，旖施为歌部字，佝瞀为侯部字)，更有很多是前人所没有说明过的。段氏也有时注意到联绵词中声母的关系(如言部“谆”，下说“谆谆，盖犹钝迟”，水部“泷”下说“泷涷即泷涿”。)，可是还没有能充分去推寻。如上所举旖施与倚移是一类，倚傩与旖旎又是一类，段氏混而为一，还不够恰当。

五、说明古今字和假借字和字义的引申与变迁。 古书所用的字互有不同，或字同而义异，或字异而义同，与《说文》比较，又有同有异。段氏认为《说文》所出大都为本字本义，而古书则字有假借，义有引申，所以与《说文》不同。要了解古书的文字训诂，必须先了解《说文》。他说。

> 许以形为主，因形以说音与义。其所说义与他书绝不同者，他书多假借，则字多非本义，许惟就字说其本义。知何者为本义，乃知何者为假借，则本义乃假借之权衡也。故《说文》《尔雅》相为表里。治《说文》，而后《尔雅》及传注明，《说文》《尔雅》及传注明，而后谓之通小学，而后可通经之大义。(见许慎叙"庶有达者，理而懂之"下)

这表明段氏治《说文》，正是要从《说文》入手以通经传的文字训诂。这是段氏注《说文》的积极目的。陈焕在段注跋语中说：

> 焕闻诸先生曰：昔东原师之言："仆之学不外以字考经，以经考字。余之注《说文解字》也，盖窃取此二语而已。经与字未有不相合者，经与字有不相谋者，则转注假借为之枢也。"(按段氏言："异字同义为转注，异义同字则为假借"。见许慎叙"厥谊不昭，爰明以谕"下)

根据这些话来看段氏注，也确是如此。段氏书能不以解释许氏原文为限，进一步说明经传中文字的假借，意义的引申，把研究《说文》和理解古书的词义结合起来，这是段注的另一个特点。段氏在严元照《尔雅匡名》序中说："吾见读《说文解字》而于经传《尔雅》愈不能通，钼铻不合，触处皆是，浅人遂谓小学与治经为二事。然则从事小学，将以何为也?”正是说明要“以字考经，以经考字”的道理。段注给人的表面印象似乎是在解经，不易捉摸，但是如果了解其主旨所在，也就容易知所取裁了。

段氏书中详考经传用字之例，说明古今字和假借字的例子很多。例如：

(1)余，许云：“语之舒也”(二上八部)段云：“《释诂》云：余，我也；余，身也……《诗》《书》用予，不用余；《左传》用余不用予。《曲礼》下篇‘朝诸侯分职授政任功，曰予一人’。注云：《觐礼》曰伯父寔来，余一人嘉之。余予古今字。凡言古今字者，主谓同音，古用彼，今用此异字。”(段氏《经韵楼集》卷四解释《曲礼》郑注云：“凡郑言古今字者，非如《说文解字》谓古文籀篆之别，谓古今所用字不同。如古人作衡，后代作横；古人作鄉，后代作向是也。周初盖用余，故礼经古文用余，左丘明述《春秋》亦用余。《诗》《书》则荟萃众篇而成，多用予，《论语》《孟子》用予。《春秋》时名予字子我，知《春秋》时用予，而左氏特为好古。郑意余为古字，予为今字，非可以互易之也。”这段话对古今字说得很清楚，足与此相发。考甲骨文金文中有余无予，亦可证余为古字，予为后起字。)

(2)于，许云：“於也。”(五上于部)段云：“《释诂》、《毛传》皆曰于於也。凡《诗》《书》用于字，凡《论语》用於字。盖于於二字在周时为古今字、故《释诂》《毛传》以今字释古字也。”(考甲骨文金文亦有于无於)

(3)亯，许云：“献也。”(五下亯部)段云：“下进上之词也。按

《周礼》用字之例，凡祭亯用亯字，凡饗燕用饗字。如臣亯君字作亯，《士虞礼》、《少牢馈食礼》尚饗字作饗。《小戴记》用字之例，凡祭亯、饗燕字皆作饗，无作亯者。《左传》则皆作亯，无作饗者。《毛诗》之例，则献于神作亯，神食其所亯曰饗。如《楚茨》以亯以祀，下云神保是饗，《周颂》我将我亯，下云既右饗之；《鲁颂》亯之不忒，亯以骍牺，下云是饗是宜；《商颂》以假以亯，下云来假来饗；皆其明证也。鬼神来食曰饗，即礼经尚饗之例也；献于神曰亯，即《周礼》即亯作亯之例也。各经用字自各有例，《周礼》之饗燕，《左传》皆作亯宴，此等盖本书固尔，非由后人改窜。"

(4)哙，许云："咽也。"(二上口部)段云："《小雅》哙哙其正，笺云：哙哙犹快快也。谓同音假借。卢氏文弨云：《淮南·精神训》哙然得卧，《宋书·乐志》吴鼓吹曲我皇多哙事，皆与快同。"

(5)龂，许云："齿本也"(段于本上增肉字，二下齿部)段云："《曲礼》笑不至矧，郑云：齿本曰矧，大笑则见。矧正龂之近部假借字也。"

(6)齦，许云："齧也。"(二下齿部)段云："此与豕部豤音义同，疑古只作豤，齦者后出分别之字也。今人又用为龂字矣。"

(7)讼，许云："争也，一曰歌讼。"(三上言部)段云："讼颂古今字。古作讼，后人假颂皃字为之。"

(8)离，许云："离黄，仓庚也。"(四上隹部)段云："今用鹂为鹂黄，借离为离别也。"

(9)宵，许云："夜也。"(七下宀部)段云："《释言》、《毛传》皆曰宵夜也。……有假宵为小者，《学记》之宵雅是也。有假宵为肖者，《汉志》人宵天地之皃是也。"

(10)抵，许云："侧击也。"(十二上手部)段云："《战国策》抵掌而谈，《东京赋》抵壁于谷，《解嘲》介泾阳抵穰侯。按抵字今多讹为扺其音义皆殊。《国策》夏无且以药囊提荆轲，《史记》薄太后以冒絮提文帝，提皆抵之假借字也。”

(11)畜，许云：“田畜也。”(十三下田部)段云：“田畜谓力田之蓄积也。……俗用畜为六畜字。古假为好字。如《说苑》尹逸对成王曰：民善之，则畜也；不善，则雠也。晏子对景公曰：畜君何尤，畜君者，好君也。谓畜即好之同音假借也。”

另外，经传中一个字可能有几种用法，而在《说文》中往往可以找到几个相应的不同的字。段氏对这一类也特别留意。例如：

(1)厥，许云：“旱石也。”(九下厂部)段云：“旱石者，刚于柔石者也。《禹贡》厉砥砮丹，《大雅》取厉取锻。引申之义为作也。见《释诂》：又危也，见《大雅·民劳》传，虞注《周易》；又烈也，见《招魂》王注。俗以义异异其形。凡砥砺字作砺，凡劝勉字作励，惟严厉字作厉，而古引申假借之法隐矣。凡经传中有训为恶、训为病，训为鬼者，谓厉即疠之假借也。训为遮列者，谓厉即迾之假借也。《周礼》之厉禁是也。有训为涉水者，谓厉即濿之假借。如《诗》深则厉是也。有训为带之垂者，如《都人士》垂带而厉，《传》谓厉即烈之假借也。烈，余也。”

(2)夷，许云：“平也，从大从弓，东方之人也。”(段据《韵会》改为东方之人也，从大从弓。十下大部)段云：“《出车》、《节南出》、《桑柔》、《召旻》传皆曰：夷平也，此与‘君子如夷’、‘有夷之行’、‘降福孔夷’传夷易也同意。夷即易之假借也。易亦训平，故假夷为易也。《节南山》一诗中平、易分释者，各依其义所近也。《风雨》传曰夷悦也者，平之意也。《皇矣》传曰夷常也者，谓夷即彝之假借也。凡注家云夷伤也者，谓夷即痍之假借也。《周礼》注夷之言尸也者，谓夷即尸之假借也。尸陈也。其他训释，皆可以类求之。”

这些就是段氏在《尔雅匡名序》中所说“经传《尔雅》所假借有不知本字为何字者，求之许书而往往在焉”的例证。

明白古书中文字有假借和了解古代声韵的部类，这是清人所以能读通古书、超轶前代的主要凭藉。假借就是音同或音近的字互相替代，所以言假借，亦必以音为纲领。（段氏曾指出“假借取诸同部者多，取诸异部者少”，见《六书音均表》卷三古异部假借转注说。）上面所举正是就音来加以推寻的。厉烈古韵同部，夷彝尸古韵同部（尸夷本为古今字）。经传用字之所有假借，与古人字少和书写时仓卒不得其字有关系。古人字少，一字可以兼数用，所代表的不一定就是一个语词。后来文字日繁，就有不少后起的本字。这种后起的字是为更好地适应需要而产生的。段氏把经传的字和《说文》所收的字从音义上加以比较，说明其间的关系，不仅使人能够对《说文》有更多的理解，而且解释了不少经传中文字训诂的问题。不过，《说文》所载不完全是本字本义，《说文》所收也有不少是后起的本字，段氏不察，完全相信《说文》，也往往陷于错误。

段氏虽然注重《说文》的训释，但对于字的其他经常见到的训解仍然不放过。《经韵楼集》卷一“济盈不濡轨，传曰由辀以下曰轨”一条曾指出：“凡字有本义，有引申假借之余义焉。守其本义，而弃其余义者，其失也固；习其余义，而忘其本义者，其失也蔽。蔽与固皆不可以治经。”这是很重要的见解。关于引申义和假借义，他在《经韵楼集》

卷五"亯饗二字释例"一条又具体举例说：

凡字有本义，有引申之义，有假借之义。《说文解字》曰亯者献也，从高省，曰象进熟物之形。引《孝经》祭则鬼亯之。是则祭祀曰亯，其本义也。故经典祭亯用此字。引申之，凡下献其上亦用此字；而燕饗用此字者，则同音假借也。《说文解字》又曰饗者鄉人饮酒也。从食，从鄉，鄉亦声。是则鄉饮酒之礼曰饗。引申之，凡饮宾客亦曰饗，凡鬼神来食亦曰饗；而祭为亯用此字者，则同音假借也。

此下又详举《易》、《周礼》、《仪礼》等书为证，足与《说文》亯饗二字注互相发明。《说文》所说"亯，献也"，从古文字来看并不是字的本义。饗，古文字作鄉，像二人相向共进饮食，饗为后起字。《说文》训饗为"鄉人饮酒"也是后起的意义。但在经传中亯饗二字各有引申义和假借义是很清楚的。段氏能从字义的发展上看问题，说明字有本义，又有引申假借之余义，这在传统的训诂学上无疑是一大发展。

段氏对于字义既然有这样的认识，他在《说文》注中说明字义引申的就有七百八十余条。例如：

(1)荟，许云："草多皃"(一下艸部)段云："引申为凡物会萃之义。"

(2)牢，许云："闲也，(段补也字)养牛圈也。"(二上牛部)段云："引申为牢不可破。"

(3)过，许云："度也。"(二下辵部)段云："引申为有过之过。"

(4)循，许云："行顺也。"(段改为行也。二下彳部)段云："引申为抚循，为循循有序。"

(5)世，许云："三十年为一世。"(三上卉部)段云："按父子相继为世，其引申之义也。"

(6)目，许云："人眼也。"(四上目部)段云："目之引申为指目、条目之目。"

(7)倍，许云："反也。"(八上人部)段云："此倍之本义。《中庸》为下不倍，《缁衣》信以结之，则民不倍，《论语》斯远鄙倍皆是也。引申之为倍文之倍。《大司乐》注曰：倍文曰讽。不面其文而读之也。又引申之为加倍之倍，以反者覆也，覆之则有二面，故二之曰倍。俗人鉲析，乃谓此专为加倍字，而倍上、倍文则皆用背，余义行，而本义废矣。"

段氏关于引申义是什么，还缺乏明确的解释。书中所举字义的引申，性质也很复杂，甚至于有很多不属于意义引申的一类也称之为引申，未免失之笼统。例如讬意于此而寄形于彼的，不能算作引申；无字可写，只是借音的，也不能算作引申。可惜段氏没有能够细加区别。这需要另加评述。

段氏言字有古今，同时也注意到义有古今。例如：

(1)曾，许云："词之舒也。"(二上八部)段云："曰部曰朁曾也，《诗》'朁不畏明'、'胡朁莫惩'，毛郑皆曰：'朁，曾也'。按曾之言乃也。《诗》'曾是不意'，'曾是在位'、'曾是在服'、'曾是莫听'，《论语》'曾是以为孝乎'。'曾谓泰山不如林放乎'，《孟子》'尔何曾比予于管仲'，皆训为乃，则合语气。赵注《孟子》曰：

‘何曾犹何乃也’，是也。是以朁训为曾。‘朁不畏明’者，乃不畏明也。皇侃《论语疏》曰：‘曾犹尝也’。尝是以为孝乎，绝非语气。盖曾字古训乃，子登切，后世用为曾经之义。读才登切。此今义今音，非古义古音也。”

(2)瞻，许云：“临视也。”(四上目部)段云：“《释诂》、《毛传》皆曰：瞻视也，许别之云临视。今人谓仰视曰瞻，此古今义不同也。”

(3)伴，许云：“大也。”(八上人部)段云：“《大学》注胖犹大也，胖不训大，谓胖即伴之假借也。《方言》、《广雅》、《孟子》注皆曰般大也，亦谓般即伴。《广韵》云：侣也、依也，今义也。”

(4)仅，许云：“材能也。”(八上人部)段云：“材，今俗用之才字也。……材能言仅能也。……唐人文字仅多训庶几之几。如杜诗‘山城仅百层’，韩文‘初守睢阳时，士卒仅万人’又‘家累仅三十口’，柳文‘自古贤人才士被谤不能自明者仅以百数’，元微之文‘封章谏草繁委箱笥，仅逾百轴’。此等皆李涪所谓以仅为近远者。于多见少，于仅之本义未隔也。今人文字皆训仅为但。”

(5)骤，许云：“马疾步也。”(十上马部)段云：“小雅曰载骤骎骎。按今字骤为暴疾之词，古则为屡然之词。凡《左传》、《国语》言骤者皆与屡同义。如‘宣子骤谏公子’、‘商人骤施国’，是也。《左传》言骤，《诗》《书》言屡，《论语》言屡亦言亟，其意一也。亟之本义敏疾也，读去吏切，为数数然，数数然即是敏疾，骤之用同此矣。”

据此可知段氏不仅善于发明古训，而又能区别古义与今义，这是合乎历史发展观点的。

除此之外，段注中有关古今语音、文字、词义变移的说明极多。如四上鸟部“鹎”字下论鸚鵡之鵡本作鹉，音茂后反，鵡学为后起。六上木部“枼”字下说明古音缉盍两部字与脂祭两部字谐声相通。八上人部“俦”下辨俦字有徒到直由二切，意义不同，俦侣字唐宋前皆作畴，不作俦。又“偷”字下论愉字本音他侯切，训薄，后世音羊朱切，训为愉悦；非古音、古义。这种博举而详说的例子，对学者的启发很大。

段氏研究词义是从多方面来入手的，比较前代书传训诂的异同，形与音与义三者互求，这都是最主要的方法。特别需要提出的是，段氏取材很广，而推考词义，是从古书原文文句出发，而不是单纯依靠前人的注解。他把字书和训诂书的训解和书传文句中实际表现的词义联系起来考察，所以往往有独到的见解。一字多义的，段注在训释之外，兼举别义；数字义近义通的，则比类加以说明。义有歧异的，又详加辨析。（如二上八部“尔”字下和十二上“耳”下说明尔耳两字不能相混，八下欠部“歎”下指出歎二字今人通用，而《说文》义训不同。）使学者可以闻一知二，繁复之中，自有条理。当时阮元等人编纂《经籍纂诂》，搜罗古书的训解极为详备，但是缺乏条贯。段氏与刘台拱书曾说：“《经籍纂诂》一书甚善，乃学者之邓林也。但如一屋散钱，未上串。拙著《说文注》成，正此书之钱串也。”（见刘盼遂《段王学五种》经韵楼文集补编下与刘端临第二十四书）由此可见段氏抱负之大。

以上所论都是段氏所作的几方面重要的工作。总起来说，段氏《说文解字注》的成就是很多的。一方面，把许慎作《说文》的意旨和《说文》这部书在考订文字声音训诂方面的真实价值阐发无遗，而且贯串全书，详加注释，使《说文》成为可读之书；另一方面，段氏参考群书字训，就形音义三方面互相考校，探讨三者之间的关系，并说明古书中文字的假借、意义的引申、古今语的异同，创通许多探讨词义的方法，继承了前代训诂学的优点，而又加以发扬，这样就使训诂的理论和方法都有了新的内容和新的发展。段氏对文字形音义的探讨已经带有历史研究的性质，而且能从以往训诂学只作一字一义的孤立的说明转向注意全面系统知识的探索，这尤其值得重视。文字、音韵、训诂之学以前只是经学的附庸，从清代乾嘉以来，才逐渐发展为专门独立的语言文字之学。段氏在这方面的贡献是绝对不能忽略的。

段氏在注文中连带解决和说明的问题还很多。例如有关汉人训诂词例的解释(一上示部祗下释"当为"，"读为""读如"，裸下释"之言"，三上言部雠下释"犹")，有关一些古书体例的说明(如六下邑部"鄘"下指出《汉书·地理志》的地名"皆随其地语言为音"，十下心部"懇"下指出凡《释文》云"本又作"之下往往出古字)，对学者都有极大的帮助。段氏书中除了写出自己的见解以外，别家有说可采的也一并录出。如惠栋、戴震、钱大昕、程瑶田、卢文、焦循、刘台拱、江声、姚鼐、王念孙、汪龙、陈鳣、江沅、陈奂等人有关名物训诂的解释都有择录，这更使读者能够开拓眼界，获得更多的知识。

段氏对自己的书也是颇为自负的。一则说洨长或许为知己(见《说文叙》注)，一则说孰谓今人不可以胜古人(见十四上车部"軝"下评程瑶田说)，足见胸中自有高低。但是，一个人的才力究竟是有限度的，这样一部大书，不能没有罅漏和缺点。何况成书的时候，已年近七十，精力就衰，校订自不能周密。书中主要的缺点有以下几方面：

一、校订许书，有时自信太过，流于武断。 段氏《说文注》的长处在于征引广，有发明，有独到的见解。但有时过于自信，失之于武断。以校订许书而论，许书久经传写，讹误自多，段氏校改篆文九十二，删篆文十九，增篆文二十二。原来的训释和字次也颇有改订。其中有些是比较可靠的，或者是符合许书体制的，但有些就缺乏足够的证据，那就应当以不改为是。

段氏对周代铜器文字既很少研究，（仅注意到薛尚功《钟鼎彝器款识法帖》，一下“蕲”字下曾提到钟鼎文。）对秦汉篆书石刻和汉人隶书也不重视，因此，在刊正篆文上就有时失之卤莽。例如齿部“龇”字，各本皆从齿从七，许云：“毁齿也”。段云：“今按其字从齿匕，匕，变也。毁与化义同。玄应书卷五龇旧音差贵切，卷十一旧音羌贵切，然则古读如未韵之槩，盖本从匕，匕亦声，转入寘至韵也。古音盖在十七部。”案段据玄应所称旧音改龇字从匕，不可从，汉人隶书字皆从七，不从匕，许慎所录篆文一定也是从七。又如木部“本”字，许云：“木下曰本。从木，一在其下”，段氏依《六书故》所引唐本改作“木下曰本。从木，从丅”。篆文也改作从木丅。“末”字，许云：“木上曰末。从木，一在其上。”段氏改篆文作从木从丄。案《六书故》所引唐本不可信。本末都是属于指事字一类，不是会意字。秦泰山刻石，“本”字与《说文》相同。段氏不察，误据戴侗书改变相传的写法，未免武断。又如《说文》有“镏”无“劉”，段氏改“镏”作“镠”，《说文》癘字篆文疒下从萬，许云：“从疒蠆省声”，段氏则改篆文作㾏，这些都是师心自用，一无是处。至于删增篆文，增改注文，问题更多。例如齿部删去“齹”字，足部删去“踞”字、“跛”字，木部删去“槮”字，日部“昧”字、“睹”字、“昕”字下注文“旦明也”都改作“且明也”，这些都极不妥当。不如只在注中说明，留待读者思考。

二、解释转注假借与许慎原意不合。《说文叙》所说六书转注一类，历来解说纷纭。许慎说：“转注者，建类一首，同意相受，考老是也。”戴震根据《说文》考老互训以解释转注，而段氏又用戴震说把“建类一首”的“类”解为义类，“首”解为五百四十部部首，（见《说文叙》注），认为数字展转互相为训的都是转注，因而转注又有“类见于同部”和“分见于异部”之分。他又说：“转注者，所以用指事、象形、形声、会意四种文字者也。数字同义，则用此字可，用彼字亦可。”这不仅与许慎原来举“考”“老”二字为例的情况不合，而且也自相矛盾。许慎既然说“建类一首”，依理只能限于同部之内，异部的互训字就不能算为转注。段氏所说合于“同意相受”，而不合于“建类一首”，无怪钮树玉《段氏说文注订》批评段说与许书不合。但是最根本的问题还在于转注一类是否不属于文字孳生繁衍的一类。依照戴段两家所说就只是同义字的互相替代了。这与许说也不相符。刘台拱《转注假借说》曾经指出：“以一义生数字，谓之转注；以一字摄数义，谓之假借。随音立字，谓之转注；依音托字，谓之假借。”（见《刘端临遗书》卷八）这种解释就比段氏所说要恰当得多了。不过，对于许慎所说“建类一首”的意思不谈，仍然与许说不完全相合。另外，许说假借为“本无其字，依声托事，令长是也。”这显然是专就最初本无其字而说的，而段氏偏偏义把古书中本有其字的同音假借与许说纠缠在一起，使汉人所指在文字发展过程中有借用已有文字不造新字的一种方式的含义变得模糊不清了。这都与许氏原意不符。

三、解释许书训释颇有错误，有时甚至穿凿附会，强为曲解。 许慎《说文》解说中的错误是很多的，但是在段注中而有原书不错也把它解错的。例如：

(1)嚏，许云：“悟解气也。”（二上口部）段云：“悟解气者，欠字下云张口气悟是也。悟，觉也；解，散也……许意嚏与欠异音同义。玉裁按：许说嚏意非是，不必曲徇。嚏之见于《月令》、《内则》者各一。……《月令》民多鼽嚏之谓鼻塞而妨嚏。《说文》喷一下曰鼓鼻，而释嚏为欠，直以其字从口不从鼻故耳。殊不思

《内则》既云不敢嚏，又云不敢欠，其为二事憭然。……故嚏解当改云歕鼻也为安。口与鼻同时气出，此字之所以从口也。”今案嚏与欠虽为二事，但同是自内出气，许训嚏为悟解气，只能说不够明晰，而不能认为是错。任何人都能分辨嚏、欠，许慎不会如此无知。

(2)臑，许云：“臂羊矢也”(四下肉部)段改许注为：“臂，羊豕曰臑。”段云：“各本皆作臂羊矢也。《鄉射礼》《音义》引《字林》：臂羊豕也。《礼记音义》引《说文》：臂羊犬也。皆不可通，今正。许书严人物之辨，人曰臂，羊豕曰臑，此其辨也。”案羊矢《礼记·少仪》释文，《史记·龟策列传》注徐广引并同。钱坫《说文斠诠》说：“坫考《素问》，羊矢脉穴各，近臂臑，是矢字未尝误也。”然则段氏改羊矢为羊豕，是以不误为误。今考医书，人臂肘上一节外侧曰膊，内侧曰臑。《说文》臑字也正与臂肘二字相厕，则臑并非专指羊豕臂而言。段氏强为之说，徒使人迷惑。王筠《说文句读》不从段说，极是。

(3)即，许云：“即食也”(五下皀部)段云：“即当作节，《周易》所谓节饮食也。节食者，检制之，使不过，故凡止于是之词谓之即。凡见于经史言即皆是也。《郑风》《毛传》曰：即，就也。”案古书中即没有训为节食的，段氏改即食为节食，可以说是向壁虚造。即字古书通训为就，许所说的即食就是就食的意思。至于虚词的即字与节食更没有关系，不能随意牵合。

段注中除了有误解许说的地方以外，还有不少牵强附会的说法。例如：

(1)禧，许云："礼吉也。"(一上示部)案"礼吉也"当依《广韵》作"福也，吉也。""福"误为"礼"，下又脱"也"字，所以错为"礼吉也"禧训福为古书通训，吉与福意义相近。段氏没有注意到今本文字有误，而解释为"行礼获吉也"，完全是望文生义，毫无根据。

(2)牛，许云："大牲也，牛，件也，件，事理也。"(二上牛部)比注件字严可均《说文校议》谓当作侔。段氏删大牲以下七字，改为"事也，理也"，与马下训怒也，武也同例。段云："事也者，谓能事其事也。牛任耕。理也者，谓其文理可分析也。庖丁解牛，依乎天理，批大卻，道大窾。"案牛以事与理为训，已不尽可解，段氏又以《庄子·养生主》语说明牛有文理，尤为荒谬。

(3)用，许云："可施行也。从卜中，卫宏说。"(三下用部)案篆文用字不从卜中，卫宏说不可从。段氏既不加辨驳，反而说："卜中则可施行，故取以会意。"这完全是牵强附会的话。

(4)孚，许云："卵孚也。从爪子。一曰信也。"(三下爪部)段氏改"卵孚也"为"卵即孚也"。段于"一曰信也"下注云："此即卵即孚引申之义也。鸡卵之必为鸡，䖵卵之必为䖵，人言之信如是矣。"案孚信与卵孚并无意义上的联系，段说迂曲不可信。

段氏中误解曲解的例子还很多，不烦多举，读者当善于分辨。与其过而信之，不如多闻阙疑。

四、墨守许书，以为许书说解必用本字《说文》所收的字有古字、有古今通用的字，又有不少异体字。其中有些字是现存古书中没有的。例如：

(1)《说文》：兩，再也；兩，二十四铢为一兩。(七下兩部)案兩兩本为一字。金文兩字上或加一作兩，小篆则写为兩，犹如甲骨文𠕁字上或加一作𠕁，小篆写为雨。许慎则兩兩分为两个字，训解不同。兩原来的意义不明，或说象物平分。《说文》说二十四铢为兩则是假借义。现存古书中只有兩字，没有兩字。

(2)《说文》：㤅，惠也(十下心部)，𢙴(爱)行皃也(五下夊部)。案㤅𢙴实为一字。㤅从心从旡，旡作㤅加心字则成𢙴。《说文》把夊字做为一个字，训为行迟曳夊夊，因𢙴从夊，所以训为行皃。古书慈爱字都作爱，不作𢙴。

(3)《说文》：跀，断足也(二下足部)；刖，绝也(四下刀部)案跀刖二字同从月声，一从足一从刀，但意义相同。

(4)《说文》：坿，益也(十三下土部)附，附娄小土山也(十四下阜部)。案坿附二字同从付声，一从土，一从阜，从土从阜的字意义也有相通的，如《说文》阯或作址。坿附《说文》分收两部，训释不同。现存古书中坿益字多作附。

(5)《说文》：屰，不顺也。从干下凵，屰之也。(三上干部)；逆，迎也，从辵屰声(二下辵部)。案屰甲骨文作屰，为大字倒文，象人从对面来。逆，甲骨文作𨑃，彳或作彳，表示道路，屰象人的足，此字从屰从彳，表示在路上与人相迎，相逢的意思。辵是后加的意符。《说文》屰字即由屰字变成，许慎说从干下凵，与甲骨文原意不合。现存古书中只有逆字，没有屰字。

(6)《说文》：夅，服也，从夊㐄相承不敢并也(五下夊部)；降，下也，从阜夅声(十四下阜部)。案甲骨文降作降，金文同，象两足自阜上下降。另外没有看到夅字。《说文》分夅降为二字，而夅字训服，说从夊㐄相承不敢并。案降服当为降下的引申义。

现存古书中只有降字，没有夅字。

(7)《说文》：敚，妙也（妙段改作眇），从人从攴，豈省声（八上人部）。微，隐行也，从彳敚声（二下彳部）。案金文有敚字，从[illegible]从攴。《说文》训妙，不是造字的本义。现存古书中只有微字，没有敚字。

(8)《说文》：叀，小谨也。从幺省，屮财见也，屮亦声（四下叀部）；專，六寸簿也，从寸叀声，一曰專纺專（三下寸部）；嫥，壹也，从女專声，一曰女嫥嫥（十二下女部）。案甲骨文有[illegible][illegible]二字。后者从又。象纺锤形，可能就是《说文》專字下所说的一曰纺專的專。不过甲骨文專字读如惠，与惟字通（见唐兰《天壤阁甲骨文存考释》），音与專字不合。现古书中只有專字，没有叀嫥二字。

从以上所举的例子来看，说文中确实保存下了不少古字。这些字虽然不见于古书，但有一部分已在古文字中发现，足见许慎必有所本。不过说文的训释未必都是造字的本义。如网、夅、敚、叀都是。另外，《说文》中也有不少的字是晚周或秦汉时期所产生的，其中有些可能是异体字（如跀），有些可能是后起本字或有意加以区别的字（如[illegible]、恉、𣨛、这之类），情形非常复杂。文字的产生有先后，而古书的时代又有不同，历久传写，也会发生不少的改变。所以《说文》中有些字不见于现存的古书，古书中所写的形体和字的意义也不能都与《说文》相同。

《说文》是一部注重分析文字形体的书，许慎解释字义自然倾向于就形说义。因此，㤅训惠，[illegible]训行皃，夅训服，降则训下，敚训妙，微则训隐行。就形以说义固然容易得字义之本，但有时也会失之于牵强，如说“彳”，小步也；“支”，去竹之枝也；“叀”，小谨也；“𠬪”，物落上下相付也；“勿”，州里所建旗，象其柄，有三游；等等。都与古文字原来造字的意义不合。《说文》既主就形说义，有些字不止一个意义的，也就只取其与形体相应的写上，其他大都舍弃不录。这样，《说文》本身就有得有失。学者应当善于抉择，取其是而违其非，不能信守不替；认为许慎所说的完全都是对的。其实，许慎著书的目的在于遵修旧文，博采通人，使学者不为误说所蔽而已。

段氏理解到许慎因形说义的精神，但又为许书所囿，认为《说文》所载的形体义训都是本字本义，凡古书中的字与《说文》不相符的统称为假借，这就把文字的形义死守在《说文》上而不能通权达变了。本字本义在研究文字训诂的时候是要讲的，可是必须从具体的例子来确定，不能一切都以《说文》为准。因为《说文》只是代表后汉许慎一家之言，而《说文》中所收的字包括由汉以上多少世纪内所产生的字，不是平面的一个时期内所造的，许慎给每个字所加的训释只是就他当时所能知道的采用，而不能说这些训释都合乎造字的原意。段氏倡本字本义之说，对解释文字形义的发展是有用的，可是完全根据《说文》衡量一切古书，反而局隘，不符合古代使用文字的情况。

创制文字和使用文字都是在矛盾中不断发展的。从创制来说，字少则不敷应用，势必逐渐增多。有的就一个字增加偏旁而分化为两个字，以表示两个不同的意义；有的由于语转或其他原因，由同一个意义而产生两个不同的字。可是形体繁复，则不便于书写；文字数量过多，则又不便于使用。在这种矛盾情况下，字体必然要向简化方向发展，在用字方面，也必然要趋于以简驭繁。因此在形体方面，大篆变为小篆，而又转变为隶书、楷书。在用字方面，凡是不必要的，就废置不用，而取其应用比较广泛，意义相类的字来代表。如用懷、稱、卒、交，而不去用褢、爯、猝、这。有些已经通行的假借字，即使后来又产生了本字，这种后起的本字也未必为群众所采用。所以在使用文字方面，既要固定，以防止写别字，同时又要在纷繁的文字系统中求其适用，避免繁杂。以简驭繁，就是用字的历史规律。

段氏不了解这种情形，胶执在《说文》的本字本义上，把具有不同文字层的《说文》看成是一个平面的总和，在《说文》注中每言“某当作某”，或“某古作某”，“某行而某废”，这都是就《说文》的训释来安排的。其实，有不少字是后起的，或是在某个时期所产生的异体字，一般书籍中未必广泛应用，甚至还有人很不熟悉，并非两者都处于同样的地位而抉择取舍、有意要废去哪一个。有些字很可能始终就不曾流行过。字书中虽然兼收并蓄，而用字的人还是要合乎约定俗成，还是要循着以简驭繁的规律，因此段注所说“某行而某废”的话是不正确的，如果说：某字古书罕用，通作某字，那就恰当多了。

段氏最大的误解在于认为《说文》注解必用本字。十四上金部鋞字，许云：“温器也。”段氏改“温”为“昷”，注云：“昷，各本作温，今正。许书温系水名，昷训仁也，故引申为昷煗字。煗下曰昷也，鼐下曰安鼐昷也。凡经史可借用温，而许书不宜自相矛盾。凡读许书者知此，则九千三百余文之说解，绝无不可通之处矣。盖非用其字之本义，即用其字之引申之义，断无有风马牛不相及者也。温训水名，此云温器也，是为风马牛不相及矣。昷器者，谓可用煗物之器也。”他在注许慎《说文叙》六书假借下又说：“如许书每字依形说其本义，其说解中必自用其本形本义之字，乃不至矛盾自陷。而今日有绝不可解者，如𢚧为愁，㥑为行和，既画然矣，而愁下不云𢚧也，云㥑也，……但为裼，袒为衣缝解，既画然矣，而裼下不云但也，云袒也；如此之类，在他书可以托言假借，在许书则必为转写讹字。盖许说义出于形，有形以范之，而字义有一定，有本字之说解以定之，而他字说解中不容与本字相背，故全书讹字必一一諟正，而后许免于诬。许之为是书也，以汉人通借繁多，不可究诘，学者不识何者为本字，何义为本义……故为之因形以说音义，而制字之本义昭然可知。本义既明，则用此字之声而不用此字之义者乃可定为假借。本义明，而假借亦无不明矣。”

这些话正如钮树玉所说是自立条例（见《说文段注订叙》），与实际不相符合。一则因为许慎生当后汉，当时通行的是隶书，许慎通习《五经》，《五经》都是习用之字，他绝不会应用经史古籍罕用之字；一则从本书来看，注文中不用本字本义的不可胜数，如“省声”的“省”，不作“媘”，“人用已私”的“私”不作“厶”，“微”不作“散”，“專”不作“嫥”；由此足见段氏所说不足置信。段氏注许书遇两字则改为㒳，左右则改为𠂇又，私改为厶，微则改为散，温则改为昷，居处字则改为凥，徒然自扰。有些字由于《说文》训释与古书通用的字义不同，段氏也就拘泥许说，论定用字的是非。例如：

(1)迁，许云：“进也。”（二下辵部）段云：“干求字当作迁，干犯字当作奸。”（案《说文》：干，犯、也；奸，犯婬也。）

(2)龠，许云：“乐之竹管。”（二下龠部）段云：“此与竹部籥异义，今经传多用籥字，非也。”（案《说文》：籥，书僮竹笘也。）

(3)敟，许云：“主也。”（三下攴部）段云：“按凡典法、典守字皆当作敟，经传多作典。典行而敟废矣。”（案《说文》：典，五帝之书也。）

(4)晐，许云：“兼晐也。”（七上日部）段云：“按此晐备正字，今字则作赅，赅行而晐废矣。《庄子》《淮南》作赅，今多作该。”（案《说文》：该，军中约也。无赅字。）

全书类此者极多。影响所及，下笔从《说文》，反为局隘。如俞樾曾作《考定文字议》(见《宾萌集》)，提倡用字要用正体，要用本字本义，一切都以《说文》为准，后来有些人著书也好用《说文》本字，表面似乎尊崇汉学，则古称先，实际上与许氏精神不合，完全是一种复古思想的表现，缺乏历史发展的观点。

五、段注中所说意义的引申，类例不清，有些不是引申而列为引申义。段氏讲字义有本义，有引申义、有假借义，这对研究字义的发展和一词所以多义很有帮助。可是哪些算是引申义，哪些不是引申义段氏并不曾划分清楚。例如：

(1)薄，许云："林薄也。"(一下艸部)段云："按林木相迫不可入曰薄，引申凡相迫皆曰薄。如外薄四海、日月薄蚀皆是。"

(2)盖，许云："苫也。"(一下艸部)段云："引申之为发端语词。"

(3)莫，许云："日且冥也。"(一下茻部)段云："且冥者，将冥也。……引申之义为有无之无。"

(4)羽，许云："鸟长毛也。"(四上羽部)段云："长毛别于毛之细缛者。引申为五音之羽。"

(5)而，许云："颊毛也。象形。"(九下而部，颊毛也段改为须也)段云："引申假借之为语词，或在发端，或在句中，或在句末。或可解释为然，或可解释为如，或可解释为汝。……"

(6)独，许云："犬相得而斗也。从犬蜀声。羊为群，犬为独。"(十上犬部)段云："犬好斗。好斗则独而不群，引申假借之为专一之称。《小雅·正月》传曰：独，单也。"

这里段氏所说的引申义都与字的本义无关，这只能说是假借。“羽”字本为鸟长毛，五音之“羽”更是假音，无所谓引申。“而”“独”二字下又用“引申假借”为说，把两者混在一起，足见他自己也把握不准了。

段氏谈意义的引申，主要是根据《说文》的训释。他认为《说文》的训释都是字的本义，因此把与本义有关的意义都称为引申义。但是《说文》的训释未必与古文字所表现的造字原意相合。例如许慎说：行，人之步趋也；孚，卵孚也，一曰信也；画，界也；既，小食也；有，不宜有也；这些都不是造字的原意。从篆文和古文字的写法来看，行为道路，孚即菜字，画即规画，既为食已，有象以手持肉。许慎的训释既然不是字的原意，段误据许训以推论意义的引申自然难得正确。许慎去古已远，有些字原意如何、许慎也无从知道，我们不宜责备许慎，可是段氏过信许书，则反生纰缪。

所谓引申义，必须是在原有意义的基础上引发出来的一种新的意义。例如“牢”为养牛马圈，引申为牢固；过为度过，引申为过失；世为三十年，引申为父子相继曰世；谢为辞谢，引申为凋谢；列为分解，引申为行列。但是有些字原来的意义并不清楚，有的意义与许慎所说又毫无关系，这样就无从称之为引申。有些可能是两个词。例如“甫”字，许云：“男子之美称也”（三下用部）段氏云：“以男子始冠之称，引申为始也，又引申为大也。”案甫训始训大与男子之美称无关，不得谓之引申，段氏强为之说，不足取信。又如“方”字，许云：“併船也。象两舟省总头形。”（八下方部）段氏云：“《周南》‘不可方思’，《邶风》‘方之舟之’，《释言》及《毛传》皆曰：方泭也。……泭者，编木以为渡，与併船异事，何以毛公释方不曰併船，而曰泭也？曰併船编木其用略同，故俱得名‘方’。‘方舟为大夫之礼，《诗》所言不必大夫，则释以泭可矣。若许说字，则见下从舟省，而上有并头之象，故知併船为本义，编木为引申之义，又引申之为比方，‘子贡方人’是也。……又引申之为方圆，为方正，为方向。”案甲骨文方作𠀛，不从两舟省，许说方为併船，不是本义。至于段氏所说比方与方舟或者有关系，而方圆的方与併船无关是可以肯定的。段氏笼统谓之引申，反而把引申义的含义弄模糊了。由此足见段氏对于意义的引申还缺乏精细的研究。

研究词义，联绵词跟一般单音词是要分别处理的，联绵词是否由其中的单字意义引申而来，更应当注意，不能随意解释。例如“訇”字，许云：“騃言声。从言匀省声，读若玄。”(三上言部)段改騃为骇，注云：“骇，各本作騃，依《韵会》订。此本义也。引申为匉訇大声。”案段改騃为骇，所以说引申为匉訇大声。匉訇即軿訇，张衡《西京赋》云：“奋隼归凫，沸卉軿訇”，沸卉，軿訇都是叠韵。李善注：“奋迅声也。軿，芳耕反，訇，火宏反。”此与许训騃音声不相关。又如“弟”字，许云：“韦束之次弟也。”(五下弟部)段云：“以韦束物，如辀五束，衡三束之类。束之不一，则有次弟也。引申之为凡次弟之弟，为兄弟之弟，为豈弟之弟。”案豈弟为叠韵。《诗》云：“孔燕豈弟”，“豈弟君子”，都是乐易的意思，与次弟的意思无关。段氏把这一类联绵词与本字意义不相涉的也都视为引申，那是错误的。

以上都是段注的主要缺点。其他毛病，仍然不少。如引文有误，出处不详；重古轻今，好言正俗；前后异议，互相矛盾；论音昧于双声，有时与叠韵相混；注中有时夹叙一些封建的理学的迂腐之论，这些都不再详举。

总之，段氏这部书虽然是一部体大思精的著作。但不无瑕疵。他自已曾说：“剖析既繁，疵纇不免，召陵或许知己，达者仍俟后人。”

(见许慎后叙注末)他一方面自许有得，一方面也想到仍然免不了有缺点。我们读段氏的书也应当有一个正确的尺度衡量他的得失。从大的方面来看，段氏的学识是丰富，他的长处在于有见解，他能看到古今语言文字是有发展的；要研究语言文字，必须形音义三者相结合，不应当忽略三者之间的关系；他重视知识的实际运用，从反复考索材料而增加了不少理论知识，使传统的训诂学获得新的发展。这些都是他的优点。但是他在当时汉学盛行的空气下，由崇信许郑而墨守许书，不肯应用篆文以外的材料，来分辨许书的是非；而且对文字在使用上以简驭繁的道理缺乏认识，强分此疆彼界，而忽略许书本身的历史性和它的局限性，因此注中有些地方比较圆通，有些地方就非常沾滞。在某些方面他是有独到见解的，但是，有时又蔽于己见，改动许书，甚至说“凡此校正，私谓必符许意，知我罪我，所不计也。”(见十四上金部鏉字下)，足见自负之甚。小善于阙疑，强以为知，那就难免发生罅漏了。这些都是他的缺点。因此我们必须具有实事求是的精神去理解段注，先从总的方面认清它的得失，再看其中每个字的解释，也就容易知所去取了。

前人评论段注，每多似是而非之论。或如徐承庆之流，好为诋河，专攻其短，而学识远不及段氏。古人说：“好学深思，心知其意。”必须深造自得，了解他的意旨所在，才能正确地评议他的得失，才不致见其小而遗其大。清同治间马寿龄作《说文段注撰要》，所注意的只是文字一方面，其他无所择录，还不能算为撰要。段注在过去的影响很大，所以不能不举例略段注的得失，使初学者不致为注文浩瀚所苦，迷惘而不知取舍。对段氏的缺点，我们必须认识清楚。至于段氏的成就，上文所说也仅是就书论书，想要变为具体可用的能发展我们语言学的东西，还需要经过分析改造才行。

读王念孙《广雅疏证》简论

《广雅》为三国魏时张揖所作。揖字稚让，清河人，在明帝太和中(公元227—229)为博士。(见唐颜师古《汉书注叙例》)据《隋书·经籍志》所载，张揖除撰《广雅》外，还著有《三仓解诂》、《埤仓》、《古今字诂》、《杂字》等书，由此可知他是一个博闻多识、精通文字训诂的人。

《广雅》的体例和篇目同于《尔雅》，始于《释诂》，终于《释兽》，分为上中下三篇，今本作十卷，所收的词语几乎都是《尔雅》以外的，所以名为《广雅》。"广"是增广的意思。《尔雅》编成于汉代初年，是中国最早的一部解释词义的书，取材以群经训诂名物为主，而先秦古书中的词语并没有广为搜集，一一采录。到汉代，语言有了更大的发展，词汇不断充实和丰富，方言殊语、品物名称不见于《尔雅》的日益增多；同时文字的字形和词语的意义也多有改易和转变，远非《尔雅》所能赅括；因此张揖别作《广雅》一书，补其所阙、凡先秦两汉经传子史、医书、字书所有而不见于《尔雅》的字大都搜罗在内。这是《尔雅》、《方言》、《说文解字》、《释名》以后的一部重要的训诂书，所以一直流传下来，没有散佚。

可是这部书在清代以前始终没有注本，只是在隋代的时候曹宪曾著《博雅音》四卷。曹宪为江都人(今江苏)以通《文选》知名当世，在隋为秘书学士(见《隋书·儒林传》)，因避隋炀帝讳，所以称《广雅》为《博雅》。曹宪的《博雅音》除依字注音以外，间或说明字体。原本可能是单行的，现在我们所见到的《广雅》都是明刻十卷本(以毕效钦《五雅》本最佳)，曹宪音即附于正文之下，颇便参阅。

清代乾嘉时期研究文字、音韵、训诂的风气很盛。《尔雅》、《方言》、《说文》等书都有精善的注本。《广雅》一书囊括汉魏以上的文字训解，所以也大为学者所重视。当时为《广雅》作注而有成书的有两家。一为钱大昭(钱大昕之弟)，一为王念孙。两家互不相谋，而同治一书，都很有成就。钱大昭有《广雅疏义》二十卷，王念孙有《广雅疏证》十卷。钱书成于乾隆末叶，王书成于嘉庆元年(公元1796)，时间也很接近。但是《广雅疏义》始终没有刻板，只有传抄本，知道的人不多，前几十年才有影印本；而《广雅疏证》很早就有家刻本，所以流布很广，当时也极为学者所推重。现在看来，钱氏用力之勤并不减于王念孙，旁搜远绍，引据详赡，但重在搜求佐证，而发明较少。王念孙则精于校订，援引该洽，博约简取，而又能疏通诂训，触类旁通，独造自得。所以论成就自然高出钱氏之上。以清人所著《说文》的注释作比喻，钱大昭的《广雅疏义》近似桂馥的《说文解字义证》，王念孙的《广雅疏证》类似段玉裁的《说文解字注》。段玉裁曾经说："读《疏证》如入武陵桃源，取径幽深，继则豁然开朗，土地平旷"(见《经韵楼文集》)，这绝非过誉之辞。

《广雅》所收的字和训解的来源很杂，为《广雅》作注要比为《尔雅》作注难多了。与钱大昭、王念孙同时的人桂馥曾经指出："治《广雅》难于《尔雅》。《尔雅》主释经，多正训，《广雅》博及群书，多异义。

一，《尔雅》有孙（炎）、郭（璞）诸旧说，《广雅》惟曹音，二，《尔雅》为训诂家征引，兼有陆氏（德明）《释文》，《广雅》散见者少，无善本可据，三也。此非专且久不易可了。”（见桂氏《广雅疏义序》）这些话说得很对。所以为《广雅》作注没有足够的学识和坚韧不拔的毅力是不能成功的。

王念孙注《广雅》是从乾隆五十二年（公元1787）着手的。经过十年，稿凡三易，始得成书。他所作的工作可以概括为三方面：

（1）校订今本文字的讹误，增补脱略，删去衍文；

（2）援引古籍，探求书中义训的根据，与《尔雅》《方言》《说文》和群书诂训相阐发；

（3）列举音同字异或声近义同之字，比类合谊，以互相发明。

在这三方面，王氏都能殚精极思，竭尽其能，所以创获独多。

校勘之事王氏是擅长的。王氏既以各种明刻本互校，又采用影宋本以正明本之失，并旁考《说文》、《玉篇》、玄应《一切经音义》、《太平御览》、《集韵》等书，正唐宋以后佳写之误。所校原书讹误错乱脱夺处竟达一千余条，颇费心力，虽有小失，如曹宪音释中“口音”二字都误改为“又音”，然大都精确可信。

在校勘方面，《疏证》中每每引及“影宋本”和“皇甫录本”，这两个本子究竟是怎样情形，书中没有明确说明。但两本文字没有什么差异。按“影宋本”原书为黄丕烈所藏，系据明正德乙亥（明武宗正德十年，公元1515）支硎山人手跋的抄本影写，经宋保转借校录的（见黄丕烈《士礼居藏书题记》卷一）。“皇甫录本”就是支硎山人的抄本，经顾千里校录而寄给王念孙的。支硎山人的书曾为钱曾述古堂所藏，见钱曾《读书敏求记》和顾千里《思适斋集》。由于王氏居于京邸（在旃檀寺左），“影宋本”和“皇甫录本”的关系不甚明了，所以把两本并举。

皇甫录，明长洲人，孝宗弘治间进士。支硎山人，钱曾、顾千里都不知为何人。按明宪宗成化间进士邓庠号“支硎山人”，当即其人。庠为湖南宜章人，曾为苏州巡抚。支硎山即在苏州。皇甫录的年辈晚于邓庠，邓庠所有的抄本后来可能转归皇甫录，所以称为“皇甫录本”。不看顾千里《思适斋集》，就很难理解“影宋本”和“皇甫录本”的关系了。王念孙所说“影宋本”和“皇甫录本”，实际就是一种本子。这虽然不是一个大问题，但由于王氏托嘱别人经手，未详究竟，所以出现这样一个漏洞。

至于阐发训诂方面，王氏既能贯穿群书，援引精确，而又能疏通古训，独标新解。凡属于一般通诂，大都不再解释。遇有古书旧注不当的，连类所及，则指陈得失。“不取凿空之谈，亦不为株守之见，惟其义之平允而已。”(王引之《石臞府君行状》)。凡书中言“解者多失之”的地方都值得我们注意。

书中最大的特点也就在于不泥于前人旧注，旁征博考，参互比证，即音以求字，因文以考义，所以解说精当，往往出人意表。王氏虽在注释《广雅》，而随处都在解释先秦两汉古书的词义，与段玉裁《说文解字注》媲美。但是段注《说文》好言本字本义，不免局碍于形体，而王氏则能以音为纲，“就古音以求古义，引申触类，不限形体”(见王氏自序)，凡音义相通的字都比合在一起，那就能执简以驭繁，观其会通。这种方法给研究训诂的人开辟了一条宽阔的途径。他在自序里说：“训诂之旨，本于声音，故有声同字异，声近义同，虽或类聚群分，实亦同条共贯。譬如振裘必提其领，举网必挈其纲，……此之不寤，则有字别为音，音别为义。或望文虚造，而违古义；或墨守成训，而鲜会通。易简之理既失，而大道多歧矣。”这种见解确实深得训诂之要。

总的来看，《广雅疏证》包容甚广，成就极大，是清人研究古代训诂的一部有代表性的著作，从单词意义的研究发展为义类和字族的研究，与段玉裁，程瑶田、阮元诸人声气相求，而蓄积深，范围广，独成一家之学。从理论到方法都给人以许多有益的启示。

但是我们也要看到其中仍有若干不足之处和缺点，需要加以辨别。例如：

(1)同义词中，有的词义本身就是相近的，有的只是在应用上有交错往来，训诂家予以申说，张揖也就根据训诂家所说缀辑在一起，(《尔雅》已有此病)。对这种情况王氏仅仅罗列一些佐证，不加辨析，未免不足。如《释诂》“瘉也”一条“为”训为“瘉”(愈)(见《疏证》卷一下)，这只是因上下文而赋予的意义，与一般同义词(包括音近义通)不同。王氏举《左传》成公十年“疾不可为也”为证。按“不可为”就是“不好办”“不好治”的意思，“为”并不就等于“愈”，王氏对此就没有分辨，这还是注经而不破汉人旧注的风习(陈奂《毛诗传疏》表现得最清楚)。

(2)古书亡佚者多，《广雅》中有些词的训诂不易理解，只能实事求是，不必勉强牵合。例如《释诂》“臘胋、朁”训“美”(见《疏证》卷一上)。王氏《疏证》说：“《玉篇》：臘，初減切，脸臘，羹也。胋，徒兼切，大羹也。朁，子含切，腤朁也。腤，于含切，煮鱼肉也。皆美之义也。”这些字或指羹，或指煮鱼肉，何以说“皆美之义”？《疏证》中还缺乏明确的证据。或者由“旨味美”而来，这样就需要有所说明。依照《玉篇》的解释，是否因为张揖所根据的资料中“羹”字误为“美”字呢？亦未可知。

(3)《疏证》中每每说“某与某同义”。所谓“同义”实际是一个语词所代表的概念的内涵具有相关的两方面的意义。例如“敦”有厚的意思，厚则有所大（见《墨子·经篇》），因而“敦”也包有大的意思。同样，“庞”有大的意思，也有厚的意思（见《诗·商颂长发》毛传）。于是王念孙就说：“厚与大同义，故厚谓之敦，亦谓之庞；大谓之庞，亦谓之敦矣。”（见《疏证》卷一上《释诂》“大也”条）我认为这里应当说：“敦”训为“厚”，又训为“大”，“庞”训为大，又训为“厚”，因为“厚”与“大”的意义是相关连的，所以一词有两义。按照王氏的说法，就不是归纳，而是演绎。设若“厚”谓之“浓”，“大”岂可谓之“浓”？很显然，这样一种说明词义的方法是有毛病的。

（4）类似上面一种情形，《疏证》中还经常提到“某与某义相近”，例如《疏证》卷一上在《释诂》“有也”一条下说：

有与大义相近，故有谓之庞，亦谓之方，亦谓之荒，亦谓之怃，亦谓之虞；大谓之庞，亦谓之方，亦谓之荒，亦谓之怃，亦谓之吴，吴、虞古同声。

这里比拟得很巧。但是能不能得出“有与大义相近”的结论呢？看来不无问题。因为“有”或为“有无”的“有”，或为“亲而有之”的“有”，与“大”的意义并不相近。语言中同一音如果表示两种意义，这两种意义，可以相近，也可以不相近。上面所举的几个语词，在古人书写的时候，文字上有通假，声音上有转移。如果一个字具有两方面不同的意义，由于字有通假（如“幠”与“怃”通，而“幠”可训为“有”）或音有转移（如“幠”与“荒”对转，而“荒”亦训“有”），就可以产生很多交错往来的关系。这样，我们自然不宜由此就把两方面不同的意义牵合为一。同时，词义有引申，词义相近又有部分和全体之分，以一概全，尤为不可。例如《疏证》卷一下“好也”条下说：“凡小与好义相近”，能否这样说，那就很值得商榷。自王氏在训诂学上创设这样一种解说的方式以后，郝懿行著《尔雅义疏》，钱绎著《方言笺疏》，都步其后尘，更加泛滥无归。前人很少评隲其失，实际是不足为法的。

以上所说只是举例而已。书中还不乏刻意标新过当之处，在此不详论。总之，《广雅》一书包容汉以上大量的词汇和训诂，读王氏的《疏证》，我们可以获得很多有关文字孳乳繁衍、声音通转与语义发展等各方面的知识。阮元曾经说王氏训诂之学远在惠栋、戴震之上。但《疏证》一书并非全无罅漏。学者应当善于分析辨别，从中寻其脉络，挈其纲领，去其凌杂，取其精华，进一步贯串古今，阐发义例，建设汉语的词义学。王氏治学，谨严有法，讲到声音通转和因声求义的地方都具有一定的轨范和尺度。如果不明其要旨，凡言文字词义即滥用通转，随意比附，或误以为音同者义皆相同，那就不免流入歧途了。

1979 年 1 月

扬雄《方言》与郭璞《方言注》

《方言》是中国很早记载古代语言的书，汉末晋初的人都说是扬雄所作。如应劭的《风俗通义》①和常璩的《华阳国志》②都是如此。但是《汉书·艺文志》③和《扬雄传》④根本没有说到扬雄作《方言》，所以宋朝的人便怀疑起来，以为属之扬雄，可能出于依托。关于这一个问题，《四库全书总目提要》⑤分辨得很清楚，结论是："反复推求，其真伪皆无显据"。但是我们知道这部书题名叫做《方言》，并且普遍地流传起来，应当是东汉和帝以后的事。

首先我们看王充《论衡》⑥里面称赞扬雄的文章和他的

---

① 见应劭《风俗通义序》页3(巴黎大学北京汉学研究所《通检丛刊》本，下同)。

② 见常璩《华阳国志》卷十上，"先贤士女总赞"，页2b—3b(《四部丛刊》初编本)。

③ 见《汉书》卷三十，志十，页1a—36b(百衲本《二十四史》本，下同)。

④ 见《汉书》卷八十七上，列传五十七上，页1a—24a；卷八十七下，列传五十七下，页1a—17b。

⑤ 见《四库全书总目提要》卷四十，经部小学类，"方言"条，页2a—3a(大东书局石印本)。

⑥ 见《论衡》卷十三，《超奇》第三十九，页14b—20b；卷十八，《齐世》第五十六，页16a—22a；卷二十，《佚文》第六十一，页6a—11a；卷二十八，《书解》第八十二，页9b—15a，卷二十九，《案书》第八十三，页1a—6a；卷二十九，《对作》第八十四，页6a—11a(《四部丛刊》初编本)。

《太玄》、《法言》两部书的地方很多，可是始终没有提到《方言》。例如《齐世篇》[①]说："扬子云作《太玄》，造《法言》，张伯松不肯一观；与之并肩，故贱其言。使子云在伯松前，伯松以为《金匮》矣。"这一段话和《方言》后面扬雄《答刘歆书》中所说："张伯松尝为雄道，言其父及其先君憙典训，属雄以此篇目颇示其成者。伯松曰：'是悬诸日月不刊之书也'。又言恐雄为《太玄经》，由鼠坻之与牛场也……"，很相符合。但是王充没有一字说到《方言》。王充是在和帝永元年间(公元89—104)死的。其次我们看许慎的《说文解字》里用方言解释字义的和今本《方言》词句相同的很多，他既没有说到扬雄作《方言》，也没有说到《方言》的书名。许慎的书是和帝永元十二年(公元100)开始作的，建光元年(公元121)才完成。从这两点来看，和帝的时候还没有叫做《方言》的一部完整的书是很清楚的事情。直到灵帝、献帝的时候，应劭在《汉书集解》[②]里才开始明白引用《方言》，而且称为《扬雄方言》。他又在《风俗通义序》[③]里更详细地引用扬雄《答刘歆书》的话，而且说《方言》"凡九千字"。由此推测，《方言》在汉末应当已经普遍流传起来了。魏孙炎注《尔雅》是引用《方言》的，张揖作《广雅》也把《方言》的语词大量搜罗在内，这都是很好的证明。

那么，《方言》会不会是汉末人作的呢？这又不然。因为许慎《说文》里既然有很多跟今本《方言》相合的词句，必然在和帝永元以前就有了跟今本《方言》相类似的记载了。从永元十二年(公元100)推到扬雄的卒年，就是天凤五年(公元18)，中间是八十二年。如果《方言》不

---

① 见《论衡》卷十八，《齐世》第五十六，页20b。

② 见《戴氏遗书》卷五，页17a，《方言疏证序》(微波榭刊本)。

③ 见《风俗通义序》页3—4。

是扬雄所作，在这八十年里也就有了最初的底本。从许慎完成《说文》的时候，就是建光元年(公元121)，到应劭作《风俗通义》的时候，约在献帝兴平初(公元194)，中间是七十三年。这七十三年中应当是有了《方言》的名称，而且已逐渐流布的时期。这么说，《方言》是不是扬雄所作，很不容易断定。不过，这部书包括了西汉、东汉之间许多方言的材料倒是很值得宝贵的。

这部书记载的都是古代不同方域的语汇，地域包括的很广。称名虽然很杂，而都是汉代习用的名称。有的是秦以前的国名和地名，有的是汉代实际的地名。东起东齐、海岱，西至秦、陇、凉州，北起燕、赵，南至沅、湘、九嶷。东北至北燕、朝鲜，西北至秦、晋北鄙，东南至吴、越、东瓯，西南至梁、益、蜀汉。作者能够搜集这么多的方言，必然是在汉代武功极盛之后，版图已经开拓得很广的时候做成的，否则不能如此①。但是要记载这样广大地域的语言，采用小的地理的名称是很困难的，所以只得采用古代的国名和较大的地名。

作者记载方言的形式，是先举出一些语词来，然后说明“某地谓之某”，或“某地某地之间谓之某”。这些方言的语词都是作者问到以后记下来的。魏建功先生曾经给它一个名字，叫做“标题罗马法”②。其中所记的语言，包括古方言、今方言和一般流行的普通语。凡说“某地某地之间通语”的，是通行区域较广的方言。说“通语”、“凡语”、“凡通语”、“通名”或“四方之通语”的，都是普通语。凡说“古今语”或“古雅之别语”的，都是古代不同的方言。若从所记的方域来看，

① 例如书中所称凉益三州就是汉武帝元封以后才有的名称，凉州旧称雍州，益州旧称梁州，见《汉书》卷二十八，志八上，页10b。

② 见魏建功《方音研究》讲义页21(北京大学排印本)。

凡是一个地方单举的，它必然是一个单独的方言区域；某地和某地常常在一起并举的，它们应当是一个笼统的区域。这样也可以极粗疏的看出来汉代方言区域分布的大概情形①。

单就这种实际的语言记载我们还可以知道：

(1)一部分汉代社会文化的情形。例如由卷三“臧、甬、侮、获，奴婢贱称也”一条，知道畜养奴隶在汉代是很普遍的事情；由卷四所记衣履一类的语汇，可以知道汉人衣著的形制；由卷五所记蚕薄用具在不同方言中的名称，可以知道养蚕在南北是很普遍的事。

(2)《尔雅》所记的许多同义词和《方言》对照来看，往往都是古代不同的方言，到了汉代有些还在某一地方保存着，有些已经变成了普通语。甚至于有些已经消失，仅仅是书写上的语词了。

(3)《方言》所记汉代的语言有普通语和特殊语。我们知道：不同的方言相互交融，可以成为普通语；政治文化上有力量的语言，也可以成为普通语。汉代的普通语应当是由这两方面形成的。我们想春秋以前民族是多的，语言是分歧的，可是经过列国的争霸，七雄的角逐，秦代的统一，各地的语言彼此吸收，其间不知有了多少次的糅合。后来到了汉代，原来不是通语的，也就变为通语了。再看《方言》所记的语词，其中以秦晋语为最多，而且在语义的说明上也最细。有些甚至于用秦晋语作中心来讲四方的方语，由此可以反映出来秦晋语在汉代的政治文化上所有的地位了。进一步来说，汉代的普通语恐怕是以秦晋语为主的。因为一个新兴的统治者对于过去在政治文化上有力量的语言是往往承接过来的。春秋时代的“雅言”就是统治阶级一般

① 见林语堂《语言学论丛》页16—44《前汉方言区域考》(开明书店排印本)。

所说的官话，这种官话就是“夏言”①，“夏言”应当是以晋语为主的。因为晋国立国在夏的旧邑，而且是一时的霸主；晋语在政治和文化上自然是占优势的。等到后来秦人强大起来；统一中夏以后，秦语和晋语又相互交融，到了西汉建都长安的时候，所承接下来的官话应当就是秦晋之间的语言了。

(4)《方言》里所记的特殊方语是循地理分布而表示差别的，有的通行的区域狭，有的通行的区域广。在语言上有的是声音相近的“转语”，有的是声音不同的“同义词”。从声音不同的同义词可以看出不同的人造词的心理过程，从声音相近的转语可以看出声音在方言中转变的条理。

(5)《方言》距今已经有一千九百多年了，其中所举的方语在现代方言里依然保留着很多。这种语汇大半都是口头语，而且是文人不大写在文章上的。例如：“慧谓之鬼”，“忧谓之慦”，“敛物而细谓之揫”，“人肥盛曰䐛”，“器破谓之披”，“器破而未离谓之璺”，“贪饮食者谓之茹”，“庸谓之倯”，“子曰崽”，“物生而不长大曰篪”，“凡相推搏或曰搅”，“小筵谓之篓”，“饭篨谓之筲”等，都是大众口里流行的话。如果没有《方言》记载下来，我们就无从知道这些语言远在汉代就有了。还有《方言》书里的古语有些在现代方言里仍旧保存着，可是语音和现代方言中文字的读音不一定完全相同。例如：“知谓之党”，就是现在北方说的“懂”；“物大谓之奘”，现在北方说“zhuǎng”；“耦曰嬔”，匹万反，现在北方称“双生”也叫“双 biànr”；“眄曰略”，音略，现在北方说“瞜”lōu；“鸡伏卵而未孚，始化曰 谇”，现在普通说“寡”guǎ；“锤，重也”，现在说“秤锤”叫“秤 tuó”；“维，持也”，现在普

① 见《刘端临先生遗书》卷一，《论语骈枝》，页 9a—b(仪征阮氏刊本)。

通说布上的丝结叫“絓丝”，音 huà；“久熟曰酋”，现在普通说“qiǔ”。诸如此类，也都是“古语之遗”。

(6)前人说《方言》多奇字，是就文字的写法来讲的，如果从语言的观点来看，这些字只是语音的代表，其中尽管和古书上应用的文字不同，实际上仍是一个语词。例如：“咺”同“喧”，“唏”同“欷”，“惄”同“愵”，“夰”同“介”，“膂閲”同“膂嚇”，“蹜”同“蹋”，“狢”同“格”，“鴉”同“愬”，“苨”同“烬”，“搻”同“棬”，“贺”同“荷”，都是很明显的例子。更有很多古今相同的语言，《方言》写的字和现在一般所写的不同。例如“少儿泣而不止谓之唴”，现在写“呛”；“好曰钋”，现在写“俏”；“遽”曰“茫”，现在写“忙”；“狯曰姡”，现在写“猾”；“缝纳弊故谓之緻”，现在写“紩”；“罃谓之瓴”，现在写“缸”；“臿谓之喿”，现在写“锹”；“佥谓之棓”，现在写“棒”；“火干曰㷅”，现在写“炒”；“裁木曰镲”，现在写“劈”，这些都是音义一样的。所以我们不能墨守文字，而忽略了语言。

从这几点来看，《方言》在汉语语言史上的价值既然很高，同时也就关涉到整个的中国文化史。尤其重要的是它启示了我们怎样去明了语言，如方言和普通语的关系，古语和现代普通话的关系等，都是值得重视的。

今本《方言》是晋郭璞的注本，凡十三卷。《隋书·经籍志》①和《新唐书·艺文志》②著录的也是一样。但是刘歆和扬雄往来的信里说是十五卷，郭璞的《方言注序》里也说是“三五之篇”，卷数和今本不同。这应当是六朝时期的变动。至于字数，在应劭的《风俗通义序》里

① 见《隋书》卷三十二，志二十七，页 27b—28a。

② 见《新唐书》卷五十七，志四十七，页 9b。

说是九千字，但据戴震的统计①，现在郭注本有一万一千九百多字，比应劭所见的本子多出将近三千字。这些字是在什么时候增添出来的，已经无从考订。我想一定是郭璞以前的事情。因为大凡一种古书有了好的注本以后，就不易有什么改动了。以郭注《方言》而论，我们能考查出来的佚文，为数很少，就是很好的证明。

郭璞(公元 275—323)②是精通音义训诂的人，他的《方言注》和《尔雅注》解说字义都有一贯的精神，那就是用今语来说明古语。《尔雅注》里固然是常常引用扬雄《方言》和晋代的方言来解释古语，在《方言注》里更是常常举出晋代的方言来和扬雄所记的汉代方言相比较。在意义上，或者证明古今语义相近，或者说明语同而义不同和义同而语不同。在地域上，或者指明某些古语依然在某地保存，或者指出某些古语不在当地保存，而转在别处有这样的说法；甚至于更进一步的变成了一般的普通话。这就是他在序文里所说“触事广之，演其未及”的意思。王国维《书郭注方言后二》③已经把这种精神指出来了。但是在郭璞解释《方言》语词的时候，还有一些条例，是我们应当知道的。

(1)原来“释词”不明晰的，给一个明确的解释。例如：“虔、儇，慧也”，注：“谓慧了”。“烈、枿，余也”，注：“谓残余也”。“斟、协，汁也”，注：“谓和协也”。“谪，怒也”，注：“谓相责怒也”。“爰、嗳，恚也”，注：“谓悲恚也”。凡注中说：“谓某某”的大都属于这一类。说“谓某某”，犹如说：“这是指什么意思来说的”，这是一种限制的说明。

---

① 见戴震《方言疏证序》。

② 见《晋书》卷七十二，列传四十二，页 1a—7b。

③ 见《海宁王静安先生遗书·观堂集林》卷五，《艺林》五，页 11b—14a(商务印书馆石印本)。

(2)说明《方言》中一个语词所以这样说的意义。例如："慧，秦谓之谩"，注："言谩訑也"。"好，秦曰娥"，注："言娥娥也"。"眉，老也。东齐曰眉"，注："言秀眉也"。"嫷，美也，南楚之外曰嫷"，注："言婑嫷也"。"楚东海之间卒谓之弩父，或谓之褚"，注："言衣褚也"。"生而聋，陈楚江淮之间谓之聳"，注："言无所闻常聳耳也"。凡注中说"言某某"的大都属于这一类。说"言某某"，犹如说："意思是说什么，所以有这样的说法"。

(3)用普通语词来解释特殊语词或特殊的文字。例如："台，养也"，注："台犹颐也"。"郁悠，思也，晋宋卫鲁之间谓之郁悠"，注："郁悠犹郁陶也"。"泷涿谓之霑渍"，注："泷涿犹瀨滞也"。"惛，江湘之间谓之顿愍"，注："顿愍犹顿闷也"。"南楚愁恚愦愦毒而不发谓之氐惆"，注"氐惆犹懊侬也"。"麋，老也"，注："麋犹眉了"。凡注中说"犹某某"的大都属于这一类。

(4)用语言里的复音词来解释原书的单音词。例如："浑，盛也"，注："们浑肥满也"。"惬，愧也，梁宋曰惬"注："敕惬亦惄貌也"。"徥，行也"，注："徥偕行貌"。"踊，力也，东齐曰踊"，注："律踊多力貌"。"杜、跻、涩也，赵曰杜，山之东西或曰跻"，注："却跻燥涩貌"。

(5)说明"语转"。例如："苏、讷、谇，化也"，注："皆化声之转也"。"苏，草也"，注："苏犹蘆，语转也"。"臿，燕之东北朝鲜洌水间谓之斛"，注："汤料反。此亦鍪声转也"。"杷，宋魏之间谓之渠挐，或谓之渠疏"，注："语转也"。这些都是说明因声音的改变而生的"转语"。还有说明语音不正而生的转语的。例如："薄，宋魏陈楚江淮之间谓之苗，或谓之曲"，注："此直语楚声转也"。"吴越饰貌为竘，或谓之巧"，注："语楚声转耳"。说"楚"，犹如说"伧"。

从以上五点我们可以看出郭璞注这一部书照顾的方面非常之广。《方言》是一部好书，幸而又有郭璞的精善注本，真是相得益彰了。

#《释名》校笺序

《释名》八卷，二十七篇，宋陈振孙《直斋书录解题》题为"汉徵士北海刘熙字成国撰"。案刘熙史无传记。《三国志·吴志·程秉传》称秉"汝南南顿人也，逮事郑玄，后避乱交州，与刘熙考论大义，遂博通五经。"《薛综传》说："沛郡竹邑人也。少依族人避地交州，从刘熙学。"据此可知刘熙为汉末儒者，曾由北方到南方，避乱交州，所以程秉、薛综得以从他问学。据史书所记，程秉、薛综至交州都是在士燮作交阯太守的时候，史称士燮"体器宽厚，谦虚下士，中国士人往依避难者以百数"，刘熙一定也是其中之一。《世说新语·言语篇》刘孝标注引晋伏滔论青楚人物说："后汉时祢正平、刘成国，魏时管幼安、邴根矩皆青土有才德者也。"案祢衡是平原人，刘熙、管宁、邴原都是北海人，北海即青州地。后汉时，郑玄也是北海的名儒，卒于汉献帝建安五年(公元200)，而伏滔不举郑玄，却举刘熙，推想刘熙的年辈也许稍晚于郑玄，所以与祢衡等三人相提并论。

案范晔《后汉书·文苑传》里又曾称刘珍撰《释名》三十篇，以辨万物之称号。因此有人疑惑《释名》是否为刘熙所作。考《三国志·吴志·韦曜〈昭〉传》称曜系狱，因狱吏上书言："见刘熙所作《释名》信多佳者"。韦曜生于汉献帝建安九年(公元204)，卒于吴末帝二年(公元273)，生当汉末三国时代，他说《释名》为刘熙所作，自然比范蔚宗的话可信。钱大昕已分辨明确(见《潜研堂文集》卷二十七《跋释名》)。刘熙除著有《释名》以外，还有《孟子注》、《谥法注》见于慧琳《一切经音义》引，可惜都早已失传。

《释名》是在《尔雅》、《方言》、《说文》几部书之后专门从声音上推求语词意义的一部训诂书。刘熙在自序里说：

> 夫名之于实，各有义类，百姓日称而不知其所以之意，故撰天地、阴阳、四时、邦国、都鄙、车服、丧纪，下及民庶应用之器，论叙指归，谓之释名，凡二十七篇。

刘熙解释词义的方法是即声以求义，训诂学家称之为"声训"。这种方法在先秦古书中已经出现不少，到汉代以后，应用更多。今文经家说字解经特别喜欢以声为训，班固所作《白虎通义论》可以说是代表。但是专就日常应用的语词分门别类加以诠释，则始自刘熙。刘熙生当古文经盛行之后，不能不受经传注释家如贾逵、马融、郑玄等人解释字义的影响，他同时又继承了今文经家因声求义和即形说义的方法，以探求事物得名之由，所以写成这部前所未有的训诂书。

刘熙推求事物得名之由，有多种不同的着眼点：有就品物的形状或性质而立说的，有就物的构成或功能而立训的，取譬多方，随事而异，足见其能。其中所说固然多属于主观臆测，不免为人所诟病，甚至于有人以为毫无足取；可是我们不能不注意到《释名》在中国语言学发展史上的地位和今日对我们的用处。首先，从总体来看，这部书是把日常通用的事物名词和一部分表示性质及行为的语词依照事物的属类加以区分而编次成书的，这代表了中国人早期记录以通用语词为主的词汇所采取的一种分类方式。刘熙所分的类别和所收的词语可以说是围绕着人的社会生活而取材的，是现实的，实际的，跟大量记录古语词的《尔雅》不同。如释饮食、释彩帛、释首饰、释衣服、释宫室、释床帐、释用器、释乐器、释兵、释车、释船等篇所释都是生活上的事物，而且分类比较细。刘熙在序列词语的时候，总是尽量把有关联的事物的词缀系在一起，如《释形体》以鼻、口、颊、舌、齿、颐、牙、辅本相连。《释彩帛》以青、赤、黄、白、黑、绛、紫、红、缃、绿相连。在《释言语》一篇，除把意义相近的词如盲、语、说、序以及骂、詈、祝、诅、盟、誓之类相次之外，还把一些意义相反的词比次在一起。如善恶、好丑、迟疾、缓急、巧拙、燥湿、强弱、能否、躁静、逆顺、清浊、贵贱、荣辱、祸福、进退、羸健、哀乐等等两两相对，这些都表现出刘熙对词汇系统的理解和对词义的分析都具有一定的科学性。并且达到一定的水平。

其次，刘熙所立的声训，或取同音，或取同韵，或取双声，或取声近，目的即在于从声音相关、义则相近之理以说明一个词所具有的意义的由来，大有语源学的意味，这为后代研究训诂的人开辟了一条途径。如根据文字的谐声偏旁来推寻同声符字的涵义，或根据古音的声韵部类以证明字义的相通，都不能不说与《释名》有一定的关系。所以《释名》这部书在中国语言学史上自有其地位。

今天我们来看这部书还是很有用处的。其中的声训可以帮助我们了解汉代的语音，用以考察历史上语音的演变；其中所记录的一些方言词语的读音，对研究汉代的方言也有些帮助。另外，刘熙对名物和制度的解说可以使我们了解汉代的社会文化和人民的风习，还可以有助于与其他古籍注释相印证，如郑玄《三礼》注之类，为用甚广，不止一端。就看我们怎样取裁了。

前人对这部书一直很重视，在类书、字书、音义书中称引颇多。使人遗憾的是在清代以前没有人为《释名》作注释，传写既久，讹误增多。宋代虽有刻本，已亡佚无存。现在我们能看到的古本是明代嘉靖三年(公元1524)吕柟翻刻的南宋临安府陈道人书铺本，其中讹字脱文不胜枚举。后来吴琯刊《古今逸史》、郎奎金刊《五雅全书》，所刻《释名》都从吕本出，无大差异。郎奎金书更名《逸雅》。

明本既然讹误很多，清代乾隆年间毕沅作《释名疏证》就根据前代群书所引校订明本之误，一时称为善本。不过在矜慎之中仍有不足之处。后来吴志忠又根据顾千里提示的《释名略例》从事校正，以意为定，也不免得失参半。光绪二十一年王先谦又撰集《释名疏证补》一书，在校勘方面，采取了毕、吴两家所说，又兼采成蓉镜《补证》、吴翊寅《校议》和孙诒让《札迻》中的校语，并以胡玉搢许克勤两家所校附于《释名疏证补》之后，集录众说，可谓美备。然而，病在缺乏判断，纠葛不清的地方尚多；有些可以用于校勘的材料也还没有利用上。今谨就往日笺识所得，重加刊定，即以吴琯所刻《古今逸史》本为底本，取其刻板比吕柚本工整，可以免除许多繁琐。现在就原书加点句读，而以校记附于每卷之后，以为研习此书者参酌。

论校勘古书的方法

古书之难读是人所共喻的。所以难读的缘故，固然有许多是由于今人去古已远，对于古代的语义文法等不易明了使然；但是因为书籍制度的改换，文字形体的变迁，以及后人传写摹刻的校改发生错误以致难读的也很多(见葉德辉《书林清话》，王念孙《读淮南子杂志叙》)。后者之滞碍尤大。我们读书的目的在于通解大义，然而常常因为书中文句有错误，便难以理解。所以要想读通古书，非切实的先校雠一下不可。俞樾说："欲使我受书之益，必先使书受我之益"(《札迻序》)，是深有体会的。校雠古书，在汉代的学者已经很用心了。到清代成为专门之学，功绩也最伟大。若卢文弨(抱经)、王念孙(怀祖)、俞樾(曲园)、孙诒让(仲容)四人所校书极多。其中方法和态度最审慎的首推王氏。孙诒让《札迻叙》说：

> 乾嘉大师唯王氏父子郅为精博，凡举一谊，皆塙凿不刊，其余诸家，得失间出。

我们现在要讲的校勘方法也就以王氏为正宗。他所用的方法，孙诒让的话说的最扼要。就是：

> 以旧椠精校为据依，而究其微恉，通其大例，精研博考，不参成见。諟正文字讹舛，或求之于本书，或旁证之要籍及援引之类书，而以声类通转为之錧键。(《札迻叙》)

我现在把他这些话引申举例说明一下：

概括来说，校勘古书的方法可以分两种：一种是版本的校勘，一种是理性的校勘。

(一)版本的校勘，是完全依据古本旧抄来校正今本的错误。这种方法是最基本的。凡书籍之讹误大半由于传写摹刻的粗疏，所以愈古的版本，错误也就愈少。如宋元旧刻和影抄宋本都是最可宝贵的。自晚明毛氏(晋)汲古阁、钱氏(谦益)绛云楼开了藏书的风气以后，到了清代古书皆荟萃下东南。当时学者注意校雠古书的极多。如何焯、卢文弨、蒋光煦、黄丕烈、顾广圻都是很著名的。他们所校的书极细密，一书各本的异同毕录无遗。间附案语以刊正文字之误，也都非学精到。但是有时崇信古本太过，偏爱宋本，尽以宋本为是，这就不免以此自蔽了。须知书以宋版为善，而“宋版不必不误”(焦循语)。宋刻坊刊本固不论，即官刻本，私宅本也有纰缪，这一点宋朝当代的人就说过。如岳珂的《刊九经三传沿革例》，葉梦得的《石林燕语》，王应麟的《困学纪闻》皆有论列。清人王士祯的《居易录》，钱大昕的《十驾斋养新录》，葉德辉的《书林清话》等也都谈到过。所以我们校书决不能佞宋，同时也不能完全凭依宋本。宋本固不足恃，而唐写本亦不尽都对。例如《荀子·劝学篇》：“蓬生麻中，不扶而直”二句下宋本、今本皆脱“白沙在涅，与之俱黑”二句。唐杨倞也没有这两句的注文，可知杨氏所见的本子已同今本了(王念孙依《尚书·洪范》正义引和《史记·三王世家》索隐注补)。所以版本的校勘虽然是最要紧的方法，然而有时还不足用。尤其是读秦、汉以上的书，专据版本是不成的。我们校书不能以版本为终点，当以版本为起点，另外参用别的方法来勘正唐、宋本的讹误，而上求秦、汉古书之旧观。那种方法，就是属于理性的校勘。

(二)理性的校勘是超乎版本的。凡一书各本皆误者，能用理性分辨出来，而且援引实证更正之。所谓实证，不外本证、旁证两类：

1. 本证者是就本书中寻求类似的事实，或相同的文例，互相参证。凡前后有矛盾或错误的，都可以据此以订彼。简单说来，就是以本书证本书。例如《荀子·富国篇》：

> 故仁人在上，百姓贵之如帝，亲之如父母，为之出死断亡而愉者。

“愉”上当有“不”字。王念孙据本书《王霸篇》“为之出死断亡而不愉”改定(见《读荀子杂志》)。这就是一个很好的本证。又如《淮南子·泰族篇》：

> 孔子为鲁司寇，道不拾遗，市買不豫贾。

王念孙说：“買字即贾字之误而衍者也。市不豫贾，谓市之鬻物者不高其价以相诳豫。《荀子·儒效篇》作‘鲁之鬻牛马者，不豫贾’；《淮南子·览冥篇》及《史记·循吏传》并云‘市不豫贾’。多一買字则文不成义，且与上句不对矣。”(见《读淮南子杂志》)其中所举《淮南子·览冥篇》一证，就是本证。引本证校书是最直接最有力的一种方法。本证不足，则取旁证。

2. 旁证者是在本书以外寻求佐证来刊正此书之脱误。旁证又分两类：一类是本书内一件事实、一段文字在同时代或时间相去不远的各书里所论相同，可以援引比证。一类是前人某书或类书里引到本书的可以比勘。二者之中前面的最有力，往往有想不到的收获。这一点完全要凭自己读书的多少了。博学的人可以由这一种书联想到另外一种书，比勘起来很容易有发明。例如《荀子·宥坐篇》：

> 孔子观于东流之水，子贡问于孔子曰："君子之所以见大水必观者何？"孔子曰："夫水大徧与诸生而无为也，似德。"杨注："徧与诸生谓水能生万物。为其不有其功似上德不德者。"

王念孙说："案'徧与'上不当有'大'字，盖涉上文'大水'而衍。据杨注云'徧与诸生谓水能徧生万物'，则无'大'字明矣，《初学记·地部》中引此无'大'字，《大戴记·劝学篇》、《说苑·杂言篇》、《家语·三恕篇》并同。"案《大戴记》、《说苑》、《家语》三部书都是汉魏古籍，据以订正《荀子》文句是很好的旁证。又如《庄子·徐无鬼篇》：

> 公曰："鲍叔牙"。曰："不可，其为人洁廉善士也。其于不已若者，不比之，又一闻人之过，终身不忘。"

孙诒让说："案此'又'当为'人'，'不比之人'句断，言不得齿于人也。《列子·力命篇》云：'小白曰："鲍叔牙可。"曰："不可，其为人洁廉善士也。其于不已若者，不比之人，一闻人之过，终不忘。"'《吕氏春秋·贵公篇》：'管仲曰：鲍叔牙之为人也清廉洁直，视不已若者，不比于人。'高注云：'比，方也。'并与此书同，可据以校正。"（见《札迻》）三书文句大同小异，据《列子》、《吕览》足证《庄子》之"又"字为"人"字之误。

前人所引的古书与今本字句不同是常有的事，据之以订今本之失，也是有力的旁证；不过要加以衡量，仅仅据孤证而立说是很危险的。因为前人引书，常有不检原书而凭记忆来写的。更重要的是在**雕板以前一书之传本各异，引书者之所据未必即是善本，这是不可疏忽的**。

古代的类书传下来的有唐虞世南《北堂书钞》，欧阳询《艺文类聚》，徐坚《初学记》，唐白居易、宋孔传《白孔六帖》，宋李昉《太平御览》。诸书所引古代文籍极多，都是校勘上的资料。但是类书也时有脱误，不可拘滞。以类书所引校勘今本的例，如《淮南子·修务篇》："又况赢天下之忧，而海内之事者乎？"王念孙说：案"海内"上脱"任"字。《艺文类聚·人部》四（卷二十）、《杂器物部》（卷七十三）、《太平御览》一百一十《器物部》六，引此皆有"任"字。足证唐人的传本还没有错。据诸书所引可以补正今本。

另外，还有从文字声音上校正古书的讹误。此法可以说"古已有之"。汉高密郑玄、涿郡高诱都用此法校书。郑氏注经所谓"当为"者就是改正讹字，（见段玉裁《周礼汉读考序》）这种方法只限用于校正确切是先秦的古书，否则不可滥用。现在举孙诒让《札迻》里的一个简单的例子：

> 《庄子·人间也》第四："……而强以仁义绳墨之言，術纂人之前者，是以人恶有其美也。"案術与述古通。《礼记·祭义》"结诸心，形诸色，而術省之"，郑注云："術当为述，声之误也。"

这一类的方法最重要的是本证和旁证两项。清代能够融会贯通的只有王念孙一个人。今不惮繁，再举一个方法都具备的例子。《荀子·君道篇》：

人主欲得善射射远中微者，縣贵爵重赏以招致之，……欲得善驭速致远者，一日而千里，縣贵爵重赏以招致之，……

王念孙校此文最精，各种方法全用了。他说："欲得善驭速致远者，元刻世德堂本'速'上有'及'字，卢（文弨）从宋本云：俗间本有'及'字。案有'及'字者是也（板本）。'及速'与'致远'对文。行速则难及，道远则难致，故唯善驭者乃能及速致远，非谓其致远之速也，则不得以'速致远'连读。'善驭及速致远'与'善射射远中微'对文，若无'及'字则与上文不对，一证也（文例）。《王霸篇》云：'欲得善射射远中微，则莫若羿蠭门矣；欲得善驭及速致远，则莫若王良造父矣'。与此文同一例，二证也（本证）。《淮南·主術篇》云：'夫载重则马羸，虽造父不能以致远；车轻而马良，虽中工可使追速'。'追速致远'，即'及速致远'，三证也（旁证）。《群书治要》有'及'字，四证也（旁证）。"由此可悟校书之法。

校书一事，校易而勘难。校要细心，勘要博学明辨。何焯（义门）、卢文弨（抱经）等所校各书极精密，然而案断或欠允当。如《荀子·劝学篇》：

礼者法之大分，类之纲纪也。

宋本"类"上有"群"字，卢校从之。但王念孙在《读荀子杂志》上说：

“宋本作‘群类’者，盖不晓‘类’字之义而以意加‘群’字也。不知‘类’者谓与‘法’相类者也。”这话很对，因为“法”、“类”在《荀子》中常常对举。又《荀子·修身篇》：

> 身劳而心安为之，利少而义多为之。事乱君而通，不如事穷君而顺焉。

顾千里说：“‘穷’、‘顺’二字疑当互错。‘顺君’、‘乱君’对文也，‘而通’、‘而穷’亦对文也。荀子每以‘通’与‘穷’为对文。”这话有误。俞樾(曲园)说：“荀子之意以为事乱君则不顺矣，事穷君则小通矣。然与其事乱君而通，不如事穷君而顺。正上文身劳而心安为之，利少而义多为之之意。若从顾校，则全失其旨矣。”由此可知《荀子》本文实在没有错，与下文“士君子不为贫穷怠乎道”之意正相符合。由以上两个例子可以知道校书非精审明辨不可。

此外还应当注意以下几件事：

第一，要明了本书的义例。知道本书的义例，才能够改正后人窜乱混淆的地方。若戴震(东原)之校勘《水经注》，段玉裁(茂堂)之改正《说文》，都是先发明义例，然后动手校勘，所以成效极大。

第二，要注意古书的用韵。注意古书的用韵，常常可以帮助我们改正两种错误：一种由前后用韵可以看出当协韵而不协韵的字是误字；一种由前后的用韵，可以剔去忽然窜入不协韵的文句，藉此可以推断这些不协韵的文句是错简，或是注文误入正文(详王氏《读淮南子杂志叙》)。

第三，注重古注。我们校勘正文常常可以引据注文的解释作为辅证。如《吕氏春秋·察微篇》：“因歸郈氏之宫，而盗其宅。”孙人和(蜀丞)说："按歸本作侵，与《淮南·人间篇》同。故高注云：侵郈氏宫以益己宅也。"(见《吕氏春秋举正》)这就是因注文而校勘正文的一个例子。

第四，忌臆改。宋明刻书，往往因为不审文义，或者字不习见，于是任意妄改。古书因是大坏，所以段茂堂说："古书之坏于不校者固多，坏于校者尤多；坏于不校者，以校治之；坏于校者，久且不可治。"(《经韵楼集》卷八《士礼居重刊明道二年国语序》)清人刻书这种毛病已经不多，不过有时还不周到。如张士俊校刊《广韵》改易宋本的地方很多，虽然得者十之八九，但依旧有改错了的，反倒不如一依原书刊刻，而别附校勘记为好。所以校书首当从本书相传旧本校起，然后再用理性校勘的方法刊正相沿的谬误。若欲改定原本，自当仍本书之旧(正文、注并同)。遇有刊改，则别加案语，条系其下，令读者自行体味，这才是校雠的正则。(详《抱经堂文集》卷第二十《与王怀祖庶常论校正大戴礼记书》)而校书者又必得"毋凿，毋泥，毋任己，毋任人"才成。(段玉裁《经义杂记序》)

以上所说都是限于书本上的校勘。现在我们更要注意的就是晚近出土的古物碑铭，这对于校订经史文集都极有帮助。如周代的铜器款识，汉代的碑刻、木简，后汉的石经，都跟校正经文很有关系。又如六朝的碑文，北魏的墓志，唐宋的碑版，跟校正文史很有关系。利用这种新材料，可以补苴前人之不足，而别有创获。

校勘古书的方法已略具于是。这虽然是一种细密的专门学问，然而却有普及的必要。我们读古书或考订史料无时不需要校雠，知道这种方法固然可以自己应用，同时也可以衡量前人的短长。因此写成此篇，供读古籍者参考。

1936年8月于北大之新斋

古籍校勘述例*

一　叙　说

我们要研究古代的社会历史、经济、文化，不能不利用古书，而我国历代流传下来的古籍浩如烟海，时代早的书几经传写或刻板，都不免出现一些错误，或篇简错乱，或字有讹夺，读起来难以理解，因此不能不进行校勘。

校勘的知识，对利用古书的人是必要的，对从事整理古籍的人来说，尤为切要。所以研究校勘古书的方法也就成为一门专门之学，即校勘学。“校”是比对异同的意思，“勘”是审核订正的意思。“校勘”就是以两者互相校核，发现异同，而正其讹误。“校勘学”也称为“校雠学”。“雠”是相比对的意思。校雠古书，著为定本，远自汉代刘向、刘歆开始。历代官府都设有校书之官，私人藏书也多手自校雠，如梁代任昉，宋代贺铸。但发展成为一门专科的学问则时代很晚。校勘学是随着版本学之兴起而建立起来的。

古书在唐代以前都是写本。晚唐以后雕版盛行，一般

* 前一篇写于1936年，发表于报刊，本篇为前些年的讲稿，两篇可以互相补充，所以并存。1986年5月2日日记。

书籍都有了刻本，刻本一出，得书容易，好的古写本也就逐渐散失。书籍有刻本，固然便于流传，但是刻书所根据的底本是否为足本、善本，刻板的时候曾否跟别本校对过，有无错字等等，都是问题。宋代刻书者多，同一种书每有不同的刻本，卷数多寡或有不同，板刻也有精粗美恶之分。官刻本或家刻本经过用心校对，一般来说错字较少；书坊所刻，为急于谋利，往往校订不精；而且书籍屡经翻刻，手民传录不慎，也能出现错误。所以从南宋开始学者已重视版本文字的校勘。如岳珂刻九经三传曾广聚众本，订正纰缪(见所著《刻九经三传沿革例》)，所刻“相台五经”最为知名。

元代所刻的书也有不少胜于宋刻的，但种类不及宋刻之多。到了明代，宋元刻本流传日稀，于是传刻古书颇为盛行。惟明人遇不懂处每每以意校改，反多讹误。刻本不同，文字也大有出入。因此，读书不能不讲求版本。明清两代藏书家多，如范钦天一阁、毛晋汲古阁、钱谦益绛云楼、黄丕烈士礼居、黄虞稷千顷堂、吴骞拜经楼等，家家竞购宋元旧本，风靡一时，版本之学由是而兴。书籍既然讲究版本，就离不开校雠以判断文字的是非，因此校勘学随着版本学的建立逐渐发展为一门有理论、有方法的学问。

校勘古籍盛于清朝乾嘉之际。成就最多、考校最精的当推王念孙、王引之父子。王氏的《读书杂志》是很重要的一部书。在他以后，俞樾著有《古书疑义举例》和《诸子平议》，孙诒让著有《札迻》，都续有发明。这些都是从事整理古书和校勘古书的人所当留意的书。

校勘古书所需要的一般知识是相当广泛的。一方面要有关于古书的书籍知识，如古书的体制、古书的传写、古书的板刻以及有关书籍目录的知识；另一方面要有文字、音韵、训诂的基本知识，包括文字的假借、字体的流变、古今声韵的通转、词义的引申等等。除此之外，对古代的历史文化、典章制度之类也需要有所了解，并能运用不同种类的工具书，以解决书本上所出现的问题。然而各门学科又自有其专门知识，校某一类书，就要有某方面的专门知识，自不待言。这里仅就如何推寻书中文句的讹误以及如何进行校订发凡起例，撮举其要，加以说明，其他则略而不论。

二　古书讹误举例

王念孙在《读书杂志·淮南内篇第二十二》中曾就《淮南子》一书所出现的错误情况列举出六十四项，并举例加以说明。现在就主要的现象，约举十条，并略举例，以便参证。例子也多采自王念孙《读书杂志》、俞樾《诸子平议》及《古书疑义举例》。为行文方便起见，不烦详注。

(一)篇简错乱

篇章简策的错乱通称为“错简”。错简一般有两种情况，一种是一篇之内段落文句错，一种是这一篇错入另一篇。例如1973年从长沙马王堆三号汉墓出土的帛书《老子》有两种写本，跟今本颇有不同，今本第二十四章“企者不立，跨者不行，自见者不明，自视者不彰”云云，两种帛书均在第二十二章(“曲则全枉则正”)和第二十三章(“稀言自然，故飘风不崇朝，骤雨不崇日”)之前，今本盖传写失次。

又如1972年在山东临沂银雀山一号汉墓出土的竹简中有《管子》一些残简，其中一部分与今本《七法》一篇对校，文字大不相同。例如今本“为兵之数”有以下几句：

> 举之如飞鸟，动之如雷电，发之如风雨，莫当其前，莫害其后，独出独入，莫敢禁圉……

今本“选陈(阵)”又说：

> 故有风雨之行，故能不远道里矣；有飞鸟之举，故能不险山河矣；有雷电之战，故能独行而无敌矣……

可是竹书《管子》这两部分是连在一起的，文字作：

> 动如雷神(电)，起如蜚(飞)鸟，往如风雨，莫当其前，莫害其后，独出独入，莫能禁止。有风雨之疾，则不英(難)远道；有蜚(飞)鸟之起，则□□山河；有雷神(电)之威，则能独制而无適(敌)……

这些文句的层次很顺，今本因简册错乱而传录有误。

(二)字形相近致误

《管子·九守》“脩名而督实，按实而定名。”“脩”当为“循”字之误。“循”唐人写书多作“循”，因讹为“脩”。“脩”同“修”。

《管子·乘马》“樊棘杂处，民不得人焉。”王引之说：“樊当为楚，字形相近而误。楚，荆也。楚棘杂处，谓荆棘丛生也。”

《韩非子·十过》“禹作为祭器，黑染其外，而朱画其内。”王念孙谓染当作漆，俗书漆字作桼，因讹而为染。《说苑·反质》正作漆。

(三)文字有增衍

传写增多出来的字，通称为“衍文”。例如：

《管子·事语》“彼壤狭而欲舉舆大国争者”，“舉”字因跟“舆”字形近而传写误衍。

《韩非子·诡使》“名之所以成，城池之所以广者”，俞樾谓“池”为“地”字之误。“名之所以成，地之所以广”相对成文，不当有“城”字，“城”即由“成”字而误衍。

《吕氏春秋·当染》“不知要故也。不知要故，则所染不当。”这里下句的“故”字，涉上句而误衍。

(四)文字重叠出，不符原意

《管子·乘马》“正地者，其实必正。长亦正，短亦正，小亦正，大亦正。长短大小尽正，正不正则官不理。”“正不正”文义不通，上“正”字显然是书写重复，原文当是“不正，则官不理”。

《庄子·天运》“故西施病心而矉其里，其里之醜人见而美之，归亦捧心而矉其里，其里之富人见之，坚闭门而不出，贫人见之，挈妻子而去之走。”此处“其里”二字叠见。“病心而矉其里”与“捧心而矉其里”的“其里”二字传写误重，当删。“矉”是蹙额的意思，字亦作“嚬”。它是个自动词，后面不能带宾语。《太平御览》卷三九二、七四一引并不重上面两处“其里”二字。唐写本上一“其里”二字亦不重出。足证当删。

(五)两字合为一字，或一字分为两字

《战国策·赵策》“太后明谓左右，有复言令长安君为质者，老妇必唾其面。左师触詟愿见太后，太后盛气而揖之。”案此据姚宏本，鲍彪本作“左师触龙言愿见太后”，《史记·赵世家》同。《汉书·古今人表》也作“左师触龙”。姚本合“龙”、“言”二字为一字。

贾谊《新书·过秦论中》“故先王者见终始之变”，“者见”二字当是“覩”字之误，“覩”字误分为二，遂错为“者见”二字。

(六)字词有窜改

《老子·第十四章》“视之不见名曰夷，听之不闻名曰希，搏之不得名曰微。”案《老子》帛书甲乙两本此三句作“视之而弗见，名之曰微。听之而弗闻，名之曰希。揩之而弗得，名之曰夷。”朱德熙先生说：搏亦作搏。按《说文》“揩，抚也，摹也”，“夷，平也”。盖揩讹为搏、搏，与夷义不相应，遂改“夷”为“微”，而将“视之不见”句之“微”改为“夷”。今案朱说极是，今本文字有误。

《孙子·九地》“四五者，一不知，非霸王之兵也。夫霸王之兵，伐大国则其众不得聚，威加于乱则其交不得合。”案“霸王之兵”银雀山汉墓竹简《孔子》作“王霸之兵”。“王霸”屡见于古书，《孟子·滕文公》云：“大则以王，小则以霸。”《荀子》也有《王霸》篇。王霸之业为古之常言，今本《孔子》作“霸王之兵”当为后人所窜改。

(七)字句有脱漏

《荀子·劝学》“蓬生麻中，不扶而直”，《书·洪范》唐孔颖达《正义》引此下有“白沙在涅，与之俱黑”二句，“直”、“黑”二字为韵，王念孙以为今本脱，当补。

《洛阳伽蓝记》卷一永宁寺条“时太原王(尔朱荣)位极心骄，功高意侈，与夺臧否肆意。”“与夺”下脱漏“任情”二字。见《魏书·孝庄帝纪》。

(八)文句之间有颠倒错乱

《老子·第十四章》“迎之不见其首，随之不见其后”，汉代帛书《老子》乙本作“随而不见其后，迎而不见其首”，唐广明元年焦山《道德经幢》作“随之不见其后，迎之不见其首”，与帛书合，今本误倒。

《荀子·非相》“谈说之术，矜庄以莅之，端诚以处之，坚强以持之，分别以喻之，譬称以明之。”王念孙谓：“分别”当在下句，“譬称”当在上句，譬称所以晓人，故曰譬称以喻之。分别所以明理，故曰分别以明之。《韩诗外传》及《说苑·善说》引此并作“譬称以喻之，分别以明之”。

(九)注文误入正文，或正文误为注文

《韩非子·难三》“且夫物众而智寡。寡不胜众，智不足以徧知物故，则因物以治物。下众而上寡，寡不胜众者，言君不足以徧知臣也，故因人以知人。”这里是就郑国子产而说的，与君臣无关。今本“智不足以徧知物故”和“言君不足以徧知臣也”两句俞樾以为应是旧注，传写误入正文。

《淮南子·道应》“田鸿往见楚王，楚王甚说之，予以节，使于秦。至，因见惠王而说之。”今本“因见”下有“予之将军以节”六字当是高诱解“予以节”所加的注文。今篡入正文，义不可通。

《淮南子·说林》“粟得水湿而热，甑得火而液。水中有火，火中有水，疾雷破石，阴阳相薄，自然之势。”今传本“自然之势”四字误作注文，使原文偏奇不全。当改正。

(十)写书旁记之字误入正文

《管子·立政》“未之令而为，未之使而往，上不加勉，而民自尽竭，俗之所期也。”案“而民自尽竭”原文当是“而民自尽”。“竭”是竭尽其力的意思，应是写者在字旁所注义训，后人不察，致误入正文。《鹖冠子·天则》云：“未令而知其为，未使而知其往，上不加务，而民自尽，此化之期也。”文义与《管子》正同，可证今本《管子》“尽”下不应有“竭”字。

《晏子内篇问下》“景行行止之者其人也。”清卢文弨《群书拾补》云：“案今《诗》作‘景行行止’，而古来所引每作‘行之’。……此书必本作‘行之’，后人以《诗》‘止’字注其旁，遂误入正文耳。”王念孙又据《淮南子·说山》谓“其”字上脱“鄉”(嚮)字。

古书中出现的讹误情况很多，以上仅就其常见的列举十条，学者如能掌握其中一些规律，对古书中文字上的讹误就比较容易辨识，并能加以校订。

三　校勘古籍的方法

要校书首先要读书。要了解原书的体例和思想内容以及语言的风格、辞例、文例等等。只有在这样的基础上才能很好地从事校勘，善于辨别文辞上有无错误。

校书还要知道古书中常见的避讳字。避讳从汉代已经开始，《老子》帛书乙本已避刘邦讳，以“国”字代“邦”字。后世避讳日繁。唐人写书遇到“世”字改为“代”，“民”字改为“人”，“治”字改为“理”，宋代则“匡”改为“刊”，“恒”改为“常”，诸如此类，不烦枚举。这类的避讳字有时对文义妨害不大，有时就会涉及到意义。如清人刻书，“玄”字避康熙帝讳改写为“元”，就要注意了。关于避讳，可看陈援庵（垣）先生的《史讳举例》一书。

校勘古书，一般总是先从不同的版本校对入手。今日我们所读的古书几乎都是清代的刻本，明代的刻本已不多见。有的书以前只有一种刻本，有的就有几种刻本。有几种刻本的，时代又有先有后，所根据的底本未必相同。同一书屡经翻刻，翻刻时也许有所校改，有的改得对，有的改得不对。要校书就不能不多聚众本，寻求足本、善本，校其异同。

古本是非常难得的，如果有古本就可以解决不少字句上的问题。如《老子·第二章》“有无之相生，难易之相成，长短之相形，高下之相倾”数句，帛书甲乙本均作“有无之相生也，难易之相成也，长短之相刑（形）也，高下之相盈也”，“倾”字作“盈”，义更明豁，胜于今本。又《第十章》“爱民治国，能无以知乎？天门开阖，能为雌乎？明白四达，能无以为乎”数句，帛书乙本作“爱民活国，能毋以知乎？天门启阖，能为雌乎？明白四达，能毋以知乎?”案《淮南子·道应》云：“老子曰：明白四达，能无以知乎”，文字与帛书相合，今本作“能无以为乎”误，当依帛书改正。(上句“能毋以知乎”的“知”字当依唐景龙碑作“为”。)由此足见古本之可贵。至于敦煌石室所出的唐写本古籍，数量较多，虽然也不免有错字，然远胜于宋以后的刻本。我们应当尽量利用古本来刊正今本。

利用各种不同的版本进行校对异同，这是校勘古书的第一步。利用版本校勘不仅可以了解各本的优劣，而且可以辨别各本之间的关系，推寻源委，分别主次，知所去取。例如《荀子》一书有宋刻杨倞注本和元刻纂图互注本，明嘉靖间有顾氏(春)世德堂所刻六子本，各本文字互有不同。然经过校勘，知道顾刻本实与元刻本为一系统，因而可以从纷拏中有所侧重，避免瞀乱。

校书本身也是一个读书的过程，有时只凭版本校勘还不能解决问题，因为有些古书只有一种刻本，或者各刻本的错误相同，难以判断正误，那就必须利用其他方法进行订正。在版本校勘之外更重要的方法可以概括为两种：

一种是根据本书的体例，本书的上下文义、辞例从及前后篇章中相同或相近的文句反复寻按，对照比勘。这种方法就是“以本书校本书”的方法。

还有一种方法是在单凭本书尚难以确定的情况下，于本书之外利用其他书籍所引文字或其他与本书相关的材料比对异同，以考订今本的是非，决定去取。这种方法就是“用他书对校”的方法。

现在就上述两种方法分项举例，加以说明。

(一)用本书文句订正本书

古书一篇之内文义相承，用词往往一样，同一文句，有时数篇共见，可以比对参照，校正讹误。一部史书，史实相同，不同传记，文字歧出，也可以互校。宋吴缜《新唐书纠缪》、清汪辉祖《元史本证》即是其例。今以子书为例：

《管子·八观》“彼民非穀不食，穀非地不生，地非民不动，民非作力，毋以致财。天下之所生，生于用力；用力之所生，生于劳身。是故主上用财毋已，是民用力毋休也。”这里“天下”当是“天财”之误。《立政》云“天财之所出”，《国蓄》云“天财之所殖”意思相近，依上下文义足证“天下”二字有误。

《管子·七臣七主》“彼时有春秋，岁有赈凶，政有急缓，物有轻重。岁有赈凶，故民有羲不足。”案“羲”当作“羡”，形近而误。“羡”是多余的意思。“羡”与“不足”为对文。“羡不足”又见《国蓄》和《轻重已》两篇。

(二)参考注文刊定正文

古书的注解在解说原文文义的时候经常联系到原文的词句，如原句有误，可以根据注文加以校正。例如：

《管子·侈靡》“夫运谋者，天地之虚满也，合离也，春秋冬夏之胜也。”案依文义“胜”上当有“相”字。尹注云：“若无春秋冬夏之变，则不能相胜而成岁”，可证尹所据本原有“相”字。

《管子·心术》“毋代马走，使尽其力；毋代鸟飞，使弊其羽翼。”这里“羽”字误衍。“使尽其力”与“使弊其翼”文例相同。尹注云："能走者，马也；能飞者，鸟也。今不任鸟马之飞走，而欲以人代之，虽尽力弊翼，而终竟不能尽。"据此可证"羽"为衍文。

(三)根据文义和文例订正谬误

校勘古书，从文义和文例上推究原文是否有误，这是非常重要的，一方面看自己的学识，另一方面也看自己读书是否细心。清代校勘家于古人文字擘析精微，未见古本而所校往往与今日所见古本暗合。例如：

《庄子·天道》"桓公读书于堂上，轮扁斲轮于堂下，释椎凿而上问恒公曰：'敢问公之所读者何言邪?'公曰：'圣人之言也。'曰：'圣人在乎?'公曰：'已死矣。'曰：'然则君之所读者，古人之糟魄已夫。'""君"字依上文当作"公"。《北堂书钞》卷一百引"君"正作"公"。

《淮南子·人间》"佞人得志，是使晋国之武舍仁而後佞。""武"即"士"。"後佞"字有误，当是"從佞"。"從""後"二字形近而讹。

白居易《琵琶行》"间关莺语花底滑，幽咽泉流水下难。""难"或作"滩"，与"滑"不相类。"水下难"，段玉裁谓当是"冰下难"，若作"水下难"，义不可通。

(四)根据文辞押韵考订谬误

先秦古书中一篇之内经常有韵语，目的是便于记诵。但有时依例当属押韵字，而读来并不谐和，那很可能是文字有误，应根据古时韵部进行寻按，加以订正。例如：

《管子·明法解》"故威势独在于主，则群臣畏敬；法政独出于主，则天下服德。故威势分于臣，则令不行；法政出于臣，则民不聽"。案"服德"当是"服聽"之误。"法政独出于主，则天下服聽"与下文"法政出于臣，则民不聽"文义正相应。"敬"与"聽"押韵，作"德"则音义都不合。

《荀子·天论》"大天而思之，孰与物畜而制之？从天而颂之，孰与制天命而用之？望时而待之，孰与应时而使之？因物而多之，孰与骋能而化之？思物而物之，孰与理物而勿失之也？愿于物之所以生，孰与有物之所以成？故错人而思天，则失万物之情。"这一段义理精微而且语句精练的韵语都是两句一换韵的，惟有"大天而思之，孰与物畜而制之"的"思"与"制"不叶。案古韵"思"为"之"部字，"制"为"祭"部字，韵不同部。唐杨倞注云："尊大天而思慕之，欲其丰富，孰与使物畜积而我裁制之也。"然则"制"字当是"裁"字之误。"裁"与"思"同属古韵"之"部。今本作"制"，乃传写之误。

《淮南子·兵略》"天化育而无形象，地生长而无计量，浑浑沉沉，孰知其藏。"这几句是韵语，惟"沉"字不押韵。王念孙校正为"沆"字，则沆与象量藏三字叶韵。

(五)根据其他书籍所引改正今本之误

校勘古书，除了用本书证本书以外，还可以利用别的古书引用本书的文句对校。这就是前面所说的第二种方法了。如用《韩非子·解老》、《淮南子·道应》可以校今本《老子》，即是一例。

为校订古书可以利用的古籍很多，同时也随所校古书的内容性质而异。其包容广、引书多的可分四类：(1)汇抄，(2)古籍旧注，(3)类书，(4)总汇。

汇抄是就某一方面的书杂抄为一集的。如唐魏征《群书治要》、马总《意林》，对校子部书都是有用的。古籍旧注引书极多的莫过于史书的旧注和唐李善的《文选注》。类书是分别事类采录前代的著述编排而成的，性质近于百科全书。自天文、地理、历史文化以至动物、植物，包括很广，集录的书籍也最多。如唐虞世南的《北堂书钞》、欧阳询的《艺文类聚》、徐坚的《初学记》，宋李昉等所编的《太平御览》等都是常用的类书。不过，类书的引文只相当一种版本。类书本身几经传刻，版本不同，也难免有误。因此，有了类书的引文，还要参证本书的文义来断定取舍。总汇是专就某一方面不同时代的著作分类编纂成为一书。如宋代的《册府元龟》集录的是史书传记，《太平广记》集录的都是前代的小说，对专门校某一类的书是很有用的。

根据他书所引以与今本对校，比用同书的不同版本对校，得益更多。今本从宋元刻本而来，又辗转翻刻，往往以讹传讹，终不及前代书中所引为得其实。例如：

《管子·小匡》“寡君有不令之臣在君之国，愿请之，以戮群臣。”案下文云：“愿生得之，以徇于国，为群臣僇。”《左传》庄公九年《正义》引“戮”下有“于”字是也。今本脱。

《管子·形势解》“使人有礼，遇人有理。”《群书治要》引此作“使人有理，遇人有礼。”今本“礼”、“理”二字误倒。

《晏子·谏上》“景公将观于淄上，与晏子闲立。”这里说的是齐景公同晏子在淄水岸上闲立，说“将”则时间与文义不合。案《群书治要》和《太平御览》卷428所引都无“将”字，可证“将”为衍文。

《史记·李斯列传》"夫以秦之强，大王之贤，由灶上骚除，足以灭诸侯，成帝业。"案"由"与"犹"同，"骚"与"埽"同。《太平御览》卷461引此文"由灶上骚除"作"如老妪灶上扫除"，"灶"字上有"老妪"二字。王念孙云："《索隐》曰言秦欲并天下若炊妇埽除灶上之不净，不足为难。据此则正文内有'老妪'二字明矣。"

(六)取其他书籍相同或相近的资料或文句对校

古代书籍叙事载言每每更相祖述，时代相同或相近的古书里论述相同或记载相同的文字都可以互勘，校正讹误。例如我们可以据《吕氏春秋》校战国诸子，据《大戴礼》和《史记》、《汉书》校贾谊《新书》，据《汉书》校《史记》，据荀悦《汉纪》校《汉书》，据《册府元龟》校《旧唐书》。清代学者利用这种方法校订古书，探微索隐，所得甚多。例如：

《管子·宙合》"天不一时，地不一利，人不一事。是以著业不得不多，人之名位不得不殊方。"案《淮南子·泰族》也有相似的话。《泰族》云："天不一时，地不一利，人不一事，是以绪业不得不多端，趋行不得不殊方。"今本《管子》"绪业"误为"著业"形近而讹；"多"字下又脱"端"字，以致意思不明。

《荀子·劝学》"昔瓠巴鼓瑟，而流鱼出听。"《大戴礼·劝学》文字与《荀子》同，而"流鱼"作"沉鱼"。依文义自以作"沉鱼"为是。

以上所举的一些方法都是在版本互校以外的几种方法。前四种方法是以本书校正本书，后两种方法是以他书校正本书。在校勘过程中，要从不同方面去进行，不同的方法也交错为用。实在不能解决的，只可存疑，切不可臆改。前人曾经指出：古书之讹误由于传写摹刻不加校对而失者半。由于臆改而失者半。所以切忌不知而妄作。

校书能否校得好，是否能成为善本，关乎个人的学识与见闻。学力深，见闻广，才能知所去取。清人段玉裁曾说："校书之难，非照本改字不讹不漏之难，定其是非之难。"由此言之，读书能用心体会是非常重要的。要校书，就必须读书，真积力久，才能充然有得。清人所校的书主要是先秦诸子和一些史籍，很多书都还没有触及。前人要找到善本书很难，而今天我们所有的条件远胜于前代，在校勘古书和整理古书方面一定会有极大的成就。

1979 年 10 月

《广韵》校本序

《广韵》一书有详注本及略注本两种。详注本为宋陈彭年等原著，略注本则为元人据宋本删削而成者。明人所见多为略注本，详注本流传甚少。至清初，张士俊乃据汲古阁毛氏所藏宋本及徐元文所藏宋本校订重雕，《广韵》原书面目始为世人所知。其后曹寅亦曾据宋本雕板，但行款与宋本不同。曹刻印本较少，故不若张刻流传之广。

惟张氏刻书颇好点窜，顾千里尝疑其所刻《广韵》亦有增改，但以不见徐元文所藏宋本，未敢断言。及至清末，杨守敬于日本获得宋本，与张氏所据宋本刊工姓名相同，取与张刻相校，颇有不同，乃知张氏确有校改。杨氏《日本访书志》云："原本谬讹不少，张氏校改扑尘之功诚不可没。然亦有本不误而以为误者，有显然讹误而未校出者，有宜存而径改者。"是张氏所改亦不完全确当。尔后黎庶昌又以杨守敬所得宋本《广韵》刻入《古逸丛书》中。本拟全据宋本，不加校改，但雕板之时黎氏复据张本刊正，增改之处颇多。宋本与张本不同者，从原本者十之二，从张本者十之八。

原本不误因校改而误者亦复不少。故《广韵》一书始终缺乏完善之刻本。宋本面目惟有凭藉黎刻所附校札窥其大略。

迩来古本秘笈流传较广。去年得见傅氏双鉴楼及日本金泽文库所藏北宋监本《广韵》照片，又见涵芬楼所藏景写南宋监本。北宋监本与南宋监本刊工姓名不同，文字亦略有出入。涵芬楼所藏景写南宋监本与黎氏校札所言宋本相同，与张氏泽存堂本亦极相近，由是始知张黎两本所据同为南宋监本。因以泽存堂初印本为底本，参照各本，以复宋本之旧。其后复取《四部丛刊》景印南宋巾箱本、曹刻《栋亭五种》本、黎刻《古逸业书》覆元泰定本以及顾炎武翻刻明经厂略注本，校其异同。苟有可采，悉加择录。进而博考群书，并参考今日所见唐本韵书，以正宋人重修之失。最后写为定本，并撰述校勘记五卷，附于校本之后，以便寻案。

考《广韵》之作乃据唐本《切韵》纂录而成，虽经陈彭年、丘雍等校雠刊正，其中错乱乖谬之处尚多。就全书体制而言，则有以下数端：一曰体例不一。例如反切依例当列于本字训释之末，而间有列于训释之前者；注文所出又音称“又某某二切”，间有作“又某切又某切”者。张本虽依例校改，亦未能尽。二曰解说有误。韵书初制，本依音系字，取便寻览。每字之下，仅粗具训释而已。及孙愐著《唐韵》，乃详姓氏，解名物，援引凭据，注文渐繁。后来作者，务求详备，仓卒写就，难免讹误。《广韵》因承唐本之旧，遂亦以讹传讹。如箇韵“左”字下谓触龙为秦人，侯韵“侯”字下谓侯獳复姓豎侯是也。三曰误记书名。如虞韵“氍”下引《通俗文》误为《风俗通》，遇韵“芋”下引《广志》误为《广雅》是也。四曰引书割裂。如引《释名》、《山海经》等书每每节取改易，甚至文义不全，难以理解。五曰抄撮古书全与字义无关。如号韵“旄”下“狗足旄毛”乃《尔雅·释兽》文，鱼韵镰下“镰耳之傑”乃左思《魏都赋》文，皆非“旄”、“镰”义训，引犹不引。如此之类，自《唐韵》已然。校记中间亦注明，用祛疑惑。其无碍文义者，则不复一一考证，以免繁琐。

至于书中文字讹夺、音义错乱者尤多。论形体，则有字体不正，于音义不合者；有本非一字，误合为一者；有本为一字之讹体，误分之为二者；有此字之或体误属于他字之下者。论声音，则有反切义音讹误者；有形讹而别作一音者；有字本不误，因纂者所据之旧音反切文字有误而别出一音者；有抄写错行，于音不合者；有字音与谐声偏旁不合而为纂集之误者。论义训，则有与古书不合者；有形音不误，而义训乖谬者；有承前代字书之误，以两字之义合併于一字之下者；有同纽之内上下文字脱夺，以致注释相乱者。今于形体则审其音义及隶变草变正讹之例，别考字书，以正其误。于声音则辨别谐声，并参考隋唐以前之反切定其然否。于义训则根据声音形体交相证发，并寻绎古书之训释，以正其疏失。凡有校改，皆标记书上。非有确证，不敢妄下雌黄。

昔读黄丕烈藏书题识，知段玉裁有《广韵》校本。近得见王国维所临黄丕烈过录之段校本，书中订正《广韵》之误字极多。王氏亦尝以宋刊巾箱本校泽存堂本，后又以《切韵》《唐韵》通勘《广韵》，标出陆孙二家原有之字。赵斐云先生复重校一过，益以故宫博物院所藏王仁昫《刊谬补缺切韵》，朱墨琳琅，用力甚勤。今得综覈各本踵事校雠者，实得前辈之启发。但《广韵》虽为韵书，实兼字书之用，乃唐以前文字训诂之总汇，欲一一校订无误，亦非易事。惟期引证翔实，便于应用而已。于所不知，则阙而不论。校勘时复承斐云先生恳切指示，并惠借资料，受益实多。今略陈旨趣，惟览者详焉。

写于 1937 年 3 月
1958 年重订

宋修《广韵》书后

《广韵》之兴，论者以为始于魏李登《声类》。其书本以五声命字，各以类从，初未尝分立韵部，明辨四声也。逮北齐阳休之撰《四声韵略》，分韵隶字，科别四声，（见《文镜秘府论》引刘善经《四声论》）韵书之体制始趋精密。其后李季节、杜台卿等相继有作，体例盖同。然诸家音有楚夏，韵有讹切，隋陆法言乃整齐众制，斟酌南北，取择精审，定为《切韵》。制作之士，咸有所取则矣。及乎唐代，陆书大行，学者继踵而作者益众。今之所知，竟不啻十数家也。其中韵纽反切，固有更张；而形体义训，亦骎骎增广。卷帙既富，纰缪自多。沿及宋代，陈彭年、丘雍等方综辑唐人诸作，雠校而增损之，纂为《广韵》一书，使前代遗文不致废隳，后生晚学，所赖实多。然《广韵》之作，意在登录旧文，整饬众本，若云刊正校改之功，犹未宏肆，是以书中音字踳驳讹衍者，比比可数。盖旧本丛杂，披检为劳，若使研覈精尽，亦云难矣。今详勘其书，因擿发数端，以供用此书者参考。

论其形体，则有字体不正，乖于声义者。如宵韵之憍，当作瘴；麌韵之皐，当作瘴；合韵之皐，当作压；洽韵之蓮，当作簉。又宵韵之麾，当作瘴，从疒皐声；豪韵之釋，当作稡从禾皐声；止韵之葦，当作薪，从茻囟声。是皆因承唐人之俗写讹体，而未改正者。此其一。又有本非一字，误合为一声。如脂韵匹夷切之纰，缯欲坏也。岐，纰，二同。案岐当作岐，器破也，与纰非一字。盐韵七谦切之脸，脸脽也。臜，上同。案《玉篇》脸，七廉切；臜，初减切，是脸臜非一字。愿韵芳万切之畚，一宿酒。奔，上同。案奔，《玉篇》上大也，与畚非一字。(上同即上大之误。)质韵卑吉切之韠，胡服蔽膝。琿，上同。案琿，佩刀上饰也，见《说文》，与韠非一字。若是者形义不合，不容混同。此其二。又有本为一字，误分为二者。如鱼韵渠纽之淭，淭挐。《方言》云：杷，宋魏之间谓之淭挐。案淭即渠之讹体，《方言》本作渠也。虞韵其俱切之朐，脯也。又眴，脯名。案眴即朐之讹体，不当别出。有韵女久切之莥，《玉篇》云：鹿豆也。又莥，蔨实。亦作莥。案《玉篇》莥莥一字。(《尔雅·释草》字作莥)琰韵衣俭切之旃，掩也。又旃，掩光。(光字误。)案旃旃同为旃字之误，《广雅·释器》：旃，率也。此训掩覆之掩，义正相得。如是者音义无别，又未可分之为二矣。此其三。

论其声音，则有形讹而音讹者。如先韵之狗，兽似豹而少文。崇玄切。案狗为犳字之误，犳已见药韵，音之若切，与《山海经》底阳之山郭璞音之药反相合。(《玉篇》音同。)此字既讹为狗，遂衍出崇玄一音，不可征信。歌韵得何切之莑，姓也。汉有莑宗。傰，上同。案莑为傰字之误，登韵步萌切字作倗，汉书王尊传本作傰，苏林音朋，晋灼音倍，均无得何一音。此盖傰字讹作傰，由傰讹作莑，字从多，而音亦同多矣。麻韵碬，砺石也。胡加切。案碬为碫字之误，碫见换韵，此误从叚，而音胡加切非也。登韵薨，秽也。武登切。案薨为菱字之误，葰见酽韵亡剑切，云：草木无蔓也。《广雅·释诂》：葰，芗也。曹宪音亡咸反。此盖葰讹作薒，由蓌讹作葼，遂有武登一音。余如东韵之涫，为涫字之讹，涫见桓韵；歌韵之我，为濈字之讹，濈见咍韵；旨韵之犱，为犹之讹，犹见尤韵；养韵之柄，为柄字之讹，柄见桓韵；暮韵之篿，为篹字之讹，篹见缓韵；遇韵䑋，为䑋字之讹，䑋见狝韵字误音误，均宜刊削。此其四也。至于反切误字，尤难一二数。如豐、厜、脂、推、葵、尸、崋、鬻、齋、崴、揮、夬、慨、真、密、芬、讫、妏、照、衔、箣、沈、谚、嗺、儼、凡等纽反语，并有误字、是其著者矣。此其五。又有收字取音乖戾殊甚者。如谆韵之趣，当入真韵；準韵之蠄，当入轸韵；果韵之爸砦，当入哿韵；线韵之徧；当入霰韵；是其例也。又如宵韵起囂切之收橇字，侯韵落侯切之收剅字，凡韵匹凡切之收欲字，小韵以沼切之收鷕字，子小切之收膘字，有韵除柳切之收鲖字，霁韵奴计切之收愲字，原讹作愲。考案旧籍，音有未合。推其致误之由，则或为错简，或为抄纳旧音，仓卒误记。此其六。

进而论其义训，则有上下二字相连，脱夺下字，其注遂窜属于上者。如桓韵薄官切縏，番和县名，在凉州。案集韵：縏，小囊也。此云“番和县名”当本为番字之注，縏下既脱注释及正文番字，故番字注误系于縏下也。马韵胡瓦切㕦，大口，又声。说文曰：击踝也。案敦煌本王仁昫刊谬补缺切韵㕦训击踝，别有㕦字训大口。《集韵》：㕦，罢大口曰㕦。是㕦下脱㕦字，而大口之义误入㕦下也。勘韵丁黚切驮，冠帻近前。案《集韵》驮训马睡皃，别有帎字训冠俯前。是驮下脱注文及正文帎字，而帎注误逮于驮下矣。如此者，传定滋讹，卒不易辨，承学之士，能勿惑乎。此其七。又有形音不误，而义训错乱者。如魂韵户昆切猑，猑騬野马。案猑为兽名，见《山海经·北山经》。野马字本从单作骍。尤韵所鸠切鋑，马金耳饰。案《尔雅·释器》：刻镂物为鋑。此注亦当有误。马金耳饰字本从夋作鋑。见范韵。曷古达切葛，葛藟。《广雅》云：苑童，寄生葛也。案寄生葛乃寄生茑之误，见《广雅·释木》及《尔雅·释木》郭注。此又不辨形体之疑似，因而错置其义训者，尤不可不正也。此其八。今抽绎全篇，略举其例，以为读《广韵》者之一助。

中国版刻综录序

我国雕版印刷术的发明，对我国文化的发展贡献极大，举凡知识的开拓，人才的培养，科学技术的进步，全都仰赖于书籍的广泛传布。书籍的流传跟雕版事业的开展，大有关系。

雕版印书自晚唐五代刊印经史韵书开始，宋代以后刻书事业日益兴盛，官府刻书，如宋代的国子监、州学、府学、郡学、县学、军学、公使库，元代的行省、各路儒学、县学、书院，明代的内府、经厂、国子监、藩府、布政司、府学、县学、书院，清代的内府、使院、官廨、县署、书局、都传刻书籍。至于书坊和私家所刻的书籍更多于官刻。刻书地方分布之广，难以尽述。古书之得以流传，文化之得以绵延赓续，不能不归功于雕版印刷。

印刷术自宋以后又有活字印刷法。包括泥活字、木活字、铜活字、锡活字、铅活字，技艺不断提高。至于明清的套版印刷，彩色之精美，图像木版，绘刻之传神，直是艺术珍品，令人赞叹。书籍之孤本未曾传刻的，藏书家又倩工精心抄录，景抄宋元旧椠，笔致不爽毫发。如祁承㸁澹生堂，钱遵王述古堂，毛晋汲古阁，鲍延博知不足斋，黄丕烈士礼居等都是赫赫在人耳目的。

回顾自宋代以来文士对书籍传布之热诚，对古代文化传统之爱护，懿德盛美，寄意于以教人为先务，虽费巨金，不以为过，此种精神，实令人感佩不置。书坊书肆刻书固籍以营利，但其有利于人之大，影响之远，未容小视。其中且又不乏累世以此为业，或遭困穷，蹶而复振，使前代名贤著述不致湮没无闻，不为无功。后人对此，又未可与一般商贾相提并论。惟其历代不断传刻书籍，我民族光辉灿烂的文化传统才不致废坠，反而有所发展，这跟历史上长期的刻书事业有很重大的直接关系。

清末叶德辉关心书林掌故，在所著《书林清话》中对往代刻书家分别记载，诚为研究版刻发展史的重要参考资料，但是清代公私刻书最多，未能编录。现在陕西西安杨绳信同志有鉴于此，即以叶书为基础遍访国内十四处图书馆，考察各馆所藏清末以前公私所刻书籍，登录刻书的时间地点和刻书家的名称，每家又举其所刻之书为例，并注出藏书地点和编目书号，以便读者考索，用意周详，为研究中国版刻史提供翔实的资料。全书有一万二千多条，可谓宏富。前后两易其稿，费时十年，锲而不舍，专心致志，这种坚韧不拔的精神深堪钦佩。

这本书虽是为记载版刻发展的情况而作，但是我认为其用不仅如此。从宏观上看问题，这本书也反映中国历史文化的重要参考材料。例如观看某一时代全国刻版的地点分布，从刻书的多寡和时间看社会经济发展的情况。又如看某一时代州县儒学以及书院所刻书籍对当地传布文化所起的作用，从小同的私人所刻的书来看他对某一类书籍，如文集、史传、医学、词曲等重视的倾向与他个人从事的学术研究有何关联等等。这就要看读者如何利用了。

除此之外，这本书更是研究版本学所不可缺少的参考书。他日绳信同志有暇能仿杨守敬所编的《留真谱》萃集各时代所刻书的精华，或评比不同刻本的优劣，或进一步考察诸刻书家的人名事迹以为一编，也是不朽的盛事。

今适自京来西安，恰逢《中国版刻综录》将印成出版，绳信同志以原稿见示，而嘱为之序，屡辞不获允，谨书此以请正。

1986 年 4 月 10 日书于西安西北大学
迎宾馆，唐温国寺之故址

《洛阳伽兰记》校勘叙例

一、《洛阳伽兰记》之刻本至多，有明刻本及清刻本。明刻本主要有三种：(1)如隐堂本，(2)吴琯所刻《古今逸史》本，(3)毛氏汲古阁所刻《津逮秘书》本。如隐本不知何人所雕，板刻似出于嘉靖间；逸史本则为万曆间所刻也。二者来源不同，文字有异。津逮本刊于崇祯间，据毛斧季言，原从如隐本出，而有改窜。盖据逸史本校改者。至于清代刻本，则有四种：(1)乾隆间王谟辑校之《汉魏丛书》本，(2)嘉庆间张海鹏所刊《学津讨原》本，(3)嘉庆吴自忠《真意堂丛书》活字本，(4)道光吴若准《洛阳伽兰记集证》本。考汉魏本乃出自逸史本，学津本即据津逮本翻雕，而小有更易。真意堂本，则又考取津逮、汉魏两本以成者。至于吴氏《集证》本虽云出自如隐，然亦略有删改。凡别本有异者，均于《集证》中详之。综是而言，《伽兰记》之传本虽多，惟如隐堂本及《古今逸史》本为古。后此传刻《伽兰记》者皆不出此两本。故二者殆为后日一切刻本之祖本也。校《伽兰记》，自当以此二者为主。如振裘挈领，余皆怡然理顺。苟侈陈众本，而不得其要，则览者瞀乱，劳而少功矣。

二、如隐堂本，今日易见者，为董康印本及《四部丛刊》三编影印本。至于原刊本，殊不易觏。北京大学图书馆所藏李木斋书中有之，无清人藏书印记。余所据者为董本。昔毛斧季云："如隐堂本内多缺字。第二卷中脱三纸，好事者传写补入，人各不同。"案董本卷二缺四、九、十八三板，与毛氏所言一致。董云："从吴氏真意堂本补此三葉"案真意堂本第九葉"受业沙门亦有千数"之下有"赵逸云晖文里是晋马道里"十一字，董本此语乃在前"高门洞开"下，与津逮本相同。由是可知董本所补者，亦非尽据真意堂本也。而《四部丛刊》及李氏旧藏之如隐原刻本亦阙缺此三葉，其所钞补，又均与董本无异，如出一辙，殊不可解。

三、明《永乐大典》中有引及《伽兰记》者，见于卷七三二八"阳韵""郎"字下者一条，卷一三八二二至一三八二四"寘韵""寺"字下者三十三条，合之约当杨书五分之三。可谓富矣！案《大典》虽为明人所修，而所取之书，皆宋元相传之旧本。然则其中所引，不啻为明以前之一古本也。又缪荃孙所刻之《元河南志》，其卷三所记后魏城阙市里之文，一望而知出于《伽兰记》。缪谓原书盖袭宋敏之旧志。（宋敏求书见《宋史·艺文志》，凡二十卷。今佚。）果尔，则所录者又出自北宋本矣。此二者前人均未道及，故特表而出之。由此可知校《伽兰记》，除采取诸刻本外，尚有此等重要之资据在。观二者所引内容，《河南志》之文最古，《大典》所引多与《逸史》本相同。据是又可知《逸史》本与如隐本不同，其所据之传本固自不同。此亦为古书流传中之常见现象。

四、《伽兰记》之有校本，自吴氏《集证》始，然过于简略，且有讹谬，未为精善。近代则有两种校本：一为《大正新修大藏经》卷五十一所收之校本。原书据如隐本排印，而参校众本，列其异同于下，惟不言及《古今逸史》本及真意堂本。一为张宗祥之合校本。此书不以一本为主，但合校各本，择其长者而取之，凡有异同，皆备记其下，而不加断语，足以见其审慎。然撮录之时颇有讹夺。（如卷一胡统寺条脱“其资养缁流，从无比也”九字。）今之所校，以如隐堂本为主，而参用《古今逸史》本，校其同异，定其是非。凡义可两通者，注曰“逸史本作某”。《逸史》本误，概从如隐本。如隐本误字较多，皆取《逸史》本校正。原书俱在，可覆案也。至于津逮、汉魏以下各本，亦均在校雠之列。如有可采，必择善而从。若津逮同于如隐本，汉魏同于《逸史》本，正其渊源所自，不复言之，以免淆乱。斯所谓振裘挈领也。若津逮不同于如隐，学津又不同于津逮，盖据《逸史》本或汉魏本而改，故亦不备举。或出一二，以见其源流而已。

五、唐刘知幾《史通·补注》篇云：“亦有躬为史臣，手自刊补，虽志存赅博，而才阙伦叙，除烦则意有所恪，毕载则言有所妨，遂乃定彼榛楛，列为子注。若萧大圜《淮海乱离志》、羊衒之《洛阳伽兰记》、宋孝王《关东风俗传》、王邵《齐志》之类是也。”由是可知衒之原书本有正文子注之分，今本一概连写，是混注文于正文，与原书体制不合。此意自顾千里发之。（见《思适斋集》卷十四《洛阳伽兰记跋》。）尔后吴若准为《集证》，乃本顾氏之说画分段落，子注皆分行书之。然所定正文太简，注文过繁，恐非杨书之旧。吴氏之后，唐晏为《洛阳伽兰记钩沉》，复重作分画。以视吴本，眉日稍清，然犹有界域不明者。以予考之。此书凡记伽兰者为正文，涉及官署者为注文。其所载时人之事迹与民间故事及有衒之案语者亦为注文。（唐晏《钩沉》以有衒之案语者为注中之注，古本不可得见，今不复分别。）如永宁寺条，《开元释教录》引之，而不录常景之传记及“衒之尝与河南尹胡孝世”云云数语，是其明证。循此以求，条理不紊。其卷五记宋空西行求法一节所裁《道荣传》云云，亦为子注。考《法苑珠林》卷三十八引“雀离浮图”一节，全不引《道荣传》语，即其证也。陈寅恪先生谓此种格式即本于魏晋南北朝僧徒合本子注之例，诚不可易。（见《读洛阳伽兰记书后》。）今就以上所举例证，重为画分，虽未必能还杨书之旧观，但藉此以明杨书之体例，并使上下文句条贯统序，亦未始无用也。

【附注】赵万里先生见告：“如隐堂本盖为长洲人陆采所刻。范氏天一阁藏书中有采所著《天池山房小稿》，内有如隐草堂之名，此《伽兰记》之板刻字样正类苏州刻本，故疑为陆采所雕。”今案如隐草堂四字见《小稿》壬辰稿卷末。采为嘉靖进士陆粲之弟，从都穆学古文词，于文喜六代，为诸生累试不第。详冯桂芬《苏州府志》卷八十六。

李阳冰事迹考

唐代精于书法者颇多。言行楷，则推欧阳询、虞世南、褚遂良、颜真卿、陆柬之、徐浩；言草法，则推张旭、怀素、裴行俭、孙虔礼；言分书，则推韩择木、韩秀实、史惟则、张从申；前后踵继，耀质含章，可谓极一时之盛。至于篆法，非若行楷之习用，故能之者寡，惟李阳冰独精于此。点画竦桀，风骨特秀，是以名噪一时，至今人犹称之。馀若王缙、瞿令问、李康诸人，则其流亚耳。

阳冰，两《唐书》无传，《新唐书·宰相世系表》赵郡李氏下有其名，官将作少监，是阳冰为赵郡人也。阳冰者，盖取"阳冰不冶"之义。其平生事迹，正史所载者至少。惟《新唐书》卷二百二《萧颖士传》云："颖士乐闻人善，以推引后进为己任。如李阳、李幼卿、皇甫冉、陆渭等数十人，由奖目皆为名士，天下推知人。"案幼卿等皆知名之士，独李阳无称，窃疑此李阳盖为李阳冰之误，传写者误夺冰字耳。又同卷《李白传》云："李阳冰为当途令，白依之。"其事迹见于正史者仅此。然唐宋两代论书之作，则颇有记载。一为唐窦臮《述书赋》，一为宋濬溪隐夫《续书断》，一为宋

《宣和书谱》。窦氏《述书赋》云：

通家世旧，赵郡李君，峄山并芬，宣父同群。洞于字学，古今通文。家传孝义，意感风云。

其兄窦蒙注云：

阳冰，赵郡人。父雍门，湖城令，家世住云阳承日门作尉。阳冰兄弟五人，皆负词学，工于小篆。初师李斯峄山碑，后见仲尼吴季札墓志，便变化开合，如虎如龙，劲利豪爽，风行雨集，文字之本悉在心胸，识者谓苍颉后身。弟澥，澥子腾，冰子均，并词场高迈。幼子曰厂，勤学孝义，以通家之故，皆同子弟也。

此云"家世住云阳"，《唐书·地理志》云阳属关内京兆府，今之陕西泾阳县北。考《唐书宰相世系表》，雍门父名怀一，官晋阳尉，与此有异。此云"阳冰兄弟五人"，《世系表》仅书三人，伯曰湜，仲曰澥，季即阳冰。澥为阳冰之兄，此则称之为弟，未审孰是。

《宣和书谱》云：

阳冰，字少温，赵郡人，官至将作少监。善词章，留心小篆迨三十年。初见李斯峄山碑与仲尼延陵季子字，遂得其法，乃能变化开合，自名一家。推原字学，作《笔法论》，以别其点画。……其自许慎至是作《刊定说文》三十卷，以纪其学，人指以为苍颉后身。方时颜真卿以书名世，真卿书碑，必得阳冰题其额，欲以擅连璧之美，盖其篆法妙天下如此。议者以"虫蚀鸟迹"语其形，“风行雨集”语其势，“太阿龙泉”语其峻，实不为过论。有唐三百年以篆称者，唯阳冰独步。

此语大半本之于《续书断》。《续书断》下《李阳冰传》云：

李阳冰，赵郡人，好古，善属文。尝令当途，李白往依之，赠以诗曰：“落笔洒篆文，崩云使人惊。吐辞又炳焕，五色罗华星。”历集贤院学士，晚为将作少监，韩退之称曰“李监”是也。阳冰篆品入神，自秦李斯以苍颉史籀之迹变而新之，特制小篆，备三才之用，合万物之变，包括古籀，孕育分隶，功已至矣。历两汉魏晋至隋唐逾千载，学书者惟真草是攻，穷英撷华，浮功相尚，而曾不省其本根，由是篆学中废。阳冰生于开元，始学李斯峄山碑，后见仲尼吴季札墓志，精探小学，得其渊源。遍观前人遗迹，以谓未有点画，但偏旁模刻而已。尝叹曰：“天之未丧斯文也，故小子得篆籀之宗旨。”其以书为己任也如此。当世说者皆倾伏之。以为其格峻，其气壮，其法备，又光大于秦斯矣。盖李斯去古近而易于习传，阳冰去古远而难于独立也。雅好书石，鲁公之碑，阳冰多题其颜。观其遗刻，如太阿龙泉，横倚宝匣；华峰崧极，新浴秋露；不足为其威光峭拔也。或谓之苍颉后身。尝贻书李大夫，愿刻石作篆，备书六经，立于明堂，为不刊之典，号曰大唐石经，使百代之后无所损益。是时四方乱杂，执政者以为迂，而阳冰之志不克就，后之人将安师仰乎？惜哉！舒元舆尝得阳冰真迹，在六幅素上，见虫蚀鸟步，痕迹若屈铁石，陷入屋壁；霜画熠著，疑龙蛇骇解，鳞甲活动，皆飞去。且赞之曰：“斯去千年，冰生唐时；冰复去矣，后来者谁？后千年有人，谁

> 能待之？后千年无人，篆止于斯！”自阳冰后，虽徐风所激，学者不坠，然未有能企及之者。

传中所言，诚详于《述书赋》及《宣和书谱》，然多论阳冰篆法之精妙，于其平生事迹亦不委细。今揭橥二事，补疏于后：

（一）仕履　据史书所记阳冰之仕履有二：一为当途令，一为将作少监。然其在任之年载不详。今自阳冰所书碑刻及其遗文考之，其为当途宰，盖在宝应初以迄永泰之间。阳冰《李翰林（白）集序》云：“阳冰试弦歌于当途，心非所好。公遐不弃我，乘扁舟而相顾。临当挂冠，公又疾亟，草稿万卷，手集未修，枕上授简，俾予为序。”序题应元年十一月（公元762），时阳冰正为当途宰。是年代宗即位，明年改元为广德，越二年改元为永泰。及永泰元年（公元765），裴鹥于武昌洲岛造“怡亭”，阳冰曾为之篆铭，是年盖已秩满而去当途矣。然前此尝为处州缙云令。缙云有《城隍庙碑》，为乾元二年（公元759）阳冰撰并书，记祷雨于城隍事。又《集古录目》有《重修孔子庙像碑》，亦阳冰所撰，以上元二年七月（公元761）刻于缙云。此二者，皆其为令宰时所作，其年月甚明。尔后乃退居吏隐山（《集古录目》有《吏隐山记》，亦阳冰文），未久，殆即迁官当途矣。至其为将作少监，除《唐书》外，并见后蜀林罕《字源偏旁小说序》及宋释梦英《说文篆隶偏旁字源碑》。然阳冰所书石刻中题称将作少监者，惟见《咸宜公主碑》。《集古录目》四云：“唐咸宜公主碑，鄜坊节度掌书记武元衡撰，苏州常熟令袁中孚书，将作少监集贤院学士李阳冰篆额，碑以兴元元年立（公元784）。”然前此已为集贤院学士及国子丞。《集古录目》有《唐刺史裴儆碣》，题集贤院学士李阳冰篆额；《宝刻丛编》卷十三引《复斋碑录》云：“大历八年立（公元773）。”今陕西西安碑林又有《颜惟贞庙碑》，为颜真卿所撰(即颜氏家庙碑)，立于德宗建中元年七月(公元780)，亦题集贤院学士李阳冰篆额。集贤院学士，盖为当途令秩满北归后所擢任者也。又河南博物馆藏石中有《唐崔祐甫墓志》，题国子丞李阳冰篆额；祐甫之葬，在建中元年十一月廿四日，其碑盖即立于是年之冬(公元780)。《集古录目》有《王密德政碑》，以建中二年十月立(公元781)，题国子监丞李阳冰篆额，与崔志官职亦同。是则阳冰既为集贤院学士，又尝领国子丞也。考其北归之年月，盖在代宗大历之初。今陕西碑林有《李氏掮先茔记》及《三坟记》，皆阳冰为李适子季卿所书，大历二年刻石(公元767)，是其明证。其为集贤院学士，即在大历中，与前之通习古文之卫包(于天宝间亦为集贤院学士)后先辉映，足相媲美。至其为将作少监，即在为国子丞之后，盖终于是官，故《唐书·宰相》世系表如是题，而韩愈《科斗古文记》亦称之为"李监阳冰"也。如是言之，则阳冰之仕履，盖当肃宗乾元之初为处州缙云令，宝应初迁宣州当途令，代宗大历中擢集贤院学士，建中初领国子丞，兴元初以将作少监致仕。此皆由碑刻考覈而知者。

然阳冰平生所为官职，殆尚不止此。《集古录目》有李腾《说文字源》，云："唐义成军节度使贾耽撰序，前扬府户曹参军徐琇书，秘书少监李阳冰重修汉许慎说文字源，阳冰从子检校祠部员外郎腾篆"；而《广川书跋》卷八《琴铭》下亦称阳冰为李秘监；据此似阳冰且尝为秘书少监矣。惜腾碑不存，已无可考。又《广川书跋》卷十《颜泉记》下复称阳冰尝为淄川尉，此又似当在为缙云令之前，今亦不详。是则阳冰生平所历官职甚多，而元熊朋来《经说》乃谓阳冰仕不过邑宰，岂非失考？

(二)遗事　阳冰之遗事，可考者不多。乾元二年阳冰为缙云令，后迁当途令，李白自夜郎被赦归，东遊金陵，因往依之，卜居青山之麓。未久，卒于当途。阳冰乃哀其遗稿为之序以传之，此一事也。白集有《献从叔当途宰阳冰诗》云：

金镜霾六国，亡新乱天经，焉知高光起，自有羽翼生。萧曹安屼岏，耿贾摧欃枪。吾家有季父，杰出圣代英，虽无三台位，不借四豪名。激昂风云气，终协龙虎精。弱冠燕赵来，贤彦多逢迎，鲁连善谈笑，季布折公卿。遥知礼数绝，常恐不合并，惕想结宵梦，素心久已冥；顾惭青云器，谬奉玉樽倾，山阳五百年，绿竹忽再荣。高歌振林木，大笑喧雷霆，落笔洒篆文，崩云使人惊；吐辞又炳焕，五色罗华星，秀句满江国，高才掞天庭。宰邑艰难时，浮云空古城，居人若薙草，扫地无纤茎；惠泽及飞走，农夫尽归耕。广汉水万里，长流玉琴声，雅颂播吴越，还如太阶平。小子别金陵，来时白下亭，群凤怜客鸟，差池相哀鸣，各拔五色毛，意重太山轻，赠微所费广，斗水浇长鲸。弹剑歌苦寒，严风起前楹，月衔天门晓，霜落牛渚清，长叹即归路，临川空屏营！

据是可知其人气度轩朗，言辞博辩，接友以仁，亦足称矣！

又《续书断》云，阳冰曾上书李大夫请立大唐石经，朝廷未如所请，此二事也。惟其上书之李大夫为谁，前人皆无所考。今案《唐文粹》卷八十一载其书曰：

阳冰志在古篆殆三十年，见前人遗迹，美即美矣，惜其未有点画，但偏旁模刻而已。缅想圣达立制造书之意，乃复仰观俯察六合之际焉。于天地山川得方圆流峙之形，于日月星辰得经纬昭回之度，于云霞草木得霏布滋蔓之容，于衣冠文物得揖让周旋之体，于须眉口鼻得喜怒惨舒之分，于虫鱼禽兽得屈伸飞动之理，于骨角齿牙得摆拉咀嚼之势，随手万变，任心所成，可谓通三才之气象，备万物之情状者矣。常痛孔壁遗文、汲冢旧简，年代浸远，谬误滋多。蔡中郎以丰同豊，李丞相将束为宋，鱼鲁一惑，泾渭同流，学者相承，靡所迁复。每一念至，未尝不废食雪泣，揽笔长叹焉。天将未丧斯文也，故小子得篆籀之宗旨。皇唐圣运，逮兹入叶，天生克复之主，人乐惟新之令，以淳古为务，以文明为理。钦若典谟，畴兹故实，诚愿刻石作篆，备书六经，立于明堂，为不刊之典，号曰"大唐后经"，使百代之后无所损益，仰明朝之洪烈，法高代之盛事，死无恨矣！阳冰年垂五十，去国万里，家无宿舂之储，出无代步之乘，仰望紫极，远干丹霄。若溘先犬马，此志不就，必将负于圣朝，是长埋于古学矣。大夫衔命北阙，抚宁南方，苟利国家，专之可也。伏望处分。令题简牍，及到主人，寒天已暮，暗烛之下，应命书之。霜深笔冷，未穷体势。倘归奏之日，一使闻天，非小人之己务，是大夫之功业。可否之事，伏惟去就之。阳冰再拜。

此称"阳冰年垂五十，去国万里"，又云"大夫衔命北阙，抚宁南方"，则此书必作于江南。书又称"皇唐圣运，逮兹入葉"是其时又为肃宗之世也。考肃宗乾元元年十二月置浙江西道节度使，领越、睦、衢、歙、饶、江、苏、常、杭湖十州，治昇州，以昇州刺史韋黄裳为之。又置浙江东道节度使，领越、睦、衢、婺、台、明、处、温八州，治越州，以户部尚书李峘为之，兼淮南节度使(见《通鉴》卷二百二十)。李峘太宗第三子吴王恪之孙。《旧唐书》卷一百十二本传云："玄宗幸蜀，峘奔赴行在，除武部侍郎，兼御史大夫。上皇(即玄宗)还京，为户部尚书，乾元初兼御史大夫，持节都统淮南江南江西节度宣慰观察处置等使。”案阳冰书中既称之为李大夫，又云衔命北阙，抚宁南方，则其为李峘无疑。乾元初阳冰方为缙云宰，缙云属处州，正为李峘所节度，故得以上书自陈。然李大夫者，于上元元年(公元760)为刘展所败，广德元年(公元763)遂死于袁州，阳冰欲立石经之意，恐亦不得上达。

又李士训《记异》云：“大历初予带经锄瓜于灞水之上，得石函，中有绢素古文《孝经》一部，二十二章，壹仟捌佰柒拾贰言。初传与李太白，白授当途令李阳冰，阳冰尽通其法，上皇太子焉。”(见郭忠恕《汗简》卷七引)然韩愈《科斗书后记》云：“贞元中愈事董丞相幕府，于汴州识开封令服之。服之者，阳冰子，授予以其家科斗书《孝经》、卫宏《官书》两部，合一卷，愈宝蓄之，而不暇学。后来京师为四门博士，识归公。归公好古书，能通合之。愈曰：古书得据依，盖可讲。因进其所有书属归氏。”是阳冰未尝以古文《孝经》上之皇太子也。士训之言，盖为虚妄。惟据退之所称，则阳冰既精于秦篆，复兼习古文，抑又可知。此三事也。

其平生事迹可知者仅此。至于生卒之年，已不得其详。《唐文粹》卷七十七载舒元舆《玉筋篆志》，谓“阳冰生皇唐开元天子时”，其言当不误。今考阳冰上李大夫论古篆书既为乾元二年(公元759)所作，其自道年垂五十，溯其生年，则在开元之初也。至其卒年，载记皆无明文。今据其所书碑刻年月考之：崔祐甫墓志为建中元年(公元780)所书，王密德政碑为建中二年(公元781)所书，元鲁山碑碣为建中四年(公元783)所立，咸宜公主碑为兴元元年(公元784)所立，此后不复有作，则其卒当在贞元之初矣。年寿当在七十以上。

李氏篆书于唐代最享盛名，凡丰碑大碣，多请阳冰为之篆额。《续书断·阳冰传》称："阳冰雅好书石，鲁公之碑(谓颜真卿所书)，阳冰多题其颜。"韩择木传云："择木当肃代世以八分得名，时(原作是，误。)韩云卿以文显，李阳冰以篆显，择木以八分显，天下欲铭其先人功者，不得此三人，不称三服。"(此本韩愈《科斗书后记》)唐人重视阳冰之篆书于此可见。考其平生所书碑刻至多，历来金石书籍如《集古录目》、《金石录》、《宝刻丛编》、《金石萃编》、《八琼室金石补正》、《关中金石文字存逸考》等书所著录者将近四十种，然今日亡佚者几居其半。今之所存亦有托李氏之名，而非李氏所书者，亦有非唐代原石，而为后人所摹刻者，皆不复详记矣。

胡三省生卒行历考*

胡三省，宋元史俱无传，钱大昕《疑年录》以为生于宋绍定三年庚寅(公元 1230)，卒于元至元二十四年丁亥(公元 1287)。外舅余丈季豫为《疑年录稽疑》云："案宋宝祐四年登科录第五甲，第一百二十一人，胡三省，字景参，年二十七。以此推之，正当生于绍定庚寅。《宋元学案》卷八十五云：'史失其传，不知卒于何时。'钱氏此条所记年寿及卒年，未详见于何书。考袁桷《清容居士集》卷四十三《祭胡梅磵文》，不署年月。其卷三十三《师友渊源录》云：'胡三省，天台人，宝祐进士，释《通鉴》三十年，兵难稿三失，乙酉岁(至元二十二年也，胡氏《通鉴注序》末题旃蒙作噩即是年。)留袁氏塾，日手抄定注，己丑寇作(公元 1289)，以书藏窖中得免。'全祖望《鲒埼亭集外编》卷十八《胡梅磵藏书窖记》云：'南湖袁学士桥，清容之故居也。其东轩有石窖焉，予过而叹曰：此梅磵藏书之所也。'就二书之言观之，则梅

* 本文原稿曾呈陈援庵师审正，原题"胡三省"作"胡身之"，先生亲笔改订为"胡三省"。是时同居于北平，先生方著《通鉴胡注表微》，即以本文所考录入。

硐方于至元二十六年己丑自藏其书，安得先卒于二十四年耶？钱氏必有所据，姑志所疑，以俟再考。”

今案钱氏定胡氏卒年在元至元二十四年丁亥者，盖据《通鉴释文辨误》自序耳。序作于元至元丁亥春，钱氏殆以是年成书之后，胡氏不久即逝，故率尔以此为其卒年，实则非也。考陈著《本堂集》卷七十九，有《与胡景参书》，文中有‘余七十八岁老翁’之语，案陈氏生于宋嘉定七年(公元1214)，此书之作当为元至元二十八年(公元1291)，其时胡氏尚健，是不得谓之卒于二十四年也。此其一。又同书卷三十六，有《赠甥胡幼文还侍序》一文，为八十三岁时所作。胡幼文者，即景参第四子，本堂季女之婿，以其偕妇来甬上，将归天台，故为序以赠之。题称还侍，则景参犹在也。而本堂为此文时，当元元贞二年丙申(公元1296)，则景参之卒又当在此以后矣。此其二。然余颇疑钱氏尝引《本堂集》以考王伯厚之生年，独于景参之卒年失考，何也？今检光绪《宁海县志》卷二十艺文内编墓碑类，据胡氏家乘载其子幼文所作墓碑，述其生卒年月甚详。云：“公生于宋宝庆六年庚寅四月癸亥(公元1230)，卒于大德壬寅正月戊午，享年七十有三。”是景参卒于大德六年也(公元1302)。宝庆六年，即绍定三年，与钱录无异；而卒年乃相差15年之久，微墓碑，则无由得知矣。此碑板有补于史乘者也。

至其出处行历，亦惟墓碑所载为详。碑云：

> 先生讳三省，字身之，旧字景参，世居台之宁海。曾大父讳友闻，妣汪氏，大父讳顷，妣王氏，父讳钥，赠奉议朗，妣周氏，赠安人。公生于宋宝庆六年庚寅四月癸亥。年十六，奉议公卒，居丧尽礼，以孝闻。登宝祐丙辰第，调吉州泰和尉，以亲老不就，改庆元慈溪尉。刚直不阿，忤郡守罢去。外会有以文学行

谊荐者遂授扬州江都丞。咸淳丁卯三年(公元1267)差充寿春府府学教授，佐淮东幕府，考毕及格，改奉议郎，知江陵县。丁母忧，服阕，改知安庆府淮宁县。甲戌(公元1274)差充主管沿江制置司机宜文字，官至朝奉郎。自是隐居二十余年，屏谢人事，日著书为乐。既老，自号知安老人，扁所居堂为“逸老”。晚营寿域，去舍南数十武，筑室扁曰‘读书林’，与诸孙徜徉其中。宾至，命酒赋诗，怡怡如也。旧注司马公《通鉴》，中经散逸，购求他本为注解，手目抄录，虽祁寒暑雨不废。诸子以年高不宜为言，则曰吾成此书，死而无憾。间一日晨兴，言笑自若，忽曰：“吾其止此乎”？寝至三日，奄然大故。时大德壬寅正月戊午也，享年七十有三。呜呼痛哉！娶同里张氏安人。子男五：长文、仲文、季文、幼文、穉文。长文、仲文、先公卒；季文哭公哀毁，亦卒。女一：婉，早夭。孙男十四：世儒、世仕、世俊、世杰、世任、世传、世佐、世俨、世俌、世伲、世偕、世佺、世仁。(此仅得十三人，盖修志时抄撮有误。)所居狭小，涧旁多古梅，世称公为梅硐先生云。注《通鉴》二百九十四卷，《通鉴释文辨误》十二卷，《通鉴小学》一卷，《竹素园稿》一百卷。幼文等不孝忍死，于大德癸卯十二月己酉奉柩而窆，从先志也。葬日薄□，未能求铭当世，姑叙岁月纳诸圹。孤子幼文泣血拜谨识。

观此，则梅涧之出处行历皆可知矣。惜乎生于宋季国事日非之际，虽从军江上，而不为贾似道所重。元人既至，兵不能守，未三四年而国亡。虽则避居山野，发愤著书，以期自见于后世，然其悲怆愤惘之情，固有难以言谕者。是以袁桷祭梅涧之文曰：“江上之策，不行于老奸，蒙昧草野，避声却影，年运而往，知吾道之愈难，写心声之悲愤，听涧水之潺潺，阴阳倚伏，何得而非辱？何失而非福？匪历代消长融会胸臆，其何能若是之蕴穀。”又《过扬州忆旧诗》之六云：“四城赋拟张衡丽，十鉴书同贾谊哀，（原注公有《四城赋》、《江东十鉴》）腹里春秋纳云梦，案头今古起风雷。青衫不受折腰辱，（原注旧尉慈溪为郡守厉文翁劾去）白眼岂知徒步回？（原注乙亥间道归里）舟泊城南更回首，寒风吹泪下天台！”（原注此诗属胡怀宁三省。见《清容居士集》卷十一。）盖记实也。

《江东十鉴》及《四城赋》，当在《竹素园稿》中，今文稿不传，所传者惟《通鉴注》及《通鉴释文辨误》而已。《通鉴注》为其毕生精力之所萃，其自序云：“宝祐丙辰出身进士科，大肆其力于是书，为广注九十七卷，著论十篇。咸淳庚午（公元1270）从淮壖归杭都，延平廖公见而韪之，礼致诸家，俾雠校《通鉴》以授其子弟，为著‘雠校通鉴凡例’，廖转荐之贾相国，德祐乙亥（公元1275）从军江上，言辄不用。既而军溃，间道归乡里。丙子（公元1276）浙东始骚，避地越之新昌，师从之以孥免，失其书。乱定反室，复购得他本为之注，迄乙酉冬（至元二十二年，公元1285）乃克彻编。”是前后阅时十数载，始成定本，前辈著书用力之勤，于此可见。惟当其馆于袁氏，手抄定注之时，王深宁亦居甬上，方作《通鉴答问》及《通鉴地理释》，二子虽未相质正，而所为者正同，岂非皆深尝忧患，愤嫉国亡，犹念念然欲藉此以求理乱兴衰之故而适然与？

先生既卒，其子幼文亦隐居不仕，能守其父志。然未七十年而元灭，所谓剥久必复者也。其曾孙胡义冕，明洪武中授承事郎，除河南渑池县尹，后为将仕郎，仕湖广当阳县尹，终于任所。亦见《宁海县志》，宜附及之，以其为贤者之后云。

1943年6月

宋亡后仕元之儒学教授

一 宋亡后元之搜访遗逸

宋自南渡后，中原非无恢复之望，顾以君主柔懦，政纲弛坠，故无由振奋。其忠謇之臣，虽屡谋匡复，然奸佞用事，竟不能各展其才，为国效命。徒见其垂亡而不得救，是可叹也。

于时士大夫不幸生逢其世，日处于忧患之中，进无以拯危纾难，退不得远逝以自疏，劳心忉忉，惟有克己自守，躬行实践，养廉耻，厚士习为务。故自渡江以后，学官月讲，必以《春秋》，以此为复仇之书，不敢废也。推其意，盖使为乱臣贼子者增惧，使用夏变夷者加劝焉耳。（见戴表元《剡源文集》卷七《春秋法度编序》）及至教道深结于人心，然后志士死节，子弟死孝。往日儒者之大用，端在乎是矣。

然自度宗以后，国步愈艰。内无贤相，外无良将。及元人南侵，首失襄樊。于是鄂饶二州，相继沦没。且长江一水，中流荡然，全无备御，及其捣虚直冲而下，则惟有土崩瓦解，破败无存耳。故至德祐乙亥冬，乃议纳土，赍降表，奉使燕京矣。于时百姓流进，士族歼尽，其间士大夫从容就义、临难死节者尤多。自古国亡，丧灭之惨痛，未有如是者也。

元人既平江南，乃籍宋太庙礼乐器及秘书省、国子监、国史院、太常寺之图书、祭器、乐器等物，同时并诏访逸才。元世祖至元十三年二月诏曰："前代圣贤之后，高尚儒医十筮，通晓天文历数，并山林隐逸名士，仰所在官司具以名闻。"(《元史》卷九《世祖纪》)十八年诏亦如之。(见《元史》卷八十一《选举志》)是时江南儒臣多有出仕新朝者，如留梦炎、王虎臣、谢昌元之徒，均为尚书是也(见延祐《四明志》及袁桷《清容居士集》卷三十三《师友渊源录》)。至元二十一年阿鲁浑萨里复劝世祖以儒术治天下，宜招致山泽道艺之士以备任使。帝纳其言，置集贤馆以待之。(《元史》卷一百三十本传)二十三年复令侍御史行御史台事程文海与行台官至江南博采知名之士(《元史》卷十四《世祖纪》)，当时被召之人乃多。

《元史》卷一百七十二程钜夫(文海)传云：

> 至元二十四年奉诏求贤于江南，帝素闻赵孟藡、葉李名，钜夫临当行，帝密谕必致此二人。钜夫又荐赵孟頫、余恁、万一鹗、张伯淳、胡梦魁、曾晞颜、孔洙、曾冲子、凌时中、包铸等二十余人，帝皆擢置台宪及文学之职。

至元二十七年，程世京所撰《程雪楼(钜夫)年谱》亦云：

> 至元二十三年三月，诏公赍汉字诏书乘驲求贤江南，四月诏遣葉李、赵孟藡赴阙，公遂遍历诸郡，广求贤俊。二十四年春率所荐赵孟頫、张伯淳二十余人赴阙复命。

案钜夫奉诏搜求贤才，中书通事舍人帖木儿不花偕行，（见《赵孟頫松雪斋集》卷八《故处士王公墓志铭》）被征而起之士，似皆欲以行道自许，实则不肯肥遯自甘者也。《元史》卷一百七十三《葉李传》云：

> 李，杭州人，少有奇质，从学于太学博士义乌施南学，补京学生。宋亡，隐富春山。江淮行省及宣宪两司争辟之署苏杭常等郡教授，俱不应。至元十四年，世祖命御史大夫相威行台江南，且求遗逸，以李姓名闻。世祖大悦，即授奉训大夫，浙西道儒学提举。李闻命欲遁去，而使者致丞相安童书有云："先生在宋以忠言谠论著称，简在帝心，今授以五品秩。士君子当隐见随时，其尚悉心以报殊遇！"李乃幡然北向再拜曰："仕而得行其言，此臣夙心也。敢不奉诏！"二十三年程文海奉命搜贤江南，李至京师，授资善大夫尚书左丞。

夫李为使者甘言所动，乃即翻然北面，利禄害人之深，于此可见。至云仕而得行其言，是其夙心者，则文饰之词耳，何可信哉！袁桷有云："君子之出也，大言以行道者，夸诬之流也。"（《清容居士集》卷二十三《送邓善之应聘序》）殆即为李而发叹欤？考当时与李偕行者，除程钜夫传所云，尚有吴澄（见《元史》卷一百七十一澄传）朝廷皆擢以不次之位。李为尚书左丞；赵孟頫为兵部郎中，入直集贤，澄擢应奉翰林文字；张伯淳则授杭州路儒学教授，迁浙东道按察司知事（并见《元史》本传）；曾冲子授福建提刑佥事（见清包发鸾修《南丰县志》卷十九）。二十五年再下诏求贤，则胡长孺应荐至京师，待诏集贤；既而召见内殿，拜集贤修撰。（见《元史》一百九十本传）二十八年诏复求隐晦之士，俾有司具以名闻(《元史》卷八十一《选举志》)，盖如是不惮其烦也。

至成宗大德二年，邓文原复由杭州路儒学正调崇德州教授，被征入京师，(见《剡源文集》卷十四《送邓善之序》)五年擢应奉翰林文字。袁桷亦于大德初因阎复、程文海、王构荐，为翰林国史院检阅官。(并见《元史》卷一百七十二本传)大德九年既再诏求山林间有德行文学识治道者(见《选举志》)，至仁宗延祐元年复敕各省平章为首者及汉人省臣一员专意访求遗逸，苟得其人，先以名闻，而后致之。(见《元史》卷二十五《仁宗纪》二)直至是年八月复科举，下诏求贤之事乃希。

盖自至元十三年迄仁宗延祐元年，三十八年之间，无日不搜访遗献，虽若求贤以光治道，实则网罗士流，收拾人心，以塞乱源耳。甚且小人之得志者，欲陷他人于不义，更举其所知以告有司；有司方藉此以邀功，则尤可哀矣。宋史卷四百二十五《谢枋得传》云：

> 至元二十三年集贤学士程文海荐宋臣二十二人，以枋得为首，辞不起。……二十五年，福建行省参政管如德将旨如江南，求人才，尚书留梦炎以枋得荐；枋得遗书梦炎曰："江南无人材，求一瑕吕饴甥、程婴、杵臼厮养卒，不可得也。……夫女真之待二帝亦惨矣，而我宋今年遣使祈请，明年遣使问安；王伦一市井无赖狎邪小人，谓梓宫可还，太后可归，终则二事皆符其言。今一王伦且无之，则江南无人材可见也。今吾年六十余矣，所欠一死耳，岂复有它志哉?"终不行。……福建行省参政魏天祐见时方以求材为急，欲荐枋得为功，使其友赵孟迦来言，枋得骂曰："天祐仕闽，无毫发推广德意，反起银冶病民，顾以我辈饰好邪?"及见天祐，又傲岸不为礼，与之言，坐而不对。天祐怒，强

之而北。

是知异族之搜访遗逸，固别有用心，而夫己氏复以此阿宠取誉，独何心哉？若留梦炎者，世祖已薄其为人，（见《元史》赵孟頫传），其为虎作伥者，尤可鄙矣。

二　元之儒官及出仕之山长学正

元人虽累年搜访逸才，宋之士大夫洁身自好不为名利所动者至多。或杜门谢客，或窜伏草莽，以保西山之节。甚且毁儒服、裂冠冕，逃归释老，以避其锋，如刘辰翁、郭以南（见《剡源文集》卷十四《送郭以南为道士北游序》）者是也。至于起而应征者，盖皆倾慕荣华，苟合干进者流。《剡源文集》卷十四《送子仪上人北游序》云：

> 自中州文轨道通，而东南岩氓岛客无不有弹冠濯缨之想，彼诚郁积久，而欲肆其扬扬者也。然不能无所诱焉。

又同卷《送邓善之序》云：

> 大德戊戌春，巴蜀邓善之以才名被征，将祇役于京师。于时甘泉近臣，乘缅而致词，瀛洲仙官，扬镳而先途。友朋星罗，从徒蚁奔。扳末光，附馀声之士饯善之于郊者，退而无不颂善之于家曰："嘻乎伟哉！善之其果能去此而行其志也乎哉！"

如是可知当时扳名附势者亦大有人在，不仅程雪楼所荐诸人而已。王奕《玉斗山人集》卷二《拜祖庭归途有感》云：

> 少小从师读鲁书，几回掩卷想风雩，得游邹鲁圣贤地，谁创华夷道德途？地势虽然有离合，脚跟却莫放模糊！不知江右明经士，曾识春秋两字无？

又赵文《青山集》卷七《相扑儿》云：

> 一儿攀肩猿上枝，一儿接臂倒立之。立者忽作踞地伏，攀者引头立其足。飞跳倏忽何轻翻，怜尔骨节柔如绵。少年屈折支体软，红锦缠头酒论碗。此儿巧捷未足称，江南何限无骨人！

盖皆有感而发。则当时应新朝之聘，不远数千里走京师以取朱紫者，莫非倖进之徒也，宜乎为众人所讥讪。然亦有起家为书院山长、县学教谕、州路儒学教授、儒学学正、及行省儒学提举者，是又在为公卿外而掌学务者也。

考州县之立学校官，起源甚早，而宋之州郡立学，则始于仁宗庆历四年，《通考》卷六十三学校条云：

> 庆历四年诏诸路州军监各令立学，学者二百人以上许更置县学，于是州郡不置学者鲜矣。又置教授，以三年为一任，以经术行义训导诸生，委运司及长史于幕职州县官内荐教授，或本处举人学有德艺者充。当时虽置教授，或用兼官，或举士人，委于曹司，而未隶朝廷也。熙宁六年诏诸路学官并委中书门下选差，至是教授始命于朝廷矣。

是州县有学，自宋仁宗始，教授命于朝廷，自神宗始也。

至宋南渡以后，北方府学则多废堕。及元世祖中统二年九月始诏立诸路提举学校官。后王鹗复请于各路选委博学老儒一人提举本路学校，因立十道提举学校官。（见《元史》卷一六〇《王鹗传》）至元二十八年又命江南诸路学及各县学内设立小学，选老成之士教之。县学内则设有教授、学正、山长、教谕之职。《元史选举志》云：

凡儒师之命于朝廷者曰教授，路府上中州置之。命于礼部及行省及宣慰司者曰学正、山长、学录、教谕，路州县及书院置之。路设教授、学正、学录各一员，散府上中州设教授一员，下州设学正一员，县设教谕一员，书院设山长一员。中原州县，学正、山长、学录、教谕并受礼部付身。各省所属州县，学正、山长、学录、教谕并受行省及宣慰司劄付。……教授之上，各省设提举二员。正提举从五品，副提举从七品，提举凡学校之事。

又卷九十一《百官志》云：

儒学提举司，秩从五品，各处行省所署之地皆置一司，统诸路府州县学校、祭祀、教养、钱粮之事，及考校呈进著述文字。

儒学教授，秩九品，诸路各设一员，及学正一员，学录一员。其散府上中州亦设教授一员，下州设学正一员。

元代学官之制度盖如此矣。而宋之遗民出仕为学官者，就史传考之不下十数人。

其为山长而著名者，得三人焉，曰黄泽、曰曹泾、曰胡炳文。

黄泽、字楚望，资州人。《元史·儒学传》云："泽生有异质，慨然以明经学道为志。好为苦思，屡以成疾。疾止复思，久之如有所见，作颜渊仰高钻坚论。蜀人治经，必先古注疏，泽于名物度数考核精审，而义理一宗程朱，作《易》、《春秋》二经解，二礼祭祀述略。大德中江西行省相臣闻其名，授江州景星书院山长，使食其禄以施教。又为山长于洪之东湖书院，受学者益众。至正六年卒，年八十七。"(公元1260—1346)。

曹泾，字清甫，休宁人。《宋元学案》卷八十九云："泾，八岁能通诵五经。咸淳戊辰丙科，授昌化主簿。博学知名，马端临尝师事之。入元为紫阳书院山长，卒年八十有二。"(亦见清吴坤修《安徽通志》卷二百十九)

胡炳文，字仲虎，婺源人。《宋元学案》卷八十九云："父孝善先生斗元，从朱子从孙小翁得《书》、《易》之传。先生笃志家学，又潜心宋子之学，上溯伊洛，以达洙泗渊源，靡不推究。仁宗延祐中以荐为信州道一书院山长，调兰溪学正，不赴。至大间，其族子淀为建明经书院，以处四方来学者。儒风之盛，甲东南。所居面山，世号雲峰先生。"(亦见《元史·儒学传》，略有异同，今从《学案》。)

其为学正者得一人焉，曰刘应龟。《金华黄先生文集》卷三《山南先生行述》云："应龟，字元益，世为婺之义乌人，少恢疏，常落落多大志。宋咸淳间游太学，马丞相(廷鸾)高其材，将女焉，先生不可逎已，由是名称藉甚。于时同舍生或取高弟，而先生故为博士弟子员。值德祐失国，乃返耕，筑室南山之南，卖药以自晦。居久之，会使者行部，知先生贤，强起以主教乡邑，先生始幡然出山即席，于是至元二十有八年矣。终更调长月泉，有司以累考合格，上名尚书，铨曹谬以年未及，出其名，复俾正杭学。明年遂以疾卒于家，寿六十四。大

德十一年八月二十日也。”(事迹亦见《元诗选》癸之甲)

案山长与学正皆非朝廷命官，虽为有司所推举，然任之者均以训迪后学为务，不足病也。相传鄞王应麟入元亦曾为山长，明儒颇有讽议之者，而全谢山《鲒埼亭集外编》卷二十九《宋王尚书画像记》云：“先生应元人山长之请，史传、家传、志乘诸传皆无之，不知其所出。然即令曾应之，则山长非命官，无所屈也。箕子且应武王之访，而况山长乎?”由是观之，仕山长与学正，其职若兮之县立小学校长，亦无庸深讥矣。

三　出仕之儒学教授

至于遗民之为教授而著名者，则有十人焉。曰戴表元、牟应龙、赵文、刘壎、仇远、马端临、欧阳龙生、熊朋来、傅定保、张观光。

戴表元，见《元史·儒学传》。生于宋理宗淳祐四年，卒于元武宗正大三年。(公元1244—1310)传云：“表元，字帅初，一字曾伯，庆元奉化州人。咸淳中入太学，以三舍法升内舍生。既而试礼部第十人登进士乙科，教授建宁府。后迁临安教授，行户部掌故，皆不就。大德八年，表元年已六十余，执政者荐于朝，起家拜信州教授。再调教授婺州，以疾辞。初，表元闵宋季文章骫骳已甚，慨然以振起斯文为已任。至元大德间，东南以文章大家名重一时者，唯表元而已。年六十七卒。有《剡源集》行于世。”(此本于袁桷《清容居士集》卷二十八《戴先生墓志铭》)

其所撰自序称：“生于淳祐甲辰，辛未春试南省，中第十名。五月对策，中乙科，赐进士及第。乙亥春，以故归旧庐，会兵变，走避邻郡。及丁丑岁兵定归鄞，至是三十四岁矣。家素贫，燬劫之余，衣食益绝，乃始专意读书，授徒卖文以活老稚。鄞居度亦不可久，遂买榆林之地而庐焉。如是垂三十年，执政者知而怜之，荐授一儒学官，因起教授信州。噫！老矣。大德丙午归自信州，体气益衰，即以家事属诸子，使自力业，以治养具，忘怀委分，自号曰剡源先生。”此于平生事迹叙述甚详。

赵文，字仪可，一字惟恭，号青山，庐陵人。生于宋理宗嘉熙三年，卒于元仁宗延祐二年，(公元1239—1315)年七十七。仪可于宋景定咸淳间尝昌宋姓三贡于乡。后始复本姓。入太学，为诸生，宋亡入闽，依文天祥。元兵破汀州，与天祥相失，遁归故里。后为东湖书院山长，选授南雄郡文学，而年亦老矣，卒年七十七。有《青山集》八卷。(事迹详《程雪楼集》卷二十二《赵仪可墓志铭》，刘将孙《养吾斋集》卷二十九《赵青山先生墓表》)

刘壎，字起潜，号水村，南丰人，生于宋理宗嘉熙四年，卒于元仁宗延祐六年(公元1240—1319)年八十。起潜少孤，事母揭至孝性，宋咸淳六年举于乡(见清包发鸾修《南丰县志》卷十八)。吴澄《草庐吴文正集》卷三十六《故延平路儒学教授南丰刘君墓表》云：“起潜之在宋已卓荦不群，年三十七而宋亡。郡庠缺官，当路交荐，年五十五始署盱郡学正。年七十受朝命为延平郡教授。官满既代，诸生不容其去，复留授业者三年乃归。归四年延祐己未也，年八十矣。后八月七日端坐而逝。其平生所著书百三十五卷，今存者有《水雲村稿》十五卷，《隐居通议》三十一卷。”

熊朋来，字与可，豫章人。《元史·儒学传》云：“朋来，宋咸淳甲戌(十年)登进士第第四人，授从仕郎，宝庆府签书判官厅公事未上而宋亡。世祖初得江南，尽求宋之遗士而用之，尤重进士。……朝廷以东南儒学之士唯福建，庐陵最盛，特起朋来为两郡教授。卒年七十八。有家集三十卷。”案史未言其卒年，考吴澄《吴文正公集》卷三十六

《前进士豫章熊先生墓志表》称至治癸亥五月卒，癸亥为至治三年，则其生当宋理宗淳祐六年也。(公元1246—1323)

牟应龙，字伯成，其先蜀人，后徙居吴兴。《元史·儒学传》云："祖子才仕宋，赠光禄大夫，父巘为大理少卿。应龙当以世赏补京官，尽让诸从弟，而擢咸淳进士第。沿海制置司辟为属，以疾辞不仕而宋亡矣。故相留梦炎事世祖为吏部尚书，以书招之曰：苟至，翰林可得也。应龙不答。已而起家教授溧阳州，晚以上元县主簿致仕，泰定元年卒，年七十八。"(公元1247—1324)

仇远，字仁近，一曰仁父，钱塘人。生于宋理宗淳祐七年丁未(公元1247)，咸淳中以诗名，与白珽并称，人谓之曰仇白。宋亡落魄江江湖间，至大德九年乙巳部使者强以学识起于溧阳州学教授。居数年，罢归，时年已六十余。(《四库全书》《金渊集》提要称远于至元中尝为溧阳教授，旋罢归，与集中各诗记载年月者不合，盖承方志之误。)晚以杭州知事致仕。自号近村。有《金渊集》六卷，《山村遗集》一卷。其卒年不详。(《新元史》远附《吾邱衍传》，事迹甚略。此参照《金渊集》及清乾隆《杭州府志》。)

马端临，字贵与，乐平人。《宋元学案》卷八十九云："父廷鸾，宋咸淳中官右丞相。时休宁曹泾精诣朱子学，先生从之游，师承有自。以荫补承事郎。宋亡不仕；著《文献通考》。自唐虞至南宋，补杜祐《通典》之阙，二十余年而成。仁宗延祐四年遣真人王寿衍寻访有道之士，至饶州路录其书上进。诏官为锓版，以广其传，仍令先生亲赍所著稿本赴路校勘，英宗至治二年始竣工。先是留梦炎为吏部尚书，与先生之父在宋为同相，召致先生欲用之，以亲老辞。及父卒，稍起为慈湖、柯山二书院山长，教授台州路，三月引年终于家。"

欧阳龙生，字成叔，浏阳人。《宋元学案》卷八十八云："成叔，忠叟子，从醴陵田氏受《春秋》三传，试国学，以《春秋》中第二。至元丙子侍其父还浏阳，左丞相崔斌召之，以亲老辞。居山十有七年。浏有文靖书院祠龟山杨时，沦废已久，部使者至，谋复其旧，授先生为山长。秩满，改本州教授，迁道州教授，卒年五十有七。"

傅定保，字季谟，号古直，晋江人。《元诗选》癸之甲云："宋咸淳中礼部奏赋第四。时相沮抑新进，未令赴廷试。大德初提举吴涛荐授漳州路学正，改二山书院山长。至治中以平江路儒学教授致仕。"

张观光，字直夫，号屏岩。吴师道《吴礼部集》卷十四《张屏岩文集》序云："东阳屏岩先生，当宋季年以诗义为澉士第一。入太学才二十有六岁，英华之气发于文辞，同时流辈，固望而敬之矣。未几国亡，随其君北迁，道途之凄凉，羁旅之郁悒，闵时悼己，悲歌长吟，有不能自已者焉。方中朝例授诸生官，独以亲老丐归，遂得婺学教授。改调时，年甫强壮，即陈情辞禄以遂志养。杜门深居，沈潜经籍，益造精微。"云云。《四库全书》《屏岩小稿》提要云："元张观光撰。集中有《甲子岁旦诗》，诗中有'岁换上元新甲子'句，以历家三元之次推之，上元甲子当属泰定。观其除夕即事诗中称明朝年八十，则得寿颇长。"据是，则观光之卒，当在元泰定元年之后也。

考当时遗民之出仕为教授者尚不止此，今就其名较著及事迹可考者述如上。

至于为儒学提举而著名者，则有四人焉。曰王义山、曰白珽、曰郑陶孙，曰艾性夫。

王义山，宋元史均无传，《四库全书总目》《稼村类稿》提要云："义山，字元高，丰城人，宋景定中进士，知新喻县，历永州户曹。入元官提举江西学事。"案义山《稼村类稿》三十卷，其卷二十九自撰墓志铭云："生于宋嘉定甲戌（七年）八月之戊午，自淳祐己酉（九年）至景定辛酉(二年)与弟义端以赋四上春官。”卷七《重修旧居记》云:“德祐乙亥(元年)半刺永嘉,台评谓某为杭山(章鉴)客,以议迁并劾,亡何,江闽有参议之檄至章贡未上。至元丙子(十三年)夏始归先庐居焉。不二年乡邦士友白之省,省以币贽聘于先庐,俾职教路学,至是又挈家寓于冷舍。明年掌一道学事,遂退而老于东湖之上。”提要云“历永州户曹”,永州当为永嘉之误。其文集自序作于强圉大渊献(至元二十四年丁亥)正月元日,其卒当在此以后矣。

白珽,字廷玉,钱塘人,生于宋理宗淳祐八年,卒于元文宗天曆元年(公元1248—1328)。年十三受经太学,以诗名于一时。宋濂《元故湛渊先生白公墓铭》云:“元丞相伯颜平江南,闻先生贤,檄为安丰丞,辞不赴,乃客授藏书之家,如是者一十七年。程文献公钜夫、刘中丞伯宣前后,交荐之,复以疾辞。中岁尝出游梁郑齐鲁,历览河山之胜,登临吊古,讯人物风土,慨然有尚友千载之义。南北孤远,士久困逆旅,则必昌言甄拔之,自是学益充,文益富,而家益贫。会李文简公衎出将使指,喟然叹曰:‘有才如是,坐视其穷可乎?’力挽起之,授太平路儒学正。未几摄行教授事,寻转常州路儒学教授(大德四年)。俄再迁教授庆元,未上,升江浙等处儒学提举司副提举,阶将仕佐郎。秩满,谢事养疴海陵,先生已六十有七。及再迁从事郎婺州路兰溪州判官,则不复有宦情矣。以天曆元年九月卒,年八十一。”案廷玉有《湛渊集》一卷。

郑陶孙,字景潜,处州人,滁孙弟也。《元史·儒学传》云:“滁孙,宋景定间登进士第,知温州乐清县,累历宗正丞,礼部郎官。至元三十年有以滁孙名荐者,世祖召见,授集贤直学士,寻升侍讲学士。弟陶孙,亦登进士第。征至阙,授翰林国史院编修官,升应奉翰林文字,后出为江西儒学提举。有文集若干卷。”

艾性夫，不见史传。《四库全书》《剩语》二卷，元艾性夫撰。提要云：“考《江西通志》称芜州三艾：叔可字无可，宪可字元德，性(夫)字天谓，皆工于诗。……吴澄《支言集》有《高夔妻艾氏墓志》，称为咸淳贡生性夫之女，习见其家儒教，屡以勖其夫云云。……疑《江西通志》本作性夫字天谓，传刻脱一夫字也。考集中有谢枋得轮诗一首，则性夫元初尚存。又曹安《谰言长语》称，于成化五年之元江署学，一家多藏书，内一诗集乃江浙道提举艾性夫作，贯酸斋作序云云。宋无江浙道提举，盖其晚年已仕元矣。”今按《剩语》卷下《留城寄旷翁诗》云：“吾年七十入城府，君更老吾仍出山。早岁相欺作深隐，至今头白未能闲。”此亦为晚年仕元之证。

凡是所举，皆生于有宋，负科第之名，曾食宋禄者也。至如生当宋季，国变后起而仕元者，皆不预焉。(如龚璛、程荣秀，是也)。若夫白珽于宋本为太学生，而亦入录者，正以见危復之清高耳。

四　出仕之原因

夫人之好尚不一，有如饮食嗜欲之不齐。高官厚禄可以荣妻子眩僮仆者，固众之之所好，然亦有朱幡在前，掉臂而去，无枉求、无诡谒以荣其身者；是未可强同也。惟当易代之际，主忧臣辱之时，则出处取予授受之间，不可不慎焉。

溯自靖康之变，河北沦于左衽，时凶焰方炽，勇斗嗜杀，敌兵所向，士无噍类。观李致尧《葬枯骨碑》所述汾州一役，生民死亡之惨，可为痛泣。然八十余年之后，复有贞祐之祸。元兵践蹂中原，创痛更甚于前。大河南北，人民遭杀戮者更众。即以贞祐元年保州城陷，居民老幼同遭殄歼一事观之，其残暴可知(见刘因《静修文集》卷四《武强尉孙君墓志铭》及《孝子田君墓表》)。其后六十年，元兵南侵，更深入腹地，战无不胜，攻无不克，其间死于锋镝之下者，更不可以数目计矣。

士大夫生当其时，耳之所闻，目之所睹，莫不怵惕惊心，方埋首饮泣之不暇，岂复有荣华轩冕之思？故自南渡以后，河北遗民不得高翔远引者，乃相率避居山野，力耕作、治庐舍，联络表树，以相保守。终不肯婴世故，慕荣利，以亏其节。于时全真、大道、太一三教，如风靡水流，聚徒训众，义不仕金，其高风亮节，可谓蜕于尘埃之外，皭然不滓者矣（见陈援庵师《南宋初河北新道教考》）。暨乎元人灭金，统驭中原，履其土，荐其毛，犹有不仕之臣焉。（如萧䵇、刘因即其人也）况当祥兴之后，神州陆沉，宋之遗民岂可靦颜事仇以求荣禄乎？是以文宋瑞、谢叠山至死不屈，大节凛然，足为万世师表。虽嵚崟磊落可为涕泣，然天地得不压不坠，人类得不尽死灭，尚赖有此。故《宋季三朝政要》云：

> 疾风知劲草，板荡识纯臣。死者人之所难，而得其死者尤难也。主忧臣辱，义在必死。夫食君之禄，死君之难，不以生死易其节，此诚烈丈夫也！

然而窃疑若戴表元诸人者，平居于《春秋》大义讲之审矣，何为应此教授一职？且《元史·选举志》云：“府州教授准从八品，再历路教授准正八品”，则教授之秩俸年得三四十两银而已，（见《元史》卷九十六《食货志》）其数既微，将何所取？今推其故，殆有数因：

一曰年老家贫，无以为活。夫人幸而得至于老，又不幸老而穷，此人情之所矜悯者也。然人老而穷，则又往往气昏志沮，不得不役于衣食。若戴表元者，儒贫而老，则舍授徒卖文，无以为活。故其自序云："执政者知而怜之，荐授一儒学官"。是其出仕于元者，乃年老家贫有以致之耳。若《送陈养晦赴松阳校官诗》云：

书生不用世，什九隐儒官，抱璞岂不佳，居贫良独难。（文集卷二十七）

是自道之语也。其《送杜子问（裕）赴学官序》云：

邑中故家虽衣冠强盛，如李、杨、黄者，亦皆逋播离析，子问不得已携其耿耿者去而之西。会尊官贵客适知其名，左馆右穀。既而为之荐进于当途，假之文学掾之阶而强之仕，于是子问老矣。曰："我无愿予仕也，而不能无愿于禄。"俯首束衽忘数千里江楚之劳而赴焉。（文集卷十三）

则知家贫年老，偃蹇无所依，而不得不食一命之禄者非一人也。仇远《金渊集》卷一《予久客思归，以秋光都似宦情薄，山色不如归意浓为韵言志》云：

未仕每愿仕，既仕复思归，了知归来是，宜悟求仕非。干禄本为贫，原非慕轻肥。已昧好为戒，复贻素餐讥。时艰士失业，十家九寒饥。岂无禹稷思，力薄愿乃违。

亦明言其出仕之故。又陆文圭《墙东类稿》卷六《送张菊存（仲实）序》云：

吾友张子仲实与吾交十余年矣，岁在甲申，余适钱塘，君年少甚新，有诗名，风致清远，器宇高朗，翩翩佳公子也，于是始倾盖定交。余时随计上省，君敦谏甚苦，余感其言，拂袖径归，杜门不复出。复数年容自抗来者，谓仲实经明行修，诸生迎入学，师事之，省台贵人籍籍道仲实名字。余私念君人品甚高，志不轻就，殆家贫亲老，将为禄仕计耳。又数年，余再适钱塘，一见相与道旧，感慨久之。

是又因亲老而违其初衷者。虽则如是，其所得者亦微矣。仇远《学舍自吟》云："金渊文学掾，旋食经岁年，石田薄有收，偡足禅俸钱。丝毫了无补，教养愧前贤。"（《金渊集》卷一）又《送杨刚中赴淮安教授》云："西蜀杨君子，才为博士优，儒官清似水，学舍小于舟。吴地仍多潦，淮田薄有收，虽非温饱计，足解友朋忧。"（卷三）则广文官冷之状可知矣。

二曰免除徭役：徭役之事，何代无之，而元于常赋之外，取之于民者过重。其差科之名有四：曰丝料，曰包银，曰俸钞，曰丁税。太宗时既有丝料丁税之法，至宪宗而增包银，世祖复增俸钞，各验其户之上下而科焉。所征之数，虽多寡有时而殊，然至世祖至元十七年以后，全科户当出丝一斤六两四钱，包银四两，俸钞一两，丁税粟三石。至于地税，则上田亩三升，其量至轻，而户丁科差之重仍如此。（见《元史》卷九十三《食货志》及清《续文献通考》卷十六）夫民力有几，而可如是横征暴敛乎？

虽然，儒士、军站、僧道诸户则一切蠲免焉。《元史》卷一百七十七《陆垕传》云："伯颜南下后，上章奏免儒役。"（附《臧梦解传》）迨至元十三年江南初平，世祖亦勅诸路儒户通文学者三千八百九十并免其徭役。其后，茱李奏请各道立儒学提举司，凡儒户徭役乞一切蠲免(见《元史》李传)，并可其奏。至元二十五年十月又诏免儒户杂徭，大德十一年五月(时武宗已即位)复勉励学校，蠲儒户差役。盖终元之世，儒户差役无不蠲除。然则诸人所以俯首为文学掾者，此亦一因也。

三曰避种人之歧视：自古外族入居中国者，其始莫不忌刻汉人，以防叛乱，故元人初入中原，其官佐之制即以国人为之长，色目人次之，而汉人又次之。及江南平，朝廷虽间用南人，而州路吏属仍以国人居其首要，甚且赋税刑法亦南北异制，则种族之歧视，非人之所能堪者。诸人之出仕新朝，亦藏身隐晦之术耳。《剡源文集》卷十四《送谢仲潜序》云：

> 始余以文学掾游金陵，时年才三十尔，性喜攻古文辞，每出经义策诸生，以观其能占对与否，而鼓舞抑扬之。同时执简数百人，有谢仲潜常在鼎甲中。别去二十有五年，余寄食钱塘市舍授徒，于是耳目疲耗，心胆销怯，值稠人广席，谈辩纵横，辄畏缩如不胜，况有所挟乎？外者尤不敢仰首视。乃闻有吴江教官能礼貌旧老，为之喜甚。已亥秋八月吴江教官者〔秩〕满，以谒来见余。余延坐，问之，盖仲潜也。曰："自契阔来一日不废学，然盖更事诸变故，寒凛暑燠，较前为诸生时意气亦不复有。其俯仰升斗之禄，直欲少避啬夫亭长诃辱耳。故邂逅官服与我相类者，亦稍稍有志扶持之。"

呜呼！忍辱出仕，以避啬夫亭长之诃诟，事亦可悲矣。而所谓啬夫亭长者，殆指种人而言耳。

以意推之，诸公之为八品儒者，盖不出此三因也。

五　出仕后之自悔

古语云：在山为远志，出山为小草。诸公既俯首包羞以食元禄，终不能无悔恨之词。方赵孟頫深衣拜聘，扬镳北首之际，意气固甚轩昂也，然已为贤士所嗟惜，故《剡源文集·书叹》称子昂有“遭逢不自閟，颇为谈者惜”之语(卷二十七)。至其晚年尤多“罪出”之词。其《自警》诗云：“齿豁头童六十三，一生事事总堪惭，唯余笔砚情犹在，留与人间作笑谈。”(《松雪斋集》卷五)。又《罪出》诗亦有“见事苦不早”之语，足见违志之苦。然而所以见事苦不早者，亦为名利所诱耳。赵文《青山集》卷三《约心堂》记云：

> 君子读书为士，莫不各有一初心。自古圣贤出处，此身可困可戹，而不可以负吾心之约。负约于人，犹曰不信，吾与吾心言矣，能爱富贵而食言乎？虽然，一行作吏，不得以如其约者多矣。异时入幕视案牍，引笔据理可否，衔袖进大吏，不可其意，不得不小回互，意终日郁然不乐。遇事欲慷慨论列，顾孺人稚子，咿嘤涕泣止。虽守道君子不以势权私昵动其心，然而不得以如其约者多矣。盖虽崛强如退之，所谓不食高翔，亦何尝尽行其志？仕宦累人，从古则然，而况吾世？

是知仕宦终非士君子所能胜。况屈身异族，事达官富人以靦颜求活乎？观仇远《金渊集》卷五《岁穷早睡》云：

> 骥尾流光不可追，山中小草合知非，腊余四日春先到，官满

三年客早归。暗雨随风茅屋漏，荒城争米爨盆稀。明朝又赴公筵贺，灯下醒眠懒解衣。

则岁暮风寒，以明朝赴公筵之贺，欲解衣而卧皆不可得，其为累也孰甚？又《衰年》云：

衰年六十喜平头，微禄虚名老可羞，自笑一生同蛸蝂，了知万事等蜉蝣。寡欢元亮须归去，老病相如已倦游。只忆西湖春涨绿，柳边雪外艤兰舟。

又戴表元丙午二月《以府檄出宿了岩》诗云：

衰年慕栖息，役役殊未休，天明发东郭，日晏泊西州。岂其千金躯，为此一飡谋？宿麦青已郁，穉桑黄已稠。欣然一会意，所愧非吾丘。悔日谅不远，誓言良未酬。挥手谢还往，伊嘤自伊嘤。（文集卷二十七）

此又皆自艾之辞也。甚且当其懊侬不已之时，深悔其识字，乃欲为耕渔樵猎而不可得。如《剡源文集》卷二十七《送官归》云："生世悔识字，祝身如野农"，《金渊集》卷一《言志》云："老尚著儒冠，却悔识知无"，是也。然其最为沉痛者，莫过王义山之自悔。其《稼村类稿》卷二十九自撰墓志铭云：

余生于宋嘉定甲戌八月之戊午，世居隆兴府丰城县长丰乡之槎溪，今为龙兴路富州。自淳祐己酉至景定辛酉与弟义端以赋四上春官。乙亥春江上报至，丞相杭山先生章公鉴议国事不合，遂去。某以门下客为监察御史潘希圣所劾。辛巳岁卜居东湖，丙戌夏归省松楸，葺先君敝庐。吾老矣，死已晚矣。苟获体其受而归全幸矣。独不幸而读书，又不幸而窃科第，又不幸而立乎人之朝，向使不读书，不窃科第，不立乎人之朝，岂不陶陶然天地间一民？既读书，既窃科第矣，既立乎人之朝矣，而谓一民之不如，呜呼！必有不如者矣！

志题作于丙戌之八月，丙戌为至元二十三年，时义山由儒学提举告归，年已七十有三，追悔平生，其音甚哀。察其所以如是云云者，盖亦感发于中，有不得已于言者也。刘因《静修文集》卷四，《孝子田君墓表》曾云：

呜呼！天地至大，万物至众，而与一物于其间，其为形至微也。自天地未生之初，极天地既坏之后，前瞻后察，浩乎其无穷。人与百年于其间，其为时无几也。其形虽微，而有可以参天地者存焉。其时虽无几，而有可以与天地相终始者存焉。故君子当平居无事之时，于其一身之微，百年之顷，必慎守而深惜，惟恐其或伤而失之。实非有以贪夫生也，亦将以全夫此而已矣。及其当大变，处大节，其所以参天地者以之而立，其所以与天地相终始者，以之而行，而回视百年之顷，一身之微，何足为轻重于其间哉！然其所以参天地而与之相终始者，皆天理人心之所不容已，而人之所以生者也。于此而全焉，一死之余，其生气流行于天地万物之间者，凛千载而自若也。使其舍此，而为区区岁月筋骸之计，而禽视鸟息于天地之间，而其心固已死矣。而其所不容己者，或有时发焉，则自视其身，亦有不若死之为愈者。是欲全其生，而实未尝生；欲免一死，而继以百千万死。呜呼？可胜哀也哉！

观此，则其理甚明。夫死生之际，固人之所难处者，若诸公之为教授也，未必可以遂其生；不为教授也，未必至于死，宜乎赧然于面，戚焉于心矣。然稼村者，尝师事刘後村克庄，又为文义山所知，其人固受朱学者，虽仕于元，而非彼苟求富贵者也。

六 诸公出仕之评论

昔叠山谢氏有言曰："人可回天地之心，天地不能夺人之心，大丈夫行事论是非，不论利害；论逆顺，不论成败；论万世，不论一生。"(《与李养吾书》)今诸人既出仕教授，晚节不终，则难免为人所非议。故《四库全书总目》赵文《青山集》提要云：

文与谢翱、王炎午同入文天祥幕府，沧桑以后，独不能深自晦匿，以迟暮余年重餐元禄，出处之际实不能无愧于诸人。然其文章则时有《哀江南赋》之余音，拟以古人，其庾信之流亚乎？

又刘壎《水云村稿》提要云：

壎才力雄放，尤长于四六，集中所载诸启劄，大抵皆在宋世所作，其他古文，则多入元以后所作。灏瀚流转，颇为有气。惟其年过七旬，复出食元禄，而晚春郊行诗云："路少过军仍鼓吹，地多遗老自衣冠"，丙子闽山诗云："汉祚纵移诸葛在，唐兵虽败子仪侯"，皆其未出山时所作，是则可以不存耳。

此皆贬损之辞。而杨公远《野趣有声画》提要云：

> 公远宋亡时年四十九，入元未仕，当从周密之例称南渡遗民，然入元以后干谒当路、颂扬德政之诗不一而足，其未出仕当由梯进无媒，固不能与密之终身隐遁者同日语矣。今系之元人，从其志也。

案叔明本未仕元，以其攀援当路，乃必系之于元，且谓"从其志也"，岂不可悲？是知人之出处大节不可不慎也。刘静修《钢山图记》云："人之大节一亏，百事涂地，凡可以为百世之甘棠者，而人皆得以刍狗之。"（文集卷二）噫！可惧也已。

虽然，平情论之，诸人应公府之高选以为儒官，其去诡称行道而蒙瑕裹玷者远甚。盖其职至卑，仅屏伏闾里，为村塾学究，日与童孺相处，尚与通使上大夫执珪结绶与当代贵人相周游者不同。其意盖在藏锋敛颖，韬潜谨饬，沉浮小官，以守其身而已。若果有意于富贵也，则戴表元何为却张可与之荐乎？诸人既沉晦于下，以教化风俗为事，且初心亦未尽泯，当亦为人所矜悯。《剡源文集》卷十三《送罗寿可归江西序》云：

> 古之所谓士大夫者，少而学成于其身，壮而材闻于其国，及其老而无志于用，则退而以其学师于其乡，是故有以一人而成千万人之俗。

观此则儒者之为儒官，在化民成俗，以保读书种子，亦隐然有其职志存焉。且当举世俶扰之际，无知之氓行且为背礼犯义之行，而诸君施教于下，使民德归厚，不为恶俗所染，则疹疠之气化为祥淑，此皆儒者之大用，有不期然而然者。且自江汉先生赵复传程朱之学于北方之后，其道大行。此后，南北之间凡儒冠儒服者皆互为师友，以相砥砺，其成效虽至微至隐，而于外族蹂践之下犹存一脉生生不息之气者，端赖此耳。

且诸君之为教也，匪但化民成俗而已，并隐然有为天地立心，为生民立极之意；盖知异族之侵扰横暴，必不可久也，故教后学，勿以当前进取为功，而以潜藏待时为用，使深蓄其力以待剥穷必复之机，则于人心亦不无小补。如《青山集》卷三《萧同伯倦归堂记》云：

> 今……出门适莽苍，豺虎塞路，天下虽大，何行而可？虽欲不杜门裹足自囚空山，盖不可得矣。然则君之倦而归也，天倦之也。……虽然，天不倦也。君见夫日乎？日之西而没也，以为无日矣，将旦时彼轧轧而东者，犹昨日也。由是而观之，则自盘古开天以至于今，天未始一息倦也。使天而倦，吾其鱼矣。……同伯今日之倦归，庸知非造物者补汝黥，息汝劓，而将有所用之，未可知也。

又陆文圭《墙东类稿》卷六《送吴仲鲁序》云：

> 天历间乌江吴仲鲁来与仆讲《易》于墙东之下，将归省其亲，丐一言以为别。仆请以《易》为赠。《易》曰：“君子以言有物，而行有恒”又曰：“君子藏器于身，待时而动”；又曰：“君子以俭德

避难，不可荣禄”；是三言者，于己切于义，当于时宜，子其识之！仆年八十，将槁死林下，不及见子功业之成矣。抑未死以前，皆临深履薄之日月也。子何以处我？仲鲁不答，太息而去。（案陆文圭，于宋咸淳初以春秋中乡选，元延祐设科再中乡举，晚年以授徒为生。）

是即王应麟所谓“潜龙以不见成德，管宁所以箴邴原也；全身以待时，杜袭所以戒繁钦也”。其用意之深长，可知矣。如是而言，诸人之出，蒙羞遘耻亦颇违其本念。考其所为，尚与走马而赴新朝之聘者有异，则白珪之玷，庶稍湔乎？至于《提要》所云，正《春秋》责备贤者之意，亦以发后人之警惕焉尔。

抑又论之，儒者之为道，立乎忠信，合乎仁义而已。若宋儒之学，固时有迂阔之论，然所以正人心化风俗者，莫不三致意焉。夫自南渡以来，国事已危如累卵，其能赓续一百五十年不即颠覆者，正在儒者迭生其间，以沈潜刚克之气约束人心，以果敢强毅之行攻发奸佞，有以全济耳。及乎德祐丙子之后，乃有忠臣义士至死不易其节，此尤非一手一足之烈所倖致，而皆先民之心力所陶育而成者。是知儒者之为学，在于教人厚风习，明义理耳。读古圣贤之书者，岂可不自知蹈厉乎？若夫教授之为职，虽至微至卑，其事则至难，盖子弟有一悖理而隳业者，皆教之授之者有所不至也。朱熹《漳州教授厅壁记》云：

教授之为职，其可谓难矣。惟自任重而不苟者知之。其以为易而无难者，则苟道矣。何也？曰教授者以天子之命教其邦人，凡邦之士，廪食县官，而充弟子员者，多至五六百余，少则不下

> 百十数，皆惟教授是师，其必有以率厉化服之，使躬问学，蹈绳桀，出入不悖所闻，然后为称。此非反之身而何以哉？是可不谓难矣乎？

如是观之，为人师者不可不反身而诚矣。今诸君之仕元而为教授，能凛然以古道自持，知其出仕之非，而能勤其所事之重，则元之立朝不及百年而亡者，又未始非传朱学者之力也。此固非诸人之所及知，而后之人亦鲜有论及之者，是不可无说。惜乎！史家讥其晚节不终，而适中其短也。

1944 年 6 月

周祖谟主要著作目录

《〈广韵〉校本附校勘记》(五卷)(1938年商务印书馆出版线装本五册，1960年10月中华书局再版精装本二册又附索引本)

《〈方言〉校笺十三卷》(1947年中法汉学研究所印行，1956年10月中华书局重印)

《汉语音韵论文集》(1957年12月商务印书馆出版)

《〈洛阳伽兰记〉校释》(1958年6月科学出版社出版；1963年中华书局出版修订本；1976年6月香港中华书局翻印；本1987年北京中华书局重印二次增订本)

《汉魏晋南北朝韵部演变研究》第一分册（与罗常培先生合著）(1958年11月科学出版社印行)

《汉语词汇讲话(1959年8月人民教育出版社出版；1962年8月第二版)

《问学集》(上下册，收论文四十余篇)(1966年1月中华书局出版，台湾、日本东京有翻印本)

《〈广韵〉四声韵字今音表》(1980年中华书局印行)

《唐五代韵书集存附考释和辑佚》(两册)(1965年成书，1978年由中华书局印行)

《〈尔雅〉校笺》(1984 年 12 月江苏教育出版社出版)

《周祖谟语文论集》(1989 年河北教育出版社出版)

《周祖谟语言文史论集》(1988 年 7 月浙江古籍出版社印行)